Inhaltsverzeichnis

Markt, Haushalt, Konsum

Beruf

Betrieb

Lernort Betrieb

Wirtschaftssysteme und Wirtschaftsordnungen

Arbeitswelt im Wandel

Markt, Haushalt, Konsum

1. Jugendliche im Wirtschaftsgeschehen

Wieviel Taschengeld bekommst du? Diese Frage wird zwischen Jugendlichen häufig gestellt. Eine ehrliche Antwort erhalten aber oft nur Freunde und Freundinnen, denn wenn es um Geld geht, werden auch Jugendliche manchmal schweigsam. Da wissen Erwachsene besser, wie es um das Geld in den Taschen Jugendlicher bestellt ist, zumindest manche Erwachsene, die Jugendliche aus Geschäftsinteresse beobachten. Warum tun sie das? Lohnt sich das wirklich? Welche Schlüsse ziehen sie aus ihren Beobachtungen?

1.1 Jugendliche als Konsumenten

Viel Geld in jungen Händen

Vier Beispiele für Märkte, die von jugendlichen Konsumenten abhängig sind

Jugendliche verfügen insgesamt über unvorstellbar viel Geld. Es sind Milliarden, die von Jugendlichen ausgegeben werden. Da ist es für Geschäftsleute schon interessant, von diesem Kuchen ein Stück abzubekommen. Wer allerdings auf Jugendliche als Kunden setzt, der gerät auch in ihre Abhängigkeit.

Was wäre z. B., wenn Jugendliche plötzlich aufhören würden, sich für Popmusik zu interessieren? Die Plattenindustrie bräche zusammen. Die Zulieferfirmen, z. B. Druckereien, kämen in große Schwierigkeiten. Konzertveranstalter müßten das Handtuch werfen. Die Chefs großer Veranstaltungshallen kämen ins Schwitzen. Mit wem sollten sie ihre Hallen füllen? Posterhersteller würden schlagartig wesentlich weniger verkaufen. Die Bekleidungsindustrie müßte auf wichtige Werbeträger verzichten. Sie würde dadurch wahrscheinlich einen Teil des Umsatzes verlieren. Manager würden brotlos. Am härtesten würde es wohl die Stars treffen. Denn sie wären plötzlich keine Stars mehr: kein großes Leben, kein Luxus, keine Verehrer(innen), keine öffentliche Aufmerksamkeit. Das wäre für viele hart. Man kann die Idee weiterspinnen, was geschehen würde, wenn Jugendliche aus der Musikszene aussteigen würden. Plattenläden, Discos, Musikzeitschriften und Radiostationen wären betroffen. Ein verändertes Konsumentenverhalten der Jugendlichen im Musikbereich würde für viele Betriebe das wirtschaftliche Aus bedeuten.

Das Beispiel zeigt: Jugendliche sind als Marktfaktor wichtig. Das gilt auch für jene Wirtschaftsbereiche, bei denen die Abhängigkeit von Jugendlichen nicht so auf der Hand liegt, weil nicht die Jugendlichen, sondern ihre Eltern als Käufer auftreten.

Was wäre mancher Lebensmittel- und Süßwarenhersteller ohne jugendliche Käufer? Gäbe es Nesquick, Nutella oder ähnliche Produkte ohne Jugendliche? Die folgende Collage zeigt einige dieser verdeckten Jugendmärkte.

1. Nenne Betriebe in deinem Wohn- oder Schulort, die wirtschaftlich von Jugendlichen abhängig sind.
2. Nenne über die abgebildeten Produkte hinaus „Kinder- und Jugendprodukte".
3. Welche Auswirkungen hätte es, wenn Jugendliche plötzlich nur noch abgelegte Kleidung ihrer Eltern tragen würden?
4. Es gibt Produkte, die vorwiegend von Erwachsenen gekauft werden, um sie Kindern und Jugendlichen zu schenken. Welche Beispiele fallen dir ein?

Die unwissenden Verführer

Jugendzeitschriften wie „Bravo“, „Mädchen“ oder „Rocky“ bringen ihren Herausgebern vor allem als Werbeträger Geld. Darum sind die Verlage auf der Suche nach immer neuen Anzeigenkunden. Sie umwerben z. B. Hersteller von Geräten der Unterhaltungselektronik, in ihren Jugendzeitschriften Anzeigen unterzubringen.

Was aber hat das für einen Sinn? Schließlich kaufen 12- bis 14jährige üblicherweise keine teuren Hifi-Anlagen oder Videorecorder. In einer Anzeigenaktion wurde den Herstellern gesagt, warum es dennoch sinnvoll sein kann, in einer Jugendzeitschrift für solche technischen Geräte zu werben. Es hieß in einer solchen Anzeige sinngemäß:

> Hersteller technischer Geräte (vor allem der Unterhaltungselektronik), werbt in unserer Zeitschrift. Zwar kaufen Jugendliche nicht eure Artikel, das machen die Eltern. Aber die Eltern vertrauen oft beim Kauf technischer Produkte den Ratschlägen ihrer Kinder, vor allem denen der Jungen. Zwar haben viele Jugendliche selbst keine Ahnung, aber das macht nichts. Hauptsache, sie glauben es – und die Eltern auch.

In einer ähnlichen Werbeaktion einer Jugendzeitschrift wurde Herstellern von Lebensmitteln durch eine Untersuchung nachgewiesen, wie sehr Jugendliche Einfluß auf den täglichen Speisezettel und damit auf den Kauf bestimmter Lebensmittel haben. Die Empfehlung lag auf der Hand: Auch für Lebensmittelwerbung ist eine Jugendzeitschrift geeignet, denn die Werbebotschaft wird über die Jugendlichen ins Elternhaus transportiert.

Jugendliche sind auch aus einer anderen Sicht als Meinungsführer wichtig. Man weiß heute, wie sehr Jugendliche sich an den Jugendlichen orientieren, die in Gruppen und Cliquen das Sagen haben und heimliche Vorbilder für die anderen sind. Wenn es gelingt, diese Jugendlichen für die eigenen Produkte zu gewinnen, dann hat man auch viele andere Jugendliche erreicht. Darum bemühen sich die Werbeprofis herauszufinden, wie Cliquen und Gruppen funktionieren und wie man ihre Meinungsführer erreichen kann. Mancher Modemacher bliebe wirtschaftlich auf der Strecke, wenn es ihm nicht gelingen würde, sein Produkt zur Kleidung der heimlichen Vorbilder zu machen. Denn was die Vorbilder tragen, das tragen auch die anderen.

Jugendliche sind noch aus einem anderen Grund als „Meinungsführer“ interessant. Bei manchen Produkten ahmt die Erwachsenenwelt Jugendliche nach. Mode ist auch hier ein gutes Beispiel. Viele Erwachsene wollen jugendlich wirken. Darum passen sie sich in ihrem Äußeren dem an, was bei Jugendlichen „in“ ist. Was die Jugendlichen für richtig halten, z. B. bei Kleidung, das hält auch Einzug in die Erwachsenenwelt.

1. Was ist mit dem Begriff „Meinungsführer“ gemeint?
2. Im Text sind drei verschiedene Formen beschrieben, wie Jugendliche Meinungsführer sein können. Erläutere die Formen.
3. Sehen Werbefachleute die Sache richtig, wenn sie glauben, durch Anzeigen in Jugendzeitschriften für Geräte der Unterhaltungselektronik oder für Lebensmittel erfolgreich werben zu können? Wie beurteilst du das?

Treu, ein Leben lang?

Vor ein paar Jahren noch hatten Kinder in einer Bank nichts zu suchen. Bankgeschäfte waren nur etwas für Erwachsene. In mancher Bank hätte man sogar verwundert reagiert, wenn ein Lehrling dort hätte ein Konto eröffnen wollen. Um Jugendliche kümmerten sich die meisten Banken überhaupt nicht.

Heute liefern sich Banken einen heftigen Wettbewerb um junge Kunden. Da gibt es Taschengeldkonten und Jeans-Sparbücher, Jugendveranstaltungen und Werbegeschenke für Jugendliche. Wie kommt das? Eine wichtige Rolle spielt die Erkenntnis, daß der junge Kunde von heute auch voraussichtlich noch morgen bei „seiner" Bank bleiben wird. Dann wird die Bank an ihm verdienen. Für diese gute Aussicht nimmt man gern ein paar Geschäfte mit Kindern und Jugendlichen in Kauf, selbst wenn sie nichts einbringen und nur Kosten verursachen.

Das gleiche Denken findet man auch in anderen Bereichen. So versuchen Markenartikelhersteller schon Kindern und Jugendlichen ihre Marke nahe zu bringen, weil sie wissen: Wer als junger Mensch eine bestimmte Marke kauft, der wird auch im Erwachsenenalter eher zu Produkten dieser Marke als zu anderen Waren greifen. Das gilt für Jeans ebenso wie für Getränke oder Genußmittel. Darum haben auch Anbieter von Markenartikeln gar nichts dagegen, wenn ihre teure Fernsehwerbung von Kindern gesehen wird.

Jugendliche als Zielgruppe

- Sie kaufen, denn sie verfügen über Milliarden
- Sie sind Konsumvorbilder für andere Jugendliche
- Sie beeinflussen ihre Eltern und andere Erwachsene
- Sie gewöhnen sich an Marken und bleiben ihnen treu

1. Zeige Beispiele für Werbemaßnahmen, die sich besonders an Jugendliche wenden. Erläutere die vermutlichen Ziele der jeweiligen Werbeaktion.
2. Erläutere die Grafik „Jugendliche als Zielgruppe".
   Finde für jede der vier Rubriken Beispiele.
3. Welchen Sinn hat es deiner Meinung nach, in einem Schulbuch über Absichten und Strategien von Verkaufsprofis zu berichten, wie das hier geschehen ist?

1.2 Verkaufsstrategien auf Jugendmärkten

Heimliche Wünsche – ausgeforscht

Jugendliche sind als Käufer zu wichtig, als daß man sie unbeobachtet lassen dürfte. Darum gibt es intensive Bemühungen, dem jugendlichen Konsumenten auf die Spur zu kommen. Spezialisten versuchen, sich von den Jugendlichen ein Bild zu machen: Wie denken sie? Was wollen sie? Welche Träume haben sie? Wovor haben sie Angst? Welche Sorgen belasten sie? Was ist ihnen wichtig?

Je mehr die Werbefachleute darüber wissen, desto eher können sie versuchen, Jugendliche zu beeinflussen oder sich ihr Verhalten zunutze zu machen. So gibt es z. B. eine Untersuchung über das Eßverhalten Jugendlicher. Was essen sie? Wann essen sie? Wo essen sie? Wonach wählen sie ihre Speisen und Getränke aus? Wenn ein Lebensmittelhersteller oder ein Restaurantbesitzer zuverlässige Antworten auf diese Fragen bekommt, dann kann er seine Verkaufsstrategie gezielt auf Jugendliche ausrichten. Welchen Erfolg man mit einer solchen Strategie haben kann, zeigen die auf Hamburger spezialisierten Schnellrestaurants. Sie sind auf die Wünsche ihrer Kunden ausgerichtet, und das sind vor allem Jugendliche.

Ein anderes Beispiel: Viele Jugendliche schätzen Sport hoch ein, auch wenn sie selbst keine Sportkanonen sind. Zudem glauben etliche Jungen, daß Mädchen sportliche Jungen vorziehen (und umgekehrt). Wenn das wirklich so ist, könnte aus dieser Erkenntnis ein Bekleidungshersteller Nutzen ziehen. Er könnte nämlich auf die Idee kommen, sehr sportlich wirkende Kleidung herzustellen und durch Werbung den Eindruck erwekken: Wer diese Kleidung trägt, der ist sportlich. Wenn diese Botschaft „ankommt" kann man als Jugendlicher Sportlichkeit leicht nachweisen: durch Kleidung.

Ein drittes Beispiel: Wer ist für Jugendliche ein Vorbild? Wenn man das weiß, kann man „ihn" oder „sie" zu kaufen versuchen. Das „Vorbild" erhält einen Werbevertrag und macht in Zukunft Reklame.

Das Ausforschen der Konsumenten beschränkt sich natürlich nicht auf Kinder und Jugendliche. Im Gegenteil: Lange Zeit waren nur die Erwachsenen interessant. Aber seit man die Bedeutung der Jugendlichen für die Wirtschaft erkannt hat, wurden hier die Weichen neu gestellt.

1. Wie beurteilst du die Tatsache, daß Jugendliche ausgeforscht werden?
2. Warum haben deiner Meinung nach bestimmte Schnellrestaurants eine solche Anziehungskraft für Jugendliche?
3. Finde weitere Beispiele die zeigen, wie Hersteller ihr Wissen um das Verhalten von Kindern und Jugendlichen ausnutzen?
4. Was könnte man tun, um sich einer solchen Ausnutzung zu entziehen?

„Drogi-Pops“: die falschen Helfer

Udo hat seine Musikmaschine ganz laut aufgedreht. Er will nichts anderes hören und niemanden sehen. Der Biologietest war 4, die Mathematikarbeit 5, der Rechtschreibtest in Deutsch ebenfalls 5, obwohl er sich auf diesen Test wirklich vorbereitet hatte. Udo ist, wie er selbst sagt, „völlig von der Rolle“. Er hängt nur noch durch, sitzt schlaff in seinem Zimmer, und wenn er sich mal zusammenreißt und für eine Arbeit paukt, dann meist ohne Erfolg. Udos Mutter ist ratlos. So geht das nicht weiter. Darin ist sie sich übrigens mit Udo einig. Aber was tun? Udos Müdigkeit, seine Schlaffheit, seine Unfähigkeit, sich auch nur für eine halbe Stunde zu konzentrieren, das alles wird zum Problem. Wo ist die Lösung? Kann man vielleicht alle Probleme mit einem Schlag lösen? Die Anzeige unten läßt das vermuten.

Ist das wirklich eine Lösung? Können Pillen helfen, sich auf Dauer besser zu fühlen und auch in der Schule besser zu werden? Wohl kaum! Ärzte und andere Fachleute warnen dringend davor, Schüler mit Pillen, Tropfen und Säften aufzuputschen. Solche Mittel helfen nicht, wirklich leistungsfähiger zu werden. Dafür haben sie vielfach negative Langzeitwirkungen. Es sieht so toll aus, was die Werbung für Drogi-Pops verspricht. Wer ihr aber glaubt und den Sprüchen vertraut, der hat erstens keinen Nutzen, zweitens sein Geld ausgegeben und läuft drittens Gefahr, sich gesundheitlich zu schädigen.

Am Beispiel „Drogi-Pops“ wird etwas deutlich, das häufiger zu finden ist: Jugendliche haben ein Problem und wollen es lösen. Da werden ihnen Produkte angeboten, die genau das versprechen, nämlich die Lösung ihres Problems.

1. Erläutere das Beispiel „Drogi-Pops“.
2. Finde vergleichbare Beispiele.

Zähne putzen, Zähne schützen: aber wie?

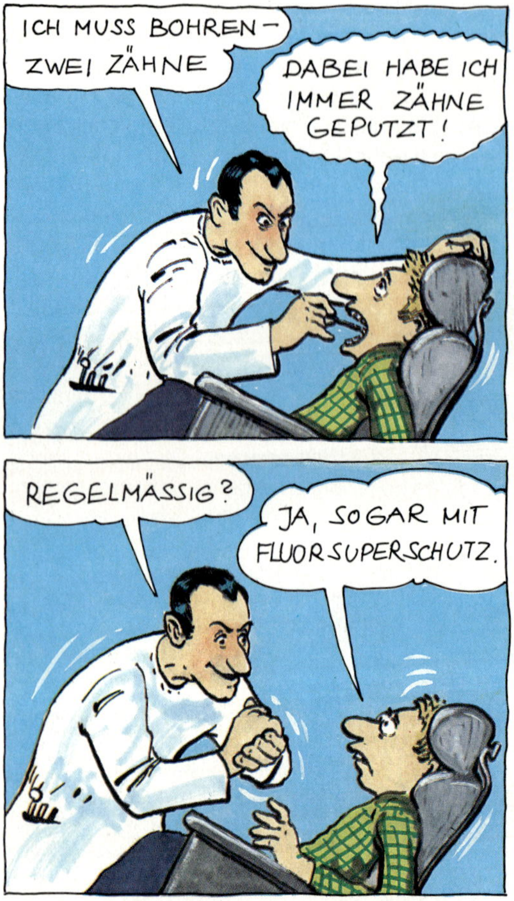

Viele Kinder und Jugendliche naschen gern. Jeder weiß aber, daß Süßigkeiten die Zähne angreifen. Eltern und Kinder fragen sich deshalb oft: Was ist zu tun? Da bietet sich eine Problemlösung an. Naschen und trotzdem gesunde Zähne behalten, das geht anscheinend. Man muß nur die richtige Zahnpasta benutzen. Das sagt die Werbung. Hier gibt es also ein Produkt, das den Wünschen und Bedürfnissen von Kindern und Jugendlichen entgegenkommt, denn sie möchten ja ihre Zähne in Ordnung halten. Allerdings möchten sie auch weiterhin Süßigkeiten naschen und süße Getränke zu sich nehmen. Hält das Produkt aber, was die Werbung verspricht? Der Zeichner sieht das (vielleicht aus eigener Erfahrung) anders.

Die Werbeanzeige und der Comic zeigen, wie Wünsche und Vorstellungen Jugendlicher genutzt werden, um Produkte leichter zu verkaufen.

1. Nina und Fred möchten wissen, wie sie ihre Zähne wirklich schützen können. Nur den Zahnarzt zu fragen, ist ihnen zu wenig. Wo können sie Informationen bekommen?
2. Mit einer kleinen Ausstellung zum Thema „Zahnpastareklame“ könnt ihr deutlich machen, wie sehr Werbung von Versprechungen lebt. Wie könnte eine solche Ausstellung aussehen?
3. Findet andere Produkte, bei denen die Werbung nach dem gleichen Prinzip angelegt ist wie bei der Zahnpastareklame.

Von Rockefeller gut gelernt

Es wird erzählt, daß der amerikanische Geschäftsmann und Multimillionär Rockefeller eine glänzende Idee hatte, Lampenöl zu verkaufen. Er schickte eine ganze Schiffsladung Petroleumlampen nach China. Damals gab es noch keine andere Beleuchtung. Er ließ die Lampen an ausgesuchte Leute verschenken. Das benötigte Öl allerdings mußten die beschenkten Chinesen bei ihm kaufen. Die Aktion hatte noch einen weiteren einkalkulierten Effekt. Da nun Leute, die für viele Chinesen Vorbilder waren, Petroleumlampen besaßen, wollten auch andere nachziehen. Das Geschäft kam ins Rollen.

Dieses simple Verfahren, mit Geschenken Geld zu machen, gibt es auch heute noch. Vor allem Kinder und Jugendliche sind die Zielgruppe. Da werden z. B. Sammelalben verschenkt oder zu einem Minipreis verkauft. Die Sammelbilder allerdings muß man kaufen. Dabei sind den Herstellern noch Feinheiten eingefallen. So werden oft Bilder in nicht gekennzeichneten Tüten verkauft. Der junge Käufer weiß also nicht, was er bekommt. Vielleicht hat er die Bilder noch nicht, viellecht hat er sie aber schon.

Für doppelte Bilder hat der Hersteller einen heißen Tip: Tauscht sie! So hat der Hersteller gleich zwei Fliegen mit einer Klappe geschlagen. Er kann Doppel verkaufen und darauf hoffen, daß, durch Tauschgeschäfte angeregt, auch andere Jugendliche weiter mitmachen.

Eine weitere Abwandlung des „Ich-schenk-dir-was-Prinzips" zielt wiederum auf Kinder und Jugendliche: die Sammelbeilage bei Produkten der verschiedensten Art. Da gibt es Mickey-Mouse-Figuren oder Abziehbilder oder Sticker an Marmeladengläsern, Süßigkeiten oder Putzmitteln. In Schokoladentafeln liegen Bilder, und an Verpackungen sind „Sammelpunkte" angebracht, die man ausschneiden und einsenden kann, um irgendeine Kleinigkeit zu erhalten.

Das GILLETTE-Prinzip

Wenn ich BARBIE-Puppen sehe, muß ich an Rasierklingen denken. Allerdings nicht, weil ich ihnen die Kehle durchschneiden will, wie sie's verdient hätten, sondern weil sie ihren Markterfolg aus dem GILLETTE-Prinzip herleiten.

Die Firma GILLETTE hatte ihren Erfolg damit, daß sie den amerikanischen Markt innerhalb weniger Wochen mit spottbilligen Rasierapparaten überschwemmte. Die Dinger waren wirklich so haarsträubend preiswert, daß man schon auf den Kopf gefallen sein mußte, wenn man nicht zugriff. Nach kürzester Zeit hatte darum jeder geistig gesunde Amerikaner so einen Schaber vorm Badezimmerspiegel.

GILLETTE war allerdings auch nicht gerade auf den Kopf gefallen. Denn zu dem Apparat brauchte man ein Leben lang passende Klingen. Und die einzigen, die paßten, gab es bei GILLETTE. So wurden Millionen von Amerikanern quasi über Nacht zu Stammkunden gemacht.

Und Barbie? Nun, bei Barbie sind die Rasierklingen, die man nachkaufen muß, die Höschen und Blüschen und Kleiderchen und Mäntelchen und Söckchen und Schühchen und Täschchen und Hütchen und Stöckchen und Tischchen und Stühlchen und und und. Der Puppenkörper selbst ist nur ein Köder, ein Lock-Produkt. Wer ihn erst mal hat, ist für die nächsten Jahre bei Mattel Stammkunde.

Aber noch mal zu GILLETTE: Wie ihr an der Anzeige seht, die ich gefunden habe, versucht Gillette das alte Erfolgsprinzip heute wieder aufzulegen. Lest mal den Text durch. Da steht, daß der neue GILLETTE Contour mit Schwingkopf eine ganz speziell entwickelte Doppelklinge verlangt . . . Alles klar?

(aus: A. Ganter, Die Sprüchemacher, Reinbek 1980, S 55 f.)

1. Nenne weitere Beispiele für Geschenke als Kaufanreiz.
2. Erläutere das „Gillette-Prinzip".
3. Versuche, weitere Beispiele für das Verkaufsmuster „billiges Grundgerät, teure Zubehörteile" zu finden.
4. Rechnet einmal aus, wie teuer ein „geschenktes" Sammelalbum wird, wenn man die dazugehörigen Bilder kaufen muß.

1.3 Konflikte um Konsum und Geld

Fein sein – von wessen Geld?

Die Texte sind vielleicht schnell überholt, die genannten Produkte nicht mehr „in“. Aber das angesprochene Problem bleibt: Wer soll den Konsum Jugendlicher bezahlen? Der Streit um diese Frage ist uralt. Trotzdem lohnt es sich, über dieses Problem von Zeit zu Zeit nachzudenken. Sind Eltern wirklich verpflichtet, allen Konsumwünschen ihrer Kinder nachzukommen? Was ist mit Kindern und Jugendlichen, deren Eltern finanziell nicht gut gestellt sind? Davon gibt es sehr viele.

Eine Mutter berichtet: „Wir haben zwei Kinder, vierzehn und sechzehn Jahre alt. Der Sohn besucht die Realschule, die Tochter das Gymnasium. Wenn es nach den Wünschen der beiden ginge, brauchten wir mindestens das doppelte Gehalt. Wir arbeiten beide, um unseren Kindern einen gewissen Lebensstandard zu ermöglichen. Ich sehe ja ein, daß sie in einem gewissen Rahmen mithalten müssen, was Kleidung und Aufmachung angeht. Aber dann die ständigen Wünsche nach teuren Dingen. Die Klagen über ein zu niedriges Taschengeld kann ich schon nicht mehr hören. Ich habe für mich nicht einmal die Hälfte dessen, was jedes der beiden Kinder für sich hat. Ich habe manchmal den Verdacht, Kinder sehen ihre Eltern nur noch als Geldautomaten an.“

Eine Lösung des Problems sehen manche Jugendliche darin, selbst Geld zu verdienen. Das ist sicherlich überlegenswert. Allerdings dürften die Möglichkeiten dazu von Fall zu Fall sehr unterschiedlich sein. Allein zwischen Stadt und Land kann hier ein beachtlicher Unterschied liegen. Manche Eltern stehen einem solchen Vorhaben positiv gegenüber, andere haben Bedenken. Manche Jugendlichen sind sehr belastbar, andere haben schon mit der Schule genug zu tun. Viele Jugendliche haben Zeit für solche Aktivitäten, andere haben ein volles Tagesprogramm.

Die Möglichkeiten für Jugendliche Geld zu verdienen sind allerdings eingegrenzt, z. B. durch

- die verfügbare Zeit (Schule und Hilfe im Haushalt haben Vorrang),
- die tatsächlich vorhandenen Arbeitsmöglichkeiten,
- die Bestimmungen des Jugendarbeitsschutzgesetzes und anderer Schutzgesetze.

1. Wie würdest du reagieren, wenn du Vater oder Mutter wärst und dein Kind Geld für Kleidung fordern würde?
2. Beschreibe, welche Möglichkeiten es für dich gibt, selbst Geld zu verdienen.

Sinnvoll oder nicht?

Armin im Gespräch mit seinen Eltern

Der Einstieg in die Computerwelt für wenig Geld

Wer „computert", gehört heute zur Leistungsspitze.

Eltern, helft Euren Kindern, Spitze zu werden!

Aus einer Anzeige

Nichts gelernt

Billig-Computer: „pädagogisch wertlos"

Bevor Eltern einen Computer ins Kinderzimmer stellen, sollten sie gründlich prüfen, ob sich ihre Erwartungen mit diesem Kauf erfüllen lassen. Der Senator für Bildung, Wissenschaft und Kunst rät Eltern, vor Kaufentscheidung den pädagogischen Nutzen abzuwägen und sich von Pädagogen beraten zu lassen.

Kein anderer Lernbereich wird gegenwärtig so zukunftsorientiert dargestellt wie die Arbeit am Computer; und wenn es um die Zukunft ihrer Kinder geht, sind Eltern gern bereit zu investieren. Den bisher noch Zögernden helfen jetzt Billig-Angebote. So bietet zum Beispiel ein Lebensmittel-Discounter in Bremen neben seinem branchengerechten Sortiment einen kompletten Computer (anschließbar an alle Fernsehgeräte) mit Handbuch, Programmcassette und Cassettenlaufwerk für nur 149 Mark an.

Mit dem Kauf eines solchen „Denkwerkzeugs" sei jedoch noch längst kein Schlüssel zum schulischen oder beruflichen Erfolg gegeben; praktikable und sinnvolle Anwendungen für Alltag und Schule gibt es kaum, wie eine Programmanalyse der Landesbildstelle zu diesem Billigangebot ergab. Dabei wurde praktisch keine pädagogisch begründbare Nutzungsmöglichkeit festgestellt. Die Erwartung, daß hiermit Kinder eigene Programme entwickeln, werde sich kaum erfüllen lassen, außer, man kaufe sehr teure Zusatzgeräte.

So würde diese Billig-Anschaffung schnell zum schwer verdaulichen Spielzeug für vorgegebene Computerspiele; angeboten würden nämlich Cassetten mit Sternenkrieg, Torpedoschlachten und tödlichen Boxkämpfen zu Preisen von 25 bis 39 Mark. Die Zukunft der Kinder ist nach Meinung der Landesbildstelle damit kaum zu gestalten.

eb

(aus: Weserkurier vom 25. 5. 1986)

1. Wie beurteilst du die Anzeige? Berücksichtige bei deiner Antwort den Zeitungsbericht „Nichts gelernt. Billig-Computer: ‚pädagogisch wertlos'."
2. Wie beurteilst du die ablehnende Haltung der Eltern in der Gesprächsszene oben links?

Konsum über alles?

Gunter Gernot schaut auf seine Uhr: „Halb drei. Gleich werden sie wieder auftauchen und ziellos in den Gängen hin und her streichen. Hoffentlich sind es nur einzelne Gruppen", denkt er. Sie kommen nämlich meist in kleinen Gruppen, zu zweit oder dritt. Die Jungsgruppen, die gleich zur Computerecke durchstarten, sind kein Problem. Da muß man nur bei älteren Jugendlichen aufpassen, wenn sie ihre Kopierübungen veranstalten. Aber da ist allmählich vorgesorgt. Bei den anderen, da weiß man nie, woran man ist. Sind sie aus Langeweile hier? Oder kommen sie mit klarer Absicht? Wollen sie nur etwas kaufen? Oder sich ansehen, was sie mit dem neuen Taschengeld nächsten Monat kaufen wollen? Oder nur bummeln? Oder ist eine Mutprobe angesagt? Das sind eigentlich arme Teufel, die mit der Mutprobe. Die haben oft schon wenn sie reinkommen so viel Angst, daß man es ihnen auf Meilen ansieht. Man spürt ihre Angst, wenn man neben ihnen hergeht. Spricht man sie dann nach der Tat an, muß man befürchten, sie heulen los. Am liebsten würde Gunter ein Schild an die Tür hängen:

Wer eine Mutprobe machen will,
soll sich bitte an der Kasse melden.

Aber die Jugendlichen würden nicht einmal den Witz verstehen. Sie tun ihm oft leid, die Mädchen und jungen Kerle, die glauben: „Wir haben es geschafft". Und dann steht Gunter da, unauffällig aber bestimmt. Es ist sein Job.

Schlimmer sind die „Ich-will-auch-haben-Diebe", denkt Gunter. Viele haben zwar nur Kindertricks auf Lager. Einer oder zwei passen auf, einer klaut. Aber sie gehen oft sehr zielsicher vor, weil sie etwas bestimmtes haben wollen. Konsum über alles. Nur um einen bestimmten Gegenstand zu haben, riskieren sie einen Diebstahl. Wenn die wüßten! Für ein Sweatshirt in die Polizeikartei. Verrückt, völlig verrückt! Aber Konsumwünsche machen machmal blind. Ich verstehe ja, denkt Gunter, sie wollen dazugehören, die gleichen Klamotten tragen wie die anderen. Ihren Eltern werden sie dann eine Räuberpistole erzählen, woher sie das Teil haben. Aber muß das sein? Sind Jugendliche wirklich so grausam, daß sie die ausschließen, die beim Geldausgeben nicht mithalten können? Zudem ist es ja meist noch das Geld der Eltern. Ich versteh' das nicht. Aber das ist ja auch nicht meine Aufgabe.

Gunter gibt sich einen Ruck, dreht sich wie ein suchender Kunde um, und geht Richtung Uhrenstand. Es sind neue Swatch-Uhren gekommen. Neue Modelle, ganz verrückte Sachen. Wen werden sie wohl heute wieder verrückt machen? Gegen abend wird Gunter es wissen. Er ist Hausdetektiv in einem Warenhaus.

Jugendliche Ladendiebe ertappt

Konsum über alles
Wie Lorenz T., 15 Jahre, zum Ladendieb wurde

Ladendiebstähle von Kindern und Jugendlichen nehmen zu

18jähriger verurteilt: 12 Monate Haft wegen wiederholtem Ladendiebstahl

Kinder klauten Waren im Wert von 4300,– DM

Zeitungsschlagzeilen

Warnschild in einem Kaufhaus

1. Aus welchen Motiven werden Jugendliche zu Ladendieben?
2. Sind Jugendliche „so grausam", wie Gunter Gernot das sieht?
3. Was könnte man Polizeibeamte oder Detektive zum Thema „Ladendiebstahl" fragen?

1.4 Verbraucherschutz für junge Leute

„Beschränkt“ ist gut

„Geschäftsfähig sein“ bedeutet: Man darf alle Rechtsgeschäfte wie Kauf, Tausch oder Verkauf selbständig tätigen und auch andere Verträge abschließen.

Jetzt kommt eine wichtige Ausnahme, die Jugendlichen das (Geschäfts-)Leben erleichtert.

Diese gesetzlichen Regelungen aus dem Bürgerlichen Gesetzbuch (BGB) sollen Jugendliche vor den Folgen unüberlegter Käufe oder sonstiger Vertragsabschlüsse schützen. Der Gesetzgeber fürchtet nämlich, daß Jugendliche oft nicht übersehen, welche Auswirkungen und Konsequenzen es hat, wenn sie teure Gegenstände kaufen, irgendetwas tauschen (auch das ist ein Rechtsgeschäft auf der Grundlage eines Vertrages!) oder Zahlungsverpflichtungen über einen längeren Zeitraum eingehen. Darum hat er alle Rechtsgeschäfte dieser Art von der Zustimmung der Erziehungsberechtigten abhängig gemacht. Sagen die Erziehungsberechtigten „nein“, dann ist der von einem Jugendlichen unter 18 Jahren abgeschlossene Vertrag ungültig. Der Jugendliche muß z. B. Mofa oder Stereo-Anlage zurückgeben und erhält den *vollen* Kaufpreis zurück. Die Zustimmungspflicht besteht auch für Abonnements oder Club-Mitgliedschaften, z. B. in einem Buchclub. Sagen die Erziehungsberechtigten „nein“, dann ist der Fall erledigt. Allerdings muß man dem Vertragspartner schreiben und ihn von dem Rücktritt informieren.

1. Ein Jugendlicher kauft sich einen Experimentierbaukasten für 118,– DM. Die Eltern erschrecken und verlangen, den Baukasten zurückzugeben.
   – Wie ist das rechtlich zu beurteilen?
   – Was hat zu geschehen?
2. Wie beurteilst du die gesetzliche Regelung?

Durchblick gewinnen – aber wie?

Es gibt für Verbraucher Möglichkeiten, etwas mehr Durchblick zu gewinnen. Erfahrungsgemäß nutzen ausgerechnet Jugendliche diese Möglichkeiten sehr wenig. Darum sollen zunächst Möglichkeiten der Verbraucherinformation beschrieben werden, die für Jugendliche besonders geeignet sind.

Da ist z. B. der Wettbewerb „Jugend testet", der jedes Jahr durchgeführt wird. Wer einmal selber getestet hat, der nutzt als Verbraucher viel eher Testergebnisse und ist auch bei Käufen kritischer. Der Wettbewerb wird von der Stiftung Verbraucherinstitut durchgeführt.

Ferner gibt es Bücher, die für Jugendliche geschrieben worden sind, z. B. das Buch „Die Sprüchemacher", in dem ein Werbefachmann aus seinem Berufsleben erzählt. Man muß mal in Buchläden stöbern ...

Bildschirmtext (BTX) ist eine Formel, auf die viele gehofft haben, das gilt auch für den Bereich der Verbraucherberatung. Jugendliche werden BTX wahrscheinlich eher nutzen als Bücher oder (Test-)Zeitschriften, wenn dieses System einmal stärker verbreitet sein sollte. Es dürfte nützlich sein, dann im BTX-System die Seiten der Verbraucherberatung anzuwählen, um sich so zu informieren.

Ein wichtiges Mittel, etwas über Produkte zu erfahren, ist die gegenseitige Information. Da gab es z. B. eine sehr teuere, von Jugendlichen gern gewählte Marke für Sweatshirts. Die Sweatshirts hatten neben dem hohen Preis einen weiteren Nachteil: Die Farben waren für die chemische Reinigung nicht geeignet. Viele Jugendliche machten diese Entdeckung, als es zu spät war, nämlich nach einer Reinigung. Aber wohl keiner warnte die anderen und riet vom Kauf ab. Jeder ließ andere auch auf die Nase fallen. Hätten die Jugendlichen sich untereinander informiert, hätten sich viele eine Enttäuschung und eine unnütze Geldausgabe ersparen können.

Jugendliche verbringen relativ viel Zeit vor dem Fernsehschirm. Da liegt es nahe, auch das Fernsehen mit seinen Informationssendungen als mögliche Informationsquelle zu nennen. Allerdings gilt das nicht für alle Fernsehprogramme gleichermaßen. Fernsehprogramme, die aus Werbeeinnahmen finanziert werden, dürften hier wesentlich weniger kritisch sein als andere. Verbraucher müssen also schon selbst herausfinden, welche Art von Verbraucherinformation für sie nützlich ist und wo Verbraucherinformationen eine besondere Art von Werbeveranstaltung sind.

Auch die Schule will helfen, Durchblick zu gewinnen. Das gilt für alle Fächer, auch für die Fächer der Arbeitslehre. Sie dürften für die Verbrauchererziehung besonders nützlich sein, weil sie konkret aufzeigen können, wo (jungen) Verbrauchern Fallen gestellt werden.

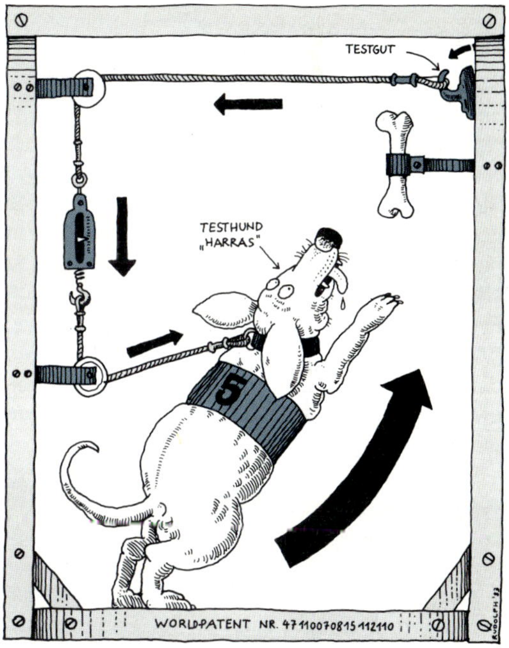

(aus: test Schule, Schüler testen, Juni 1984, S. 26)

1. Warum brauchen Verbraucher „Durchblick"?
2. Warum verschweigen Verbraucher oft schlechte Erfahrungen mit einem Produkt?
3. Welches Produkt oder welche Dienstleistung könntet ihr (vielleicht in Zusammenarbeit mit anderen Fächern wie Hauswirtschaft und Technik) testen?
4. Wie könnte man eine Art Verbraucherinformation von Schüler zu Schüler organisieren?

2. Der Verbraucher als Nachfrager nach Gütern und Dienstleistungen

Wir Verbraucher sind in unserer modernen Welt auf andere und ihre Arbeit angewiesen. Wir müssen Leistungen anderer beanspruchen, um unser Leben erhalten und gestalten zu können. Was für uns gilt, gilt auch für jeden anderen. Jeder ist von anderen abhängig, auch im Wirtschaftsleben. Welche Folgen kann das haben? Bin ich als einzelner wichtig, weil auch andere von mir abhängen?

2.1 Nachfrageverhalten und Wirtschaftsgeschehen

Vom Zwang, Nachfrager zu sein

Robinson Crusoe hat gelebt. Er war ein britischer Seemann, der allerdings anders hieß. Robinson war auf seiner Insel ein Verbraucher. Er mußte essen und trinken, brauchte eine Behausung und Kleidung. Aber er war kein Nachfrager, denn es war niemand da, bei dem er Güter oder Dienste hätte nachfragen können. Derselbe Robinson wäre nach seiner Rettung und Rückkehr nach England jämmerlich zugrunde gegangen, wenn er nicht zum Nachfrager geworden wäre. Denn die Welt, in der wir leben, läßt da keine Wahl. Sie unterscheidet sich nämlich in wesentlichen Punkten von Robinsons Inselparadies:

- Sie ist nach dem Prinzip der Arbeitsteilung organisiert.
- Jeder ist gezwungen, Leistungen anderer in Anspruch zu nehmen, um leben zu können.
- Leistungen anderer, also Güter oder Dienstleistungen, bekommt man in der Regel gegen Geld.
- Geld muß man verdienen.

Nur wer völlig bedürfnislos lebt und die Chance der Selbstversorgung hat, kann vielleicht für kurze Zeit den Gesetzen unserer arbeitsteiligen, auf Geld ausgerichteten Wirtschaft entgehen. Uns „Normalverbrauchern“ bleibt keine andere Möglichkeit, als Nachfrager zu sein. Für Nachfrager gelten aber in unserer Wirtschaft bestimmte Regeln. An die sollten wir uns halten, wenn wir nicht wollen, daß wir ständig übervorteilt werden oder unsere Versorgung nicht sicherstellen können. Nachfrager sein zu müssen, hat auf sehr unterschiedlichen Ebenen Konsequenzen:

- Man braucht Geld. Man muß sich also Geld beschaffen.
- Man ist auf andere angewiesen und braucht ihre Leistungen. Schon deshalb muß man mit anderen Menschen zurechtkommen.
- Man muß versuchen, die eigenen Interessen zu verfolgen und durchzusetzen. Im Wirtschaftsalltag hilft einem dabei in der Regel niemand.
- Man muß sich informieren und nachdenken, sonst ist die Gefahr groß, daß man zwar sein Geld los wird, aber nicht erreicht, was man erreichen will.
- Man muß sich über Möglichkeiten der Bedarfsdeckung informieren.
- Man muß Angebote vergleichen und zwischen ihnen auswählen.

1. Was zeigt die Geschichte von Robinson Crusoe?
2. Jemand möchte aus unserer Wirtschaftswelt „aussteigen“, aber trotzdem hier leben und wohnen. Wäre für ihn ein Leben ohne Geld denkbar? Begründe deine Antwort.
3. Überlege, wo du überall im Laufe eines Tages als Nachfrager auftrittst.

Nachfrageverhalten und die wirtschaftlichen Folgen

Nachfrage steigt, Arbeitsplätze sicherer

KUKU Pleite! Verbraucher wollten seine Mode nicht

Betriebe kämpfen ums Überleben. Zu wenig Nachfrage.

Konsumnachfrage steigt
Zulieferbetriebe besser beschäftigt

Haushalte sparen die Wirtschaft tot
Konsum geht weiter zurück, erste Pleiten

Finanzminister lobt Verbraucher – Nachfrage läßt Steuereinnahmen steigen

Studio S macht dicht
Zu wenig Verbraucher für Kabelfernsehen

Wenn die Verbraucher endlich wieder kaufen, haben wir weniger Arbeitslose

Verbraucher kaufen wie toll. Überall entstehen neue Geschäfte.

Die Zeitungsausschnitte machen deutlich: Von den Verbrauchern hängt im Wirtschaftsleben viel ab. Halten sie sich längere Zeit zurück und fragen nur wenig Waren und Dienstleistungen nach, dann gerät die gesamte Wirtschaft in Gefahr. Sind die Verbraucher ausgabefreudig, dann haben nicht nur Einzelhandel und Konsumgüterindustrie gut zu tun, sondern auch Wirtschaftsbetriebe in anderen Branchen. Allerdings hat auch die wirtschaftlich sinnvolle Nachfrage ihre Grenze. Wird sie überschritten, weil die Verbraucher mehr kaufen wollen als produziert wird, dann gerät auch die Wirtschaft in Gefahr.

Für das Verbraucherverhalten gilt die folgende alte Weisheit:

Zu wenig taugt nicht, zu viel tut auch nicht gut.

Wie aber soll der Verbraucher wissen, wann die Gesamtnachfrage zu gering, wann sie zu hoch ist? Hier hilft nur, sich als Verbraucher bei Nachrichtensendungen und in der Presse kundig zu machen. Ob das hilft, das Nachfrageverhalten zu ändern, ist eine andere Frage.

1. Welche Gründe können dazu führen, daß Nachfrager ihr Verhalten ändern?
2. Warum wirkt sich eine lebhafte Nachfrage nach Konsumgütern auch auf Wirtschaftsbereiche wie die Bau- oder Maschinenindustrie aus?
3. Für wen kann eine Übernachfrage schädlich sein? Warum?

Von der Verantwortung der Verbraucher als Nachfrager

Für beide Sichtweisen gibt es gute Argumente. Von beiden stimmt etwas, mal mehr, mal weniger. Aber selbst wer glaubt, Verbraucher seien vorwiegend Marionetten, kann nicht übersehen, daß Unternehmen nur mit solchen Produkten Markterfolge haben können, die von den Verbrauchern akzeptiert werden. Unternehmen müssen sich selbst Gedanken darüber machen, mit welchen Gütern oder Dienstleistungen sie am Markt Erfolg haben könnten. Zwar setzen ihnen Gesetze und Verordnungen Grenzen, z. b. das Lebensmittelrecht oder das Arzneimittelgesetz. Aber innerhalb dieser Grenzen dürfen sich Unternehmen frei bewegen. So ist zwar bekannt, daß zuviel Süßigkeiten gesundheitliche Probleme schaffen können. Aber deswegen ist es noch lange nicht verboten, Süßigkeiten herzustellen und sie mit allen Mitteln (und Tricks), die erlaubt sind, zu verkaufen. Hier ist der Verbraucher gefordert. Er muß für sich selbst entscheiden, ob und wieviel Süßes er kauft und ißt. Er ist für sich selbst verantwortlich.

Die Verantwortung der Verbraucher reicht aber über den einzelnen hinaus. Dazu ein Beispiel: Aus der Sicht des Umweltschutzes gibt es wichtige Argumente gegen die Produktion von Dosen, soweit sich das vermeiden läßt. Getränkedosen sind da ein bekanntes Beispiel.

Für Kondensmilch werden auch nicht wenig Dosen produziert. Nun hatte Mitte der 80er Jahre ein Unternehmen Kondensmilch in Pappverpakkung angeboten. Das war sicherlich umweltfreundlicher als die Dosenverpackung. Die Verbraucher aber ließen die Milch stehen. Sie wollten „Dosenmilch“. Der Versuch mit der Pappverpakkung scheiterte, zumindest beim ersten Versuch. Hier hätten Verbraucher einen, wenn auch kleinen Beitrag zum Umweltschutz leisten können. Aber ihre Gewohnheiten standen dem entgegen.

Ein zweites Beispiel: Anfang der 80er Jahre wurde sehr massiv auf Umweltprobleme hingewiesen, die phosphathaltige Waschmittel verursachen. Als der größte Anbieter von Waschmitteln sich endlich traute, sein beliebtestes Waschmittel phosphatfrei anzubieten, da hatte er schon seit längerer Zeit ein anderes phosphatfreies Mittel auf dem Markt. Aber es war ein relativ wenig gekauftes Waschmittel. Dafür wurde keine Reklame gemacht. Umweltbewußte Verbraucher konnten es allerdings wissen, denn auf der Packung stand „phosphatfrei“. Als nun die große Marke, also das bekanntere Produkt, auch phosphatfrei hergestellt wurde, da passierte folgendes: Der Hersteller bot die gleiche Marke sowohl phosphatfrei als auch in üblicher Zusammensetzung, also mit Phosphaten an. Der Verbraucher mußte schon genau hinschauen, wenn er die beiden Verpakkungen auseinanderhalten wollte. Den Händlern empfahl der Hersteller, beide Produkte nebeneinander anzubieten. Die Verbraucher sollten entscheiden, ob sie das umweltfreundlichere oder das gewohnte Produkt haben wollten. Die anderen großen Waschmittelhersteller warteten erst einmal ab, wie die Verbraucher sich entscheiden würden. Ein umweltfreundlicheres Waschmittel sollte es also nur geben, wenn die Verbraucher es akzeptieren würden. Dieses Verhalten war aus der Sicht der Unternehmen vernünftig.

Was wäre geschehen, wenn der Hersteller als einziger seine ganze Produktion auf phosphatfreie Waschmittel umgestellt hätte, die Verbraucher aber das umweltfreundliche Produkt abgelehnt hätten?

Dieses Beispiel zeigt vielleicht ebenso deutlich wie das „Dosenmilchbeispiel", daß durch das Nachfrageverhalten der Verbraucher wichtige Weichenstellungen erfolgen können.

1. Beispiel

„Ihr Produkt ist aus ernährungswissenschaftlicher Sicht bedenklich."

„Darüber wird man streiten können. Aber wie auch immer: Es verstößt nicht gegen das Lebensmittelrecht, und die Verbraucher wollen es. Was wollen Sie? Ernährungsbedingte Krankheiten, das ist doch nicht mein Problem."

2. Beispiel

„Noch mehr Fernsehangebote, das ist doch schädlich, vor allem für die Jugend."

„Andere sehen das anders. Darüber kann man streiten. Wenn der Verbraucher das will, dann bekommt er mehr Fernsehangebote. Es liegt allein an der Nachfrage, wie weit wir das Fernsehangebot ausweiten."

3. Beispiel

Der Bundesgesundheitsminister: „Rauchen gefährdet Ihre Gesundheit."

„Wir wenden uns gegen jede Einschränkung des Rauchens. Wer rauchen will, soll das tun dürfen, überall und uneingeschränkt. Verbraucher soll man nicht bevormunden. Freie Bürger müssen auch frei entscheiden können."

1. Was haben die drei Beispiele mit der Überschrift dieses Kapitels zu tun?
2. Was zeigt das „Dosenmilchbeispiel"?
3. „Der Verbraucher schädigt sich durch falsche Nachfrage nur selbst!" Nimm Stellung zu dieser Aussage.

2.2 Einflüsse auf das Nachfrageverhalten

Angebote schaffen sich ihre Nachfrage

Mode wird gemacht. Das weiß man. Es gelingt Modemachern immer wieder, neue Modelinien durchzusetzen. Sie schaffen es, Kleidung „alt" aussehen zu lassen, selbst wenn sie erst vor einem Vierteljahr gekauft worden ist. Ihrem mit starkem Werbedruck unterstützten Angebot kann sich kaum jemand widersetzen.

Unternehmen stehen unter dem Zwang, Käufer für ihre Produkte zu finden. Wenn die Maschinen stillstehen, weil man nichts verkaufen kann, dann ist das Unternehmen am Ende. Wer will das schon? Also läßt man sich etwas einfallen. Manchmal kommen dabei völlig neue Produkte heraus. Die Fachleute sprechen von „innovativen Produkten". Manchmal wird aber Altes einfach nur neu aufgemacht.

Die Mode ist auch ein gutes Beispiel dafür, daß Verbraucher nur reagieren können. Sie können den Marktangeboten gegenüber Zustimmung oder Ablehnung zeigen. Sie können aber die Angebote nicht selbst schaffen. Wenn es Anbietern gelingt, etwas auf den Markt zu bringen, das die Zustimmung der Verbraucher findet, dann wird das durch eine hohe Nachfrage belohnt.

Die CD-Plattenspieler und die dazugehörigen CD-Platten sind ein Beispiel für solche Entwicklungen. Das neue Hörerlebnis kam bei den Verbrauchern so gut an, daß die Produktionskapazitäten erheblich vergrößert werden mußten und die Produktionsrückgänge bei anderen „Tonmaschinen" durch die neuentwickelten Geräte ausgeglichen wurden. Bei CD-Platten gab es regelrechte Engpässe. Ein neues Angebot hatte sich eine erhebliche Nachfrage geschaffen. Nicht immer gelingt das. Viele der neu angebotenen Produkte bestehen den Markttest nicht. Sie müssen aus der Produktion genommen werden. Fachleute sprechen dann von einem Flop.

Sehr geehrter Hersteller!

Was ist, wenn Ihnen nicht Neues einfällt, der Markt aber Ihr altes Produkt nicht mehr aufnimmt, wie Sie möchten?

Ganz einfach: Trimmen Sie Ihre alten Produkte auf neu. Sie wissen doch: Die Verpakkung macht's. Lernen Sie von der Autoindustrie. Die bügelt in solchen Fällen ein paar Kanten an der Karosserie weg, versetzt eine Zierleiste, vergrößert ein Fenster und setzt neue Blenden ein. – Vielleicht wird auch an der Maschine oder den Achsen ein Fehler ausgeräumt, der eigentlich schon längst hätte beseitigt werden müssen. Schon ist das neue Modell fertig – in neuen Farben, versteht sich. „Neu", das zieht. Viele Verbraucher stehen auf „neu". Das ist Ihre Chance!

Also, wann starten Sie mit Ihrem neuen Angebot?

PS: Wir helfen Ihnen gerne, aus alt neu zu machen. Rufen Sie einfach unsere Abteilung Design an.

Auch dieses Angebot schaffte sich seine Nachfrage. Mit der „Bremer Karte" kann jeder Karteninhaber beliebig oft mit Bus oder Straßenbahn im gesamten Stadtgebiet von Bremen und in einigen anderen Städten (z. B. Bremerhaven, Braunschweig, Kiel) fahren. Die Karte kostet zur Zeit im Monat 40,– DM.

1. Stimmt es immer, daß Angebote sich ihre Nachfrage schaffen?
2. Finde weitere Beispiele für den Zusammenhang zwischen Angebot und Nachfrage.
3. Lassen sich auch Beispiele für den umgekehrten Vorgang finden, daß sich nämlich die Nachfrage ein Angebot schafft?

Werbung – Einflußnahme oder Hilfe für Verbraucher?

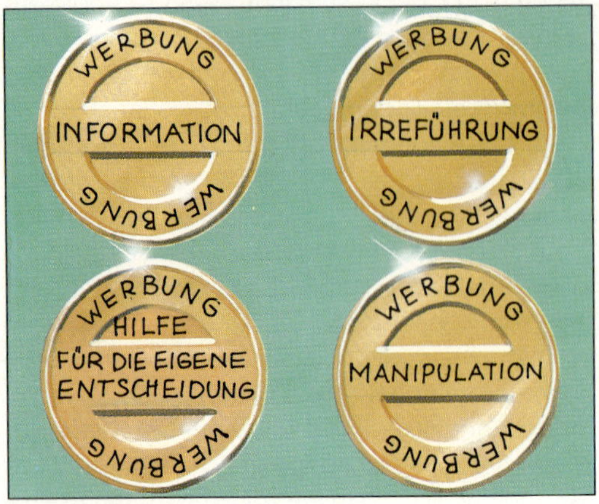

Werbung kann verschiedene Seiten haben. Manchmal haben Anzeigen, Fernsehspots oder Werbeeinblendungen im Rundfunk von jeder Seite etwas: Sie informieren und versuchen zugleich, durch schöne, aber nichtssagende Worte oder Bilder den Verbraucher einzufangen. Sie bieten ihm Hilfe, sich mit dem angebotenen Produkt auseinanderzusetzen und haben zugleich Teile, die den Verbraucher am Nachdenken hindern und nur sein Gefühl ansprechen wollen. Das Mischungsverhältnis der verschiedenen Teile ist äußerst unterschiedlich. So gibt es Werbung, die vorwiegend informiert. Sie sagt z. B. etwas über

- das Aussehen des Produkts,
- seinen Preis,
- seine wichtigsten Eigenschaften,
- seine technischen Details,
- die Serviceleistungen des Anbieters,
- die Beurteilung des Produkts durch die Stiftung Warentest.

Mit solchen Angaben kann der Verbraucher etwas anfangen. Er kann sie z. B. als Grundlage für Vergleiche mit Konkurrenzprodukten nehmen. Auch kann er entscheiden, ob es aus seiner Sicht lohnt, sich mit dem Produkt näher zu befassen, oder ob er sich besser nach etwas anderem umsieht. Es gibt aber auch Werbung, die ganz darauf abgestellt ist, die Gefühle, Wünsche und Träume des Verbrauchers zu treffen. Sie gaukelt ihm vor: Mit diesem Produkt erwirbst du Ansehen, gehörst du zu den besonderen Leuten. Oder sie versucht ihm einzureden: Wer dieses Produkt nimmt, hat besondere Eigenschaften. Er ist liebenswert oder sportlich oder clever.

Zur wenig informierenden Werbung gehört die „Leitbildwerbung", bei der bekannte Persönlichkeiten für Produkte oder Dienstleistungen werben. So machen z. B. Sportler Reklame für Schokolade (die sie vielleicht selbst nicht essen) oder Schauspieler für Kleidung (die sie vielleicht gar nicht mögen). Die Werbeleute hoffen darauf, daß viele Fans genauso handeln wie ihr Vorbild vorgibt zu tun, Schokolade der angepriesenen Marke essen oder die abgebildete Kleidung tragen, um mit „ihren" Stars etwas gemeinsam zu haben. Werbung bringt viel Geld. Dafür essen Sportler auch schon mal Schokolade. Der Sport ist überhaupt dort, wo er professionell betrieben wird, sehr eng mit dem Werbegeschäft verbunden. Allein für die sog. Bandenwerbung werden Millionen ausgegeben – des Fernsehens wegen.

Eines kann man von keiner Werbung erwarten, wenn sie auch sonst noch so sachlich ist: Keine Reklame wird Nachteile, Schwachstellen oder Probleme ansprechen, die das Produkt hat. Eine unfreiwillige Ausnahme bildet da nur die Zigarettenwerbung.

Auf der folgenden Seite ist eine Collage aus Werbeanzeigen abgebildet. Sie enthält, wie viele Anzeigen, informative und suggestive, also versteckt beeinflussende Elemente. Was sie nicht sagt: Minigeräte mit Kopfhörern sind aus gesundheitlichen Gründen problematisch. Es gibt Ohrenärzte, die würden solche Geräte gern verbieten lassen. Denn die Gefahr ist groß, daß gerade Jugendliche sich selbst Hörschäden zufügen, die nie wieder behoben werden können. Der Verbraucher ist aufgefordert, Werbung auch daraufhin kritisch zu prüfen, was sie vielleicht verschweigt.

1. Zeige Beispiele für informative und suggestive Werbung.
2. Untersuche die Collage auf informative und suggestive Elemente.
3. Zeige Beispiele für Leitbildwerbung.
4. Gibt es Werbung für andere Produkte als Minicasettengeräte, die vielleicht problematisch ist?

MINI - Cassettenrecorder
- top in Sound und Technik!
Stereo-Cassettenspieler im Mini-Format. Stereo-Wiedergabe bespielter Compact-Cassetten über Stereo-Kopfhörer. Eingebautes Mikrofon für Talk-Line-Funktion. Cue-/Review-Möglichkeit. Anschlüsse für 2 Stereo-Kopfhörer. Batteriebetrieb. Maße: ca. 9 x 13 x 3 cm. Gewicht: ca. 350 g. Gehäuse: metallic.
249,-
HITS AUF SCHRITT UND TRITT.
Walkman
STIFTUNG WARENTEST test
Qualitätsurteil: gut
● 2 Geschwindigkeiten (d.h. bis zu 2 Std. Spielzeit)
● Ausgangsleistung 300 mW
● Ein-Tasten-Aufnahmefunktion
● „Cue/Review": Mithörmöglichkeit bei schnellem Vor- und Rücklauf
● Bequeme Aufnahmekorrektur durch „Follow-Up-Recording"
● „Quick-Review": direkte Umschaltmöglichkeit von Aufnahme- auf Review-Funktion
● Eingebautes Kondensator-Mikrofon
● LED-Anzeige für Aufnahme-/Batteriezustand
● Stromversorgung: Batterie 3 V (2 x UM-3), Netz 220 V (mit Netzadapter RP-31; zusätzlich erhältlich) Auto-/Bootsakku-Anschluß (über Adapter RP-993; zusätzl. erhältlich)
● Gehäusefarbe: silber
● Gewicht: 180 g (ohne Batterien)
● Abmessungen: 6,08 x 12,7 x 2,45 cm (B x H x T)
stereo cassette player
FF
Neuheit
Das ist stark. Nicht nur Cassetten abspielen. Und nicht nur UKW hören. Sondern alles, was man hört, auch gleich auf dem eigenen Band festhalten.
RECORDERTEIL
Aufnahme-/Wiedergabe-System: 4-Spur/Stereo-Wiedergabe
Cassetten-Art: Kompakt-Cassette
Geschwindigkeit: 4,75 cm/sec.
Köpfe: 1 Wiedergabekopf
Frequenzgang: 40–16.000 Hz (Metal)
Ausgänge: 2 Kopfhörerbuchsen (3,5 mm-Stereo-Klinke)
Mitnehmen und Spaß haben.
Mini-Cassettenrecorder für Normalcassette

Verkaufsstrategien im Supermarkt

Die Bilder und Texte rechts könnten aus einem Lehrbuch für Verkäufer entnommen sein. Tatsächlich ist der Handel darauf angewiesen, Kunden beim Einkauf „behilflich" zu sein, und Kunden haben oft gegen diese Art der Verführung nichts einzuwenden. Zwar schimpfen viele von ihnen, wenn der Einkaufskorb wieder randvoll ist, obwohl sie nur vier Teile kaufen wollten. Aber beim nächsten Einkauf wird es wieder nicht anders sein. Der Handel ist seit Jahren dabei, seine Kunden, also uns Verbraucher, möglichst genau zu erforschen. Sein Ziel ist es, Einfluß auf das Einkaufsverhalten zu nehmen. Dazu muß er viel über das Nachfrageverhalten wissen. Interviews, Tests oder Kundenbeobachtungen über Videokameras sind Mittel, mit denen beauftragte Forschungsinstitute versuchen, hier etwas herauszubekommen, um dem Handel Tips für eine noch bessere Verkaufsförderung geben zu können.

1. „Verkaufsfördernde Maßnahmen" kann man aus Kundensicht unterschiedlich beurteilen. Versuche, Pro- und Contra-Argumente zusammenzutragen.
2. Nenne weitere verkaufsfördernde Maßnahmen, die dir schon einmal aufgefallen sind.

Nur für den internen Gebrauch!

***1.** „Sonder-" oder „Vorteil-", das sind immer die richtigen Vokabeln. Großpackungen werden zum „Vorteilskauf". Vorsicht bei der Preisfestlegung: Die Großpackung sollte wirklich wenigstens ein paar Pfennige billiger sein als zwei Normalpackungen. Die Wirkung des Wunderwortes „Sonderangebot" kennt jeder.*

***4.** Achten Sie sorgfältig auf die Warenplacierung in den Regalen. In Augenhöhe placierte Waren haben die meisten Abverkäufe. In Bodennähe sollten Sie nur Waren anbieten, die für Impulskäufer uninteressant sind und die von Kunden gezielt gesucht werden. Achten Sie auch darauf, daß die verkaufsstarke Seite der Verpackung zur Wirkung kommt.*

Ein Kunde kauft in Ihrem Geschäft für 8,48 DM ein. Der gleiche Kunde könnte aber auch Waren für mehr als zwanzig oder gar dreißig Mark mit nach Hause nehmen. Es liegt an Ihnen, wenigstens zu einem Teil, wie gefüllt der Warenkorb ist, der an die Kasse geschoben wird. Erleichtern Sie Ihren Kunden und Kundinnen das Einkaufen. Ihr Service kommt Ihnen in Form gestiegener Umsätze zugute. „Einkaufserlebnis", das ist ein Schlüsselwort für viele, für die der Preis beim Einkauf nicht alles ist. Achten Sie auf eine ansprechende Ladengestaltung, auf Atmosphäre, Licht, Farben, Freundlichkeit. Ein gut placierter Scheinwerfer, dessen Licht von Kunden nicht bewußt wahrgenommen wird, kann ein Top-Verkäufer sein.

2. Über „Stolperkörbe" sollen Kunden zwar nicht stolpern, aber sie sollen das Tempo verringern, mit dem sie durch den Laden gehen. Zudem sollten Sie Ihren Kunden (Raser kaufen nicht viel!) ein attraktives Warenangebot im Sinne des Wortes nahebringen. „Impulskäufe" sind wichtig. Geben Sie durch Ihre Ladengestaltung Impulse.

3. Die Kassenzone ist noch immer für Markenartikel gut, z. B. für Kaugummi oder Kleinpackungen von Süßigkeiten. Nutzen Sie die Wartezeiten der Kunden für ein freundliches Angebot. Denken Sie dabei auch an Kinder, für die das Warten besonders langweilig ist.

5. „Zweitplacierung" ist zu einer gängigen Form der Verkaufssteigerung geworden. Die gleiche Ware, die ihren Stammplatz im Regal hat, wird den Kunden noch einmal an anderer Stelle im Laden angeboten, z. B. gestapelt auf Paletten in den Gängen. Auch hier führen Impulskäufe zu zusätzlichen Umsätzen.

6. Unterschätzen Sie nicht die Wirkung besonderer Warenpräsentationen. Geben Sie sich mit Auswahl und Gestaltung Mühe. Das lohnt sich, denn Kunden verbinden mit einer ansprechenden Aufmachung Wertvorstellungen über die Ware. Was so präsentiert wird, muß gut sein, und gute Ware hat ihren Preis.

Formen der Werbung

„Werbung" begegnet uns täglich in vielen Formen: Sich Sachen anzuziehen, die einem gut stehen, sich die Haare sorgfältig zurechtzumachen, sehr freundlich zu sein, jemandem zuzulachen – das alles kann „Werbung" sein. Wenn von „Werbung" die Rede ist, wird allerdings meist die Werbung für Waren und Dienstleistungen gemeint. Aber auch hier ist die Vielfalt der Möglichkeiten noch immer unüberschaubar groß. Fachleute werden dafür bezahlt, immer neue Möglichkeiten zu finden. So ist z. B. die Werbung auf den Trikots von Fußballmannschaften noch gar nicht so alt. Eine relativ neue Werbemasche ist es, in Spielfilmen Reklame für bestimmte Produkte zu machen, indem die „Helden" diese Produkte deutlich erkennbar nutzen, z. B. Autos oder Uhren. Auch Kleidung mit Reklameaufdruck ist eine Form der Werbung.

Werbung begegnet man auf Schritt und Tritt. Einige häufig vorkommende Formen von Werbung zeigen diese Fotos.

1. Benenne die auf dieser Seite vorgestellten Formen der Werbung. Wie wird dabei jeweils geworben?
2. Welche weiteren Formen der Werbung kennst du?
3. Die Fernsehwerbung gehört zu den teuersten Formen der Werbung. Warum sind die Sendezeiten trotzdem ausgebucht?
4. Ihr sollt eine Werbeaktion für mehr Sicherheit in der Schule planen. Welche Formen der Werbung würdet ihr einsetzen?

Wie Werbung gemacht wird

Liebe Gabi!

Du fragst mich, ob ich als Texter von Werbeanzeigen nicht oft schamrot werde, wenn ich meine eigenen Texte lese. Nein, ich werde nicht schamrot, nicht 'mal rosa! Ich mache meinen Job so gut ich kann, und ich freue mich, wenn ich Erfolg habe. Wer täte das nicht?! Wenn irgendwelche wildfremden Leute ein Produkt mit dem Slogan verbinden, den ich erfunden habe, wenn man „meine" Worte überall hören kann, und zwar nicht nur in bezahlter Werbung, dann ist das doch toll! Natürlich kann ich nicht über alle Produkte genau Bescheid wissen, über die ich Texte entwerfe. Das wäre zuviel verlangt. Ich habe z. B. in letzter Zeit – teilweise nebeneinander – für Autoreifen, Rasierwasser, ein Müsli-Produkt und ein Reinigungsmittel gearbeitet. Da muß ich mich auf das verlassen, was unsere Auftraggeber zu dem Produkt sagen. Ich mache Werbung, keine Warentests. Ich bin Fachmann für Werbesprüche, nicht für Autoreifen, Rasierwasser, Müsli oder Reiniger. Das ist auch gar nicht notwendig . . .

Wenn es um Werbung geht, sind die Texter oder Texterinnen meist sehr wichtig. Es gibt wenig Reklame ohne Text. Genauso wichtig sind aber auch die Fotografen oder Grafiker, die eine Anzeige optisch gestalten. Sie sind Profis in Sachen Bildauswahl und Bildgestaltung. Sie haben ein meist treffsicheres Gefühl dafür, welches Bildmotiv die Leute anspricht, die man mit der Anzeige erreichen will. Sie kennen sich in der Wirkung von Farben aus. Welche Farben sind gut für die Anzeige? Welche dürfen nicht auftauchen, weil sie beim Betrachter ein ungutes Gefühl hervorrufen oder nicht zu dem angepriesenen Produkt passen? Das alles wird sorgfältig überlegt, wenn eine Anzeige gestaltet wird. Bildmotiv, Farbe, Produkt: Alles muß zusammenpassen und den Verbraucher, der die Anzeige sieht, freundlich stimmen. Wie genau die Werbefachleute bei der Entwicklung von Anzeigen sind, mag ein kleines Beispiel zeigen. Da werden Werbeaufnahmen für ein Getränk wirklich in der Karibik oder zumindest in Spanien oder Tunesien und nicht im Studio oder auf Norderney gemacht, weil die Farben für Himmel, Sand und Meer sonst nicht stimmen würden. Die Anzeige soll eine exotische Ausstrahlung haben und damit dem Produkt den Schein des Besonderen geben. Es ist dann auch völlig unerheblich, wenn das „exotische" Produkt in einer ganz normalen Fabrik hergestellt wird, die an einem drekkigen Hafenbecken oder mitten in einem Industriegebiet liegt. Werbeleute sind eben Profis.

Was nützen allerdings die in Text und Bild sorgfältig konstruierte Anzeige oder der mit Komponist und Texter erarbeitete Rundfunkspot, wenn sie nicht von den Leuten wahrgenommen werden, für die sie gedacht sind? Darum gehören in das Team der Werbeexperten auch Fachleute, die darüber entscheiden, auf welchen Wegen die Werbebotschaften an die Verbraucher herangebracht werden sollen. Sie suchen z. B. die Zeitschriften aus, in denen die Anzeigen erscheinen, oder legen den Sender und die Sendezeit für den Radio-Werbespruch fest.

Werbung kostet viel Geld. Also geht es auch in der Werbung nicht ohne Finanzexperten. Sie gehören ebenfalls zur Werbemannschaft.

In der Regel sind es Spezialunternehmen, Werbeagenturen genannt, die mit einem großen Stab von Fachleuten Werbung erfinden. Dabei werden jeweils kleine Teams gebildet, die sich mit einem Werbeauftrag befassen. Werbung ist ein Geschäft für phantasiereiche, kreative Leute. Ihre Aufgabe ist es, Reklame zu machen, die ankommt und die hilft, das Produkt, um das es geht, zu verkaufen. Nichts sonst.

1. Zähle auf, wer an der Entwicklung einer Werbeanzeige mitarbeitet.
2. Werbetexte geben nicht unbedingt objektiv Auskunft über das Produkt, für das sie werben. Warum nicht?
3. Warum ist es wichtig, bei einer geplanten Rundfunkwerbung festzulegen, in welchem Sender und wann der Spot gesendet werden soll?
4. Es gibt viele Anzeigen für Seife. Es gibt keine Anzeige, die jemanden zeigt, der einfach nur seine erkennbar schmutzigen Hände wäscht. Warum wohl nicht?

2.3 Schutz und Selbstschutz der Verbraucher

Verbraucherschutz – warum und wie?

Für Verbraucher gibt es unzählige gute Ratschläge. Wie aber soll ein Verbraucher sie unter Alltagsbedingungen befolgen? Er soll aus einer unübersehbaren Warenfülle auswählen, hat aber in der Regel keine oder nur sehr eingeschränkte Warenkenntnisse. Er soll Werbung beurteilen, weiß aber selbst meist in der Sache, um die es geht, nicht Bescheid. Er soll gleichberechtigter Partner der Anbieter sein, ist aber meist nur ein Amateur, der Profis gegenübersteht. Wie soll der Verbraucher da zurechtkommen? Die Frage ist deshalb so wichtig, weil der Verbraucher durch sein Nachfrageverhalten ja nicht nur über seinen Konsum bestimmt, sondern auch auf die gesamte Wirtschaft einwirkt.

Der Verbraucher braucht Hilfen. Eine wichtige Hilfe ist die Verbrauchererziehung. Wenn der Verbraucher erst einmal erkannt hat, wie wichtig er ist, dann wird er vielleicht bewußter einkaufen und verbrauchen. Und wenn er weiß, daß Hersteller und Handel andere Interessen haben als er selbst (die möchten nämlich sein Geld haben, er möchte davon vielleicht möglichst viel behalten), dann wird er sich auch bewußter verhalten.

Der Gesetzgeber hat längst erkannt, daß der Verbraucher schutzbedürftig ist. So gibt schon das Bürgerliche Gesetzbuch aus dem Jahre 1899, das heute noch gilt, dem Verbraucher Schutz, z. B. durch Vorschriften im Zusammenhang mit Reklamationen. Im Laufe der Zeit sind neue und spezielle Rechtsvorschriften entstanden. Auch der Gesetzgeber hat reagiert, wenn er feststellte: Die Verbraucher werden von Leuten, die z. B. in Rechtsfragen besser Bescheid wissen, ausgetrickst. Er hat neue Gesetze geschaffen, die den Verbraucher noch besser schützen sollen.

Aber so wichtig und hilfreich diese Bemühungen des Staates sind, sie können es nicht ändern, daß der Verbraucher für sich selbst verantwortlich ist. So kann der Staat durch Gesetz die Verarbeitung giftiger Stoffe in Lebensmitteln verbieten. Er kann aber wohl kaum die Verarbeitung von Fett oder Zucker untersagen. Zuviel Fette und zuviel Zucker sind ungesund. Da muß der Verbraucher selbst aufpassen, was und wieviel er ißt. Der Gesetzgeber hilft ihm aber auch hier einen Schritt weiter, indem er verlangt, daß Hersteller von verpackten Lebensmitteln angeben, was für Zutaten sie verwendet habe. Nutzen aber muß diese Information der Verbraucher selbst.

Der Verbraucher ist nicht nur schutzbedürftig, wenn es um Lebensmittel geht. Auch andere Produkte dürfen ihn nicht gefährden. Das gilt besonders für Medikamente. Sie sollen helfen und nicht noch kranker machen oder gar erst Krankheiten hervorrufen. Wie aber soll ein Verbraucher überprüfen, ob ein Medikament in Ordnung ist? Er muß sich darauf verlassen können, daß nur einwandfreie Medikamente auf den Markt kommen. Auch hier hat der Gesetzgeber eingegriffen und strenge Vorschriften erlassen.

Dies sind einige Beispiele dafür, daß der Gesetzgeber sich bemüht, den Verbraucher vor Schädigung und Übervorteilung zu schützen. Dies ist wichtig, weil der Verbraucher einfach nicht über alles Bescheid wissen kann.

Was muß auf der Verpackung stehen?

1. Verkehrsbezeichnung
2. Mengenangabe
3. Mindesthaltbarkeitsdatum
4. Hersteller
5. Zutatenliste

Gesetz gegen den unlauteren Wettbewerb

Gesetz zur Regelung der Allgemeinen Geschäftsbedingungen

Arzneimittelgesetz

Fernstudiengesetz (Gesetz zum Schutz von Verbrauchern, die ein Fernstudium buchen)

Textilkennzeichnungsverordnung

Abzahlungsgesetz (Gesetz zum Schutz von Verbrauchern, die Ratenverträge abschließen)

Rabattgesetz (Gesetz über Preisnachlässe)

Reisevertragsgesetz (Gesetz zum Schutz von Verbrauchern, die eine Pauschalreise buchen)

Preisauszeichnungsverordnung

Lebensmittelgesetze und -verordnungen

1. Manche Hersteller sehen es gar nicht gern, daß sie die Zutatenliste abdrucken müssen. Warum wohl nicht?
2. Was muß auf einer Dose mit einem Fertiggericht alles stehen? Warum sind deiner Meinung nach diese Angaben wichtig?
3. Würdest du gern weitere Angaben haben? Welche?

Nachfrageverhalten als Verbraucherschutz

Ob bei Kleidung oder Möbeln, bei Lebensmitteln oder Geräten der Unterhaltungselektronik: Preise und Qualitäten können sehr unterschiedlich sein. Da ist es sinnvoll, daß der Verbraucher sich vor einem Kauf informiert und verschiedene Angebote vergleicht. Oft reicht ein Blick auf Preisschilder oder gar zu Hause auf Anzeigen aus, um zu wissen, wo eine bestimmte Ware günstig angeboten wird. Wenn es um Qualitäten geht, wird die Sache meist schwieriger. Hier ist es oft sinnvoll, mit Verkäufern ein Beratungsgespräch zu führen, andere um Rat zu fragen und eventuell Prospekte zu sammeln und sorgfältig auszuwerten. Auch hier sollten verschiedene Angebote geprüft werden. Denn wer sich auf die Informationen und Argumente nur eines Verkäufers verläßt, ist in vielen Fällen verlassen, weil jeder Verkäufer natürlich „seine" Ware als gut hinstellen wird. Wenn man als Kunde Pech hat, gerät man hier und da sogar an Verkäufer, die von den Produkten, die sie verkaufen, keine Ahnung haben. Man sollte als Verbraucher ruhig ein bißchen mißtrauisch sein – mehr Information ist besser als wenig oder keine Information. Wer nach diesem Grundsatz handelt, schützt sich selbst vor unangenehmen Überraschungen. Allerdings muß man die Informationsbeschaffung lernen.

Wichtig ist, daß man als Nachfrager weiß, was man will. Nur dann kann man sich gezielt umsehen, das Warenangebot nach Preis und Qualität miteinander vergleichen und das heraussuchen, was für den eigenen Bedarf geeignet ist. Fachleute sprechen davon, daß sich Verbraucher „Markttransparenz" verschaffen müssen. Sie sollen einen möglichst guten Überblick über das für sie in Frage kommende Warenangebot haben.

Die dazu erforderliche Auswertung von Informationen verlangt einige Übung, logisches Denken und eine Portion Mißtrauen. Prospekte z. B. sind sicherlich eine gute Informationsquelle, sie sind zugleich aber auch Werbeschriften. Da muß man auseinanderhalten können, was Sachinformation ist und was in die Rubrik „Werbung" gehört. Wie wichtig das ist, zeigt sich am Beispiel von Urlaubskatalogen. Gerichte verlangen von Verbrauchern, daß sie zwischen den Zeilen lesen und allgemeine Umschreibungen kennen. Sie müssen z. B. wissen, daß in einem „lebhaften Haus" rund um die Uhr Betrieb ist oder „zentrale Lage" so viel bedeuten kann wie „Straßenlärm rundum."

Für viele Verbraucher ist es schwierig, einem freundlichen Angebot zu widerstehen oder einfach „nein, danke" zu sagen. Sie sollten es lernen!

1. Was haben Preisvergleiche und Beratungsgespräche mit „Verbraucherschutz" zu tun?
2. „Preisvergleiche anstellen", das ist leicht gesagt. Welche Probleme können einen Preisvergleich erschweren?
3. Andere um Rat zu fragen ist kein schlechter Tip. Sollte man ihrem Rat aber auch in jedem Fall folgen?

Einrichtungen des Verbraucherschutzes

Gesetze allein reichen nicht aus, um dem Verbraucher zu helfen. Kein Gesetz kann z. B. sicherstellen, daß alle Waren einer Art gleich gut und gleich preiswert sind. Gerade wenn der Wettbewerb groß ist, wie etwa auf dem Automarkt, dem Markt für Videogeräte oder dem Markt für Küchenmaschinen, dann gibt es ein kaum überschaubares Angebot. Was taugen die einzelnen Angebote? Sind sie ihr Geld wert? Welche Produkte werden überhaupt angeboten? Da ist es gut, wenn Einrichtungen, wie die Stiftung Warentest mit ihrer Zeitschrift „test" und anderen Veröffentlichungen, dem Verbraucher durch Informationen helfen. Da Anbieter bei Warentests nicht so gern ihr Produkt mit „mangelhaft" bewertet haben möchten, wirkt die Stiftung Warentest auch indirekt. Manches Produkt wäre schlechter, wenn es das Urteil der Warentester nicht gäbe. So haben auch diejenigen Verbraucher etwas von „test", die diese wichtige Verbraucherzeitschrift nicht kaufen bzw. lesen.

Eine weitere wichtige Stütze des Verbraucherschutzes sind die Verbraucherzentralen in den Bundesländern und die Verbraucherberatungsstellen in vielen Städten unseres Landes. Sie können durch Beratung und Information dem Verbraucher direkt helfen. Zudem dürfen die Verbraucherzentralen vor Gericht klagen, wenn Anbieter gegen Wettbewerbsvorschriften verstoßen. Auch das hilft dem Verbraucher. Verbraucherzentralen führen auch hin und wieder Preisvergleiche durch und informieren so den Verbraucher über günstige Einkaufsmöglichkeiten.

Dem Verbraucherschutz soll schließlich auch noch eine direkte Interessenvertretung der Verbraucher in der Bundeshauptstadt Bonn dienen, die Arbeitsgemeinschaft der Verbraucher (AgV). Der einzelne Verbraucher sieht in der Regel wenig von der Arbeit der AgV, dennoch ist sie wichtig, weil sie die Verbraucherpolitik beeinflussen kann.

Alle Einrichtungen wie die Stiftung Warentest, die Verbraucherzentralen und Beratungsstellen und die Arbeitsgemeinschaft der Verbraucher erhalten Gelder aus öffentlichen Kassen. Allerdings sind immer mehr Verbraucherberatungseinrichtungen darauf angewiesen, auch Ratsuchende zur Kasse zu bitten. Aber guter Rat dürfte allemal seinen Preis wert sein.

Verbraucherberatungsstelle

Eine Schulklasse besucht eine Verbraucherzentrale

1. Beschreibe die Aufgaben der Stiftung Warentest, der AgV und der Verbraucherberatungsstellen.
2. Welchen Nutzen hat eine Zeitschrift wie „test"?
3. „test und Verbraucherberatungsstellen sind überflüssig. Sie werden meist von Leuten genutzt, die es eigentlich gar nicht nötig haben. Die es aber nötig hätten, nutzen sie nicht." Was meinst du zu dieser Aussage?

Hilfen zur Selbsthilfe – einige Beispiele

Frau Kleine (den Namen haben wir geändert) hatte ihrem kleinen Töchterchen jeden Abend ein Fläschchen mit Tee ins Bett mitgegeben. Die Kleine nuckelte sich jeden Abend genüßlich in den Schlaf. Frau Kleine war zufrieden. Das Töchterchen schlief ein, Frau Kleine hatte wenigstens am Abend Ruhe, und Tee war ja obendrein gesund. Was Frau Kleine nicht wußte: Der in der Reklame so oft gelobte Tee – ein Instantprodukt – war eigentlich Zuckerwasser mit ganz wenig Tee darin. Die Folgen zeigten sich später. Alle Zähne der Tochter waren durch Karies angegriffen. Das kleine Mädchen hatte schließlich fast nur noch häßliche schwarze Zahnstümpfe.

Auf Anraten eines Rechtsanwaltes setzte sich Frau Kleine zur Wehr. Sie verklagte den Hersteller des „Tees" vor Gericht. Davon wurden zwar die Zähne ihrer Tochter nicht wieder heil, aber der Hersteller bekam deutlich gesagt: So geht es nicht. Seine Angst, daß nun auch andere Eltern vor Gericht gehen würden, war beachtlich. Er zahlte freiwillig einen hohen Geldbetrag an Familie Kleine.

Diese wahre Begebenheit zeigt: Verbraucher können sich zur Wehr setzen, wenn ihnen Unrecht geschehen ist. Sie müssen allerdings wissen, wie man sich wehren kann – und es dann auch tun!

In dem Bericht wird eine Möglichkeit gezeigt, wie Verbraucher sich zur Wehr setzen können. Familie Kleine schaltete einen Rechtsanwalt ein. Dieser Weg kostet Geld. Schon deshalb ist es nicht bei jeder Kleinigkeit sinnvoll, sich an einen Rechtsanwalt zu wenden. Aber in schwierigen Fällen und vor allem, wenn es um wichtige Dinge und beachtliche Geldsummen geht, sollte man als Verbraucher überlegen, ob man nicht so handelt wie Familie Kleine.

Wenn es um Rechtsfragen geht, wird es meistens kompliziert. Das gilt auch, wenn man Mieter ist und Ärger mit dem Vermieter bekommt. Darf der Vermieter die Miete erhöhen? Um welchen Betrag? Darf er den Mietern das Feiern verbieten? Kann er sie zwingen, Haustiere abzuschaffen? Das sind Fragen, die immer wieder auftauchen. wer in Mietfragen Rat braucht, kann sich an einen Mieterverein wenden, der seine Mitglieder berät und ihnen in Streitfällen hilft.

Für Familien mit geringem Einkommen gibt es außerdem die Möglichkeit der kostenlosen Rechtsberatung, z. B. in Fällen, bei denen ein Gericht eingeschaltet werden muß. Wie das mit der kostenlosen Rechtsberatung funktioniert, erfährt man beim Amtsgericht. Man sollte sich nicht scheuen, davon Gebrauch zu machen.

Auch wenn es um Reklamationen geht, braucht ein Verbraucher in der Regel Hilfe. Denn er hat meist weder die erforderlichen Sachkenntnisse, um seinen Fall richtig beurteilen zu können, noch hat er das Durchsetzungsvermögen, auch wirklich Recht zu bekommen. Die erforderliche Hilfe kann der Verbraucher bei den bereits erwähnten Verbraucherberatungsstellen bekommen.

Eine besonders gute Hilfe ist die eigene Sachkenntnis. Wer als Verbraucher Bescheid weiß und seine Rechte kennt, kann oft vieles schon sofort klären. Wie aber kann man als Verbraucher selbst sachkundig werden? Auch hier muß man etwas tun, nämlich Informationsangebote nutzen. So gibt es immer wieder kostenlose Broschüren zu Themen, die für Verbraucher wichtig sind. Weitere Informationsquellen können Tageszeitungen sein, in denen ebenfalls häufig Artikel für Verbraucher stehen. Zudem gibt es spezielle Verbraucherzeitungen und -zeitschriften, wie „Verbraucher aktuell" oder die bereits erwähnte Zeitschrift „test". Wer mehr wissen will, kann Bücher für Verbraucher zur Hand nehmen, darunter Bücher, die speziell für Jugendliche gemacht sind. Manche dieser Bücher sind spannend wie ein Krimi. Man findet sie in Buchläden und Bibliotheken, manchmal sogar in einer Schülerbücherei.

1. Beschreibt Situationen, in denen ihr als Verbraucher gut Hilfe hättet gebrauchen können.
2. Ihr könnt eine kleine Ausstellung zum Thema „Hilfen für (junge) Verbraucher" organisieren. Wie könnte eine solche Ausstellung aussehen?

Herausgeber: STIFTUNG WARENTEST und STIFTUNG VERBRAUCHER-INSTITUT Juni 1984
test Schule
Schüler testen
Silke Schwartau
Schöner, stärker, schlanker
Werbung und Wirklichkeit
Wegweiser für Verbraucher
Informationen · Tips und Ratschläge zu Problemen im Verbraucher-Alltag
test
Neu
Die Sprüchemacher
Oktober 1985
ÖKO TEST MAGAZIN
Zahnlos, aber reich – Milupa macht's möglich
Bock, Hauff, Oeser
Wo bitte geht's hier zum Öko-Paradies
Ein Streitgespräch
Norbert Bartsch
Herbert Feser
Michael Kunze
Zucker Konsum und Mißbrauch
Dokumentation
Verbraucher Rundschau
AgV
Nr. 12 Dez. '84
Was Hänschen nicht lernt ...
Ernährung von Kindern und Jugendlichen
Arbeitsgemeinschaft der Verbraucher e.V., Bonn
Herausgeber: STIFTUNG WARENTEST und STIFTUNG VERBRAUCHER-INSTITUT Oktober 1981
test Schule
Richtig reklamieren
Nicht aus dem Sattel heben lassen
STIFTUNG WARENTEST
test
Jahrbuch für '87
Herausgeber Stiftung Warentest DM 6,50
test spezial
Mietrecht
Tips und Informationen für Mieter und Vermieter
Mietvertrag • Nebenkosten • Mieterhöhung
Schönheitsreparaturen • Modernisierung • Kündigung
Musterbriefe • Gesetzestexte • Broschüren
STIFTUNG WARENTEST
test
Sonderheft
Heim-werken
test Heimwerken-Sonderheft
URLAUB
Tips für Ihre Ferienreise

3. Markt und Wirtschaftsgeschehen

Eine Digitaluhr war vor einigen Jahren noch eine Kostbarkeit. Heute ist sie für ein paar Mark zu haben. Eine Modelleisenbahn, die vor einem Jahr noch für etwa achtzig Mark in Spielwarengeschäften zu kaufen war, kann heute mehr als das Doppelte kosten, weil sie nicht mehr produziert wird. Barbiepuppen aus den 60er Jahren kann heute niemand mehr von seinem Taschengeld bezahlen, sie kosten über tausend Mark. Wie kommt das eigentlich? Was steckt hinter solchen Preisbewegungen?

3.1 Bausteine und Erscheinungsformen von Märkten

Angebot – Nachfrage – Markt

Die Bilder mögen zunächst verwirren. Was haben sie mit „Markt" zu tun? Das Wort „Markt" verbindet sich für viele mit konkreten Vorstellungen wie „Wochenmarkt" oder „Supermarkt". Das ist richtig. Aber mit dem Wort „Markt" bezeichnet man mehr. Unter „Markt" verstehen Fachleute etwas Abstraktes, nämlich das Zusammenspiel zwischen Angebot und Nachfrage nach bestimmten Gütern oder Dienstleistungen.

Der Markt für Spielwaren in einer Stadt z. B. hat auf seiner Angebotsseite alle Geschäfte, die Spielwaren anbieten, also Fachgeschäfte, Warenhäuser mit Spielwarenabteilungen, Supermärkte mit einem meist sehr kleinen Spielwarenangebot, Kioske, Stände und wer sonst noch Spielzeug anbietet. Auf der Nachfrageseite sind alle, die Spielwaren nachfragen, z. B. Eltern, Tanten, Omas und natürlich Kinder. Man kann die Sache auch in größerem Rahmen betrachten und nach dem deutschen oder gar dem europäischen Spielwarenmarkt fragen.

Wichtiges Merkmal eines Marktes ist es, daß er zwei Seiten hat, eine Angebotsseite und eine Nachfrageseite. Das ist auf dem Wochenmarkt genauso wie auf dem Gebrauchtwagenmarkt, auf dem Flohmarkt ebenso wie auf dem Wohnungsmarkt. Die Sache mit den zwei Seiten hat Folgen. Wenn z. B. viele Leute gebrauchte Autos verkaufen wollen, aber nur wenige Interessenten da sind, dann ist, in der Fachsprache gesprochen, das Angebot groß, aber die Nachfrage gering. Was werden die Leute wohl tun, die ihr Auto unbedingt verkaufen wollen?

Das Ungleichgewicht zwischen Angebot und Nachfrage führt zu einem niedrigen Preisniveau. Gebrauchtwagen sind relativ billig zu haben. Ist das Verhältnis umgekehrt, also die Nachfrage groß, aber das Angebot gering, dann geht die Preisentwicklung in die andere Richtung. Die Preise werden sich auf einem relativ hohen Niveau einpendeln. Gebrauchtwagenverkäufer werden strahlen und von einem „guten Gebrauchtwagenmarkt" sprechen, während Nachfrager einsehen müssen, daß der Markt für sie „kaputt" ist. Sie können kein besonders preiswertes Fahrzeug kaufen und somit kein für sie vorteilhaftes Geschäft machen.

Dieser Mechanismus zwischen Angebot und Nachfrage gilt für alle Märkte. Dabei spielt es keine Rolle, ob sich nun sehr viele Anbieter und Nachfrager gegenüberstehen oder ob es nur eine relativ kleine Zahl ist. Für alte Barbiepuppen z. B. interessieren sich sicherlich nur einige Sammler, dennoch gibt es auch hier einen Markt mit beachtlichen Preisveränderungen.

Auf die Höhe der Preise wirkt aber nicht nur der Mechanismus von Angebot und Nachfrage ein. Der Preis wird z. B. auch durch die Konkurrenzsituation auf der Angebotsseite beeinflußt; darüber mehr im nächsten Kapitel. Hier geht es zunächst einmal darum, deutlich zu machen, daß Angebot und Nachfrage zu einem Markt gehören und daß sich aus ihrem Verhältnis zueinander Konsequenzen ergeben.

Fachleute geben sich mit der groben Einteilung in „Märkte" wie „Automarkt", „Wohnungsmarkt" oder „Markt für Lebensmittel" nicht zufrieden. Sie wollen es genauer wissen, denn es kann sein, daß der Markt für Hochleistungsautos völlig anders aussieht als der Markt für Kleinwagen. Fachleute unterteilen deshalb die einzelnen Märkte. Sie sprechen dann von „Teilmärkten" oder gar von „Marktsegmenten", wenn sie nur kleine Teile eines Marktes betrachten. Solche Unterteilungen können wichtig sein. So gab es z. B. 1986 auf dem Arbeitsmarkt ein Überangebot an Arbeitskräften. Aber im Marktsegment „Facharbeiter für die metallverarbeitende Industrie" sah es anders aus. Dort gab es, zumindest in manchen Regionen, einen ausgesprochenen Arbeitskräftemangel.

Der Begriff „Markt" wird, das zeigen schon die Beispiele, sehr unterschiedlich gebraucht. Es ist sinnvoll, sich jeweils zu fragen, was vom Zusammenhang her mit dem Wort „Markt" gemeint ist. Zumindest sollte man sich darüber klar sein, welche Güter oder Dienstleistungen konkret gemeint sind und um welche regionale Eingrenzung es geht.

1. Ein Mann spricht vom „Automarkt". Was meint er wohl damit?
2. Zähle weitere Märkte auf und beschreibe, was jeweils gemeint ist.
3. „Auf Teilmärkten oder in Marktsegmenten kann es anders aussehen als auf dem dazugehörigen Gesamtmarkt." Konstruiere Beispiele, die diese Aussage belegen.

Ein Anbieter – viele Anbieter: Erscheinungsformen von Märkten

Hier fehlt jemandem der Durchblick, denn Post ist Post. Jede Poststelle gehört zum gleichen Unternehmen, der Deutschen Bundespost. Da aber jedes Postamt nur so etwas wie ein Geschäftslokal des gleichen Unternehmens ist, gibt es zwischen diesen Stellen natürlich keinen Wettbewerb.

Das Beispiel zeigt, daß es für Verbraucher interessant sein kann zu wissen, ob es auf der Angebotsseite überhaupt mehrere Anbieter gibt, die als Konkurrenten um die Gunst der Nachfrager wetteifern. Wo das nicht der Fall ist, kann sich der Verbraucher alle Anstregungen sparen, eine Marktübersicht zu gewinnen. Es gibt nur ein Angebot, und das kann der Verbraucher annehmen oder ablehnen. Eine andere Wahl bleibt ihm nicht. Von daher betrachtet ist es schon wichtig, Märkte nach der Zahl der dort vertretenen Anbieter zu unterscheiden.

Das Beispiel Bundespost zeigt: Es gibt Märkte, da steht nur ein Anbieter allen Nachfragern gegenüber. Auf anderen Märkten ist es eine überschaubare Anzahl von Anbietern, z. B. auf dem Automobilmarkt. Schließlich gibt es Märkte, da ist die Anzahl der Anbieter kaum zu übersehen, z. B. im Lebensmittelhandel.

Was für die Anbieterseite gilt, gilt auch für die Nachfragerseite. Auch hier kann man fragen, wieviel Nachfrager dem Anbieter oder den Anbietern gegenüberstehen.

Um die verschiedenen Formen von Märkten zu beschreiben, gibt es besondere Begriffe. Da die entsprechenden Fachworte z. B. in den Medien häufig verwendet werden, ist es hilfreich, sie zu kennen.

Steht nur ein Anbieter (oder Nachfrager) den anderen Marktteilnehmern gegenüber, so spricht man von einem **Monopol.** „Monos“ kommt aus dem Griechischen und bedeutet so viel wie „allein“. Ein Monopolist ist also ein Alleinanbieter (oder Alleinnachfrager).

Ist eine kleine, überschaubare Anzahl von Anbietern (oder Nachfragern) am Markt tätig, spricht man von einem **Oligopol.** „Oligoi“ bedeutet „einige, wenige“.

Für Märkte mit sehr vielen Anbietern (bzw. Nachfragern) gibt es auch einen entsprechenden Begriff, nämlich **Polypol.** Er wird aber nur selten verwendet.

Ob die Anzahl der Anbieter wirklich immer etwas über die Wettbewerbssituation auf den betreffenden Märkten aussagt, ist zweifelhaft. Es gibt z. B. Oligopolmärkte, auf denen es in Sachen Wettbewerb heiß hergeht. Man denke z. B. nur an die Autoindustrie. Es gibt aber auch Oligopolmärkte, da ist von Wettbewerb so wenig zu spüren, daß man von einem „Schlafmützenwettbewerb“ sprechen kann.

Die Anzahl der Marktteilnehmer sagt auch nur dann etwas aus, wenn die Machtverhältnisse in etwa gleich verteilt sind. Wenn z. B. ein großer Anbieter da ist, der noch einige kleinere Anbieter neben sich duldet, dann sind zwar der Zahl nach mehrere Anbieter am Markt, aber die Kleinen werden es nicht wagen, irgendetwas zu unternehmen, das dem Großen nicht gefällt. Richtiger Wettbewerb herrscht in solchen Fällen auch nicht. Man spricht hier von einer Marktführerschaft. Sie wird meist bei den Preisen konkret. Darum gibt es auch den Begriff der Preisführerschaft. Der große Anbieter legt aufgrund seiner betrieblichen Gegebenheiten und der Marktmöglichkeiten die Preise fest, die kleinen folgen.

„Für mich ist die Preisgleichheit der Benzinpreise an einem Ort ein Nachweis für harten Wettbewerb. Keiner kann sich mit seinen Preisen bewegen, ohne daß die anderen sofort nachziehen. Keiner läßt seinem Mitbewerber auch nur den kleinsten Spielraum."

„Wenn aber die Preise von einem Wettbewerber nach oben gehen, dann müßten die anderen doch heimlich lachen und einfach gar nichts tun. Bei hartem Wettbewerb müßte der Anbieter sich durch seine Preiserhöhung selbst aus dem Markt katapultieren."

„Das ist im Prinzip richtig. Doch sind durch den Wettbewerb die Preise so niedrig, daß jeder eigentlich viel höhere Preise nehmen müßte. Wenn es einem starken Anbieter gelingt, die Preise etwas nach oben zu drücken, dann machen die anderen gern mit. Hier und da versuchen sie ja einen Preiskampf. Aber jedesmal zeigt sich, daß es dabei nur Verlierer gibt. Von daher darf man aus gleichgerichteten Preiserhöhungen nicht schließen, daß es keinen Wettbewerb gäbe."

„Ich sehe das anders. Gibt es wirklich einen Wettbewerb zwischen den großen Anbietern? Oder ist es nicht so, daß Wettbewerb nur von den Außenseitern kommt, etwa von Tankstellen bei Supermärkten? Es ist doch auffällig, daß dort, wo es solche Anbieter gibt, die Preise der großen Anbieter oft niedriger sind, als ein paar Kilometer weiter. Dort kostet dann das Benzin der gleichen Marke ein oder zwei Pfennige mehr. Zudem scheinen die Nachfrager, also die Verbraucher, einen starken Einfluß auf die Preisgestaltung zu haben. Es sieht so aus, als ob am Widerstand der Autofahrer schon manche Preiserhöhung gescheitert ist. Sie haben möglicherweise einfach weniger getankt. Dadurch dürften dann die Rückgänge der Einnahmen die Unternehmen gezwungen haben, Preiserhöhungen zurückzunehmen."

„Mag sein, mag nicht sein. Als Verbraucher kann man das von außen kaum erkennen und beurteilen. Da ist die Wettbewerbssituation im Lebensmitteleinzelhandel eindeutiger."

„Das stimmt. Was einmal geschehen könnte, wenn nur noch drei oder vier Wettbewerber den Kampf um den Kunden überlebt haben und dabei immer größer geworden sind, das weiß man nicht. Vielleicht wird es dann bei Lebensmitteln wie beim Benzin."

Preisschilder von drei verschiedenen Tankstellen am gleichen Tag

1. Erläutere an Beispielen die Begriffe „Monopol" und „Oligopol".
2. Nenne Beispiele für Märkte mit wenigen und mit vielen Anbietern.
3. Charakterisiere den dort herrschenden Wettbewerb.

3.2 Wettbewerbsmärkte und Monopolmärkte aus Verbrauchersicht

Vom Nutzen des Wettbewerbs

Wettbewerb verlangt vom Verbraucher Aktivitäten, denn er muß auswählen und sich entscheiden. Das ist oft nicht einfach, weil die Wettbewerber natürlich nur ihre „Schokoladenseiten" zeigen und sich so gut und so schön wie möglich präsentieren. Da muß der Verbraucher schon versuchen, hinter die Fassaden zu schauen. Hinzu kommt, daß der Verbraucher mit zwei Ebenen des Wettbewerbs konfrontiert wird, dem Wettbewerb der Hersteller und dem Wettbewerb des Handels.

Je nach Art des Produktes steht mal der Wettbewerb der Hersteller und mal der des Handels im Vordergrund. Im Lebensmittelbereich verbinden sich oft beide Ebenen miteinander.

Wettbewerb ist für Verbraucher eine gute Sache. Es kommt ihnen zugute, wenn sich z. B. Einzelhandelsbetriebe untereinander einen scharfen Wettbewerb mit günstigen Preisen liefern. Ohne Wettbewerb wären die Preise sicherlich viel höher. Es gäbe auch kaum Sonderangebote, denn sie dienen ja dazu, den Verbraucher durch besonders niedrige Preise in das eigene Geschäft zu locken. Den Verbraucher freut's, und er kann sicher sein, daß ihm immer wieder Sonderangebote gemacht werden.

Niedrige Preise sind nicht das einzige Ergebnis des Wettbewerbs. So sorgt Wettbewerb, vor allem der Wettbewerb unter den Herstellern, für gute Produkte. Wer auf Dauer am Markt erfolgreich sein will, kann seinen Kunden keinen Schrott verkaufen. Schlechte Waren sprechen sich nämlich schneller herum als gute. Wer im Wettbewerb bestehen will, kann sich kein schlechtes Image leisten. Als z. B. ein Autohersteller in den Ruf kam, nur „Rostlauben" zu produzieren, sank sein Absatz schlagartig. Er mußte sich enorm viel Mühe geben, seine Produkte und sein Image zu verbessern. Am Beispiel des Automarktes zeigt sich ein weiterer Vorteil des Wettbewerbs. Wer in der technischen Entwicklung stehenbleibt, der verliert schnell Kunden. Der Wettbewerb führt also zum Fortschritt durch Weiterentwicklung der Produkte. Unternehmen sparen gern Geld und hüten sich, Geld für unnötige Dinge auszugeben. Wenn bei den Automobilherstellern viel Geld für die Entwicklungsabteilungen ausgegeben wird, ist das ein sicheres Zeichen dafür, für wie wichtig die Unternehmensleitungen die technische Weiterentwicklung halten. Gäbe es nur einen Automobilhersteller und keine internationale Konkurrenz, dann wäre die Entwicklung im Autobau mit Sicherheit noch nicht so weit, wie sie heute ist.

Wettbewerb führt auch zu völlig neuen Produkten. Wer ein Produkt anbietet, das sonst keiner hat, der kann zumindest eine Zeitlang recht gut verdienen. Wenn sein Produkt bei den Kunden Anklang findet, dann zahlen sie auch den geforderten Preis. Allerdings finden sich in solchen Fällen erfahrungsgemäß schnell Nachahmer, die auch gern an dem guten Geschäft teilhaben möchten. Sie drängen in den Markt. Um Kunden zu finden, werden sie ihr Produkt zu einem niedrigeren Preis anbieten. Es beginnt der Preiswettbewerb. Der Verbraucher hat nun einen doppelten Vorteil: Er kann zwischen mehreren Produkten auswählen, wo es vorher nur eins gab, und hat obendrein den Nutzen des beginnenden Preiswettbewerbs. Vielleicht ist das Konkurrenzprodukt sogar qualitativ besser.

Wettbewerb kann auch zu Dingen führen, die eigentlich selbstverständlich sind und die wir als Verbraucher doch oft vermissen, z. B. zu Freundlichkeit. Es gibt Unternehmen, die ihre Mitarbeiter direkt dazu verpflichten, Kunden gegenüber freundlich zu sein. Wer als Mitarbeiter in einem solchen Betrieb mit unfreundlichem Gesicht angetroffen wird, der hat nichts zu lachen. Freundlichkeit den Kunden gegenüber kann also auch ein Ergebnis von Wettbewerb sein.

Es gibt sicherlich noch weitere Vorteile des Wettbewerbs für die Verbraucher. Aber die bisherige Aufzählung zeigt schon: Verbraucher haben vom Wettbewerb der Anbieter Nutzen. Für die Anbieter selbst sieht das allerdings meistens anders aus. Sie würden gern auf Wettbewerb verzichten, denn er verlangt viel von ihnen. Sie müssen z. B. ihre Konkurrenten ständig beobachten:

- Was bieten sie an?
- Wie reagieren die Kunden auf die Produkte der Konkurrenzunternehmen?
- Wie werben die Konkurrenten?
- Welche Preise nehmen sie?

Nur die Konkurrenz zu beobachten, reicht für den eigenen Erfolg nicht aus. Die Anbieter müssen vor allem selbst tätig werden, tolle Ideen haben und sich eventuell auch mit relativ niedrigen Preisen zufriedengeben. Wen wundert es da, wenn mancher Unternehmer darüber nachdenkt, wie er sich den Wettbewerb vom Halse schaffen kann.

1. Beschreibe Vorteile, die der Wettbewerb dem Verbraucher bringt.
2. Kann man davon ausgegen, daß auch die Anbieter den Wettbewerb lieben? Begründe deine Aussage.
3. Herrscht auf allen Waren- und Dienstleistungsmärkten Wettbewerb?
   - Versuche, Beispiele für Märkte ohne Wettbewerb zu finden.
   - Finde Beispiele für Märkte, auf denen ein besonders ausgeprägter Wettbewerb zwischen den Anbietern herrscht.
4. Kann Wettbewerb dem Verbraucher auch Nachteile bringen?

Preisabsprachen – ein Weg, Wettbewerb auszuschließen

Einigkeit kann schädlich sein – es fragt sich nur: für wen?

1. Beschreibe die Comic-Geschichte.
2. Erkläre die Veränderungen im Brotpreis.
3. Überlege, welche Gründe die Bäcker für die Preisabsprache haben könnten.
4. Überlege, welche Folgen die Preisabsprache für die Bewohner von Ipshausen haben wird.
5. In welchem Zusammenhang hast du schon von Preisabsprachen gehört?

Kartelle – keine Seltenheit

Preisabsprachen sind verboten, denn durch sie wird jeder Preiswettbewerb ausgeschaltet. Das Gesetz, in dem dieses Verbot steht, heißt allgemein „Kartellgesetz“. Immer wieder versuchen Anbieter jedoch, das Gesetz zu umgehen. Ohne Wettbewerb und mit Absprache lebt es sich für manchen Anbieter leichter.

Der Staat hat das Kartellamt geschaffen, um die Einhaltung des Gesetzes zu überwachen. Das Kartellamt hat seinen Sitz in Berlin. Kann das Kartellamt Unternehmen Preisabsprachen nachweisen, hat es das Recht, Geldbußen zu verhängen. Von dieser Möglichkeit macht das Kartellamt Gebrauch.

2,8 Millionen DM Kartellbuße gegen 14 Spanplattenhersteller verhängt

Berlin. (ddp) Wegen verbotener Preisabstimmung hat das Bundeskartellamt in Westberlin gegen 14 Hersteller von Spanplatten sowie gegen verantwortliche Mitarbeiter Geldbußen in Höhe von insgesamt 2,8 Millionen DM verhängt. Der Kreis der betroffenen Unternehmen umfaßt nahezu sämtliche deutschen Spanplattenhersteller. Nach Darstellung des Kartellamtes haben sich die betroffenen Unternehmen zwischen November 1978 und Sommer 1980 mehrfach über Preiserhöhungen für Rohspanplatten abgestimmt und dadurch überhöhte Preise eingestrichen.

1,12 Millionen DM Bußgeld für Fußboden-Hersteller

Hohes Bußgeld für Brauereien
Kartellamt: Verbotene Absprachen / Auch ein Verband beteiligt

Müllltonnen-Firmen

Preisangebote abgesprochen: Kartellbuße

Berlin. (AP) Wegen verbotener Preisabsprachen bei der Lieferung von Mülltonnen für die Stadt München hat das Bundeskartellamt gegen zwei Herstellerfirmen Geldbußen von insgesamt 30 000 DM verhängt.

Elf Unternehmen:

581 500 Mark Bußgeld für Preisabsprache

(aus Tageszeitungen)

1. Was sagen die Zeitungsausschnitte aus?
2. Warum sind die Unternehmen „bestraft“ worden?
3. Hältst du es für richtig, daß es Unternehmen verboten ist, miteinander die Preise abzusprechen?
4. Ein Gesprächspartner erklärt: „Das Kartellamt ist überflüssig! Man sollte es möglichst schnell abschaffen.“ Was würdest du entgegenen?

Konzentration im Einzelhandel

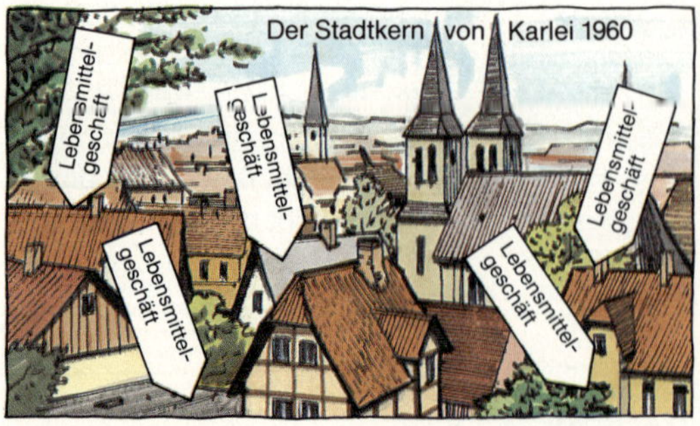

Wenn Supermärkte in den Städten oder Einkaufszentren am Rande der Städte besonders erfolgreich sind und auch die Bewohner von umliegenden Dörfern oder von Außenbezirken stark anlokken, kann diese Art von Konkurrenz besondere Probleme schaffen. Darüber berichtet der folgende Zeitungsausschnitt. Der Bericht ist älter, aber die Situation hat sich nicht verändert.

Im Regierungsbezirk Lüneburg kommt „Tante Emma" jetzt auf vier Rädern

Nirgends sonst gibt es so viele Dörfer ohne Lebensmittelgeschäfte

Lüneburg. Durch den Wettlauf der Giganten, der großen Kaufhäuser in den Innenstädten und Supermärkten an den Stadträndern, ist der Regierungsbezirk Lüneburg ungewollt zu einem Rekordhalter in der Bundesrepublik geworden: Nirgends sonst gibt es so viele Dörfer ohne Lebensmittelgeschäfte wie zwischen Hamburg und Hannover.

Zuhauf gingen „Tante Emma-Läden", jene Mini-Geschäfte mit dem Angebot von der Fischbüchse bis zum Fliegenfänger, zugrunde. 468 Orte oder Ortsteile, die bis zur Gemeindereform noch selbständig waren, verfügen über keine Lebensmittel-, Fleischer- oder Bäckergeschäfte mehr. Zählt man jene hinzu, in denen der lebensnotwendige Bedarf nur beschränkt gedeckt werden kann, so ergibt sich gar eine Summe von 700 Dörfern.

Wer die langen Wege scheut, muß auf den Kaufmann warten, denn „Tante Emma" hat sich motorisiert. In 90 Prozent der Dörfer ohne Geschäft rollt ein- bis dreimal in der Woche ein Verkaufswagen mit Lebensmitteln. Fischhändler und Bäcker „klappern" die meisten dieser Orte ab. Fleisch-, Gemüse- und Eierhändler dagegen lassen sich nur in jedem fünften „Dorf ohne Laden" mit ihrem fahrenden Geschäft blicken. Mehr oder weniger konkurrenzlos bieten sie alle ihr Sortiment an – vielleicht ein Grund dafür, daß die Hausfrauen bemängeln, die Waren seien zu teuer.

(aus: Mendener Zeitung vom 3. 1. 1978)

1. Beschreibe die Folgen, die das Verschwinden von Lebensmittelgeschäften für Verbraucher haben kann.
2. Du bist Reporter. Versuche herauszufinden, wie die Einkaufsmöglichkeiten für ältere Leute, Familien und Hausfrauen ohne eigenes Auto in deiner Wohn- oder Schulumgebung sind.
3. Wie könnte man in Erfahrung bringen, wie Lebensmittelhändler die Wettbewerbs- und Versorgungssituation sehen?

Bus, Bahn, Post: Unternehmen ohne Konkurrenz?

Intercity-Zug der Deutschen Bundesbahn

Überlandleitung

Wer als Verbraucher mit der Bahn fahren will, kann sich zwar den Zug aussuchen, nicht aber das Unternehmen. Es gibt nur die Deutsche Bundesbahn. Wer Strom oder Wasser verbraucht, wird von Unternehmen beliefert, die er sich ebenfalls nicht aussuchen kann. Er muß selbst dann bei ihnen „kaufen", wenn er sich über sie ärgert. Und wer beim Telefonieren sparen will, kann das nicht tun, indem er Preisvergleiche anstellt und beim preiswertesten Anbieter telefoniert. Es gibt also Bereiche, in denen es jeweils nur einen Anbieter gibt. Können solche Anbieter machen, was sie wollen? Ist ihnen der Verbraucher hilflos ausgeliefert?

Er ist es nicht. Diese Antwort gilt allerdings für die genannten Beispiele in unterschiedlichem Maße. Nehmen wir die Bundesbahn. Außer ihr betreibt zwar niemand ein umfassendes Eisenbahnnetz in der Bundesrepublik Deutschland, aber dennoch hat sie Konkurrenz, beim Güterverkehr z. B. durch die Binnenschiffahrt und vor allem durch die LKW-Transport-Unternehmen. Im Bereich des Personenverkehrs machen Privatautos, Busunternehmen und Fluggesellschaften der Bundesbahn das Leben schwer.

Bei einigen Gütern und Dienstleistungen kann der Verbraucher allerdings nicht auf andere Angebote ausweichen. Das gilt z. B. für das Trinkwasser und den elektrischen Strom. Hier gibt es jeweils nur einen Anbieter. Das ist aus mehreren Gründen zwar sinnvoll, damit der Anbieter aber die Verbraucher nicht ausnimmt, werden solche Alleinanbieter durch den Staat kontrolliert. Wenn z. B. ein Stromunternehmen seine Preise erhöhen will, muß der Staat zustimmen. Das bedeutet aber nicht, daß die Verbraucher überhaupt keine Einflußmöglichkeit haben und alles dem Staat überlassen sollten. Verbraucher müssen vielmehr auch da aufpassen, wo es nur einen Anbieter gibt. Wenn in einem solchen Bereich Probleme auftreten, ist allerdings nicht nur das Unternehmen Ansprechpartner, dann können auch Politiker eingeschaltet werden. Manchmal führt das zu verbraucherfreundlicheren Lösungen.

1. Nenne Beispiele für Güter und Dienstleistungen, bei denen der Verbraucher keine Wahl zwischen verschiedenen Anbietern hat.
2. Sind solche Alleinanbieter ohne jeden Konkurrenzdruck? Nenne Beispiele.
3. Wie beurteilst du die staatliche Kontrolle über Stromlieferanten?
4. Es gibt einen „Verband der Postbenutzer", zu dem sich große Postkunden zusammengeschlossen haben. Warum haben sie das wohl getan?

3.3 Preisbildung konkret

Preisbildung als unternehmerische Aufgabe

Preise fallen nicht vom Himmel, Preise werden gemacht. Es fragt sich nur, wie das geschieht.

Im Kapitel „Angebot-Nachfrage-Markt" ist behauptet worden, der Preis richte sich nach Angebot und Nachfrage, der Markt mache den Preis. Diese Aussage bleibt nach wie vor gültig. Allerdings muß man etwas genauer hinsehen, wenn man verstehen will, wie der Marktmechanismus funktioniert.

Wer eine Ware herstellt, muß für die Produktion Geld aufbringen. Das Geld möchte er natürlich zurückhaben. Zudem wollen Anbieter in der Regel Gewinn machen. Sie werden also, zumindest langfristig gesehen, Ware nur zu einem Preis anbieten, der die Kosten deckt und einen Gewinn ermöglicht. Um herauszufinden, zu welchem Preis die Ware angeboten werden kann, rechnet ein Anbieter zunächst einmal. Fachleute sprechen von kalkulieren. Ob aber die Ware dann auch zum kalkulierten Preis angeboten wird, hängt von der Entscheidung des Anbieters ab. Zeigt sich, daß vergleichbare Ware auf dem Markt wesentlich teurer ist, dürfte der Anbieter ebensowenig seinen kalkulierten Preis verlangen wie in einer Situation, in der vergleichbare Ware wesentlich billiger zu haben ist. Hier macht sich der Marktmechanismus bemerkbar. Die Kalkulation ist eine Hilfe zur Preisermittlung. Welcher Preis tatsächlich gefordert wird, hängt auch vom Markt ab.

Ein Zahlenbeispiel

Der Händler muß die Ware selbst beim Hersteller oder beim Großhändler einkaufen.	**Einkaufspreis**	**19,— DM**
Hinzu kommen Transportkosten, bei ausländischer Ware vielleicht noch Zölle oder ähnliche Abgaben.	**Bezugskosten**	**1,— DM**
Um die Ware anbieten zu können, braucht der Händler Verkaufsraum, Lager, Ladeneinrichtung, Verkäufer. Dadurch entstehen Kosten. Jede Ware muß einen Teil dieser Kosten tragen.	**Allgemeine Geschäftskosten**	**5,— DM**
Ein Einzelhändler als selbständiger Kaufmann erhält kein Gehalt. Er muß von seinem Gewinn leben. Auch Betriebsvergrößerungen und Neuanschaffungen für den Laden muß er davon bezahlen.	**Gewinnaufschlag**	**2,43 DM**
Wenn Ware verkauft wird, verlangt der Staat einen Teil des Verkaufspreises als Steuer. Der Händler berücksichtigt das bei der Preisberechnung.	**Umsatzsteuer (Mehrwertsteuer)**	**3,57 DM**
Kalkulierter Verkaufspreis		**31,— DM**

Kalkulation eines Badeanzugs

Materialeinzelkosten			
Stoff	5,05 DM		
Futter	–,14 DM		
Gummi	–,22 DM		
Garnitur	–,80 DM		
Verschlüsse	–,10 DM		
Garn	–,30 DM		
Namen	–,13 DM		
		6,74 DM	
+ *Materialgemeinkosten 15 %*		1,01 DM	
Stoffkosten			7,75 DM
Fertigungseinzelkosten			
Zuschneiden	–,75 DM		
Nähen	6,50 DM		
		7,25 DM	
+ *Fertigungsgemeinkosten 240 %*		17,40 DM	
Fertigungskosten			24,65 DM
Herstellkosten			32,40 DM
+ *Verwaltungs- und Vertriebsgemeinkosten 20 %*			6,48 DM
Selbstkosten			38,88 DM
+ *Gewinnzuschlag 20 %*			7,78 DM
Verkaufspreis (ohne Mehrwertsteuer)			46,66 DM

Erkläre den Sinn einer Preiskalkulation. Beschreibe, warum der kalkulierte Preis nicht immer der tatsächlich geforderte Preis ist.

3.4 Zahlungsmittel im Wirtschaftsalltag

Zahlungsmittel für Verbraucher

Banknoten der Bundesrepublik Deutschland

Ausländische Banknoten

Euroscheck und Euroscheckkarte

„Bares macht Freude", sagte der Schränker und leerte den Tresor mit den Tageseinnahmen eines Supermarktes ...

In Amerika hätte er sicherlich in einer vergleichbaren Situation weniger Freude gehabt, denn dort wird – anders als bei uns – wesentlich weniger mit Bargeld gezahlt. Dort ist „Plastikgeld" (noch) das gängige Zahlungsmittel. Unter „Plastikgeld" versteht man Kreditkarten, kleine Plastikkarten mit Namen, Nummern und einer Unterschrift. Wer etwas kauft, legt seine Kreditkarte vor, leistet auf einer Rechnung für die gekaufte Ware eine Unterschrift und geht. Erst am Monatsende erhält er eine Auflistung aller so getätigten Geldausgaben. Der Gesamtbetrag wird dann von seinem Konto abgebucht.

Kreditkarten gibt es auch bei uns. Aufkleber an den Türen von Geschäften und Restaurants zeigen, wo „Plastikgeld" akzeptiert wird. Aber da Kreditkarten bei uns vorwiegend von Geschäftsleuten benutzt werden, sind es nicht gerade Billigläden oder normale Kneipen, die „Diners-", „Eurocard-" oder „American-Express-Kreditkarten" akzeptieren. Noch ist Bargeld das bei uns für den Verbraucher übliche Zahlungsmittel. Es hat allerdings seine Tücken, wie die Comic-Geschichte unten deutlich zeigt.

Neben dem Bargeld spielt bei uns der Scheck als Zahlungsmittel eine bedeutende Rolle. Seitdem der Euroscheck erfunden worden ist, der von Geschäften, Tankstellen oder Restaurants, aber auch von Privatleuten problemlos an Stelle von Bargeld angenommen werden kann, zahlen immer mehr Verbraucher größere Beträge mit Schecks. Warum der Euroscheck ein relativ problemloses Zahlungsmittel ist, zeigt ein Blick auf die Rückseite der Scheckkarte. Die richtige Scheckkarte garantiert die Einlösung eines Euroschecks bis zu einem bestimmten Betrag, z. Z. 400,– DM.

Häufig genutzt wird auch die Überweisung. Mit ihrer Hilfe kann man Geld von einem Konto auf ein beliebiges anderes Konto übermitteln. Mit Überweisungen kann man z. B. sehr gut Rechnungen begleichen.

Etwas neues kündigt sich an, das POS-System. POS bedeutet „point of selling". Gemeint ist damit die Kassenzone der Geschäfte, denn dort wird der Kauf perfekt. Kunden haben bei diesem System eine Plastikkarte, z. B. eine

Vorsicht vor Abbuchungsermächtigungen!

Ob Sportverein oder Zeitschriftenverlag, Stadtwerke oder Versicherung: alle erbitten von ihren Kunden die Unterschrift unter eine Abbuchungsermächtigung. Eine solche Ermächtigung berechtigt sie nämlich, fällige Geldbeträge direkt vom Konto des jeweiligen Kontoinhabers abzubuchen. Das ist für Vereine und Unternehmen eine feine Sache. Die Arbeit mit Abbuchungsermächtigungen erspart Kosten und sorgt für einen schnellen, termingerechten Geldeingang. Derjenige, der eine solche Ermächtigung erteilt, hat mit der Zahlung selbst keine Arbeit mehr. Allerdings kann er auch nicht mehr selbst die Zahlung beeinflussen. Da kann der Beitrag noch abgebucht werden, obwohl die Vereinsmitgliedschaft längst gekündigt ist, der Zeitschriftenverlag bedient sich, obwohl schon zwei Kündigungsschreiben an ihn geschickt worden sind.

Zwar kann man als Kontoinhaber eine Abbuchung, mit der man nicht einverstanden ist, zurückverlangen. Man muß dann seine Bank benachrichtigen. Aber für dieses Verfahren gibt es enge Fristen. Abbuchungsermächtigungen erleichtern privaten Haushalten zwar den Umgang mit Geld, können aber auch zu Problemen führen. Denn vor Mißbrauch einer einmal gegebenen Zustimmung ist dieses System nicht geschützt.

„Der Mikrochip macht's möglich"

Moderne Technik verändert den Zahlungsverkehr

Beispiel 1	Beispiel 2
POS-System	**home banking**
Bezahlen ohne Bargeld oder Scheck bei Einkäufen für den täglichen Bedarf	Bezahlen und Geld anlegen von zu Hause zu jeder Zeit

besondere Scheckkarte. Mit ihr kann der Kaufbetrag vom Bankkonto der Kunden auf das Geschäftskonto umgebucht werden. Dieser Vorgang wird mit Hilfe moderner Elektronik und Kabeltechnik bewirkt. Der Kunde gibt statt Bargeld sein Kärtchen, das in ein Lesegerät gesteckt wird. Eine Codenummer wird getippt, und schon wird ein Geldbetrag in Höhe der Kaufsumme vom Konto des Kunden auf das Konto des Geschäftes umgebucht. So zumindest sehen es die Planungen für das POS-System vor. Eine Abwandlung wäre die mit einem Chip bestückte Karte. Der Chip, von der Bank des Kunden geladen, hat einen bestimmten Wert, z. B. 1000 DM. Kauft man etwas, wird die Kaufsumme vom Chip auf das Geschäftskonto umgebucht. Ist der Chip leer, weil insgesamt 1000 DM ausgegeben worden sind, muß man sich bei seiner Bank einen neuen Chip holen.

Eine weitere Möglichkeit modernen Zahlungsverkehrs wird im „home banking" gesehen. Für das home banking ist ein Heimcomputer erforderlich. Mit seiner Hilfe soll man Geldgeschäfte von zu Hause abwickeln, z. B. Rechnungen per Überweisung bezahlen. Der Computer hat also einen direkten Zugriff zum eigenen Konto. (Für „Spezialisten" vielleicht auch zum Konto anderer Leute!)

Was aus solchen Vorstellungen wird, muß man abwarten. Ob sie dem Verbraucher wirklich das Leben erleichtern, ist zweifelhaft. So ist u. a. zu befürchten, daß noch mehr Verbraucher den Überblick über ihre Finanzsituation verlieren und die Verschuldung der privaten Haushalte größer wird.

Wenn man mit Bargeld bezahlt, erfährt man sehr konkret seine finanziellen Grenzen. Mit Schecks kann man schon großzügiger umgehen, aber auch da sind Grenzen eingebaut, z. B. durch die Anzahl der ausgehändigten Scheckformulare. Wenn Zahlungen über Tastendruck beim Heimcomputer geleistet werden können, nimmt die Gefahr zu, unkontrolliert Geld auszugeben und damit Schulden zu machen. Hinzu kommt, daß das Medium Fernsehen die Versuchung, Geld auszugeben, durch Werbesendungen direkt ins Haus bringt und man unmittelbar reagieren kann. Die Bestellung und Bezahlung der Ware kann sofort über den Heimcomputer erfolgen. Man hat dann keine Zeit mehr zum Nachdenken, man überschläft die Sache nicht.

1. Beschreibe Vor- und Nachteile der Barzahlung und der Nutzung von Schecks.
2. Erkläre, wie man mit Hilfe einer Überweisung eine Rechnung bezahlen kann.
3. Beschreibe denkbare Entwicklungen im Geldverkehr privater Haushalte.
4. Nimm wertend zu den in diesem Kapitel aufgezeigten Möglichkeiten Stellung.

Bares aus dem Automaten

Bargeldautomaten sind heute zur Selbstverständlichkeit geworden. Oft sieht man samstags lange Schlangen vor den Geräten. Viele wollen sich für den Wochenendeinkauf noch mit Bargeld versorgen. Gelegentlich geraten die Bargeldautomaten in die Schlagzeilen, dann nämlich, wenn es Ganoven oder Tüftlern wieder einmal gelungen ist, sie zu überlisten und ihnen Bargeld zu entlokken: auf Kosten anderer, deren Konto geplündert wurde. Hier zeigt sich ein Problem, das die moderne Technik mit sich bringt. So sicher technische Apparate sein mögen, immer wieder wird es Leute geben, die die Sperren überwinden und unrechtmäßig an anderer Leute Geld kommen. Besonders einfach ist das, wenn jemand seine Bankkarte verliert und die geheime Kennziffer dann auch noch so notiert hat, daß der Finder der Bankkarte die Kennziffer gleich mitserviert bekommt. Nicht selten sind Einbruch und Diebstahl im Spiel, wenn jemandem seine Bankkarte abhanden kommt. Vorsicht also mit dem kleinen Stück Plastik! Vorsicht mit der Kennziffer, die nur der Karteninhaber kennt! Er bekommt sie bei der Aushändigung der Karte in einem verschlossenen Umschlag mitgeteilt. Was er mit dieser Geheimzahl macht, ist seine Sache. Niemand kennt sie. Vergißt er sie, kann er niemanden fragen. Notiert er sie, können andere die Notiz finden. Eine völlig sichere Lösung wird es wohl nicht geben.

Mit Bargeldautomaten, Euroschecks und home banking verbindet sich ein weiteres Problem, das Problem des haushälterischen Umganges mit Geld. Wer z. B. Euroscheckformulare in der Tasche hat, kann über Geld verfügen, gleichgültig, wie sein Kontostand aussieht. Natürlich *darf* niemand sein Konto über den von der Bank eingeräumten Betrag hinaus überziehen, also mehr Geld ausgeben, als er hat oder als die Bank ihm als Kredit einräumt. Aber wer Scheckformulare hat, *kann* das trotzdem tun. Er wird zwar Ärger bekommen, aber der ordnungsgemäß ausgestellte Euroscheck ist gültig und wird eingelöst. Wer die modernen Mittel des Zahlungsverkehrs nutzen will, muß Selbstdisziplin üben. Tut er das nicht, gerät er leicht in wirtschaftliche Schwierigkeiten. Das gilt auch für Bargeldautomaten. Sie geben so lange Geld heraus, bis das Kreditlimit des betreffenden Kontos erreicht ist.

Bargeldautomat

Hacken statt knacken – Bankraub à la carte

Risiko für zwanzig Millionen Bankkunden: Schwindel mit Eurocheque-Karten

Banker reden nicht gern darüber: Bankräuber neuen Typs plündern Tag für Tag mit gestohlenen und verfälschten Eurocheque-Karten, per Geldautomat, die Konten argloser Kunden. Schon fürchten Fachleute, daß es einer Computer-Mafia gelingt, den geheimen Karten-Kode zu entschlüsseln – auf einen Schlag ließen sich bundesweit Millionen Mark erbeuten, die möglichen Folgen reichen „bis zur Systembedrohung".

(aus: DER SPIEGEL, Nr. 50/1986, S. 88)

1. „Der moderne Geldverkehr verlangt eine größere Selbstdisziplin vom Verbraucher als der frühere Bargeldverkehr." Begründe die Aussage.
2. „Computerspezialisten als Geldräuber". Was könnte sich hinter einer solchen Überschrift verbergen?

Unternehmen und Zahlungsverkehr

Große Unternehmen bewegen oft unvorstellbar hohe Geldsummen, z. B. um Schiffsladungen mit Rohstoffen oder mit riesigen Lastzügen angelieferte Materialien zu bezahlen. Solche Zahlungen erfolgen nie mit Bargeld, sondern bargeldlos. Hier ist also „Buchgeld" im Spiel, unsichtbares Geld, das nur in Form von Zahlen auf Konten existiert. Früher waren es vor allem Schecks und Überweisungen, mit denen die Großunternehmen Rechnungen bezahlten. Heute sind diese Mittel des Zahlungsverkehrs für Großunternehmen schon recht altmodisch, wenn auch noch nicht ganz zu ersetzen. Viele Großunternehmen nutzen heute EDV-Anlagen, um ihren Geldverkehr abzuwickeln. Sie geben ihren Banken statt ausgefüllter Formulare nur noch ein Speicherband oder überspielen von ihrer Rechenzentrale aus über entsprechende Leitungen Informationen, welche Beträge mit welchen Erläuterungen an wen gezahlt werden sollen. In den EDV-Zentralen der Banken führen diese Informationen zu entsprechenden Buchungen. Geld wandert von Konto zu Konto. Keine Münze und keine Geldnote wird in die Hand genommen, kein Formular ausgefüllt – und doch zirkuliert Geld. Nur ein kleiner Beleg und ein Ausdruck auf einer computergeschriebenen Liste geben Auskunft über die Geldbewegung. Die moderne Datentechnik hat hier vieles verändert.

1. Was versteht man unter „Buchgeld"?
2. Warum spielt Bargeld bei Industrieunternehmen und anderen großen Unternehmen meistens nur eine unbedeutende Rolle?

Beruf

1. Berufsorientierung und Berufswegplanung

Es gibt mehr als 450 staatlich anerkannte Ausbildungsberufe. Aber nicht jeder Beruf steht für Schulabgänger auch zur Wahl. Berufe verlangen z. B. unterschiedliche Schulabschlüsse oder bestimmte Eigenschaften und Fähigkeiten, die nicht jeder hat. Trotz aller Einschränkungen bleiben aber in der Regel zahlreiche Wahlmöglichkeiten. Wie können sich Schüler da orientieren? Wie können sie sich über ihre Eigenschaften, Neigungen und Fähigkeiten Klarheit verschaffen? Welche Informationen brauchen sie? Wie können sie Informationen für ihre Berufsentscheidungen nutzen?

1.1 Berufswahl: Notwendigkeit, Möglichkeiten, Grenzen

Berufswünsche – von Kindheit an

Die Beschäftigung mit Berufen ist für Schülerinnen und Schüler bestimmt nichts Neues. Schon Kinder spielen die Rollen von Berufstätigen. Spielzeugläden und Kinderzimmer sind voll mit entsprechendem Spielzeug: Kuchenformen für Bäckerspiele in der Sandkiste; Kaufmannsläden und Ladenkassen für Verkaufsspiele; Lastwagen, Güterzüge, Verladerampen für Verkehrs- und Transportspiele; Postschalter, Arztkoffer, Signalkelle, Polizeiautos usw. Berufsspiele gehören zu den Lieblingsspielen vieler Kinder.

Über das Spielen hinaus kommen Kinder im Alltagsleben ständig mit Berufstätigen zusammen. Ihre Eltern arbeiten und bringen Informationen über ihre beruflichen Tätigkeiten mit ins Haus. Kinder spüren auch die Auswirkungen der beruflichen Belastungen bei ihren Eltern. Sie sehen Berufstätige in Büros, an Schaltern und auf Baustellen. Sie beobachten Handwerker bei ihrer Arbeit. Schon im Sachunterricht der Grundschule werden Betriebe besucht.

Aus all dem erwachsen eigene Berufswünsche. So gesehen ist Berufswahl ein langer Prozeß, der schon im frühen Kindesalter beginnt. Allerdings wechseln die Berufswünsche zunächst häufig und sprunghaft. Mit zunehmendem Alter ändert sich das. Kinderspiele und ungenaue Vorstellungen haben nun keinen Platz mehr. Jetzt muß der Blick für die Realität geschärft werden, geht es doch um die eigene Zukunft.

1. Erinnere dich an deine Kinderspiele. Welche Berufe spielten dabei eine Rolle?
2. Worin unterscheiden sich die Berufsvorstellungen der Kinder von der Realität des beruflichen Alltags?
3. Für die Berufswahl ist es wichtig, realistische Vorstellungen über Berufe zu gewinnen. Warum?

Berufswahl – warum?

Aussagen von Schülern

Aussagen von Berufstätigen

Kaum Chancen für Ungelernte

Forscher: Arbeitsmarktanteil für Nichtausgebildete sinkt

Bonn (dpa). In der beruflichen Bildung und auf dem Arbeitsmarkt werden aus Sicht von Berufsforschern in den nächsten Jahren drei schwerwiegende Probleme zu lösen sein: Immer noch kommen zu viele Jugendliche ohne Ausbildung ins Berufsleben, während Beschäftigungschancen für Ungelernte rapide sinken. Für die Ausgebildeten müssen im Jahresdurchschnitt mindestens 160 000 neue qualifizierte Arbeitsplätze geschaffen werden, um das Beschäftigungsniveau zu halten. Gleichzeitig werden zu viele Jugendliche in „falschen" – wenig zukunftsträchtigen – Berufen fehlqualifiziert. Dies geht aus Modellrechnungen der Bund-Länder-Kommission für Bildungsplanung und Forschungsförderung (BLK) hervor.

Rund 9,7 Millionen Jugendliche werden bis zum Jahr 2000 nach BLK-Berechnungen für eine Ausbildung in der beruflichen Bildung in Frage kommen. Bei Fortsetzung der bisherigen Entwicklung werden acht Millionen diese Ausbildung erfolgreich abschließen können. Rund 1,71 Millionen Jugendliche werden aber unqualifiziert auf den Arbeitsmarkt kommen, entweder weil sie eine Ausbildung gar nicht erst beginnen oder nicht erfolgreich abschließen können – dies sind 17,5 Prozent oder jeder fünfte bis sechste Jugendliche aus dieser Gruppe.

(aus: Weser-Kurier vom 12. 12. 1986)

1. Welche Folgen kann es haben, wenn man sich nicht intensiv mit seiner Berufswahl beschäftigt? Vergleiche die Aussagen der Schüler mit denen der Berufstätigen.
2. Werte den Zeitungsartikel und die Grafik aus.
3. Warum ist Berufswahl auch für diejenigen wichtig, die zunächst weiter zur Schule gehen wollen?

Berufswahl – warum schon in Klasse 9?

Ein Berufsberater berichtet:

„Es ist wirklich schlimm, was ich so manchmal erlebe. Da kommen Realschüler im 10. Schuljahr zu mir und erwarten, daß ich ihnen sage, was sie werden sollen. Sie haben sich bis dahin noch gar nicht mit ihrer Berufswahl beschäftigt, kennen kaum Berufe, wissen nicht, wozu sie Lust haben und was sie können. Sie meinen, ich brauchte ihnen nur einen Vorschlag zu machen und dann hätten sie schon einen Ausbildungsplatz. Die müssen nun anfangen, sich Gedanken über ihre Berufswahl zu machen, wenn ihre Mitschüler schon gezielt ihre Bewerbungen losschicken oder ihren Einstieg in die Ausbildung schon klar haben.

Andere merken erst im 10. Schuljahr, daß es ihren Wunschberuf in unserer Gegend gar nicht gibt oder daß sie sich von dem Beruf völlig falsche Vorstellungen gemacht und wichtige Faktoren übersehen haben. Auch sie müssen dann mit ihren Überlegungen zur Berufswahl ganz von vorn beginnen.

Wenn ich als Berufsberater Schülerinnen und Schülern einen Rat geben kann, dann den: Fangt spätestens in Klasse 9 an, euch intensiv mit eurer Berufswahl zu beschäftigen. Dann habt ihr Zeit genug, euch umfassend zu informieren, eure Berufswünsche zu überprüfen und unter Umständen zu revidieren."

Berufswahl braucht Zeit

- Gespräche mit dem Berufsberater führen
- Termine beim Berufsberater vereinbaren
- Bücher zum Thema Berufswahl lesen
- Sich über Berufsmöglichkeiten informieren
- Über die eigenen Berufswünsche nachdenken
- Schriften des Arbeitsamtes lesen und durcharbeiten
- Vielleicht an einem Test teilnehmen
- Gespräche mit anderen über Fragen der Berufswahl führen

1. Welche Faktoren sprechen dafür, mit der Berufswahl möglichst früh anzufangen?
2. Was mußt du alles für deine Berufswahl tun?
3. Stelle einen persönlichen Zeitplan für deine Berufswahl auf.

Berufswünsche – woher?

Angela:

„Ich will Arzthelferin werden. Ich stelle es mir interessant vor, ständig mit einem Arzt zusammenzuarbeiten. Arzthelferin ist ein toller Beruf. Außerdem kann ich als Arzthelferin Menschen helfen. Das ist mir wichtig. Die Patienten werden mich mögen, wenn ich freundlich zu ihnen bin. Ich möchte keine Arbeit an irgendeinem toten, langweiligen Material machen. Ich will mit Menschen zu tun haben und ihnen beistehen können. Ja, das stelle ich mir schön vor. Für mich gibt es keinen Zweifel: Arzthelferin und nichts anderes!"

„Ich will aber, daß du Autoschlosser wirst, basta!"

Warum möchte ich diesen Beruf erlernen?

- ... weil mein Hobby mich zu diesem Beruf angeregt hat
- ... weil ich glaube, in diesem Beruf einen sicheren Arbeitsplatz zu bekommen
- ... weil ich mir vorstelle, durch diesen Beruf hohes Ansehen zu gewinnen
- ... weil ich in diesem Beruf bereits einen Ausbildungsplatz sicher habe
- ... weil ich glaube, in diesem Beruf tun zu können, was ich gern tue
- ... weil meine Eltern mir diesen Beruf empfohlen haben
- ... weil ich mir einen anderen Beruf nicht zutraue
- ... weil ich gehört habe, daß dieser Beruf ein gutes Sprungbrett ist
- ... weil ich diesen Beruf im Fernsehen gesehen habe
- ... weil ich glaube, daß ich in diesem Beruf viel Geld verdienen kann
- ... weil mir jemand etwas ganz Tolles über diesen Beruf erzählt hat
- ... weil jemand diesen Beruf ausübt, der ein großes Vorbild für mich ist
- ... weil ich diesen Beruf in meinem Heimatort ausüben kann

1. Welche Motive bestimmen Angelas Berufswunsch? Bewerte ihre Motive.
2. Nenne andere Motive, die bei der Berufswahl eine Rolle spielen können.
3. Welche Motive leiten dich bei deiner Berufswahl?

Traumberufe – Modeberufe

Stewardeß

Rennfahrer

Fußballprofi

Popstar

Traumberufe – wer kennt sie nicht? Stewardeß, Kommissar, Pilot, Rennfahrer, Bundesligaspieler, Schauspielerin, Fotomodell ... Für manchen sind aber auch Berufe wie Automechaniker, Floristin, Arzthelferin oder Programmierer Traumberufe. Das Wort „Traumberuf" sagt soviel wie: In diesem Beruf tätig zu sein, wäre für mich traumhaft schön. Aber wenn ich richtig darüber nachdenke, dann weiß ich: Dieser Beruf liegt für mich in weiter Ferne oder ist ganz unerreichbar.

Viele Jugendliche – und auch manche Erwachsene – haben solche Berufsträume. Ist das schlimm oder schädlich? Bestimmt nicht! Man darf nur nicht an Träumen hängenbleiben und vor lauter Träumen das Handeln vergessen. Berufsträume können sehr nützlich sein. Sie geben Hinweise. Warum möchte ich Stewardeß oder Schauspieler, Innenarchitektin oder Apotheker werden? Was begeistert mich an diesem Beruf? Was stelle ich mir daran besonders attraktiv vor?

Traumberufe geben also Hinweise darauf, was man in einem Beruf gern tun würde. Sie sagen etwas darüber, welche Fähigkeiten man sich selbst zutraut. Für die Berufswahl ist beides wichtig.

Man sollte sich seinen Berufstraum also ruhig einmal näher ansehen. Vielleicht lassen sich diese Vorstellungen und Wünsche auch in anderen, eher erreichbaren Berufen verwirklichen.

Manche Berufsträume können geradezu Mode werden, wenn viele die gleichen Wünsche entwikkeln oder unbedingt dasselbe machen möchten wie ihre Freundinnen oder Freunde. Es gibt immer wieder Modeberufe, die gerade „in" sind und als besonders „schick" gelten. So war eine Zeitlang der Beruf der Pharmazeutisch-technischen Assistentin bei Realschulabgängerinnen besonders beliebt, obwohl es nur wenige Ausbildungsplätze gab und die Berufsaussichten schlecht waren.

Neben dieser Art von Modeberufen gibt es einen anderen Trend. Manche Berufe werden von sehr vielen Schulabgängern gewählt, z. B. die Berufe Verkäuferin und Kraftfahrzeugmechaniker. Es stellt sich die Frage, ob Schulabgänger vernünftig handeln, wenn sie sich für einen dieser viel gewählten Berufe entscheiden. Wird in diesen Berufen überhaupt so viel Nachwuchs gebraucht?

Ein Berufsberater: „Auf den ersten Blick erscheint es unvernünftig, wenn fast die Hälfte aller Schulabgänger ihre Berufsentscheidung auf nur 20 Ausbildungsberufe beschränkt. Aber es ist nun einmal Tatsache, daß in diesen Berufen auch die meisten Ausbildungsplätze angeboten werden. Wenn also viele Schulabgänger in die sogenannten Modeberufe streben, liegt es nicht nur an ihrer Phantasielosigkeit. Der Nachwuchsbedarf in diesen Berufen ist allerdings in der Regel nicht so groß wie die Zahl der Ausgebildeten. Viele werden sich nach der Ausbildung um Arbeitsplätze in anderen Bereichen bemühen oder eine weitere Ausbildung anschließen müssen. Ich würde trotzdem nicht unbedingt davon abraten, die Ausbildung in einem dieser meistgewählten Berufe anzutreten, zumal dann nicht, wenn andere Ausbildungsstellen nicht zur Verfügung stehen. Aber ich würde immer danach fragen, ob alle anderen Alternativen auch geprüft worden sind und ob sich der Ratsuchende darüber Gedanken gemacht hat, wie es nach der Ausbildung weitergehen soll."

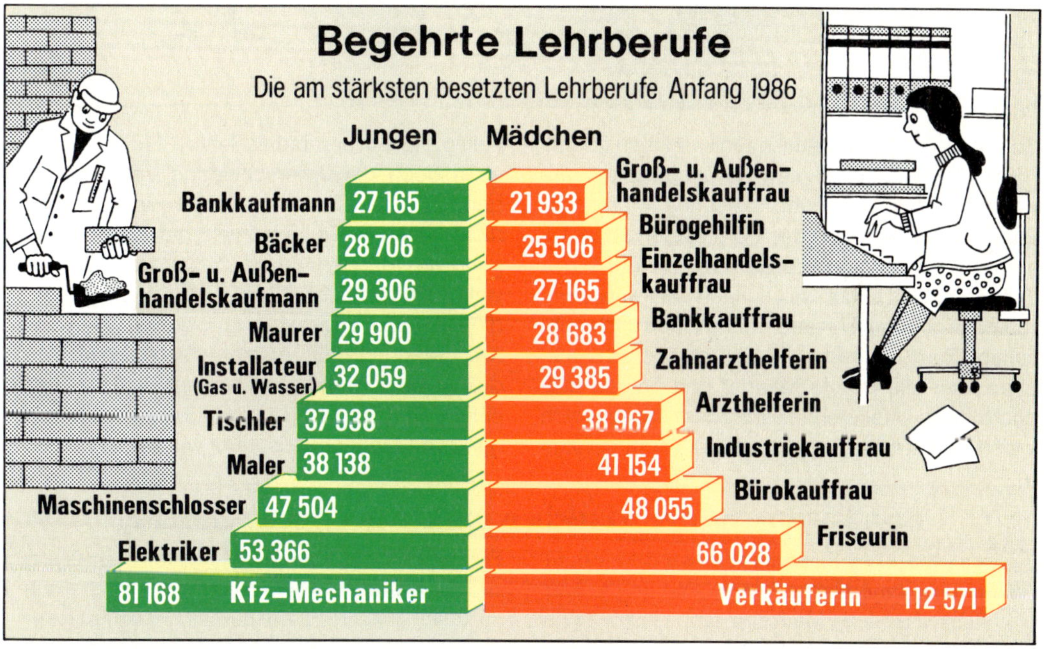

1. Welchen Traumberuf oder welche Traumberufe hast du?
2. Inwiefern können Berufsträume bei deiner Berufswahl nützlich sein?
3. Welche Vor- oder Nachteile bringt es mit sich, wenn du dich für einen „Modeberuf" entscheidest? Berücksichtige die Aussagen des Berufsberaters.

Solche oder ähnliche Aussagen kann man überall hören. Sie zeigen, daß die im Grundgesetz verankerte Gleichberechtigung zwischen Mann und Frau – zumindest was das Berufsleben angeht – immer noch in Frage gestellt wird. In BERUF AKTUELL werden schon seit einigen Jahren alle Berufsbezeichnungen in ihrer männlichen und weiblichen Form ausgedruckt, um deutlich zu machen, daß alle Berufe Männer und Frauen gleichermaßen offenstehen. Trotzdem lassen sich viele Mädchen bei ihrer Berufswahl vom traditionellen Rollenverständnis leiten. Für sie gibt es eben doch die Unterscheidung nach „Männerberufen" und „Frauenberufen". Sie trauen sich nicht, einen Beruf zu wählen, der bisher vorwiegend von Männern ausgeübt wurde. Sie fürchten vielleicht, von ihren Eltern, Freunden und Freundinnen schief angesehen zu werden, wenn sie einen „Männerberuf" wählen. Sie fürchten auch, daß sie es schwer haben werden, sich als Frau in einem Beruf zu behaupten, der bisher vorwiegend von Männern ausgeübt wurde.

Berufswünsche der Mädchen immer noch sehr einseitig

Bonn (dpa.) Der Staatssekretär im Bildungsministerium, Paul Harro Piazolo, hat an die lehrstellensuchenden Mädchen appelliert, mehr Ausbildungsangebote in technisch-orientierten Berufen zu nutzen. Zwei Drittel der rund 180 000 bislang noch nicht vermittelten Lehrstellenbewerber sind Mädchen. Piazolo verwies darauf, daß mittlerweile rund 400 Ausbildungsberufe für Mädchen zugänglich seien. Die Berufswünsche der Mädchen orientieren sich immer noch einseitig an traditionellen Frauenrollen. Fast die Hälfte der Bewerberinnen um einen Ausbildungsplatz fragte bei der Berufsberatung der Arbeitsämter nach einer der fünf klassischen Frauentätigkeiten nach, und zwar Bürofachkraft (15 %), Verkäuferin (13 %), Arzthelferin (8 %), Industriekauffrau (7 %), Friseurin (6 %).

(aus: Buxtehuder Tageblatt vom 16. 8. 1986)

Es ist sicherlich einfacher, alten Gewohnheiten zu folgen und sich für einen der traditionellen Frauenberufe zu entscheiden. Wie sieht es aber mit der beruflichen Zukunft in diesen Berufen aus? Mädchen sollten nicht, um mögliche Konflikte zu vermeiden, ihre Berufswahl freiwillig auf typische Frauenberufe wie Friseurin, Verkäuferin oder Bürokauffrau beschränken, weil sie dadurch ihre beruflichen Chancen selbst einengen. Daß es auch anders geht, zeigt die wachsende Zahl der Frauen, die sich für Berufe im gewerblich-technischen Bereich entscheiden.

Besondere berufliche Chancen eröffnen sich für Frauen durch die Ausbreitung der neuen Technologien in der Arbeitswelt. Mädchen können diese Chancen nutzen, indem sie rechtzeitig anfangen, die Scheu vor neuen Technologien zu überwinden und sich intensiv mit ihnen vertraut machen.

Schon in wenigen Jahren wird die Hälfte aller Arbeitnehmer Kenntnisse in Computertechnologie haben müssen, wenn sie sich im Arbeitsleben weiterhin zurechtfinden wollen. Frauen sind besonders stark vom Einzug der Daten- und Informationstechniken betroffen.

Frauen, die sich auf das Neuland Technik einlassen, stellen meistens fest, daß sich mit ihrem neuen Wissen die Berufschancen wesentlich verbessern. Und außerdem: Die neuen Techniken machen viele Arbeitsplätze interessanter, reicher. Routinearbeiten übernimmt der Computer, die gewonnene Zeit kann sinnvoll für kreative Problemlösungen eingesetzt werden. Die neuen Techniken bieten vor allem auch Chancen für Frauen, weil die traditionelle Teilung in eher männliche und eher weibliche Berufe aufgehoben wird.

Allerdings: Wer Prozeßabläufe und übergreifende Zusammenhänge in der Produktion erfassen können soll, der darf sich nicht darauf beschränken, nur den technisch perfekten Umgang mit dem Computer zu trainieren. Es wird nicht genügen, grundlegendes Wissen bei Bedarf im Computer abzurufen. Ein noch so perfektes technisches Informationssystem kann man nicht sinnvoll und verantwortlich nutzen, wenn grundlegende Kenntnisse fehlen. Faktenwissen und Fertigkeiten werden eben nicht als Selbstzweck vermittelt. Wie soll denn ein junger Mensch zum Beispiel Einsichten in sprachliche und mathematische Zusammenhänge gewinnen, wenn er die Strukturen des Systems „Sprache“ oder des Systems „Mathematik“ nicht kennt. Er muß die Fähigkeit erwerben, die komplexe und von vielfältigen Faktoren geprägte Wirklichkeit auf wesentliche Zusammenhänge zurückzuführen. Das Denken in Modellen ist mehr als das Beherrschen von Computerbefehlen. Logisches, abstraktes und planerisches Denken sind Voraussetzung für das Programmieren eines Computers, nicht dessen Ergebnis. Kommunikation und Zusammenarbeit in der Gruppe lernt man nicht einfach am Bildschirm. Mit einer wachsenden Informationsflut zurechtzukommen, die richtige Auswahl der zur jeweiligen Aufgabenstellung benötigten Informationen zu treffen und diese methodisch zu verknüpfen, dazu gehört eine sichere Basis eigenen Wissens und zuverlässig beherrschter Fähigkeiten, die durch allgemeine und berufliche Bildung erworben werden.

(aus: Chancen – neue Bildungsmodelle für Frauen, Hrsg.: Bundesminister für Bildung und Wissenschaft Bonn, Juni 1986)

1. Werte die Aussagen in den Sprechblasen über die Stellung der Frauen im Beruf.
2. „Das traditionelle Rollenverständnis ist schuld daran, daß eine Gleichberechtigung im Beruf noch nicht verwirklicht werden kann.“ Was meinst du zu dieser Aussage?
3. Warum wird Mädchen empfohlen, ihre Berufswahlüberlegungen nicht auf die traditionellen Frauenberufe zu beschränken?
4. Warum ist es auch für Mädchen wichtig, sich mit den neuen Technologien zu befassen?

1.2 Berufswahl: Daten, Fakten, Hilfen

Am Anfang stehen tausend Fragen ...

Diese und viele andere Fragen drängen sich auf, wenn es um die Berufsentscheidung geht. Je mehr man sich mit der Berufswahl beschäftigt, um so mehr Fragen stellen sich, auf die dann Antworten gesucht werden müssen.

Zum Beginn des Berufswahlprozesses zielen die Fragen darauf ab, sich einen Überblick über das Angebot an Ausbildungsberufen zu verschaffen und erste Orientierungshilfen zu gewinnen. Die Frage nach wählbaren Berufen ist jedoch nur die eine Seite der Medaille. Daneben müssen Fragen ganz anderer Art beantwortet werden, z. B. Fragen nach

- den eigenen Interessen, Neigungen und Wünschen,
- den Möglichkeiten, eigene Zielvorstellungen zu verwirklichen,
- den persönlichen Zukunftsaussichten im Wunschberuf,
- den persönlichen Voraussetzungen für die gewünschte Ausbildung,
- dem eigenen Ausbildungsweg.

1. Die Fragen oben sind nur einige Beispiele. Formuliere weitere Fragen, auf die du Antworten für deine Berufswahl brauchst.
2. Warum müssen Fragen im Laufe des Berufswahlprozesses zunehmend genauer und differenzierter gestellt werden?

Berufe gibt's wie Sand am Meer

Verzeichnis der Berufe*

Achatschleifer(in)
Agrartechniker(in)
Altenpfleger(in)
Apothekenhelfer(in)
Arbeitsberater(in)
Arbeitserzieher(in)
Architekt(in)
Archivar(in)
Arzthelfer(in)
Asphaltbauer(in)
Augenoptiker(in)
Ausbaufacharbeiter(in)
Automateneinrichter(in)
Automechaniker(in)

Backofenbauer(in)
Bademeister(in)
Bäcker(in)
Bandagist(in)
Bankkaufmann/
Bankkauffrau
Baudenkmalspfleger(in)
Bauschlosser(in)
Baustoffprüfer(in)
Bautechniker(in)
Bauzeichner(in)
Beamter/Beamtin
Bekleidungsfertiger(in)
Bekleidungsgestalter(in)
Bekleidungsnäher(in)
Bekleidungsschneider(in)
Bekleidungstechniker(in)
Bergbautechniker(in)
Bergmechaniker(in)
Berufsberater(in)
Berufskraftfahrer(in)
Beschäftigungs- und
Arbeitstherapeut(in)
Betonwerker(in)
Betriebsschlosser(in)
Betriebswirt(in)
Bewährungshelfer(in)
Bildhauer(in)
Bildjournalist(in)
Bildtechniker(in)
Binnenschiffer(in)
Biologiemodellmacher(in)
Biotechniker(in)
Blechschlosser(in)
Böttcher(in)
Bohrer(in)
Bohrwerkdreher(in)
Bootsbauer(in)
Brautechniker(in)
Braumeister(in)
Brenner(in)
Brennereitechniker(in)
Brillenoptikschleifer(in)
Brunnenbauer(in)
Buchbinder(in)
Buchhändler(in)
Büchsenmacher(in)
Bühnenbildner(in)
Bürogehilfe/
Bürogehilfin
Bürokaufmann/
Bürokauffrau

Chemiefacharbeiter(in)
Chemielaborant(in)
Chemigraf(in)
Chemotechniker(in)
Chirurgiemechaniker(in)
Cutter(in)

Dachdecker(in)
Damenschneider(in)
Dekorateur(in)
Designer(in)
Desinfektor(in)
Destillateur(in)
Diätassistent(in)
Diakon(in)
Diamantschleifer(in)
Dirigent(in)
Dolmetscher(in)
Dorfhelfer(in)
Drahtwarenmacher(in)
Drahtzieher(in)
Drechsler(in)
Dreher(in)
Drogist(in)
Drucker(in)
Druckformhersteller(in)
Drucktechniker(in)

Edelmetallprüfer(in)
Edelsteingraveur(in)
Edelsteinschleifer(in)
Einzelhandelskaufmann/
Einzelhandelskauffrau
Elektromaschinenbauer(in)
Elektromechaniker(in)
Elektrotechniker(in)
Emailschriftenmaler(in)
Entbindungspfleger/
Hebamme
Erzieher(in)
Estrichleger
Ewerführer(in)

Fachlehrer(in)
Familienpfleger(in)
Federmacher(in)
...

* unvollständig

Wer BERUF AKTUELL durchblättert, erfährt auf den ersten Blick, daß es eine fast unüberschaubare Fülle von Ausbildungsberufen mit ganz unterschiedlichen Tätigkeitsmerkmalen gibt. Über die in BERUF AKTUELL aufgelisteten Berufe hinaus gibt es noch viele andere berufliche Tätigkeiten, zu denen man auf anderen Wegen, z. B. durch ein Studium, Zugang gewinnen kann. Das Angebot ist verwirrend. Aber wenn man genauer hinsieht, wird man sehr schnell merken, daß bei weitem nicht alle Berufe für jeden wirklich zur Wahl stehen. Die Zahl der erreichbaren Berufe verringert sich stark, wenn man die Voraussetzungen berücksichtigt.

Für diejenigen, die im Bereich ihres Wohnorts ausgebildet werden möchten, fallen viele Berufe schon deshalb aus, weil es dort für sie keine Ausbildungsplätze gibt.

Andere Berufe fallen aus, weil sie Eingangsbedingungen stellen, die mit dem Realschulabschluß nicht direkt erfüllt werden können. Das sind z. B. alle Berufe, die ein Studium fordern.

Wieder andere Berufe können nicht von allen gewählt werden, weil sie besondere Anforderungen an die Gesundheit des Bewerbers stellen. Nicht nur gesundheitliche, sondern auch andere Anforderungen sind häufig ein Grund dafür, daß bestimmte Berufe nicht für jeden geeignet sind.

Für einzelne kommen ganze Berufsgruppen deshalb nicht in Frage, weil sie ihren persönlichen Wünschen und Vorstellungen überhaupt nicht entsprechen.

Der Ausbildungsplatzmangel tut ein übriges dazu, daß von der großen Zahl der Berufe letztlich nur ein kleiner Teil für den einzelnen zur Wahl steht.

1. Welche allgemeinen Bedingungen schränken die Zahl der für dich wählbaren Berufe ein?
2. Welche Einschränkungen ergeben sich durch die regionale Ausbildungsplatzsituation?
3. Welche persönlichen Voraussetzungen engen deine Wahlmöglichkeiten ein?
4. Nenne Berufe, die für dich nicht in Frage kommen, weil sie deinen Neigungen nicht entsprechen.

Informationen über Berufe – woher?

Informationen über Berufe, Berufstätige und über das, was sie an ihren Arbeitsplätzen tun, kann man auf verschiedenen Wegen erhalten. Rundfunk (Schulfunk) und Fernsehen berichten ebenso darüber wie Zeitungen, Zeitschriften und Bücher. Als Informationsquelle kommen ferner zahlreiche Institutionen (Berufsverbände, Kammern, Innungen, Gewerkschaften, Arbeitsverwaltung, Ministerien) und natürlich vor allem Berufstätige selbst in Frage.

Wenn du etwas über berufliche Tätigkeiten wissen möchtest, liegt es nahe, diejenigen zu fragen, die diese Tätigkeiten ausüben. Dabei brauchst du nicht darauf zu warten, bis sich vielleicht im Betriebspraktikum oder bei einer Betriebserkundung eine passende Gelegenheit dazu ergibt. Fragen kannst du immer, wenn du Berustätigen begegnest. Das können deine Eltern, Verwandte oder Freunde sein. Das kann der Handwerker sein, der in eurer Wohnung die Heizung repariert. Das können auch Fremde sein, die du beim Einkaufen, bei einer Busfahrt oder beim Schützenfest triffst. Gespräche über Berufe sind jederzeit und überall möglich. Die Befragung von Berufstätigen muß auch nicht auf gelegentliche, zufällige Begegnungen beschränkt bleiben. Manchmal ist es notwendig, bestimmte Probleme auch dadurch anzugehen, daß du dir gezielt einen Gesprächspartner für ein vorbereitetes Gespräch suchst. Du solltest bei solchen Gesprächen immer daran denken, was du erfahren möchtest und entsprechend fragen und nachfragen.

Richtig fragen will gelernt sein. Wenn du falsch fragst, erfährst du nichts oder nur wenig, wie das Beispiel oben rechts zeigt. Es kommt also auf die Art der Fragen an. Am informativsten sind Antworton auf „W-Fragen“: Wer? Was? Wo? Wie? Wann? Warum?

Wenn du mehr erfahren willst, solltest du immer nach den persönlichen Erfahrungen des Ge-

sprächspartners fragen. Nicht: „Wann müssen Maurer morgens anfangen?“, sondern: „Wann fangen Sie morgens an?“ Wenn der Befragte auch dann noch eine unklare Antwort gibt („Das kommt darauf an ...“), solltest du ganz direkt nachfragen: „Wann haben Sie heute morgen angefangen?“ Also: im Gespräch bleiben, zuhören, nachfragen, weiterfragen, nicht nur einen vorgefertigten Fragenkatalog abhaken.

Wichtig ist es auch, den richtigen Augenblick für die Fragen zu finden. Eine Verkäuferin, die gerade einen Kunden berät, wird Fragen als störend empfinden. Bei Aufräumarbeiten im Lager wird sie wahrscheinlich erzählfreudiger sein.

Wenn du neugierig genug bist und alle Möglichkeiten für Gespräche nutzt, wirst du mit der Zeit sehr viele Einzelheiten über berufliche Tätigkeiten erfahren. Zusammen können diese vielen Mosaiksteinchen ein umfassendes Bild von einem Beruf geben – vielleicht von *deinem* zukünftigen Beruf ...

1. Berufswahl ist immer auch ein Informationsproblem. Auf welche Informationsmöglichkeiten weist die Collage hin?
2. Stelle eine Liste der Institutionen auf, von denen du Auskünfte für deine Berufswahl erwarten kannst.
3. Welche Berufstätigen könntest du fragen, um Informationen über für dich interessante Berufe zu bekommen?
4. Was möchtest du über deinen Wunschberuf wissen? Bereite dich auf ein Gespräch mit einem Berufstätigen vor. Schreibe die Fragen auf, die du stellen möchtest.

Informationen über sich selbst – woher?

Einige wichtige Eigenschaften, auf die es bei der Ausübung von Berufen ankommen kann:

Reaktionsfähigkeit
Beobachtungsgabe
Sinn für Genauigkeit
Gedächtnis, Merkfähigkeit
sprachliche Ausdrucksfähigkeit
Rechtschreibkenntnisse
gute Umgangsformen
Konzentrationsfähigkeit

Aufmerksamkeit
Kontaktfähigkeit
Fähigkeit zur Gruppenarbeit
körperliche Belastbarkeit
Schwindelfreiheit
Fähigkeit, Farben zu unterscheiden
Raumvorstellung

Formensinn
gestalterische Begabung
Rechenkenntnisse
Kenntnisse in Erdkunde
Verständnis für technische Abläufe
zeichnerische Fähigkeiten
Handgeschick
Fingerfertigkeit

Marcel möchte Lokomotivführer werden. Die Eisenbahn hat ihn schon immer interessiert. Er ist technisch begabt, und seine Mitarbeit in der Schule wird von seinen Lehrern als zuverlässig eingeschätzt. Gute Voraussetzungen also für den Beruf, den er erlernen möchte, so denkt er. Aber bei der ärztlichen Untersuchung stellt sich heraus, daß Marcel farbenblind ist. Er kann rot und grün nicht unterscheiden. Damit kann er eine wichtige Anforderung, die an einen Lokomotivführer gestellt wird, nicht erfüllen, weil er die Farbsignale nicht eindeutig erkennen kann. Auch alle anderen Berufe, bei denen es darauf ankommt, Farben unterscheiden zu können, kommen für ihn nicht in Frage.

Marcel hat von seiner Farbenblindheit bisher nichts gewußt. Durch diese Erfahrung lernt er, wie wichtig es ist, über sich selbst Bescheid zu wissen, denn so wie der Beruf des Lokomotivführers verlangt auch jeder andere Beruf von denen, die ihn ausüben wollen, besondere Eigenschaften und Fähigkeiten:

- körperliche Eigenschaften (Kraft, Geschicklichkeit, Ausdauer, ...),
- geistige Fähigkeiten (logisches Denkvermögen, gutes Gedächtnis, ...),
- charakterliche Eigenschaften (Zuverlässigkeit, Verantwortungsbewußtsein, Offenheit, ...),
- soziale Fähigkeiten (Kontaktfreudigkeit, Kooperationsfähigkeit, Hilfsbereitschaft, ...),
- psychische Fähigkeiten (Geduld, Belastbarkeit, Feinfühligkeit, ...),
- Begabungen (Raumvorstellung, Formensinn, Kreativität, ...).

Es ist schwierig, etwas über sich selbst zu sagen. Welche Fähigkeiten hat man wirklich? Manchmal glaubt man ja, etwas zu können. Aber andere sehen das anders. Dann gibt es Dinge, die man sich überhaupt nicht zutraut. Irgendwann einmal zeigt sich dann aber, man kann das doch. Wie also soll man über sich etwas herausfinden? Wichtig ist es, über sich selbst nachzudenken und sich selbst zu beobachen. Viele tun das nicht gern, halten das sogar für überflüssig. Aber es ist nun einmal sehr wichtig für die Berufswahl.

Man sollte auch andere um Hilfe bitten, z. B. Freunde, Geschwister, Eltern. Bei passender Gelegenheit kann man sie fragen: „Was kann ich

Überlegtes Vorgehen erhöht die Chancen, einen Beruf zu finden,

- der Spaß macht
- der weder über- noch unterfordert
- in dem man gute Arbeit leistet
- der Anerkennung verschafft
- in dem man vorankommt und aufsteigt

Unüberlegtes Vorgehen erhöht die Gefahr, einen Beruf zu wählen,

- der keinen Spaß macht
- der über- oder unterfordert
- in dem man Mißerfolge und Ärger hat
- der keine Anerkennung bringt
- in dem man keinen Aufstieg schafft

eurer Meinung nach gut? Wo habe ich Schwächen? Was traut ihr mir zu? Ich möchte das gern für meine Berufswahl wissen." Auch Lehrer können geeignete Gesprächspartner sein. Warum sollte man nicht auch einmal mit einem Lehrer, zu dem man Vertrauen hat, über sich und seine Berufswahl reden? Solche Unterhaltungen können manche Unsicherheit in Fragen der persönlichen Eignung und Neigung beseitigen helfen.

Zudem gibt es Hilfen in Form von kleinen Tests, z. B. in den STEP-Heften der Berufsberatung. Manche Schüler legen diese Hefte achtlos beiseite, wenn sie nicht im Unterricht bearbeitet werden. Besser wäre es, die Hefte dann zu Hause selbst zu bearbeiten, vielleicht mit Freundinnen oder Freunden.

STEP für Realschüler

- Was macht mir in der Schule Spaß?
- Welche Berufsträume habe ich?
- Fällt es mir schwer, mit Zahlen umzugehen?
- Wie gut funktionieren meine Sinnesorgane?
- Helfe ich anderen gern, kann ich Rücksicht nehmen?
- Kann ich mit der Sprache gut umgehen, z. B. gut Aufsätze oder Briefe schreiben?
- Mag ich mich mit Dingen beschäftigen, die Sorgfalt, Genauigkeit und Konzentration verlangen?
- Welche Hobbies habe ich? Was macht mir an ihnen Spaß?
- Fällt es mir schwer, mich zu konzentrieren?
- Was ist für mich wichtig, wenn es um meinen zukünftigen Beruf geht?
- Löse ich gern schwierige Aufgaben? Kann ich durch Knobeln und Nachdenken zu Ergebnissen kommen?
- Bin ich körperlich leistungsfähig und belastbar? Gibt es da irgendwelche Einschränkungen?
- Welche Arbeiten kann ich überhaupt nicht leiden?
- Haben andere Schwierigkeiten, mit mir ins Gespräch zu kommen?
- Welche Arbeitsbedingungen möchte ich auf keinen Fall?
- Habe ich Ideen, wenn ich etwas gestalten soll, z. B. im Kunstunterricht?
- Wie komme ich mit anderen Leuten aus, vor allem wenn sie mir fremd sind?
- Wie gut ist meine Fingerfertigkeit? Wie geschickt bin ich z. B. beim Basteln oder Reparieren?
- Wie steht es um meine Fähigkeiten im Rechnen, Schreiben und Lesen?
- Kann ich mir gut etwas räumlich vorstellen?

Zwanzig Fragen, die sich jeder einmal stellen sollte

1. Warum ist es für die Berufswahl wichtig, die eigenen Fähigkeiten und Eigenschaften gut zu kennen?
2. Versuche, die Fragen oben für dich selbst zu beantworten.
3. Welche Eigenschaften und Fähigkeiten verlangen die Berufe, die du in die engere Wahl gezogen hast? Passen dein Wunschberuf und du zusammen?

Die Berufsberatung: Informationsquelle und Beratungsstelle

BIZ und Mobis

In vielen großen Städten gibt es Berufsinformationszentren (BIZ). In BERUF AKTUELL ist die Liste aller BIZ abgedruckt. In den BIZ könnt ihr Berufsbeschreibungen lesen, Videofilme über berufliche Tätigkeiten anschauen, Dias und Tonbildschauen betrachten und Berufsberater fragen. Für die ländlichen Bezirke, von denen aus die BIZ nur schlecht zu erreichen sind, hat sich die Berufsberatung etwas Besonderes ausgedacht: Das ganze Material, Schriften, Video- und Diaschauen, wird in einem Lastzug über Land gefahren und steht dann für Ratsuchende zur Verfügung. Die Termine, an denen diese „Mobilen Informationsstellen" (Mobis) bereitstehen, teilt das zuständige Arbeitsamt mit.

Einzelberatung

In der Einzelberatung kann sich der Berufsberater mit den persönlichen Problemen und den individuellen Fragen des einzelnen Ratsuchenden beschäftigen und nach angemessenen Lösungen für seine Berufsentscheidung suchen. In der Einzelberatung kann jeder erfahren

- *ob sich bestimmte Berufswünsche verwirklichen lassen,*
- *ob die erforderliche Eignung überhaupt vorhanden ist,*
- *ob die schulischen Voraussetzungen (Abschlüsse, Zensuren) ausreichen,*
- *ob Ausbildungsplätze für den gewünschten Beruf vorhanden sind und*
- *welche Alternativen es zu der gewünschten Berufsausbildung gibt.*

Den richtigen Berufsweg zu finden, ist nicht leicht

Das Berufsinformationszentrum BIZ bietet hierfür vielfältige Informationsmöglichkeiten zur Berufswahl für Berufsanwärter, aber auch für Interessenten, die bereits im Berufsleben stehen.

Kennstück ist die Mediothek, ausgestattet mit Medien, die jeder selbst auswählen kann: Informationsmappen, Videofilme, Diaserien, Hörprogramme und Reportagen, Tonbildschauen, Bücher.

Selbstinformation ohne Wartezeit

Jeder Einzelbesucher kann

- *sich ohne Voranmeldung, solange er möchte, zwanglos über Berufe und Studiengänge informieren,*
- *sich mit fachkundigen Mitarbeitern der Berufsberatung und anderen über Berufe unterhalten,*
- *wenn das nicht ausreicht, die umfangreiche berufskundliche Dokumentation und Fachbibliothek im BIZ bzw. in der Berufsberatung in Anspruch nehmen, um weitergehende Informationen zu Fragen der schulischen und beruflichen Bildung sowie Themen aus der Arbeitswelt, auch über Landesgrenzen hinweg, nachzulesen.*

Wer ein ausführliches Beratungsgespräch wünscht, sollte mit dem Berufsberater einen Termin vereinbaren.

Für größeren Gruppen, z. B. Schulklassen, stehen entsprechende Räume zur Verfügung.

Im Berufsinformationzentrum finden außerdem Vortragsveranstaltungen statt.

Das Berufsinformationszentrum bietet vielfältige Informationsmöglichkeiten.

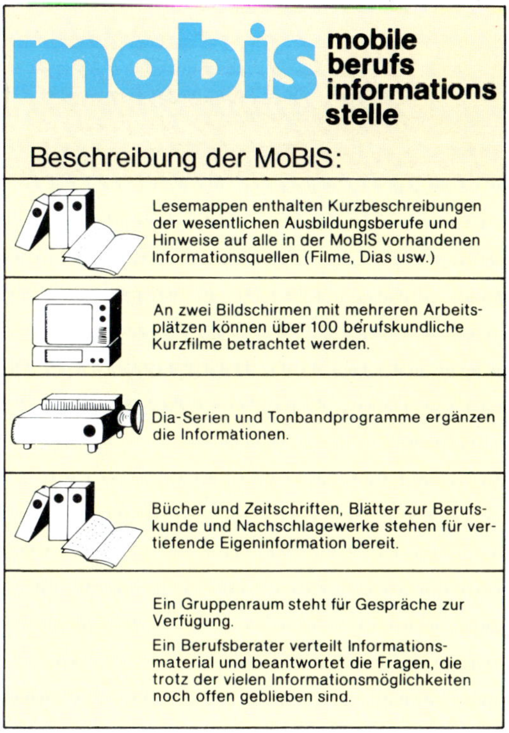

Informieren ist eine wichtige Aufgabe der Berufsberatung des Arbeitsamtes. Diese Aufgabe erfüllt die Berufsberatung, indem sie Informationsabende für Schüler, Eltern und Lehrer veranstaltet und der Schule umfangreiches Material zur Berufsorientierung und zur Selbsteinschätzung der Schüler zur Verfügung stellt. Es lohnt sich, diese Schriften sorgfältig durchzuarbeiten.

Die Standardbroschüre ist BERUF AKTUELL, die jeder Schüler ausgehändigt bekommt. BERUF AKTUELL bietet nicht nur eine kurze Beschreibung aller Ausbildungsberufe an, sondern informiert auch darüber, welches Material sonst noch benutzt werden kann, und wo man es bekommt. Dazu gehören u.a. die „Blätter zur Berufskunde", „mach's richtig" und die „iz-Informationszeitung der Berufsberatung".

Im Zusammenhang mit der Einzelberatung kann man an einem psychologischen Eignungstest teilnehmen. Wer genaueres über seine persönliche Eignung wissen möchte, kann sich freiwillig zu dem Test anmelden.

Im Arbeitsamt laufen zahlreiche Daten des regionalen Arbeits- und Ausbildungsmarktes zusammen. Die Berufsberatung des Arbeitsamtes ist auch die einzige Stelle, die offiziell Ausbildungsplätze vermitteln darf. Wer also nicht über private Kontakte oder Beziehungen einen Ausbildungsplatz findet, kann die Vermittlung der Berufsberatung für sich nutzen. Allerdings sind die Ausbildungsbetriebe nicht verpflichtet, freie Ausbildungsplätze an das Arbeitsamt zu melden, so daß keiner im Vertrauen auf die Vermittlung auf eigene Bemühungen verzichten sollte.

1. Auf welche Art und Weise kann dir die Berufsberatung des Arbeitsamtes bei deiner Berufswahl helfen?
2. Unter welchen Bedingungen kann man die Informationsangebote von BIZ und Mobis für seine Berufsentscheidung nutzen?
3. Überlegt, wie man sich auf ein Einzelgespräch mit dem Berufsberater vorbereiten kann.
4. Welchen Nutzen kann ein psychologischer Eignungstest haben?

Informationen richtig genutzt

Es ist schwierig, sich gezielt eine Fülle von Informationen zu verschiedenen Berufen zu verschaffen. Das wird aber notwendig sein, denn erst wenn man über verschiedene Berufe, die in Frage kommen, etwas mehr weiß, kann man sich bewußt entscheiden. Noch schwieriger ist es für manche, die anfallenden Informationen so aufzunehmen und zu ordnen, daß sie wirklich hilfreich sind. Wenn man sich nur schwach erinnert: „Da war doch was!?", aber nicht mehr weiß, was, dann helfen auch mühsam eingeholte Informationen nicht weiter. Darum ist es wichtig, lieber weniger Informationen einzuholen, aber diese Informationen auch zu nutzen. Eine Möglichkeit ist, sich eine „Informationsmappe Berufswahl" anzulegen. In dieser Mappe kann man nach Berufen geordnet, das Material zusammentragen, das man im Laufe der Zeit sammelt. Wer es ganz perfekt haben will, kann sich ein besonderes Ordnungsschema ausdenken. Anregungen dazu gibt die folgende Aufstellung „Inhalt einer persönlichen Informationsmappe".

Inhalt einer persönlichen Informationsmappe

- *Liste der Berufe, die in Frage kommen*
- *Berufsbilder, Blätter zur Berufskunde, Ausbildungsordnungen für die ausgewählten Berufe*
- *Berichte über Arbeitsplatzerkundungen (Fotos, Skizzen, Ablaufdiagramme, Gesprächsnotizen)*
- *Praktikumsbericht*
- *Zeitungsberichte, Anzeigen*
- *Liste möglicher Ausbildungsplätze*
- *Statistische Daten zur Arbeits- und Ausbildungsmarktlage, Schaubilder*
- *Niederschriften über Gespräche mit Berufstätigen*
- *Informationsmaterial der berufsbildenden Schulen*
- *Material der Berufsberatung zur Selbsteinschätzung (STEP, mach's richtig)*
- *Informationen aus der Einzelberatung*
- *Erkenntnisse zur Eignung und Befähigung*
- *Adressenliste mit Telefonnummern (Kammern, Innungen, Verbände, Gewerkschaften)*
- *Informationen des Kultusministeriums*
- *Informationen des Bundesministers für Bildung und Wissenschaft*

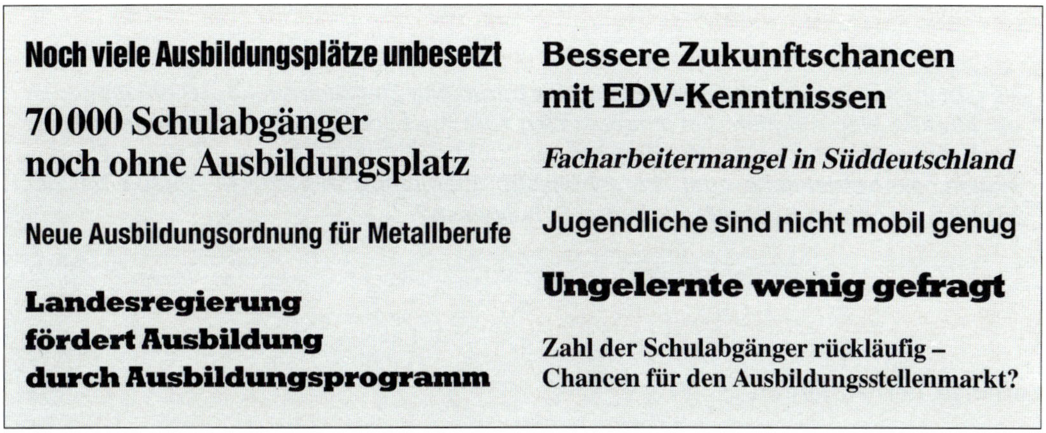

Wer Informationen sammelt, wird sehr bald feststellen, daß die Informationen von unterschiedlicher Qualität sind. Es gibt Informationen, die sind schlichtweg falsch. Es gibt Informationen, die sind ungenau. Andere Informationen sind wertlos, weil sie zu der gestellten Frage keine Aussage machen.

Viele Informationen sind subjektive Aussagen aus der Sicht einzelner, die sich nicht verallgemeinern lassen und nur vom Standpunkt des Informanten aus gewertet werden können. So erfährt man z. B. bei der Befragung von Berufstätigen nur etwas über ihre persönliche Einstellung. Dennoch können solche Aussagen wichtige Informationen für die eigene Berufswahl enthalten.

Von Arbeitgeberverbänden und Gewerkschaften wird man oft gegensätzliche Aussagen über denselben Sachverhalt bekommen, weil sie gegensätzliche Interessen vertreten.

Außerdem muß berücksichtigt werden, daß die Arbeitswelt sich ständig verändert. Informationen, die heute noch stimmen, können morgen schon veraltet sein und dadurch wertlos werden.

Falsche, ungenaue, subjektive oder veraltete Informationen können zu falschen Entscheidungen führen. Deshalb ist es wichtig, jede Information kritisch zu prüfen und ihren Wert für die eigene Entscheidung richtig einzuschätzen. Für die kritische Prüfung von Informationen kann ein Fragenkatalog hilfreich sein.

Checkliste für die Auswertung von Informationen

- *Hat die Information für meine Berufswahl eine Bedeutung?*
- *Von wem kommt die Information?*
  Muß ich subjektive Interessen des Informanten berücksichtigen?
- *Kann ich die Information durch Vergleich mit anderen Informationen überprüfen?*
- *Wie alt ist die Information? Gilt sie noch?*
- *Wozu sagt die Information etwas aus? Wofür kann ich sie nicht verwenden?*
- *Reicht die Information aus oder brauche ich noch zusätzlich Daten?*
- *Was kann ich aus der Information lernen?*

1. Warum mußt du damit rechnen, daß zwei Berufstätige, die in einem Betrieb gleiche Arbeitsplätze haben, dennoch ihre Arbeit ganz unterschiedlich schildern und beurteilen?
2. Wie kannst du dir bei widersprüchlichen Informationen eine eigene Meinung bilden?
3. Überprüfe den Fragenkatalog zum kritischen Umgang mit Informationen. Ergänze ihn nach eigenen Vorstellungen.

2. Ausbildungsmöglichkeiten und Ausbildungswege

Es gibt immer verschiedene Wege, um das berufliche Ziel zu erreichen. Nicht immer ist ein direkter Weg möglich. Ein längerer Weg zum Ausbildungsziel muß nicht unbedingt auch der schlechtere sein. Wo beginnt der „richtige“ Ausbildungsweg? Was ist vorzuziehen, die betriebliche oder die schulische Ausbildung? Welche Möglichkeiten der Ausbildung gibt es im berufsbildenden Schulwesen?

2.1 Berufsausbildung im dualen System

Lernorte, Lernverfahren

Früher war die „Meisterlehre“ die einzige Form der Ausbildung. Wer einen Beruf erlernen wollte, ging zu einem Meister in die Lehre und lernte durch zugucken, helfen und nachmachen. In der dualen Ausbildung, besonders im Handwerk, sind Formen der alten Meisterlehre erhalten geblieben. Hinzugekommen ist aber der begleitende Unterricht in der Berufsschule. Der Unterricht findet in Fachklassen für die einzelnen Ausbildungsberufe an einem oder zwei Tagen in der Woche statt. Für manche Ausbildungsgänge ist der Berufsschulunterricht in Blöcken von drei bis vier Wochen Dauer zusammengefaßt.

Die betriebliche Ausbildung im dualen System kann sehr unterschiedlich sein. Es kommt z. B. darauf an, ob jemand in der Werkstatt eines Handwerksbetriebes oder in der Ausbildungswerkstatt eines Industriebetriebes ausgebildet wird. Im Handwerk müssen die Auszubildenden von Anfang an bei allen Arbeiten mit anpacken und haben auch bald Kontakt mit den Kunden, vor allem im Dienstleistungsbereich.

Große Industriebetriebe haben meistens eigene Ausbildungswerkstätten, in denen die Auszubildenden zunächst Grundkenntnisse erwerben. Erst dann kommen sie an Arbeitsplätze in der Produktion. Dort lernen sie weiter, was sie aufgrund der Ausbildungsvorschriften und betrieblichen Ausbildungspläne lernen müssen.

Auch kleinere Ausbildungsbetriebe wissen natürlich seit langem, daß sie mit den Methoden der alten Meisterlehre nicht mehr auskommen, wenn ihnen daran gelegen ist, hochqualifizierten Nachwuchs auszubilden. Deshalb werden für eine ganze Reihe von Berufen, besonders im Bereich des Handwerks, überbetriebliche Lehrgänge angeboten. Sie ergänzen die betriebliche Ausbildung und vermitteln Fähigkeiten und Fertigkeiten, die sonst in der Ausbildung zu kurz kommen würden.

Ausbildung im Betrieb

Ausbildung in der Berufsschule

Ausbildungsort:

Ausbildungsinhalte festgelegt durch:

Der Niedersächsische Kultusminister

Richtlinien für berufsbildende Schulen

Richtlinien für die Fachstufen der metallgewerblichen Berufe

Berufsgruppe Kraftfahrzeugtechnik

Berufsbild
Berufsbildungsplan
Prüfungsanforderungen

Kraftfahrzeugmechaniker
Kraftfahrzeugmechanikerin

Abschlußzeugnis:

Berufliche Schulen
des Landkreises Hannover

Abschlußzeugnis

für ____________

geb. am ______ in ______

Leistungen:
1. ____________
2. ____________
3. ____________

Prüfungszeugnis
nach § 31 Handwerksordnung

Gesellenbrief

1. Worin unterscheidet sich die Ausbildung in Lehrwerkstätten der Industrie von der Ausbildung im Handwerk?
2. Was versteht man unter überbetrieblicher Ausbildung?
3. Erkläre anhand der Abbildung oben den Begriff „duales System“ (duo, lat.: zwei).

Ausbildungsbeginn im Berufsgrundbildungsjahr

Das Berufsgrundbildungsjahr (BGJ) ist ein Teil der dualen Ausbildung. Es wird in 13 Berufsfeldern angeboten. Es gibt also 13 verschiedene BGJ, aber längst nicht alle an jeder berufsbildenden Schule. Ihr müßt also bei der Berufsberatung nachfragen.

Einige Berufsgrundbildungsjahre allerdings, z. B. das BGJ Agrartechnik und das BGJ Bautechnik, sind für ganze Regionen verpflichtend eingeführt und gelten als erstes Ausbildungsjahr für jeden Beruf in dem entsprechenden Berufsfeld. Wer also einen Bauberuf ergreifen möchte, muß seine Ausbildung im BGJ Bautechnik beginnen. Er bekommt eine breite Grundausbildung für alle Bauberufe und hat den Vorteil, daß er sich noch nicht sofort für einen bestimmten Beruf entscheiden muß. Erst im Laufe des BGJ muß er unter den Berufen aus dem Berufsfeld Bautechnik einen auswählen, in dem er seine Ausbildung in einem Betrieb fortsetzen möchte, z. B. als Maurer, Betonfacharbeiter, Dachdecker oder Fliesenleger.

Berufsgrundbildungsjahre, die nicht verpflichtend eingeführt sind, kann man freiwillig besuchen. Es ist jedoch häufig schwierig, am Ende des BGJ einen betrieblichen Ausbildungsplatz zu finden, bei dem es als erstes Ausbildungsjahr angerechnet wird. Manche Betriebe nehmen lieber Auszubildende auf, die von Anfang an im Betrieb mitarbeiten.

Viele Betriebe möchten die Pflicht, das BGJ als erstes Ausbildungsjahr anrechnen zu müssen, gern umgehen. Manche Jugendliche kommen dann auf die Idee, ein BGJ in einem anderen Berufsfeld zu wählen oder das BGJ ohne Abschluß abzubrechen. Solche Ideen stellen aber den Sinn des BGJ für die Berufsausbildung auf den Kopf. Es soll doch die Grundstufe eines Ausbildungsganges sein, und nicht nur als Warteplatz dienen. Um nicht in solche Konflikte mit der Anrechnung zu kommen, wäre es gut, sich vor Beginn des BGJ einen Ausbildungsplatz zu suchen und, wenn es geht, schon einen Vorvertrag für die Berufsausbildung abzuschließen.

Berufsfelder im Berufsgrundbildungsjahr

1. **Wirtschaft und Verwaltung**
   a) Schwerpunkt: Absatzwirtschaft und Kundenberatung
   b) Schwerpunkt: Bürowirtschaft und kaufmännische Verwaltung
   c) Schwerpunkt: Recht und öffentliche Verwaltung
2. **Metalltechnik**
   a) Schwerpunkt: Fertigungs- und spanende Bearbeitungstechnik
   b) Schwerpunkt: Installations- und Metallbautechnik
   c) Schwerpunkt: Kraftfahrzeugtechnik
3. **Elektrotechnik (Handwerk/Industrie)**
4. **Bautechnik**
5. **Holztechnik**
6. **Textiltechnik und Bekleidung**
7. **Chemie, Physik und Biologie**
   a) Schwerpunkt: Laboratoriumstechnik
   b) Schwerpunkt: Produktionstechnik
8. **Drucktechnik**
   a) Schwerpunkt: Druckvorlagen- und Druckformherstellung
   b) Schwerpunkt: Drucktechnik und Druckverarbeitung/Buchbinderei
9. **Farbtechnik und Raumgestaltung**
10. **Gesundheit**
11. **Körperpflege**
12. **Ernährung und Hauswirtschaft**
    a) Schwerpunkt: Gastgewerbe und Hauswirtschaft
    b) Schwerpunkt: Back- und Süßwarenherstellung
    c) Schwerpunkt: Fleischverarbeitung
13. **Agrarwirtschaft**
    a) Schwerpunkt: Tierischer Bereich
    b) Schwerpunkt: Pflanzlicher Bereich

1. Erläutere, was man unter verpflichtend eingeführtem und freiwilligem Berufsgrundbildungsjahr versteht.
2. Welche Probleme können sich nach dem Besuch des freiwilligen BGJ ergeben?
3. Wie kannst du sicherstellen, daß du auch nach dem Besuch eines freiwilligen BGJ die Ausbildung in einem Betrieb fortsetzen kannst?

2.2 Berufsausbildung in Vollzeitschulen

Wege schulischer Berufsausbildung

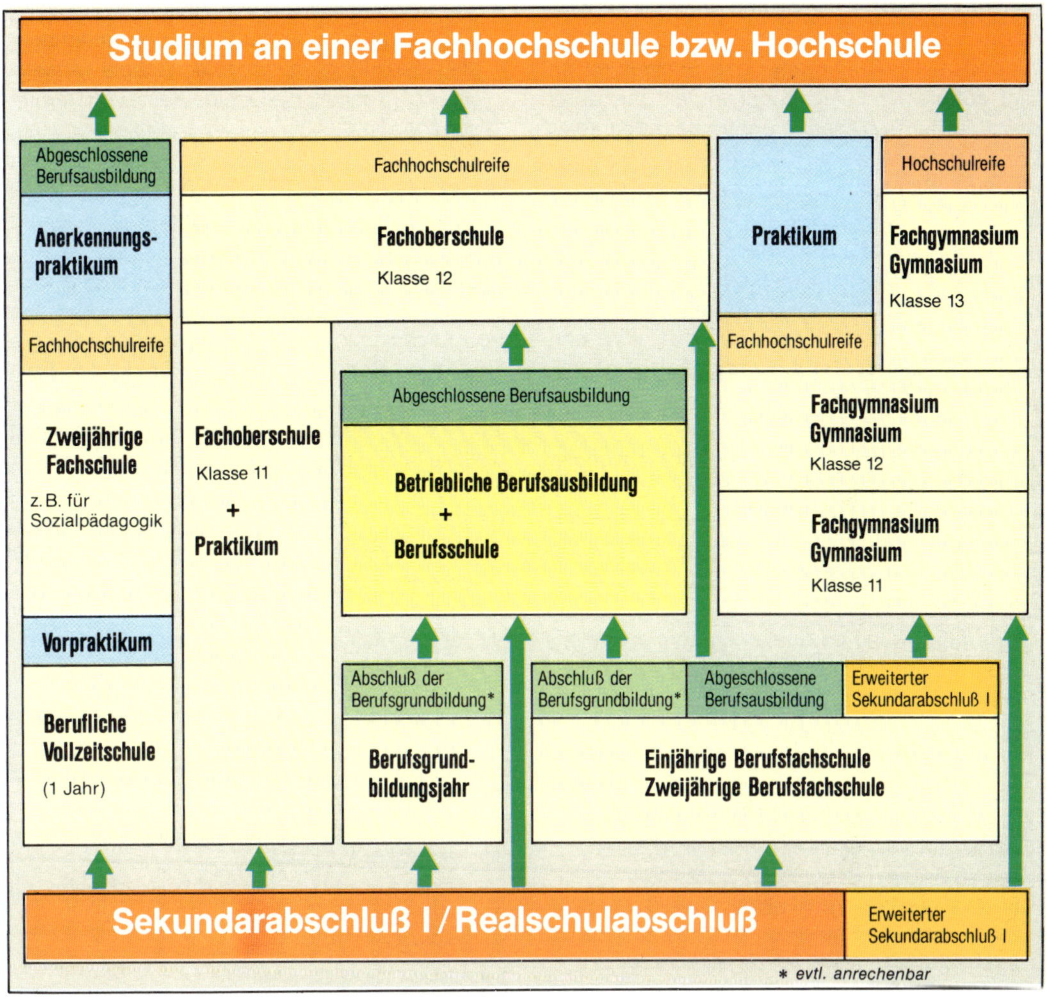

(nach: Informationen für Schulabgänger, Hrsg.: Schulverwaltungsamt der Stadt Braunschweig, S. 17)

Die berufsbildenden Schulen bieten eine Fülle von Bildungswegen an, die zu unterschiedlichen Abschlüssen führen. Nicht jeder Berufsschulstandort bietet allerdings alle Varianten an. Wer plant, seinen Weg zu einem Beruf in einer berufsbildenden Vollzeitschule zu beginnen, muß sich zunächst informieren, welche Angebote aus der reichhaltigen Palette an seinem Wohnort vorhanden sind. Eventuell muß er eine berufliche Schule in einem weiter entfernten Ort besuchen.

1. Verfolge in der Grafik die unterschiedlichen Wege der schulischen Berufsausbildung.
2. Welche allgemeinbildenden und welche beruflichen Abschlüsse können in den einzelnen berufsbildenden Schulen erreicht werden?
3. Auf welchen Wegen kann man über berufsbildende Schulen die Fachhochschulreife bzw. Hochschulreife erwerben?

Berufsfachschulen

Die Berufsfachschulen sind wie die allgemeinbildenden Schulen Vollzeitschulen. Aber das Lernen geht nicht so weiter wie bisher. Zwar gibt es in Berufsfachschulen noch einen Anteil an allgemeinbildendem Unterricht, aber das Schwergewicht liegt auf dem berufsbezogenen Teil des Unterrichts, in der Fachtheorie und in der Fachpraxis. Dafür gibt es neben den allgemeinen Unterrichtsräumen Werkstätten, Computerräume und andere Fachräume mit modernen Arbeitsmitteln.

In letzter Zeit steigen immer mehr Schulentlassene über die Berufsfachschule in die Berufsausbildung ein. Sie tun das nicht nur, weil betriebliche Ausbildungsplätze knapp geworden sind, sondern auch, weil die Berufsfachschulen eine breite Grundausbildung vermitteln, die eine gute Basis für den weiteren Berufsweg ist.

Mit dem Abschluß einiger Berufsfachschulen kann man direkt eine Berufstätigkeit aufnehmen. Man kann auch – und das ist sicher die bessere Alternative – die Berufsfachschule als Sprungbrett für die weitere Berufsausbildung nutzen, indem man

- eine Ausbildung im dualen System anschließt (der Besuch der Berufsfachschule wird in dem Berufsfeld dann als erstes Ausbildungsjahr angerechnet),
- in die 12. Klasse einer Fachoberschule überwechselt (vorausgesetzt werden berufsbezogene Kenntnisse), deren Abschluß zu einem Studium an einer Fachhochschule berechtigt,
- die Ausbildung an einer Fachschule fortsetzt, eine Möglichkeit, die für eine Reihe von Berufen gegeben ist.

Berufsfachschulen gibt es für folgende Bereiche: Metalltechnik, Elektrotechnik, Wirtschaft, Hauswirtschaft, Landbau, Ländliche Hauswirtschaft, Kinderpflegerinnen.

Berufsfachschulen sind in der Regel zweijährig und können zum größten Teil auch mit dem Hauptschulabschluß besucht werden. Es gibt aber auch Berufsfachschulen, für die der Realschulabschluß vorausgesetzt wird. Diese Schulen sind für Realschüler besonders interessant, weil sie Abschlüsse vermitteln, die unter Umständen bessere berufliche Chancen eröffnen. Solche Berufsfachschulen sind nach einer Aufstellung des Niedersächsischen Kultusministers die in der Übersicht unten aufgeführten.

An einem Standort wird man immer nur einige dieser Berufsfachschulen finden. Wer eine bestimmte Berufsfachschule besuchen will, muß also selbst herausfinden, wo es diese gibt.

Berufsfachschule – Wirtschaftsassistent
Berufsfachschule – Biologisch-technischer Assistent
Berufsfachschule – Chemisch-technischer Assistent
Berufsfachschule – Elektrotechnischer Assistent
Berufsfachschule – Landwirtschaftlich-technischer Assistent
Berufsfachschule – Physikalisch-technischer Assistent
Berufsfachschule – Atem-, Sprech- und Stimmlehrer
Einjährige Berufsfachschule – Wirtschaft – für Realschulabsolventen/Realschulabsolventinnen (Höhere Handelsschule)
Einjährige Berufsfachschule – Hauswirtschaft/Ländliche Hauswirtschaft – für Realschulabsolventen/Realschulabsolventinnen

im Bereich der nichtärztlichen Heilberufe:
Berufsfachschule – Krankenpflege
Berufsfachschule – Logopädie
Berufsfachschule – Arbeits- und Beschäftigungstherapie
Berufsfachschule – Krankengymnastik
Berufsfachschule – Medizinische Fußpflege
Berufsfachschule – Hebammen
Berufsfachschule – Pharmazeutisch-technischer Assistent
Berufsfachschule – Diätassistent
Berufsfachschule – Technischer Assistent in der Medizin
Berufsfachschule – Zytologieassistent

Berufsfachschulen, die für Realschüler besonders interessant sind

1. Welche Berufsfachschulen gibt es in deiner Nähe?
2. Überlege, ob du dein Ausbildungsziel auch über den Besuch einer Berufsfachschule erreichen kannst.
3. Welchen Abschluß kannst du durch den Besuch einer Berufsfachschule erreichen, und wie kannst du mit diesem Abschluß deinen beruflichen Werdegang weiter planen?

Fachoberschulen, Fachgymnasien

Mario Schwarz möchte Bauingenieur werden. Er weiß, daß er die Fachhochschulreife braucht, um an der Fachhochschule studieren zu können. Er ist ein guter Schüler und hat deshalb die Chance, den erweiterten Realschulabschluß zu bekommen. Mit dem könnte er in die 11. Klasse einer Fachoberschule übergehen und die Fachhochschulreife machen.

Trotzdem entscheidet er sich für einen anderen Ausbildungsweg. Er hält es für falsch, ein Fachhochschulstudium aufzunehmen, ohne vorher praktische Erfahrungen gemacht zu haben. Er möchte lieber „von der Pieke auf" lernen. Das haben ihm auch die Arbeitskollegen im Betriebspraktikum geraten, die nicht viel von Ingenieuren halten, die von der Praxis keine Ahnung haben. Mario plant seine Berufsausbildung so:

- Berufsgrundbildungsjahr Bautechnik,
- zwei Jahre betriebliche Ausbildung,
- 12. Klasse der Fachoberschule,
- 6 Semester Fachhochschule.

Mit dem Realschulabschluß kann man direkt in die Klasse 11 der Fachoberschule aufgenommen werden. Wer eine abgeschlossene Berufsausbildung hat, kann sich die 11. Klasse ersparen und in die 12. Klasse übergehen. Weil dieser Weg über eine Berufsausbildung bessere Erfolgschancen verspricht, werden an manchen Fachoberschulen 11. Klassen gar nicht mehr geführt.

Ähnlich wie in den Fachoberschulen verbinden auch die Fachgymnasien berufliche und allgemeine Bildung. Fachgymnasien gibt es in den Fachrichtungen Wirtschaft, Hauswirtschaft, Textil, Technik und Landwirtschaft. Sie unterscheiden sich von den Fachoberschulen durch ihre Eingangsvoraussetzungen und ihre Abschlüsse. Wer in das Fachgymnasium aufgenommen werden will, braucht den erweiterten Sekundarabschluß I (den erweiterten Realschulabschluß). Die Fachgymnasien gehen bis zum 13. Schuljahr und schließen mit der allgemeinen Hochschulreife ab.

1. Wie beurteilst du Marios Entscheidung, den Weg zu seinem Berufsziel in der dualen Ausbildung zu beginnen?
2. Auf welchen Wegen kann man die Fachhochschulreife erwerben?

Fachschulen

Ein besonders für Realschulabgänger interessantes Angebot der berufsbildenden Schulen sind die Fachschulen. Die Voraussetzung für ihren Besuch sind unterschiedlich. Vorausgesetzt werden der Realschulabschluß oder ein gleichwertiger Bildungsabschluß und eine berufliche Erstausbildung oder einschlägige und ausreichende berufliche Erfahrungen oder ein Vorpraktikum.

Ein Beispiel: Andrea möchte Heilerziehungspflegerin werden. Sie möchte, wie es in der Beschreibung des Berufsbildes steht, „geistig, körperlich oder mehrfach Behinderte pflegen und erziehen, deren außerschulische und soziale Eingliederung erleichtern". Andrea hat nach ihrem Realschulabschluß eine Stelle in einer Tagesbildungsstätte der Lebenshilfe gefunden, wo sie als Praktikantin arbeiten und erste Erfahrungen mit Behinderten machen kann. Dieses Vorpraktikum muß sie haben, um in die Fachschule Heilerziehungspflege aufgenommen zu werden. In der Fachschule wird Andrea auf ihre spätere Tätigkeit vorbereitet. Die folgende Aufstellung zeigt die Fülle der Unterrichtsfächer, in denen sie lernen muß.

Fachschule Heilerziehungspflege
(mit Vollzeitunterricht)

Deutsch	Werken/Gestalten
Gemeinschaftskunde	Musik/Rhythmik
Religion	Gymnastik/Sport
Rechts- und Berufskunde	Psychomotorik
Soziologie	Spiel
	Technische Mittler
Pädagogik/ Behindertenpädagogik	Gesundheitslehre
Psychologie	Krankheitslehre
Didaktik und Methodik mit Übungen	Physiologie/Anatomie
Kinder- u. Jugendliteratur	Psychiatrie/Neurologie
Kunsterziehung	Pflege und Betreuung der Behinderten

1. Kommt für deine Ausbildungspläne der Besuch einer Fachschule in Frage?
2. Erkundige dich gegebenenfalls nach den Eingangsvoraussetzungen und nach den möglichen Abschlüssen.

3. Der Weg zum Ausbildungsvertrag

Mit der Entscheidung für einen Beruf ist es noch lange nicht getan. Der Weg bis zum Beginn einer Ausbildung ist weit und mit mancherlei Hindernissen versehen. Wo erfährt man, welche Ausbildungsplätze angeboten werden? Wie besteht man einen Eignungstest? Wie stellt man sich im Betrieb vor?

3.1 Hürden vor dem Ausbildungsplatz

Die Stellensuche

Wenn man weiß, in welchem Beruf man ausgebildet werden möchte und welche Berufe als Alternative in Frage kommen, dann hat man einen sehr wichtigen Schritt Richtung Berufswelt getan. Aber jetzt muß ein zweiter wichtiger Schritt folgen: die Suche nach einem Ausbildungsplatz. Auch hier sollte man sich nicht einfach auf andere verlassen, sondern selbst aktiv werden.

1. Was kannst du außer den in der Abbildung gezeigten Möglichkeiten noch tun, um einen Ausbildungsplatz zu finden?
2. Welchen Nutzen können im Zusammenhang mit der Stellensuche Unterlagen aus dem Betriebspraktikum bzw. der Auswertung des Praktikums haben?

Die Bewerbung

Für die Ausbildungsbetriebe sind Form und Inhalt der Bewerbungsschreiben ein erstes Mittel zur Auswahl der Bewerber. Es lohnt sich also, Sorgfalt und Mühe aufzuwenden, damit das Bewerbungsschreiben vor den kritischen Augen des Betriebsinhabers oder Personalchefs bestehen kann.

Wer mehrere Bewerbungen schreiben muß, sollte jede neu schreiben, denn Kopien mit eingesetzter Anschrift machen keinen guten Eindruck. Auch die Bewerbungsunterlagen, die dem Schreiben beigefügt werden müssen (Zeugniskopien, handgeschriebene oder tabellarische Lebensläufe und was sonst noch verlangt wird), sollten sauber, ordentlich und vollständig sein. Aber nicht nur das äußere Erscheinungsbild, sondern auch der Inhalt des Bewerbungsschreibens sollte gut überlegt sein. Der Ausbildungsbetrieb braucht Informationen über dich, um entscheiden zu können, ob es sich lohnt, dich zu einem Vorstellungsgespräch einzuladen. Der Ausbildungsbetrieb will sicher wissen,

- warum du dich für den Ausbildungsberuf entschieden hast, für den du dich bewirbst,
- warum du dich in diesem Betrieb um einen Ausbildungsplatz bewirbst,
- wie du dich über den Beruf informiert hast,
- welche Voraussetzungen du für eine erfolgreiche Ausbildung mitbringst,
- wo deine Interessenschwerpunkte liegen.

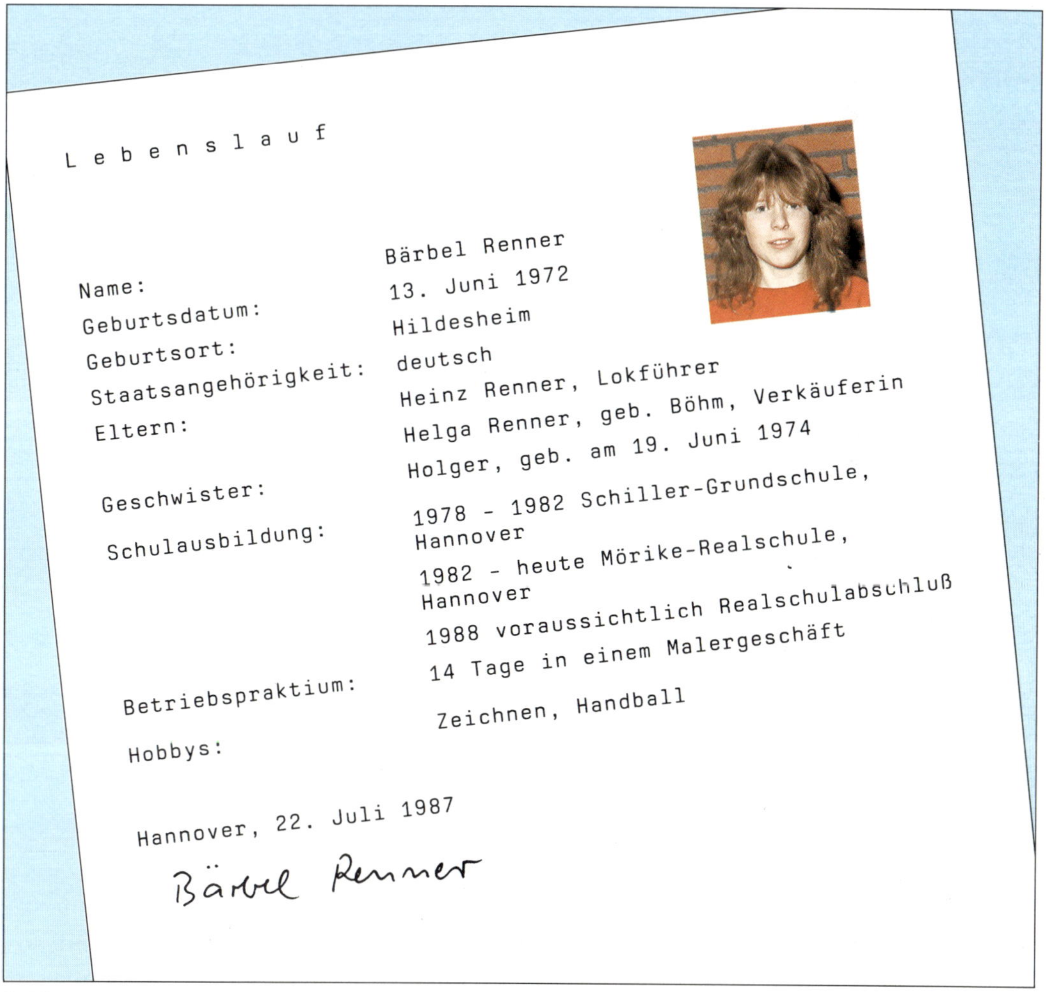

L e b e n s l a u f

Name:	Bärbel Renner
Geburtsdatum:	13. Juni 1972
Geburtsort:	Hildesheim
Staatsangehörigkeit:	deutsch
Eltern:	Heinz Renner, Lokführer Helga Renner, geb. Böhm, Verkäuferin
Geschwister:	Holger, geb. am 19. Juni 1974
Schulausbildung:	1978 - 1982 Schiller-Grundschule, Hannover 1982 - heute Mörike-Realschule, Hannover 1988 voraussichtlich Realschulabschluß
Betriebspraktikum:	14 Tage in einem Malergeschäft
Hobbys:	Zeichnen, Handball

Hannover, 22. Juli 1987

Bärbel Renner

So könnte ein tabellarischer Lebenslauf aussehen

Hannover, 22. Juli 1987

Bärbel Renner
Bleiche 37
3000 Hannover
Tel. 0511/777777

Firma
Franz Stein
Rosenstraße 62

3000 Hannover

Bewerbung um einen Ausbildungsplatz als Steinmetzin

Sehr geehrter Herr Stein,

wie mir von der Berufsberatung mitgeteilt wurde, stellen Sie im Jahr 1988 wieder Auszubildende ein. Da ich den Beruf der Steinmetzin erlernen möchte, bewerbe ich mich hiermit bei Ihnen.

Zur Zeit besuche ich die Mörike-Realschule in Hannover. In 14 Tagen beginnt das neue Schuljahr, und ich werde dann die Klasse 10 besuchen.

Ich habe mich im Rahmen des Berufswahlunterrichts sehr intensiv mit dem Beruf der Steinmetzin beschäftigt. Nach meinem Praktikum in einem Malergeschäft steht für mich fest, daß der Beruf der Steinmetzin für mich der richtige ist. Ich arbeite gern praktisch, gehe gern mit Material um und kann gut Formen und Figuren entwerfen. Dies zeigt sich auch in meinen Noten in den Fächern "Technik" und "Kunst". Da ich außerdem gerne im Freien arbeite und mich auch vor Staub und Schmutz nicht fürchte, ist der Beruf für mich sicher richtig. Ich bewerbe mich bei Ihnen, da ich gehört habe, daß Sie oft alte Gebäude renovieren. Solche Arbeiten finde ich besonders interessant.

Meinen Lebenslauf, Kopien meiner letzten Schulzeugnisse und ein Lichtbild lege ich bei.

Über eine Einladung zu einem persönlichen Gespräch würde ich mich freuen.

Mit freundlichen Grüßen

Bärbel Renner

Anlagen

So könnte eine Bewerbung aussehen

1. Vergleiche die beiden Bewerbungsschreiben miteinander. Was fällt dir auf?
2. Entwirf nach dem Vorbild oben ein Bewerbungsschreiben, das du als Muster benutzen kannst.
3. Überlege, welche deiner Lebensdaten für den Ausbildungsbetrieb wichtig sein könnten, und stelle einen tabellarischen Lebenslauf zusammen.

Nur nicht entmutigen lassen

„Mein größter Wunsch ist eine Lehrstelle"

Schon 60 Bewerbungen und noch immer kein Erfolg

Buxtehude (sb). 46 900 Jugendliche fanden dieses Jahr bundesweit keine Lehrstelle, meldete das Nürnberger Arbeitsamt in diesen Tagen. In Buxtehude blieben 112 Jungen und Mädchen ohne Ausbildungsplatz. Olaf Knuth aus Dammhausen ist einer von ihnen. Über 60 Bewerbungen schickte er in den vergangenen zwei Jahren ab. Ohne Erfolg. Jetzt dreht er eine Warteschleife und drückt noch einmal die Schulbank. Aber zufrieden ist er mit seiner Situation wahrlich nicht. Der 16jährige: „Mein größter Wunsch ist eine Lehrstelle."

Seit Juni ist Olaf Knuth mit der Realschule fertig. Er hat nicht gerade ein glänzendes Zeugnis, aber ein durchschnittlich gutes. Olaf möchte gerne eine kaufmännische Lehre machen. Früher wollte er Koch werden. Aber nach dem Schulpraktikum in einer Restaurantküche ist er von diesem Berufsziel ab. Ein zweites Schulpraktikum, um seinen jetzigen Berufswunsch zu überprüfen, gab es nicht. „Ich finde, das sollte anders organisiert werden", meint der 16jährige rückblikkend. „Jetzt weiß ich zwar, was ich nicht will, aber wie soll ich herausfinden, welcher andere Beruf für mich in Frage kommt?" Die Schule müßte mindestens zwei Praktika anbieten, findet er.

Olaf Knuth will jetzt Industrie- oder Bürokaufmann werden. Die Arbeit stellt er sich „spannend" vor. Schon im vorigen Jahr begann er, sich zu bewerben. Über 60 Schreiben hat er bis heute losgeschickt. Nicht nur an Firmen aus Buxtehude und Umgebung, sondern auch an Unternehmen aus Hamburg und dem ganzen Stader Landkreis. Den weiten Anfahrtsweg würde der Dammhausener ohne weiteres in Kauf nehmen. Aber bisher kamen nur Absagen. „Durch das Auswahlverfahren wurden Sie leider nicht berücksichtigt." Ein Satz, den Olaf Knuth langsam nicht mehr hören kann. Selbstzweifel nagen an dem jungen Mann noch nicht, auch wenn er sich manchmal etwas „überflüssig" vorkommt. „Wie soll es denn auch klappen, wenn sich 700 Leute auf acht Stellen bewerben?"

Zweimal kam er schon in die Endrunde und wurde, nachdem er einen Test bestanden hatte, zu einem Vorstellungsgespräch eingeladen. Doch dann bekamen wieder andere den Zuschlag.

Den vielzitierten Satz „Wer wirklich will, bekommt auch einen Ausbildungsplatz" hält Olaf schlicht für „albern". „Ich bewerbe mich wie ein Weltmeister, bin fleißig und nicht blöd und krieg' trotzdem keine Stelle." Nur fünf seiner ehemaligen Klassenkameraden sind bisher untergekommen. Vier durch gute Kontakte. „Ohne Beziehungen", meint Olaf, „läuft heute fast nichts mehr." Nur ein einziger Freund habe es tatsächlich ganz allein geschafft. Er hatte aber auch fast 90 Bewerbungen geschrieben.

(aus: Buxtehuder Tageblatt vom 10. 10. 1986)

So wie Olaf Knuth geht es vielen Schulabgängern, die einen Ausbildungsplatz suchen. Viele resignieren, vergessen alle Berufswahlüberlegungen und warten darauf, daß ihnen von der Berufsberatung irgendein Vorschlag gemacht wird. Andere bekommen Zweifel an ihrem Selbstwert und fangen an, darüber nachzudenken, ob sie nicht vielleicht zu dumm, zu unbegabt oder unfähig sind, eine Ausbildung anzufangen.

Man sollte sich klarmachen, daß eine abgelehnte Bewerbung nicht bedeutet, daß man für den ausgewählten Beruf ungeeignet ist. Um jeden Ausbildungsplatz bewerben sich mehrere Bewerber, oft sogar sehr viele. Letztendlich wird aber nur einer eingestellt. Da fehlt manchmal einfach nur ein bißchen Glück. Man sollte sich also nicht entmutigen lassen, sondern sich weiter bewerben. Man sollte sich aber auch überlegen,

- ob es nicht noch andere Zugänge zu dem gewünschten Beruf gibt,
- ob es nicht ähnlich gelagerte Berufe gibt, die dem gewünschten nahekommen,
- ob es nicht notwendig ist, an anderen Orten nach einem Ausbildungsplatz zu suchen.

Die Wartezeit kann man sinnvoll im Hinblick auf das Berufsziel nutzen. Olaf Knuth z. B. hat sich in der Zwischenzeit zur Höheren Handelsschule angemeldet.

1. Welche Erfahrungen hat Olaf Knuth bei seiner Lehrstellensuche gemacht?
2. „Jede abgelehnte Bewerbung schadet dem Selbstbewußtsein. Ohne gesundes Selbstbewußtsein hat man bei Bewerbungen aber schlechtere Chancen." Diskutiert diese Aussage.
3. Was sollte man überlegen, wenn es mit der Lehrstellensuche einfach nicht klappen will?

Der Einstellungstest

Über den Wert von Einstellungstests ist schon viel geredet und geschrieben worden. Betriebe, die aus einer großen Zahl von Bewerbern ihre künftigen Auszubildenden aussuchen müssen, benutzen sie häufig als Ausleseinstrument. Sie wollen damit herausfinden, ob die Bewerber logisch denken und kombinieren, sich konzentrieren, Belastungen aushalten und richtig lesen, schreiben und rechnen können.

Einiges von dem, was in einem Test verlangt wird, kann man üben, für das andere braucht man Glück und einen klaren Kopf.

Ob solche Tests geeignet sind herauszufinden, wer für den Beruf geeignet ist, wird vielfach bezweifelt. Jedenfalls braucht sich keiner minderwertig vorzukommen, wenn er bei einem solchen Test Pech hat. Wichtig ist, die Angst vor Einstellungstests abzubauen.

Es gibt **Persönlichkeits-Tests und Leistungs-Tests.** Am besten, man betrachtet beide Tests als Spiel, in dem man möglichst gut abschneiden will. Das heißt, man sollte sich Mühe geben, aber nicht versuchen, bei den Persönlichkeits-Tests zu mogeln (obwohl dieser Rat in manchen Büchern gegeben wird). Tests sind heute so ausgefuchst gemacht, daß man sie nur schwer „austricksen“ kann. Bei den Leistungs-Tests sollte man sich gleich am Anfang darüber klar werden, was man will. Oft ist eine Zeitbegrenzung vorgegeben, dann sollte man Aufgabe für Aufgabe anfassen, sich aber nicht festbeißen, sondern besser eine Aufgabe überspringen, die zuviel Zeit kosten würde (eventuell kann man ja auch noch mal zurückgehen, wenn Zeit übrig ist). Bei Leistungs-Tests ohne Zeitbegrenzung sollte man erst einmal alles überfliegen, damit man sich ein Bild machen kann, wie der Test angelegt ist.

(aus: frag mal, hrsg. vom Presse- und Informationsamt der Bundesregierung, Bonn, Stand 1982, S. 51)

Test · Test · Test · Test · Test · Test · Test · Test · Test · Test

① Konzentration und Tempomotivation

Stellen Sie bitte die Anzahl folgender Symbole fest: Kreise mit ungeraden Zahlen, Quadrate mit Großbuchstaben, Ovale mit geraden Zahlen und Rauten mit Kleinbuchstaben. Richtzeit 3 Minuten.

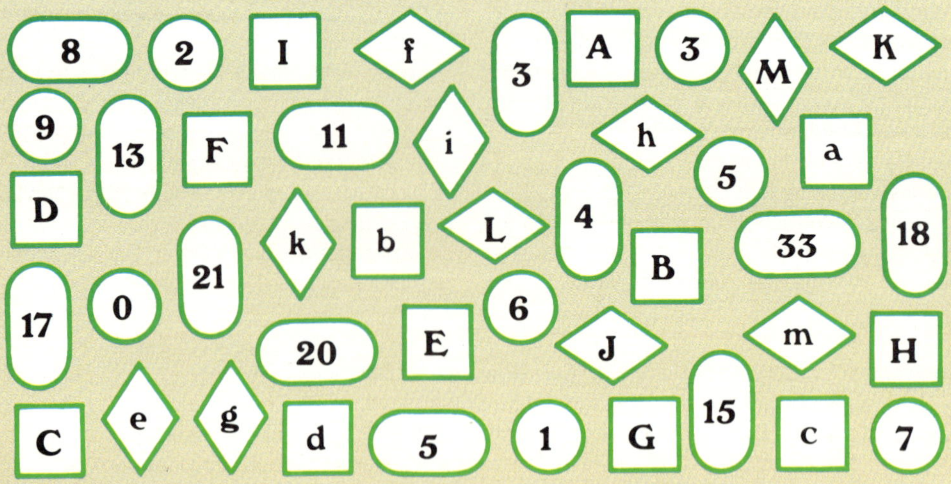

② Analogien

In jeder Reihe sind jeweils Wörter so zu ergänzen, daß sich zwei vergleichbare Verhältnispaare ergeben.

1.	trinken	:	______	=	______	:	Hunger
2.	Vogel	:	Amsel	=	______	:	Tisch
3.	Ei	:	______	=	______	:	Rinde
4.	______	:	Herde	=	Wolf	:	______
5.	Schnabel	:	______	=	______	:	Biene
6.	Ton	:	______	=	______	:	Sprache

③ Wortgebundenes Denken

Tragen Sie jeweils rechts ein Wort ein, das mit den vier vorgegebenen Wörtern eine sinnvolle Verbindung eingeht. Das gesuchte Wort ist dabei immer der erste Wortteil.

1.	Füllung	Vergiftung	Stift	Bergwerk	______
2.	Werk	Bau	Not	Volk	______
3.	Zug	Pfand	Korb	Hals	______
4.	Wolle	Schere	Schule	Wart	______
5.	Laut	Glied	Leid	Tag	______
6.	Monat	Fest	Insel	Brauch	______

④ Logisch-analytisches Denken

Welche Figur ist in das freie Feld einzusetzen?

1.
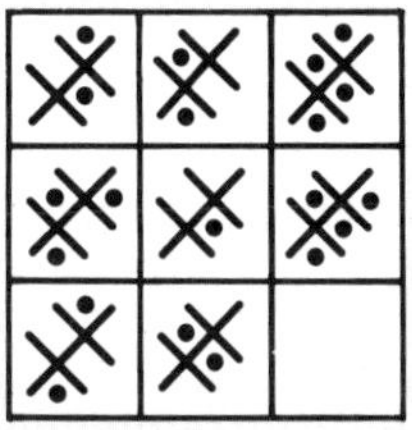

2.
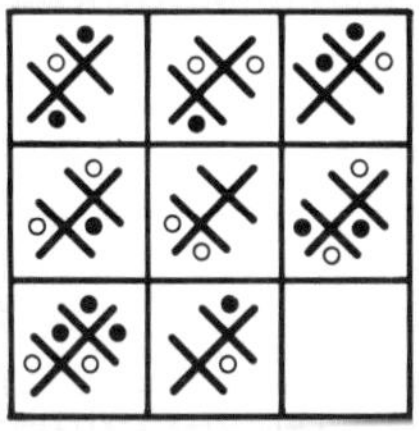

3.
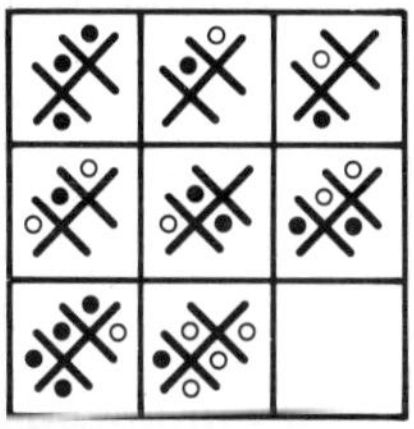

4.
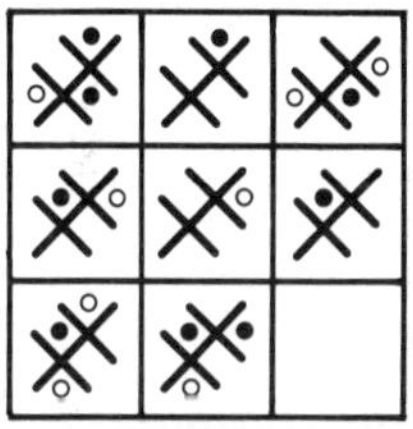

⑤ Zahlengebundenes Denken

Welche Zahlen setzen die Zahlenreihen fort?

1. 0 1 2 2 2 3 2 2 4 ___ ___ ___
2. 2 2 4 2 2 6 6 6 2 18 4 ___ ___ ___
3. 1 1 2 2 4 6 7 15 11 ___ ___ ___
4. 1 2 4 3 5 6 8 7 ___ ___ ___
5. 1 2 3 1 1 4 5 1 1 6 7 ___ ___ ___
6. 1 3 5 1 1 7 9 ___ ___ ___
7. 8 16 18 14 28 31 26 52 56 50 ___ ___ ___
8. 3 4 7 9 16 19 35 ___ ___ ___

⑥ Anschauungsgebundenes Denken

Suchen Sie bitte aus den Teilstücken a)–d) die drei heraus, die sich zu der vorgegebenen Figur zusammenfügen lassen.

1. a) b) c) d)

2. a) b) c) d)

⑦ Anschauungsgebundenes Denken

Bei den Aufgaben dieser Art geht es um Würfeldrehungen. Prägen Sie sich bitte die Motive auf dem ersten Würfel genau ein. Nur so können Sie herausfinden, welche der folgenden Würfelbilder durch Drehung entstanden sein können.

1. a) b) c) d)

2. a) b) c) d)

e) f) g) h) i)

(Ernst Ott, „Optimales Denken", mit freundlicher Genehmigung der Deutschen Verlags-Anstalt GmbH, Stuttgart)

1. Was wollen Ausbildungsbetriebe durch Einstellungstests über Bewerber erfahren?
2. Wie kannst du dich auf solche Tests vorbereiten?
3. In den vorangegangenen Beispielen sind typische Aufgaben wiedergegeben, wie sie in Einstellungstests vorkommen können. Versuche, die Aufgaben zu lösen. Zum Vergleich findest du die richtigen Lösungen auf Seite 240.
4. Was versteht man wohl unter „Persönlichkeits-Tests"?

Logisches Denken

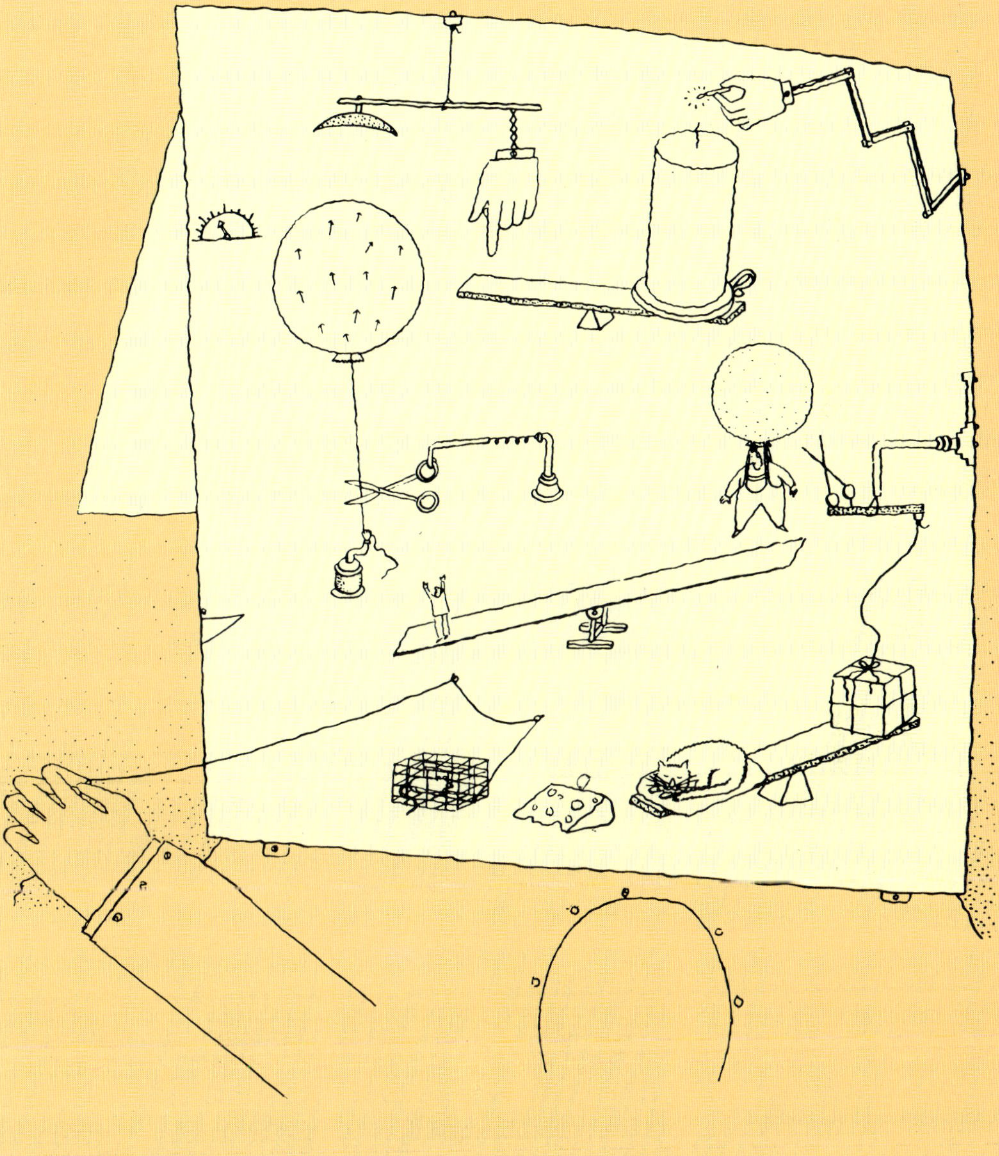

Beschreibe, wie die „Kerzenanzündemaschine“ funktioniert.

Nur jetzt nicht die Nerven verlieren...

Wer zum Vorstellungsgespräch eingeladen wird, ist auf jeden Fall schon mal in die engere Wahl der Bewerber gekommen. Klar, daß man sich seine Chancen nicht durch einen schlechten Eindruck bei der Vorstellung verderben will. Was ist also zu bedenken? Worauf kann man sich vorbereiten?

Dein äußeres Erscheinungsbild ist für deinen Gesprächspartner der erste Eindruck, den er von dir bekommt. Der erste Eindruck ist bekanntlich sehr wichtig: Laß deine Arbeits- oder Freizeitkleidung zu Hause im Schrank hängen. Eine ordentliche, dezente Kleidung, die zu dir paßt, ist genau richtig.

Du kannst dich auf das Vorstellungsgespräch vorbereiten. Erkundige dich vorher, mit wem du sprechen wirst, damit du deinen Gesprächspartner oder deine Gesprächspartnerin mit dem Namen anreden kannst.

Überlege dir, was man im Vorstellungsgespräch von dir wissen möchte und was du von dir erzählen willst. Überlege dir aber auch, welche Fragen du stellen willst, um etwas über die Ausbildung in dem Betrieb zu erfahren; denn auch du willst ja deine Entscheidung absichern.

Bleibe während des Gesprächs ruhig und natürlich. Antworte auf alle Fragen offen und ausführlich, ohne dabei zu geschwätzig zu sein. Schaue deinen Gesprächspartner an und höre ihm zu. Frage nach, wenn du etwas nicht richtig verstanden hat oder wenn du etwas wissen möchtest.

Sorge dafür, daß du ausgeruht zum Vorstellungsgespäch kommst. Nimm dir genügend Zeit für den Weg zum Betrieb, damit du nicht abgehetzt in letzter Minute oder gar zu spät dort ankommst.

Typische Fragen

Was du beim Vorstellungsgespräch gefragt wirst, kann dir niemand vorher sagen. Bestimmt aber ist die Frage dabei, warum du gerade diesen und keinen anderen Beruf erlernen möchtest. Andere typische Fragen, also Fragen, die häufig gestellt werden, sind:

- *Wie stellen Sie sich die Ausbildung vor?*
- *Wie kamen Sie zu diesem Berufswunsch?*
- *Was halten Ihre Eltern von Ihrem Berufswunsch?*
- *Warum haben Sie sich gerade bei uns beworben?*
- *Was wissen Sie über unsere Firma?*
- *Welchen Beruf hat Ihr Vater?*
- *Welchen Beruf hat Ihre Mutter?*
- *Wo arbeiten Ihre Eltern?*
- *Welche Hobbys haben Sie?*
- *Wie verbringen Sie vorwiegend Ihre Freizeit?*
- *Gehören Sie einem Verein oder einer Jugendgruppe an?*
- *Lesen Sie gern? Was lesen Sie gern?*
- *Welche Schulfächer gehören nicht zu Ihren Lieblingsfächern?*
- *Welche Krankheiten hatten Sie bisher?*
- *Welche Arbeiten können Sie eventuell nicht ausführen?*
- *Welche Sportart gefällt Ihnen besonders gut?*
- *Welchen Sport üben Sie selbst aus?*
- *Sind Sie mit Ihren Schulnoten zufrieden?*
- *Hätten Sie in einzelnen Fächern auch noch bessere Noten erreichen können?*

Lesen Sie regelmäßig die Tageszeitung?

1. Was hältst du von den Tips für das Vorstellungsgespräch auf Seite 88?
2. Die Fotos auf Seite 88 zeigen ein Mädchen, das sich wegen einer Ausbildungsstelle zur Bürokauffrau vorstellen will. Zu welcher Kleidung würdest du raten? Begründe deinen Rat.
3. Die vier Bewerber oben befinden sich in einem Vorstellungsgespräch. Wie beurteilst du ihre Sitzhaltung?

3.2 Der Berufsausbildungsvertrag

Schriftform muß sein!

Die Frage ist berechtigt. Berufsausbildung ist keine Privatsache. Wer jemanden zur Berufsausbildung einstellt, hat mit dem Auszubildenden einen Berufsausbildungsvertrag zu schließen. Ohne schriftlichen Vertrag kommt kein Ausbildungsverhältnis zustande. Ohne Vertrag wird keiner in die Fachklasse der Berufsschule aufgenommen. Ohne Vertrag kann keiner die nach der Ausbildung vorgeschriebene Prüfung ablegen, und ohne diese Prüfung kann z. B. niemand als Geselle, Kaufmann oder Facharbeiter eingestellt werden. Er kann nur auf einen Arbeitsplatz als Ungelernter hoffen.

Berufsbildungsgesetz, § 3 Vertrag

(1) Wer einen anderen zur Berufsausbildung einstellt (Ausbilder), hat mit dem Auszubildenden einen Berufsausbildungsvertrag zu schließen.

Beide Vertragspartner müssen den Berufsausbildungsvertrag unterschreiben. Bei Jugendlichen, die noch nicht 18 Jahre alt sind, unterschreiben die Erziehungsberechtigten den Vertrag mit.

Jeder Berufsausbildungsvertrag wird von den zuständigen Stellen geprüft und in das Ausbildungsverzeichnis (beim Handwerk: Lehrlingsrolle) eingetragen. Zuständige Stellen sind z. B.

- die Handwerkskammern für die Berufsausbildung in Handwerksbetrieben und
- die Industrie- und Handelskammern für die Berufsausbildung in Industriebetrieben und im Handel.

Die zuständigen Stellen haben darüber zu wachen, daß die Vereinbarungen aus dem Ausbildungsvertrag eingehalten werden und die gesetzlichen Vorschriften beachtet werden. Prüfungen, vor allem die Abschlußprüfung, werden von Ausschüssen der Kammern abgenommen.

1. Warum schreibt wohl der Gesetzgeber einen schriftlichen Berufsausbildungsvertrag vor?
2. Was haben die Kammern mit dem Berufsausbildungsvertrag zu tun?
3. Wer unterschreibt bei Jugendlichen unter 18 Jahren den Ausbildungsvertrag? Warum spielt das Alter der Jugendlichen eine Rolle?

INDUSTRIE- UND HANDELSKAMMER STADE FÜR DEN ELBE-WESER-RAUM

Berufsausbildungsvertrag

(§§ 3, 4 Berufsbildungsgesetz — BBiG)

Dieser Vertrag ist in das Verzeichnis der Berufsausbildungsverhältnisse eingetragen

am/unter Nr. ....

INDUSTRIE- UND HANDELSKAMMER STADE FÜR DEN ELBE-WESER-RAUM

(Siegel) i. A.

Vorgemerkt zur Prüfung für Sommer/Winter 19___

Zwischen dem

Ausbildenden (Unternehmen)

Droga-Chemie GmbH

Industriestraße 2-6
(Postfach oder Straße und Hausnummer)

2160 Stade
(PLZ, Ort)

und Auszubildenden

Gaby Meister

Hauptstraße 6

2160 Stade

geb. am 15.9.70 in Stade

gesetzlich vertreten durch[1] Edmund Meister (Vater bzw. Vormund)

.... (Mutter)

Hauptstraße 6

2160 Stade
(PLZ, Ort)

Gesetzlich zulässige Änderungen der materiellen Bestimmungen des Berufsausbildungsvertrages sind im Vordruck zu kennzeichnen. Änderungen des Vertragsinhaltes während der Ausbildungszeit sind der Kammer unverzüglich anzuzeigen.

wird nachstehender Vertrag zur Ausbildung im Ausbildungsberuf

Chemielaborantin

nach Maßgabe der Ausbildungsordnung[2]) geschlossen:

A. Die Ausbildungszeit beträgt nach der Ausbildungsordnung 3 1/2 Jahre.

Hierauf wird die Berufsausbildung zum

....

eine Vorbildung/Ausbildung in

....

mit .... Monaten angerechnet.

Das Berufsausbildungsverhältnis beginnt am 01.08.1986

und endet am 31.01.1990

B. Die Probezeit beträgt 3 Monate[3]).

C. Die Ausbildung findet vorbehaltlich der Regelungen nach § 3 Nr. 12 in 2160 Stado

....

und den mit dem Betriebssitz für die Ausbildung üblicherweise zusammenhängenden Bau-, Montage- und sonstigen Arbeitsstellen statt.

D. Ausbildungsmaßnahmen außerhalb der Ausbildungsstätte

....

E. Der Ausbildende zahlt dem Auszubildenden eine angemessene Vergütung; sie beträgt z. Z. monatlich

DM 648,-- brutto im ersten Ausbildungsjahr

DM 712,-- brutto im zweiten Ausbildungsjahr

DM 807,-- brutto im dritten Ausbildungsjahr

DM 898,-- brutto im vierten Ausbildungsjahr

Soweit Vergütungen tariflich geregelt sind, gelten mindestens die tariflichen Sätze.

F. Die regelmäßige tägliche Ausbildungszeit beträgt

8 Stunden[4]).

G. Der Ausbildende gewährt dem Auszubildenden Urlaub nach den geltenden Bestimmungen. Es besteht ein Urlaubsanspruch

auf 13 Werktage oder .... Arbeitstage im Jahre 1986

auf 27 Werktage oder .... Arbeitstage im Jahre 1987

auf 25 Werktage oder .... Arbeitstage im Jahre 1988

auf .... Werktage oder 24 Arbeitstage im Jahre 1989

auf .... Werktage oder 2 Arbeitstage im Jahre 1990

H. Sonstige Vereinbarungen

....

[1]) Vertretungsberechtigt sind beide Eltern gemeinsam, soweit nicht die Vertretungsberechtigung nur einem Elternteil zusteht. Ist ein Vormund bestellt, so bedarf dieser zum Abschluß des Ausbildungsvertrages der Genehmigung des Vormundschaftsgerichtes.

[2]) Solange die Ausbildungsordnung nicht erlassen ist, sind gem. § 108 Abs. 1 BBiG und § 122 Abs. 5 HwO die bisherigen Ordnungsmittel anzuwenden.

[3]) Die Probezeit muß mindestens einen Monat und darf höchstens drei Monate betragen.

[4]) Bei noch nicht 18 Jahre alten Personen sind die Vorschriften des Jugendarbeitsschutzgesetzes zu beachten.

Auszug aus dem Ausbildungsvertrag

§ 1 – Ausbildungszeit

3. (Vorzeitige Beendigung des Berufsausbildungsverhältnisses)
   Besteht der Auszubildende vor Ablauf der unter Nr. 1 vereinbarten Ausbildungszeit die Abschlußprüfung, so endet das Berufsausbildungsverhältnis mit Bestehen der Abschlußprüfung.
4. (Verlängerung des Berufsausbildungsverhältnisses)
   Besteht der Auszubildende die Abschlußprüfung nicht, so verlängert sich das Berufsausbildungsverhältnis auf sein Verlangen bis zur nächstmöglichen Wiederholungsprüfung, höchstens um ein Jahr.

§ 3 – Pflichten des Ausbildenden

Der Ausbildende verpflichtet sich,

1. (Ausbildungsziel)
   dafür zu sorgen, daß dem Auszubildenden die Fertigkeiten und Kenntnisse vermittelt werden, die zum Erreichen des Ausbildungszieles nach der Ausbildungsordnung erforderlich sind, und die Berufsausbildung nach den beigefügten Angaben zur sachlichen und zeitlichen Gliederung des Ausbildungsablaufs so durchzuführen, daß das Ausbildungsziel in der vorgesehenen Ausbildungszeit erreicht werden kann;
4. (Ausbildungsmittel)
   dem Auszubildenden kostenlos die Ausbildungsmittel, insbesondere Werkzeuge, Werkstoffe und Fachliteratur, zur Verfügung zu stellen, die für die Ausbildung in den betrieblichen und überbetrieblichen Ausbildungsstätten und zum Ablegen von Zwischen- und Abschlußprüfungen, auch soweit solche nach Beendigung des Berufsausbildungsverhältnisses und in zeitlichem Zusammenhang damit stattfinden, erforderlich sind;
7. (Ausbildungsbezogene Tätigkeiten)
   dem Auszubildenden nur Verrichtungen zu übertragen, die dem Ausbildungszweck dienen und seinen körperlichen Kräften angemessen sind;
8. (Sorgepflicht)
   dafür zu sorgen, daß der Auszubildende charakterlich gefördert sowie sittlich und körperlich nicht gefährdet wird;
9. (Ärztliche Untersuchungen)
   von den jugendlichen Auszubildenden sich Bescheinigungen gemäß § 32, 33 Jugendarbeitsschutzgesetz darüber vorlegen zu lassen, daß dieser
   a) vor der Aufnahme der Ausbildung untersucht und
   b) vor Ablauf des ersten Ausbildungsjahres nachuntersucht worden ist.

§ 4 – Pflichten des Auszubildenden

Der Auszubildende hat sich zu bemühen, die Fertigkeiten und Kenntnisse zu erwerben, die erforderlich sind, um das Ausbildungsziel zu erreichen. Er verpflichtet sich insbesondere

1. (Lernpflicht)
   die ihm im Rahmen seiner Berufsausbildung übertragenen Verrichtungen und Aufgaben sorgfältig auszuführen;
2. (Berufsschulunterricht, Prüfungen und sonstige Maßnahmen)
   am Berufsschulunterricht und an Prüfungen sowie an Ausbildungsmaßnahmen außerhalb der Ausbildungsstätte teilzunehmen, für die er nach § 3 Nr. 5 und 11 freigestellt wird;
3. (Weisungsgebundenheit)
   den Weisungen zu folgen, die ihm im Rahmen der Berufsausbildung vom Ausbildenden, vom Ausbilder oder von anderen weisungsberechtigten Personen, soweit sie als weisungsberechtigt bekanntgemacht worden sind, erteilt werden;
4. (Betriebliche Ordnung)
   die für die Ausbildungsstätte geltende Ordnung zu beachten;
5. (Sorgfaltspflicht)
   Werkzeug, Maschinen und sonstige Einrichtungen pfleglich zu behandeln und sie nur zu den ihm übertragenen Arbeiten zu verwenden;
6. (Betriebsgeheimnisse)
   über Betriebs- und Geschäftsgeheimnisse Stillschweigen zu wahren;
7. (Berichtsheftführung)
   ein vorgeschriebenes Berichtsheft ordnungsgemäß zu führen und regelmäßig vorzulegen;
8. (Benachrichtigung)
   bei Fernbleiben von der betrieblichen Ausbildung, vom Berufsschulunterricht oder von sonstigen Ausbildungsveranstaltungen dem Ausbildenden unter Angabe von Gründen unverzüglich Nachricht zu geben und ihm bei Krankheit oder Unfall spätestens am dritten Tag eine ärztliche Bescheinigung zuzuleiten.

§ 7 – Kündigung

1. (Kündigung während der Probezeit)
   Während der Probezeit kann das Berufsausbildungsverhältnis ohne Einhaltung einer Kündigungsfrist und ohne Angabe von Gründen gekündigt werden.
2. (Kündigungsgründe)
   Nach der Probezeit kann das Berufsausbildungsverhältnis nur gekündigt werden
   a) aus einem wichtigen Grund ohne Einhalten einer Kündigungsfrist,
   b) vom Auszubildenden mit einer Kündigungsfrist von vier Wochen, wenn er die Berufsausbildung aufgeben oder sich für eine andere Berufstätigkeit ausbilden lassen will.
3. (Form der Kündigung)
   Die Kündigung muß schriftlich, im Fall der Nr. 2 unter Angabe der Kündigungsgründe erfolgen.

Für die meisten Jugendlichen ist der Berufsausbildungsvertrag wohl der folgenschwerste Vertrag den sie unterschreiben. Mit der Unterschrift verpflichten sie sich, die Bedingungen des Vertrages einzuhalten und die Pflichten, die in dem Vertrag festgelegt sind, genau zu erfüllen.

Wenn Auszubildende vertragsbrüchig werden, d. h. gegen im Vertrag festgelegte Regelungen verstoßen, dann bleibt das meistens nicht ohne Folgen für sie. Bei geringfügigen Verstößen wird es oft bei einer Ermahnung bleiben. Handelt es sich aber um schwerwiegende Verstöße, dann kann das eine Aufhebung des Ausbildungsverhältnisses und möglicherweise sogar Schadensersatzforderungen zur Folge haben.

Es ist allerdings auch dafür gesorgt, daß die Ausbildungsbetriebe nicht willkürlich handeln können. In Streitfällen muß der Ausbildungsbeauftragte der zuständigen Kammer angerufen werden. Die Kammer entscheidet darüber, ob eine Maßnahme, die bei einem Vertragsverstoß ergriffen worden ist, gerechtfertigt ist oder nicht.

Der Berufsausbildungsvertrag ist, wie jeder andere Vertrag auch, eine Vereinbarung zwischen zwei Vertragspartnern, dem Ausbildenden und dem Auszubildenden. Auch der Ausbildende oder der von ihm beauftragte Ausbilder geht eine Verpflichtung ein, die er erfüllen muß. Die Pflichten des Ausbildenden sind in dem Vertrag ebenfalls einzeln aufgeführt: Er muß dafür sorgen, daß der Auszubildende das Ausbildungsziel in der vorgeschriebenen Zeit erreichen kann. Er muß die Ausbildungsordnung beachten und nachweisen, daß die Ausbildungsstätte für den Ausbildungszweck geeignet ist. Er muß die Ausbildungsmittel zur Verfügung stellen und dafür sorgen, daß der Auszubildende nicht gefährdet wird.

Auch die Einzelabsprachen über die Arbeitszeit, über den Urlaub und über die Ausbildungsvergütung sind verbindliche Regelungen für beide Vertragsparteien.

Besondere Bedeutung haben die Regeln, die bei einer Kündigung eingehalten werden müssen. Sie geben dem Auszubildenden die Sicherheit, nicht ohne Grund entlassen zu werden, zwingen ihn aber auch, die Ausbildung durchzustehen, wenn er keine ausreichenden Gründe für den Abbruch angeben kann. Ausgenommen ist aus diesen Kündigungsregeln die Probezeit. Die Probezeit ist, wie der Name sagt, ein Ausbildungsabschnitt, in dem die Auszubildenden ausprobieren können, ob ihre Berufsentscheidung richtig war. Wenn ein Auszubildender feststellt, daß er von den Ausbildungsinhalten völlig falsche Vorstellungen hatte und ihm der Beruf gar nicht liegt, kann er ohne weitere Nachteile kündigen. Er muß dann allerdings einen neuen Ausbildungsplatz suchen. Auch der Ausbildende kann in der Probezeit den Vertrag kündigen, wenn er meint, daß der Auszubildende für den Beruf nicht geeignet ist.

1. Erläutere die rechtliche Bedeutung eines Berufsausbildungsvertrages.
2. Welche Vereinbarungen trifft Gaby Meister mit ihrem Ausbildungsbetrieb über Arbeitszeit, Urlaub, Ausbildungsvergütung und Probezeit?
3. Was kann der Ausbildungsbetrieb vom Auszubildenden verlangen?
4. Was können Auszubildende vom Ausbildungsbetrieb fordern?
5. Warum wird in dem Vertrag eine Probezeit vereinbart? In der Probezeit können beide Vertragspartner den Vertrag ohne weiteres kündigen. Diskutiert die Vor- und Nachteile.

4. Die Situation des Auszubildenden

In der Schule wissen Schülerinnen und Schüler sehr genau, was sie erwartet. Der Stundenplan steht fest, die Lehrer kennen sie seit langem. Sie können auch mal abschalten, wenn sie etwas gar nicht interessiert, und die Pause kommt bestimmt. Wie aber wird der Alltag in der Ausbildung aussehen? Wie müssen sie sich als Auszubildende am Arbeitsplatz verhalten? Wie werden sie mit den Ausbildern zurechtkommen? Wird der Kontakt zu den alten Freunden noch möglich sein? Wird genügend Freizeit bleiben?

4.1 Der Betrieb – eine andere Welt

Von der Schule in den Betrieb – ein Schritt ins Ungewisse?

„Der Wechsel von der Schule in den Betrieb macht mit gar nichts aus, das läßt mich völlig kalt.“ Wer so redet, dem kann man nicht ganz glauben. Jeder wird mit unterschiedlichen Gefühlen an die Schulentlassung denken: mit Freude, mit gespannten Erwartungen und etwas Angst. Zwar weiß man durch das Praktikum ein bißchen, was einen im Betrieb erwartet, aber ein Betriebspraktikum ist doch etwas anderes als die Ausbildung. Im Praktikum wird der Praktikant noch von seinen Lehrern betreut, und er hat noch wenig Verantwortung zu tragen. In der Ausbildung aber wird es ernst. Man kann nicht mehr nach zwei Wochen in den schützenden Raum der Schule zurück, sondern muß durchhalten bis zur Abschlußprüfung. Deshalb wird es vielen so ergehen wie Fred. Sie haben vor dem Neuen Angst, wissen aber nicht, warum. Nicht zu wissen, warum man vor etwas Anst hat, ist schlecht, weil man dann gegen diese Angst nichts tun kann. Darum solltest du dir überlegen: Warum habe ich manchmal ein ungutes Gefühl, wenn ich an die Ausbildung denke?

1. Welche Ängste werden in diesem Abschnitt angesprochen?
2. Welche Fragen sind dir bei dem „Schritt ins Ungewisse” besonders wichtig?
3. Warum ist es sinnvoll, sich über seine eigenen Ängste Klarheit zu verschaffen?

Erste Erfahrungen in der Ausbildung

„Meine erste Erfahrung in der kaufmännischen Abteilung meines Ausbildungsbetriebes war die, daß ich plötzlich nur noch mit Erwachsenen zu tun hatte. Manche waren sehr nett und machten mir Mut, wenn ich unbeholfen vor meiner Arbeit saß. Andere waren schlecht gelaunt und kurz angebunden, weil sie gestreßt waren.

Zu meinem Ausbilder hatte ich gleich Vertrauen. Er zeigte mir geduldig, was ich tun sollte, und achtete darauf, daß es mir am Anfang nicht zu schwer wurde. Trotzdem hatte ich manchmal Angst zu versagen, aber das hat sich mit der Zeit gegeben.

Am schwierigsten war für mich die Umstellung auf den neuen Tagesablauf. Acht Stunden am Tag arbeiten, wo wir früher in der Schule höchstens 6 Unterrichtsstunden hatten mit vielen Pausen dazwischen.

Die Freizeit ist knapp geworden. Oft sitze ich abends noch an meinem Berichtsheft oder an den Aufgaben für die Berufsschule. Da bleibt wenig Zeit für meine Hobbys. Trotzdem gehe ich eigentlich ganz gern in den Betrieb, weil ich mich da anerkannt fühle und merke, daß ich mit meiner Arbeit zurecht komme. Und ich muß nicht mehr meine Eltern um jede Mark fragen. Das ist auch ein ganz gutes Gefühl."

„Ich werde in einer Metallbau-Werkstatt ausgebildet. Da geht es anders zu, als in der Schule. Da kriegt man gesagt, was zu tun ist, und dann geht es ran, da kann man keine Müdigkeit vorschützen.

Am meisten Schwierigkeiten macht mir das Stehen, wo wir doch in der Schule meistens nur gesessen haben. Wenn ich abends nach Hause komme, tut mir das Kreuz weh, und ich habe mir angewöhnt, früh ins Bett zu gehen. Wir fangen morgens um 7.00 Uhr schon an, und zu spät kommen gibt es nicht, sonst kriegt man was zu hören.

Was mir zuerst ungewohnt war, das waren die vielen Sicherheitsvorschriften: Schutzhelm und Gehörschutz, Sicherheitsschuhe und Blaumann tragen. Aber alles in allem kann ich über meinen Ausbildungsplatz nicht klagen. Ich merke, daß ich gut vorankomme und richtig arbeiten lerne. Allmählich kann ich auch schon mal ein Wort mitreden, wenn es um den Arbeitsplatz geht und so.

Mein erstes selbstverdientes Geld spare ich für ein Moped, dann kann ich am Wochenende damit durch die Gegend fahren. In der Woche bin ich abends doch zu abgeschlafft, um noch viel zu unternehmen."

1. Wie hat sich der Alltag der beiden Auszubildenden nach ihrer Schulzeit verändert?
2. Wodurch werden sie in ihrer Ausbildung besonders belastet?
3. Welche positiven Auswirkungen ihrer Ausbildung erwähnen sie?

Betriebsalltag: Anpassung unumgänglich

Eine neue Umgebung, neue Aufgaben, neue Kollegen, ein neuer Tagesrhythmus: In Betrieben ist vieles anders als in der Schule, denn in einem Betrieb wird alles dem Betriebszweck und den daraus abgeleiteten Aufgaben untergeordnet. Der Betriebszweck geht vor. Er bestimmt den Alltag am Arbeitsplatz. Er bestimmt auch, wie die Menschen im Betrieb miteinander umgehen. Da gibt es z. B. Vorgesetzte, die anderen Menschen sagen, was sie zu tun haben und deren Leistungen beurteilen. Da gibt es Menschen, die auf gleicher Rangebene miteinander arbeiten müssen, ob sie sich nun mögen oder nicht. Keiner kann sich seine Kollegen selbst aussuchen, so wie man sich auch seine Klassenkameraden nicht aussuchen kann. Aber anders als in einer Klasse, müssen Mitarbeiter eines Betriebes oft eng zusammenarbeiten und können sich nicht aus dem Wege gehen. Wer sich als Neuer nicht einfügen kann, hat meistens ein schweres Leben.

Arbeit und Ausbildung in Betrieben verlangen

Eigeninitiative · *Verläßlichkeit* · *Einordnung* · *Lernbereitschaft* · *Rücksichtnahme* · *Einsatzbereitschaft* · *Verantwortungsbereitschaft* · *Aufmerksamkeit* · *Pünktlichkeit* · *Zusammenarbeit* · *Konzentration* · *Mitdenken*

1. „Der Betriebszweck geht vor." Was bedeutet diese Aussage für die Auszubildenden?
2. Worin unterscheiden sich die Anforderungen im Betrieb von denen in der Schule?
3. Warum kann ein Auszubildender das von der Schule gewohnte Verhalten nicht ohne weiteres auf sein Verhalten im Betrieb übertragen?

Betriebsalltag: Arbeitsschutz und Unfallverhütung

In den Betrieben werden Arbeitsschutz und Unfallverhütung als Aufgaben sehr ernst genommen. Unfälle im Betrieb schaden nicht nur dem, der den Unfall erleidet, sondern auch dem Betrieb. Von den Mitarbeitern wird ein ausgeprägtes Sicherheitsbewußtsein verlangt. Wer frisch von der Schule kommt, muß in dieser Beziehung oft viel lernen. Er muß in seinem eigenen und im Interesse des Betriebes

- ein Sicherheitsbewußtsein entwickeln,
- Gefahren rechtzeitig erkennen lernen,
- sinnlose Risiken meiden,
- Körperschutzmittel benutzen und
- die Unfallverhütungsvorschriften beachten.

Auszug aus den allgemeinen Unfallverhütungsvorschriften

§ 7. (1) Der Unternehmer hat die für sein Unternehmen geltenden Unfallverhütungsvorschriften an geeigneter Stelle auszulegen. Den mit der Durchführung der Unfallverhütung betrauten Personen sind die Arbeitsschutz- und Unfallverhütungsvorschriften auszuhändigen, soweit sie ihren Arbeitsbereich betreffen.

§ 14. Die Beschäftigten haben alle der Arbeitssicherheit dienenden Maßnahmen zu unterstützen. Sie sind verpflichtet, Weisungen des Unternehmers zum Zwecke der Unfallverhütung zu befolgen, es sei denn, es handelt sich um Weisungen, die offensichtlich unbegründet sind. Sie haben die zur Verfügung gestellten persönlichen Schutzausrüstungen zu benutzen. Die Beschäftigten dürfen sicherheitswidrige Weisungen nicht befolgen.

§ 16. (1) Stellt ein Beschäftigter fest, daß eine Einrichtung sicherheitstechnisch nicht einwandfrei ist, so hat er diesen Mangel unverzüglich zu beseitigen. Gehört dies nicht zu seiner Arbeitsaufgabe oder verfügt er nicht über Sachkunde, so hat er den Mangel dem Vorgesetzten unverzüglich zu melden.

§ 35. (1) Beschäftigte dürfen bei der Arbeit nur Kleidung tragen, durch die ein Arbeitsunfall, insbesondere durch sich bewegende Teile von Einrichtungen, durch Hitze, ätzende Stoffe, elektrostatische Aufladung nicht verursacht werden.
(2) Scharfe und spitze Werkzeuge oder andere gefahrbringende Gegenstände dürfen in der Kleidung nur getragen werden, wenn Schutzmaßnahmen eine Gefährdung während des Tragens ausschließen.
(3) Schmuckstücke, Armbanduhren oder ähnliche Gegenstände dürfen beim Arbeiten nicht getragen werden, wenn sie zu einer Gefährdung führen können.

§ 36. (1) Gefährliche Arbeiten dürfen nur geeigneten Personen, denen die damit verbundenen Gefahren bekannt sind, übertragen werden.
(2) Wird eine Arbeit von mehreren Personen gemeinschaftlich ausgeführt und erfordert sie zur Vermeidung von Gefahren eine gegenseitige Verständigung, muß eine zuverlässige, mit der Arbeit vertraute Person die Aufsicht führen.

§ 37. (2) An gefährlichen Stellen, insbesondere unter schwebenden Lasten, in Fahr- und Schwenkbereichen von Fahrzeugen und ortsveränderlichen Arbeitsmaschinen sowie in unübersichtlichen Verkehrs- und Transportbereichen, dürfen sich Beschäftigte nicht unnötig aufhalten.

§ 47. Bereiche, in denen gesundheitsgefährliche Stoffe erfahrungsgemäß in gefährlicher Konzentration oder Menge auftreten können, dürfen nur von ausdrücklich befugten Personen und unter Anwendung der erforderlichen Sicherheitsmaßnahmen betreten oder befahren werden.

§ 48. Für gesundheitsgefährliche Flüssigkeiten dürfen keine Trinkgefäße, Getränkeflaschen oder Gefäße benutzt werden, die ihrer Art nach für die Aufbewahrung von Lebens- oder Genußmitteln bestimmt sind; dies gilt auch für Behältnisse, die mit solchen Gefäßen verwechselt werden können.

1. Was bedeutet die Aufforderung an Auszubildende, ein persönliches Sicherheitsbewußtsein zu entwickeln?
2. Erkläre den Sinn der oben abgedruckten Unfallverhütungsvorschriften. Welche Folgen kann es haben, wenn man sie nicht berücksichtigt?

4.2 Das Jugendarbeitsschutzgesetz

Jugendliche brauchen Schutz

Jens, 15 Jahre alt, geht in die 9. Klasse. Er ist ziemlich kräftig. Jens möchte sich ein Moped kaufen. Dazu braucht er Geld. Also schaut er sich nach einem Ferienjob um. Er findet eine kleine Speditionsfirma, die ihn in den Ferien mit Arbeiten im Lager beschäftigen will. Als er aber zu Hause seinen Eltern erzählt, was für ein großes Glück er hat, fängt der Ärger an: „Das kommt ja überhaupt nicht in Frage", sagt sein Vater, „für Lagerarbeiten bist du viel zu schwach."

Das kann Jens nun wirklich nicht einsehen: „Ich und zu schwach? Was es da zu tun gibt, das mach' ich doch mit links. Ich bin doch kein Schwächling. Ich weiß selbst, was ich mir zumuten kann und was nicht! In den Ferien kann ich tun, was ich will – oder?"

Nun mischt sich auch noch Jens' große Schwester ein. Die arbeitet als Arzthelferin und sieht deshalb die Sache ganz anders als ihr Bruder: „Junge Menschen, die noch nicht ausgewachsen sind, sind nicht so stark belastbar; Muskeln, Herz und Knochengerüst halten zu starke Belastungen noch nicht aus. Es kann passieren, daß du Schäden bekommst, die sich erst später auswirken. Das schlimmste ist, daß du selbst eine Überbelastung gar nicht merkst, weil sich dein Körper scheinbar anpaßt."

„Sie weiß ja immer alles besser", denkt Jens, „ich werde meinen Ferienjob bei der Speditionsfirma doch machen."

Jens' Vater macht der Diskussion ein Ende: „Du kannst sagen, was du willst, du machst die Arbeit in den Ferien nicht!"

Für Kinder und Jugendliche gilt das Jugendarbeitsschutzgesetz. Dieses Gesetz hat die Aufgabe, Kinder und Jugendliche vor Überbeanspruchung und vor Gefahren am Arbeitsplatz zu schützen. Sie sind körperlich weniger widerstands- und leistungsfähig als Erwachsene. Ihre Gesundheit ist deshalb durch Überforderung stärker gefährdet. Kinder und Jugendliche dürfen auch nicht freiwillig auf den Schutz verzichten, der ihnen durch das Gesetz garantiert wird.

Besondere Bedeutung kommt dem Jugendarbeitsschutzgesetz für die Zeit der Berufsausbildung zu.

Nicht immer halten sich Betriebe an die gesetzlichen Vorschriften, wie Berichte von Gewerbeaufsichtsämtern zeigen. Gewerbeaufsichtsämter haben neben vielen anderen Aufgaben auch den Auftrag, die Einhaltung des Jugendarbeitsschutzgesetzes zu überwachen.

Oft wissen Jugendliche nicht, welchen Schutz ihnen das Gesetz überhaupt gewährt. In solchen Fällen können sie aus lauter Nichtwissen ihre Interessen nicht vertreten. Manchmal sind Jugendliche allerdings auch gern bereit, auf gesetzliche Schutzvorschriften zu verzichten, vor allem, wenn es dafür Geld gibt. Das war z. B. bei Kalli der Fall, einem 16jährigen, der freiwillig im Akkord arbeitete, ohne daß die Akkordarbeit etwas mit seiner Ausbildung zu tun hatte. Es ging ihm ums Geldverdienen. Ein Vertreter des Gewerbeaufsichtsamtes erwischte ihn. Kalli mußte die Arbeit einstellen, sein Betriebsleiter befürchtet Schwierigkeiten.

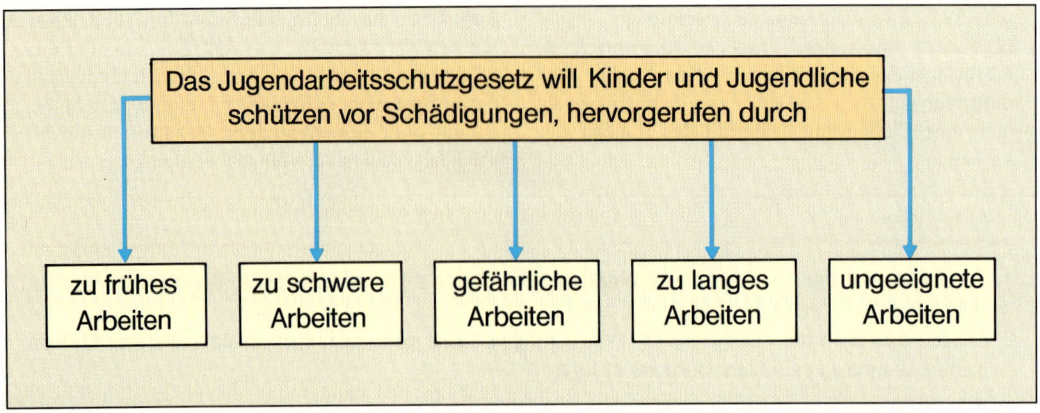

Jugendarbeitsschutzgesetz
Wichtige Bestimmungen

Kinderarbeit verboten

Beschäftigung von Kindern und Jugendlichen unter 15 Jahren verboten

Im Rahmen eines Berufsausbildungsverhältnisses dürfen Jugendliche auch unter 15 Jahren beschäftigt werden

Ärztliche Untersuchung

vor Aufnahme der Beschäftigung

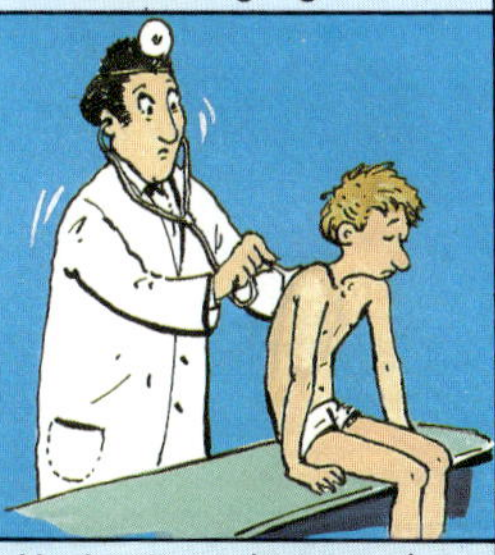

Nachuntersuchung nach einem Jahr – sonst keine Weiterbeschäftigung

Arbeitszeit

nur 5 Tage in der Woche einschließlich der Berufsschultage

Arbeitsbeginn

nicht vor 6.00 Uhr

Ausnahmen; z. B. bei Bäckern: 5.00 Uhr, ab 17 Jahren: 4.00 Uhr

Arbeitsende

nicht nach 20.00 Uhr

Ausnahmen; z. B. im Gaststätten- und Schaustellergewerbe: 22.00 Uhr, in mehrschichtigen Betrieben: 23.00 Uhr

Arbeitsdauer

nicht mehr als 8 Stunden täglich/ 40 Stunden wöchentlich

Ausnahmen; z. B. dürfen Jugendliche über 16 Jahre in der Landwirtschaft zur Erntezeit bis zu 9 Stunden täglich beschäftigt werden

Ruhepausen

bei Arbeitszeit über 6 Stunden mindestens 60 Minuten; keine Pause unter 15 Minuten

Tägliche Freizeit

mindestens 12 Stunden ununterbrochene Freizeit zwischen den Arbeitszeiten

Urlaub

für Jugendliche unter 16 Jahren: 30 Werktage,
für 16jährige: 27 Werktage,
für 17jährige: 25 Werktage

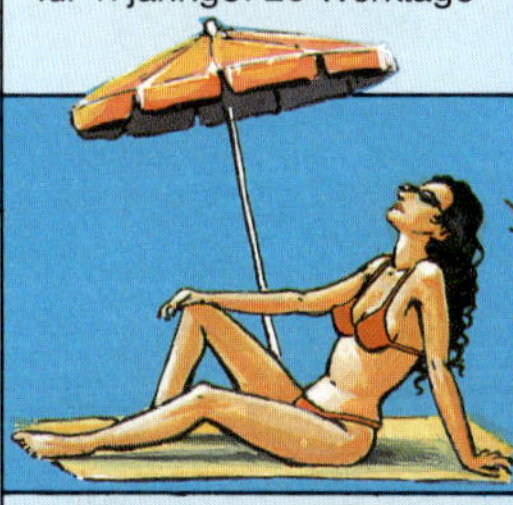

im Bergbau unter Tage jeweils 3 Tage zusätzlich

Verbotene Arbeiten

Nachtarbeit

Samstagsarbeit; Sonntagsarbeit

Ausnahmen; z. B. im Gaststättengewerbe, aber mindestens 2 freie Samstage und Sonntage im Monat

Akkordarbeit; tempoabhängige Arbeiten

Gefährliche Arbeiten; zu schwere Arbeiten

1. Warum befürchtet der Betriebsleiter, der Kalli im Akkord beschäftigt hat, Ärger mit dem Gewerbeaufsichtsamt?
2. Welche Informationen zu folgenden Sachverhalten kannst du der Übersicht „Jugendarbeitsschutzgesetz – Wichtige Bestimmungen“ entnehmen:
   – Ärztliche Untersuchung?
   – Wochenarbeitszeit?
   – Nachtarbeit, Akkordarbeit, Schichtarbeit?
   – Urlaub und Freizeit?
3. Warum erlaubt der Gesetzgeber nicht, daß Kinder und Jugendliche mit Zustimmung ihrer Eltern freiwillig auf den Schutz des Gesetzes verzichten?

Ein Fall wie viele andere?

Nicole, 17 Jahre alt, will Hotelfachfrau werden. Sie ist froh, einen Ausbildungsplatz in einem Hotel- und Restaurantbetrieb in der Nähe ihres Wohnorts gefunden zu haben. Die Arbeit macht ihr Spaß, aber die Arbeitszeit belastet sie stark. Sie hat Zweifel, ob der Chef das von ihr verlangen kann. Sie schreibt ihre Arbeitszeiten über einen Monat hinweg genau auf:

Arbeitsstunden September 1985

	Arbeitszeit	Stunden		Arbeitszeit	Stunden
Sonntag, 1.9.	$8^{00}-15^{00}/18^{00}-22^{00}$	11	Montag, 16.9.	$18^{00}-0^{30}$	$6\frac{1}{2}$
Montag, 2.9.	$8^{00}-17^{00}$	9	Dienstag, 17.9.	frei	–
Dienstag, 3.9.	$12^{00}-20^{00}$	8	Mittwoch, 18.9.	frei	–
Mittwoch, 4.9.	$8^{00}-16^{00}$	8	Donnerstag, 19.9.	$8^{00}-16^{00}$	8
Donnerstag, 5.9.	$8^{00}-16^{00}$	8	Freitag, 20.9.	$8^{00}-17^{00}$	9
Freitag, 6.9.	frei	–	Sonnabend, 21.9.	$16^{00}-2^{30}$	$10\frac{1}{2}$
Sonnabend, 7.9.	frei	–	Sonntag, 22.9.	$8^{00}-16^{00}$	8
Sonntag, 8.9.	$8^{00}-16^{00}/18^{00}-22^{00}$	12	Montag, 23.9.	$16^{00}-24^{00}$	8
Montag, 9.9.	$12^{00}-20^{00}$	8	Dienstag, 24.9.	$8^{00}-16^{00}$	8
Dienstag, 10.9.	$8^{00}-16^{00}$	8	Mittwoch, 25.9.	$8^{00}-16^{00}$	8
Mittwoch, 11.9.	$11^{30}-20^{00}$	$8\frac{1}{2}$	Donnerstag, 26.9.	frei	–
Donnerstag, 12.9.	frei	–	Freitag, 27.9.	frei	–
Freitag, 13.9.	frei	–	Sonnabend, 28.9.	$15^{00}-23^{00}$	8
Sonnabend, 14.9.	$8^{00}-16^{00}$	8	Sonntag, 29.9	$8^{00}-16^{30}$	$8\frac{1}{2}$
Sonntag, 15.9.	$12^{00}-20^{00}$	8	Montag, 30.9.	$16^{00}-23^{30}$	$7\frac{1}{2}$

Gegen das Jugendarbeitsschutzgesetz wird leider häufig verstoßen. In vielen Fällen spielen die Jugendlichen dabei mit, weil sie Nachteile in der Ausbildung oder am Arbeitsplatz befürchten. Verstöße gibt es gegen unterschiedliche Bestimmungen, am meisten aber gegen die Arbeitszeitregelung und gegen die Pflicht zur ärztlichen Nachuntersuchung. Wie können sich Jugendliche gegen diese Verstöße zur Wehr setzen? Es gibt zwei für die Kontrolle zuständige Stellen: die Kammern und die Gewerbeaufsichtsämter. Sie können Betriebe, die gegen das Jugendarbeitsschutzgesetz verstoßen, mit Bußgeldern belegen. Bei wiederholten Fällen können sie den Betrieben die Erlaubnis zur Ausbildung oder die Erlaubnis zur Beschäftigung Jugendlicher entziehen. Sie können allerdings nur eingreifen, wenn sie informiert werden. Die Jugendlichen oder ihre Eltern müssen also die Verstöße auch der Kammer oder dem Gerwerbeaufsichtsamt melden.

1. Stelle mit Hilfe des Schaubildes auf Seite 99 fest, ob Nicoles Ausbildungsbetrieb soviel Wochenendarbeit von ihr verlangen kann.
2. Geben Nicoles Aufzeichnungen über ihre Arbeitszeit im September 1985 noch Hinweise auf andere Verstöße gegen das Jugendarbeitsschutzgesetz? Wenn ja, auf welche?
3. An welche Stellen könnte sich Nicole wenden, damit etwaige Verstöße gegen das Jugenarbeitsschutzgesetz abgestellt werden?
4. Häufig verzichten Auszubildende darauf, ihr Recht durchzusetzen. Was können die Gründe für ein solches Verhalten sein?

Betrieb

1. Betriebe und ihre Organisation

Betriebe beeinflussen unseren Alltag. Ohne sie gäbe es nicht das große Angebot an Gütern und Dienstleistungen, das wir täglich nutzen. Ohne sie wäre eine funktionierende Wirtschaft überhaupt nicht denkbar. Sie sind Arbeitsstätten, in denen viele Menschen einen großen Teil ihrer Lebenszeit verbringen. Was sie dort erleben, prägt häufig ihren Alltag auch außerhalb der Betriebsmauern. Wir alle kennen Betriebe. Wie aber sieht es hinter ihren Mauern aus? Was spielt sich in den Betrieben ab? Wie sind sie organisiert?

1.1 Erscheinungsformen von Betrieben – ein Überblick

„Betrieb" – ein unbekanntes Alltagswort

Viele denken bei dem Wort „Betrieb" an Fabriken oder Werkstätten. Das ist zwar richtig, trifft aber nicht die ganze Bandbreite von Betrieben, denn auch Kneipen oder Imbißbuden, Büros oder Arztpraxen, Versicherungen oder Banken, Taxiunternehmen oder Kioske, Ladengeschäfte oder Krankenhäuser sind Betriebe.

Will man allgemein beschreiben, was Betriebe sind, dann wird man nach Gemeinsamkeiten suchen. Eine Gemeinsamkeit besteht darin, daß Betriebe Leistungen für andere erbringen, also nicht für sich selbst wie die privaten Haushalte. Ferner verlangen Betriebe für ihre Leistungen, das können Güter oder Dienstleistungen sein, ein Entgelt. Wer Leistungen von Betrieben in Anspruch nehmen will, muß dafür zahlen.

Faßt man diese zwei Merkmale zusammen, läßt sich sagen: Betriebe sind zweckgerichtete Einrichtungen, die gegen Entgeld wirtschaftliche Leistungen für andere erbringen.

1. Wodurch unterscheiden sich Betriebe von privaten Haushalten?
2. Warum sind auch Kneipen, Imbißstuben und Anwaltspraxen Betriebe?
3. Ist die Schule auch ein Betrieb? Begründe deine Meinung.

Außenansichten

Wer versucht, Betriebe allein aufgrund ihres äußeren Erscheinungsbildes zu beschreiben, wird schnell scheitern. Betriebe sind von ihren Erscheinungsformen her so vielfältig, daß es kaum gelingen dürfte, äußere Merkmale zu finden, die für alle Betriebe zutreffen. Es kann sich z. B. in einem Einfamilienhaus ein Betrieb befinden, der Millionenumsätze macht. Wer vor dem Haus steht, wird das kaum vermuten. Außenansichten verraten auch nicht viel über das Innenleben. Oft können nur Fachleute aufgrund des äußeren Erscheinungsbildes Rückschlüsse auf Vorgänge und Arbeitsweisen in einem Betrieb ziehen. Außenansichten verraten also wenig über Betriebe.

1. Was weißt du über die abgebildeten Betriebe?
2. Was möchtest du gern noch über diese Betriebe wissen?
3. Manche Betriebe haben eine sehr aufwendige Fassade. Warum wohl?

Die Größe ist es nicht allein

Großbetrieb

Kleinbetriebe

Betriebe gibt es in einer kaum überschaubaren Vielfalt. Aus verschiedenen Gründen kann es sinnvoll sein, Betriebe nach bestimmten Gesichtspunkten zu ordnen. Eine oft benutzte Einteilung ist die nach Art der Tätigkeit: Stellt der Betrieb Produkte her oder erbringt er Dienstleistungen?

Betriebe

- **Produktionsbetriebe**
- **Dienstleistungsbetriebe**

Zu den Produktionsbetrieben gehören Landwirtschaftsbetriebe, viele Handwerksbetriebe, Bergbau- und Industriebetriebe. Zu den Dienstleistungsbetrieben zählen vor allem Verkehrs- und Handelsbetriebe, Banken und Versicherungen. Auch Arztpraxen, Friseurbetriebe (Handwerk!) oder Kneipen sind Dienstleistungsbetriebe. Stark zugenommen haben im Dienstleistungsbereich in letzter Zeit vor allem Betriebe, die Beratungsdienste anbieten, etwa im Bereich der Computertechnik und ihrer Nutzung.

Eine Untersuchung in den USA im Jahr 1983 hat gezeigt, daß neue Arbeitsplätze vor allem im Bereich der Dienstleistungen entstehen. Eine solche Erkenntnis kann Konsequenzen für die staatliche Förderung von Unternehmen haben. Wenn ein Staat die Schaffung neuer Arbeitsplätze unterstützen will, aber nur relativ wenig Mittel zur Verfügung hat, wird er dort ansetzen, wo die Erfolgsaussichten am größten sind. Der Studie nach ist das der Dienstleistungsbereich.

Eine andere Möglichkeit besteht darin, Betriebe nach ihrer Größe zu ordnen. In Großbetrieben mit oft mehreren tausend Arbeitnehmern gibt es eine Vielzahl andere Probleme als in kleinen Betrieben mit vielleicht nur ein oder zwei Beschäftigten. Auch im Hinblick auf die Bedeutung eines Betriebes für die Gemeinde oder Region, in der er liegt, ist die Betriebsgröße von Bedeutung. Sie spielt außerdem eine Rolle bei der Mitbestimmung der Arbeitnehmer. Erst von vorgegebenen Größen an gelten die Mitbestimmungsregelungen. Von daher ist es bei bestimmten Fragestellungen sinnvoll, nach der Betriebsgröße zu unterscheiden. Allgemein üblich ist folgende Einteilung:

Betriebe

Großbetriebe | **Mittelbetriebe** | **Kleinbetriebe**

Bei Industriegiganten wie Siemens oder VW ergibt sich für eine Einordnung in das Größenschema ebensowenig eine Schwierigkeit wie bei einem Malerbetrieb mit 2 Gesellen oder der Kneipe an der Ecke. Wie aber ist ein Betrieb mit 1000 Arbeitnehmern einzustufen?

Das Beispiel zeigt, daß es schwierig ist, die Größe von Betrieben zu messen. Die Zahl der Beschäftigten kann ein Maßstab für die Betriebsgröße sein, aber nur unter bestimmten Bedingungen. In einer automatisierten Industrieproduktion bedeutet die Kennziffer „1000 Arbeitnehmer" etwas ganz anderes als in einem industriellen Fertigungsbereich, in dem viel Handarbeit erforderlich ist. Dort wäre ein Betrieb mit 1000 Arbeitnehmern sicherlich nur ein „Mittelbetrieb". Auch der Wirtschaftsbereich spielt eine Rolle. Ein Malerbetrieb mit 500 Arbeitnehmern dürfte als „Großbetrieb" eingestuft werden, wenn auch nur im Bereich des Handwerks. Es kommt also auf weitere Daten und Fakten an, wenn man die Kennziffer „Betriebsgröße" verwenden will.

Das Stichwort „Automation" weist auf eine weitere Unterscheidungsmöglichkeit hin:

Betriebe

kapitalintensive Betriebe | **personalintensive Betriebe**

Unterscheidungsmerkmal ist hier vor allem, ob die Produktion relativ hohe Personalkosten erfordert oder ob die Kapitalkosten im Vordergrund stehen. Dies ist etwa bei stark automatisierten Fertigungsprozessen der Fall, weil dabei teure Maschinen eingesetzt werden.

Ein Beispiel: Raffinerien gehören zu den kapitalintensiven Betrieben. Die wenigen Beschäftigten dort kosten relativ wenig, obwohl sie gut verdienen. Teuer sind die technischen Anlagen.

Welche Probleme sich bei einer personalintensiven Produktion ergeben können, läßt sich am Beispiel der Textilindustrie in der Bundesrepublik Deutschland zeigen. Hier waren vor Jahren viele Mitarbeiter beschäftigt. Textilbetriebe hatten hohe Lohnkosten. Damit waren sie im internationalen Konkurrenzkampf nicht wettbewerbsfähig. Viele Betriebe schlossen, andere verlegten ihre Produktion in Billiglohnländer. Eine große Zahl von Arbeitsplätzen ging verloren.

Technische Weiterentwicklungen ließen für einige der ausgewanderten Betriebe eine Rückkehr zu: Durch stärkere Automation der Fertigung verloren die Lohnkosten an Bedeutung. Die ausländischen Produktionsstätten wurden geschlossen, die Produktion erfolgte wieder in der Bundesrepublik Deutschland, aber in hochgradig automatisierten Betrieben. Wer gehofft hatte, die Rückkehr der Betriebe würde wieder zu hoher Beschäftigung führen, sah sich getäuscht.

Anders ist es bei vielen Dienstleistungsbetrieben. Dort ist der Mensch nicht zu ersetzen, etwa als Helfer oder Berater. Versuche, auch hier den Menschen durch Maschinen zu ersetzen, sind bislang gescheitert.

1. Zähle Möglichkeiten auf, die Erscheinungsformen von Betrieben zu systematisieren.
2. Nenne Produktions- und Dienstleistungsbetriebe in deiner Heimatregion.
3. Zeige Beispiele für eine kapitalintensive und für eine personalintensive Produktion auf.
4. „Eine kapitalintensive Produktion ist problematisch, weil sie wenig Arbeitsplätze bietet. Man sollte sie einfach verbieten!" Was meinst du zu dieser Aussage?

1.2 Produktions- und Dienstleistungsbetriebe: Grundpfeiler der Wirtschaft

Arbeitsteilung und Betriebe

Betriebe sind das Ergebnis der volkswirtschaftlichen Arbeitsteilung. Zunächst haben sich, ausgehend von den Grundberufen, kleine Handwerksbetriebe herausgebildet. Spezialisierung hat zur Entstehung immer weiterer Betriebe geführt. Den großen Schub brachte die Industrialisierung: Die Produktionsstätten wurden größer, ihre Vielfalt nahm rapide zu. Technische Entwicklungen haben diesen Prozeß verstärkt und beschleunigt. Heute ist die Versorgung einer Millionenbevölkerung ohne eine arbeitsteilig organisierte Produktion überhaupt nicht mehr vorstellbar.

Der Verbraucher ist also immer mehr von Betrieben und ihrer Leistungsfähigkeit abhängig geworden. Aufgrund der Arbeitsteilung in der Produktion kommt dazu, daß der Verbraucher auf eine Vielzahl von Betrieben zurückgreifen muß, wenn er seine Versorgung sicherstellen will. Das macht auf der einen Seite den Wirtschaftsalltag kompliziert, denn die Versorgung aus einer Hand ist kaum möglich. Auf der anderen Seite könnten die Verbraucher aber ohne die Spezialisierung nicht auf ein solch vielfältiges Waren- und Dienstleistungsangebot zurückgreifen, wie es heute vorhanden ist.

Die hochgradige Arbeitsteilung verbindet auch Betriebe miteinander, zwingt sie zur Zusammenarbeit und macht sie voneinander abhängig. Diese Behauptung kann man auf sehr einfache Weise überprüfen. Man braucht sich nur einmal bewußt zu machen, welchen Weg ein Produkt genommen hat, das wir im Haushalt verwenden – beispielsweise Joghurt.

Aus dem Beispiel läßt sich ableiten, daß Verläßlichkeit eine ganz wesentliche Grundlage für das Funktionieren des Systems ist. Wenn irgendwo an nur einer Stelle in der Kette vom Rohstoff zum Fertigprodukt Störungen auftreten, ist die Versorgung mit diesem Produkt gefährdet. Verläßlichkeit bezieht sich auf das Verhalten der Betriebe untereinander, z. B. das Einhalten von Lieferzusagen. Sie bezieht sich aber auch auf die Arbeit in den Betrieben. Wenn beispielsweise an einem Arbeitsplatz in einem Zulieferbetrieb für die Autoindustrie, in dem Bremsen hergestellt werden, „Pfuscharbeit" geleistet wird, kann das böse Folgen für Autokäufer, aber in der Folge auch für Autohersteller und Autohandel haben.

Arbeitsteilig organisierte Systeme sind störanfällig. Das gilt besonders, wenn die Arbeitsteilung zu einer hochgradigen Spezialisierung geführt hat. Dazu ein erfundenes Beispiel:

> *„Wir können die ganze deutsche Automobilindustrie lahmlegen."*
>
> *„Ihr mit eurem kleinen Betrieb?!"*
>
> *„Wir! Das glaubst du nicht, oder?"*
>
> *„Wie wollt ihr das anstellen?"*
>
> *„Wir fertigen Spezialteile für Autolenkungen."*
>
> *„Das weiß ich. Macht sonst niemand."*
>
> *„Richtig. Kein deutsches Auto ohne Teile von uns. Wenn wir nicht liefern . . . na, verstehst du endlich?"*

Das Beispiel zeigt: Eine Störung an nur einem Produkt der arbeitsteilig organisierten Produktionskette kann zumindest kurzfristig die Produktion einer ganzen Branche beeinträchtigen. Im Beispiel wäre das die Automobilbranche. Darüber hinaus würde aber ein Stillstand der Autoproduktion auch jene Betriebe in Mitleidenschaft ziehen, die ihrerseits von den Automobilfabriken abhängig sind, also die Zulieferer oder die Automobilhändler. Selbst an Versicherungen und Banken wird ein längerer Produktionsausfall im Automobilbau nicht spurlos vorübergehen. Störungen haben also eine lawinenartige Wirkung und betreffen oft eine unübersehbar große Zahl von Menschen sowohl in ihrer Eigenschaft als Verbraucher als auch in ihrer Eigenschaft als Arbeitnehmer.

1. „Betriebe sind ein Ergebnis der volkswirtschaftlichen Arbeitsteilung." Erkläre diese Aussage.
2. Erläutere zunächst die Zeichnung auf Seite 107. Zeige dann auch an anderen Beispielen, daß zur Herstellung von Produkten eine Zusammenarbeit verschiedener Betriebe notwendig ist.

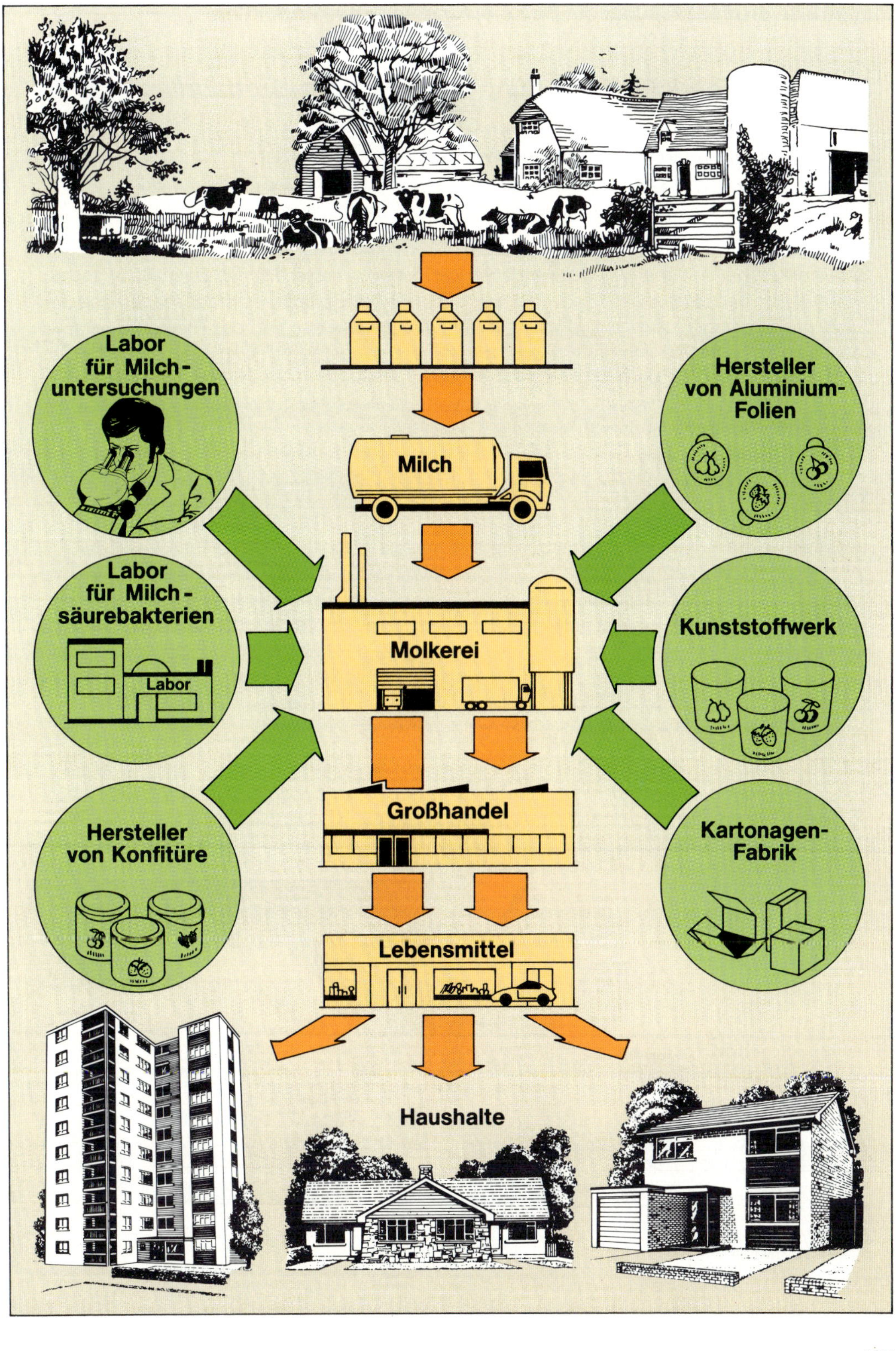

Labor für Milch-untersuchungen
Labor für Milch-säurebakterien
Labor
Hersteller von Konfitüre
Hersteller von Aluminium-Folien
Kunststoffwerk
Kartonagen-Fabrik
Milch
Molkerei
Großhandel
Lebensmittel
Haushalte

Erkundungsbericht: Erkundung einer Vollkorn-Brotfabrik

Wir, die Schüler der Klasse 9b der Wilhelm-Röntgen-Realschule, wollten es genauer wissen.
– Wie entsteht ein industriell hergestelltes Produkt?
– Welche Aufgaben sind zu lösen, damit aus Rohstoffen ein gefragtes Produkt wird?
– Welche Arbeitstätigkeiten sind dazu erforderlich, welche Probleme sind zu lösen?

Wir haben, um Antworten auf unsere Fragen zu bekommen, eine Erkundung durchgeführt. Damit für uns die Produktion überhaupt zu verstehen war, haben wir einen Betrieb ausgewählt, der ein relativ einfach herzustellendes Produkt erzeugt: Brot. Da im Biologieunterricht über Ernährungsfragen gesprochen worden war und im Wahlpflichtkurs „Hauswirtschaft“ das Thema „Qualität von Lebensmitteln“ anstand, interessierte uns, wie Vollkornbrot hergestellt wird. Denn über Vollkornbrot war sowohl im Biologieunterricht als auch im Unterricht des Faches Hauswirtschaft gesprochen worden. Unser Ziel war es, die Herstellung von Vollkornbrot von der Anlieferung des Getreides bis zur Auslieferung des Brotes zu verfolgen und dabei zu ermitteln, welche Arbeitsplätze in der Produktion vorhanden sind.

In der Brotfabrik, offiziell nennt sie sich „Großbäckerei“, sind in der Produktion etwa 170 Arbeitskräfte beschäftigt. Sie arbeiten in zwei Schichten. Eine noch größere Anzahl von Mitarbeitern ist im Außendienst und Service tätig. Außerdem gibt es verschiedene kaufmännische Abteilungen: Einkauf, Verkauf, Marketing, Buchhaltung, Finanzen und natürlich die Unternehmensleitung. Hinzu kommen außerdem noch technische Dienste: Kfz-Werkstatt, Wartungsgruppen usw. Dadurch erhöht sich die Zahl der insgesamt Beschäftigten auf etwa 500. Die Großbäckerei verarbeitet pro Tag ungefähr 70 t Getreide. Daraus entstehen dann 180 000 Päckchen Schnittbrot und mehr und dazu noch eine größere Zahl von ganzen Broten. Die Großbäckerei beliefert mit ihren Produkten den gesamten norddeutschen Raum. Ein kleiner Teil geht in den Export, z. B. nach Spanien, Kanada oder Nordamerika.

Natürlich bildet der Betrieb aus, aber keine Bäcker, weil es keinen Lehrberuf „Industriebäcker“ gibt. Ausgebildet wird vielmehr in den Berufen KFZ-Schlosser (der große Fuhrpark macht eine eigene große Werkstatt erforderlich), Anlagenelektroniker und in kaufmännischen Berufen (EDV-Kaufmann, Industriekaufmann, Bürokaufmann). Zur Zeit lernen dort insgesamt 21 Auszubildende.

Dies ist der Betrieb, den wir erkundet haben

. . . und dies sind einige seiner Produkte

Der Einkauf schafft die Voraussetzungen für die Produktion. Vom Einkauf der richtigen Rohstoffe hängt die Qualität eines Produktes in hohem Maße ab. Darum ist es wichtig, daß die Einkäufer nicht nur etwas von wirtschaftlichen Dingen verstehen, sondern auch Warenkenntnisse haben. Sie müssen außerdem wissen, woher sie die benötigte Ware beziehen können.

Bevor eine Getreidepartie angekauft wird, erfolgt eine sorgfältige Qualitätskontrolle. Bei Anlieferung werden noch einmal Stichproben genommen und untersucht.

Zunächst muß das Getreide gereinigt werden. Die in dem erkundeten Betrieb durchgeführte Naßreinigung („Wäsche") ist zwar teuer, aber wirksam. Es schließt sich die für „unseren" Betrieb typische „Aktivierung" des Korns an: Das feuchte Korn verbleibt eine Zeit lang in einem gekühlten Spezialbehälter und entfaltet sich. Dann kommt es in die Mühle. Die eigene Mühle ist wichtig, weil nur so gewährleistet werden kann, daß das Vollkornmehl stets frisch ist und noch alle Nährstoffe enthält.

Für den gesamten Arbeitsvorgang vom Mischen des Getreides über die Reinigung bis zur Herstellung des Vollkornmehles ist der Müller zuständig. Er bedient vorwiegend Maschinen, stellt sie ein und überwacht sie. Dazu benötigt er viel technisches Verständnis und gute Ohren, denn er hört, ob die Mühle richtig mahlt.

In der Teigvorbereitung werden Sauerteige und sogenannte Quell- und Brühstücke hergestellt, die bestimmte Aufgaben im Brotteig wahrnehmen. Sie sorgen z. B. für eine gute Quellung der Vollkornanteile, damit auch die Schalenteile des vollen Korns gut gegessen werden können. Je nach Brotsorte werden in einem Rechner gespeicherte und von ihm abgerufene Zutaten gemischt und verarbeitet.

An einer zweiten Stelle im Betrieb, der Teigmacherei, werden die eigentlichen Brotteige hergestellt. Auch hier sorgen Rechner für die richtige Mischung der Zutaten. Die Bäcker haben trotzdem die Teige zu überprüfen, ggf. die Teigfestigkeit durch Zugabe von Wasser zu beeinflussen und auf die Temperatur zu achten (wichtig!). An diesen Arbeitsplätzen ist Erfahrung erforderlich.

Der mit dem Sauerteig durchsetzte Brotteig steht eine Zeit lang, dann wird er in Backformen gefüllt. Das geschieht maschinell. Die Teigaufbereiter stellen die Maschinen ein und überwachen sie. Zudem führen sie Gewichtskontrollen durch. Ab und an geht es an diesen Arbeitsplätzen hektisch zu, weil der maschinelle Arbeitsablauf nicht immer störungsfrei ist.

Die gefüllten Formen wandern per Band in den Ofen, einen etwa 40 m langen Koloß. In diesem Bereich ist der Betrieb menschenleer. Es gibt nur Rechner, die den Ofen ständig überwachen. Erst am Ende des (Durchlauf-)Ofens nimmt ein Mitarbeiter die Backformen vom Band, nachem die Brote maschinell aus den Formen gehoben worden sind. Die Brote werden per Band weiterbefördert.

Die Brote kühlen zunächst aus, dann werden sie geschnitten und verpackt. Das erkundete Unternehmen liefert vor allem verpacktes Schnittbrot. An den Schneide- und Verpackungsmaschinen sind vorwiegend Frauen beschäftigt. Sie stellen die Maschinen ein und überwachen sie. Außerdem kontrollieren sie auch die Produkte. In diesem Teil des Betriebes ist es relativ laut. Die Arbeitskräfte sind ständig in Bewegung. Sie beherrschen ihre Maschinen perfekt. Es war für uns erstaunlich, wie schnell und sicher sie z. B. Störungen beheben.

Das in Beuteln verpackte Brot wandert dann noch einmal durch einen Ofen. Es wird dort durch kurzes, intensives Erhitzen haltbar gemacht.

Alle Produkte kommen letztlich in den Versand, „Expedition" genannt. Die dort beschäftigten Arbeitskräfte, ausschließlich Männer, können Computerlisten entnehmen, welche Brotsorten in welchen Mengen sie zur Auslieferung an die einzelnen Außenläger zusammenstellen müssen.

Kistenweise packen sie verschiedene Brotsorten zusammen und stellen sie palettenweise dorthin, wo die Auslieferungen für die einzelnen Läger ihren Platz haben.

Von dort werden die Brote auf Lastwagen verladen, die sie in die Außenläger fahren. Dort werden dann die Lieferungen für die einzelnen Verkaufstouren zusammengestellt. Dazu müssen die Paletten noch einmal umgestapelt werden. Nun werden die Brotpakete nach den Bestellungen der einzelnen Kunden zusammengestellt und ausgeliefert.

Arbeitsplätze außerhalb der direkten Produktion

EDV

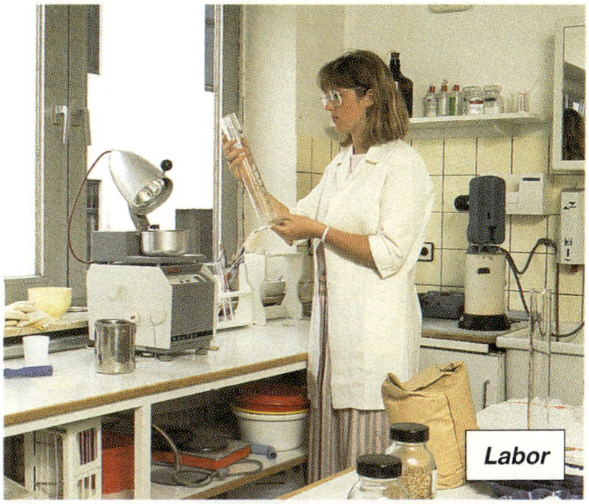
Labor

Kfz-Werkstatt

Vertrieb

Expedition

1. Wie beurteilst du den abgedruckten Erkundungsbericht?
   (Es ist ein Auszug, der tatsächliche Erkundungsbericht war natürlich umfangreicher.)
2. Welchen Sinn kann es haben, durch Erkundungen oder auf anderen Wegen etwas über Arbeitsplätze in Produktionsbetrieben zu erfahren?
3. Welche Gesichtspunkte sind für dich wichtig, wenn du Arbeitsplätze in Produktionsbetrieben erkundest?

Verkauf von Lebensmitteln: ein Beispiel für eine Dienstleistung

Nicht nur Produktionsbetriebe, sondern auch Dienstleistungsbetriebe müssen in der Regel eine Fülle von Aufgaben bewältigen, um ihre Leistung erbringen zu können. Selbst bei einer scheinbar sehr einfachen Dienstleistung wie dem Verkauf von Lebensmitteln in einem Supermarkt ist das Spektrum der dazu erforderlichen Kenntnisse und Tätigkeiten breit. Es müssen viele und in sich sehr unterschiedliche Teilaufgaben gelöst werden, damit die Leistung marktwirksam erbracht werden kann. Das Kassieren ist nur eine der Tätigkeiten, sie steht im wahren Sinne des Wortes am Ende des Bemühens um ein kundengerechtes Dienstleistungsangebot.

Was wird gebraucht? Die Aufgabe der ***Warenbeschaffung*** *stellt sich jeden Tag neu. Der Marktleiter oder ein mit dieser Aufgabe betrauter Mitarbeiter entscheidet, was und wieviel an Ware bestellt wird. Eine wichtige Aufgabe ist es, überhaupt festzulegen, welche Waren in das Sortiment aufgenommen werden. Immer wieder werden dem Handel neue Produkte angeboten. Da gilt es auszuwählen, was man seinen Kunden vorstellen und damit in die Regale nehmen möchte.*

Diese Tätigkeit kennt jeder. Die ***Preisauszeichnung*** *gehört zu den täglich anfallenden Arbeiten in einem Lebensmittelgeschäft. Preisschildchen aufkleben kann jeder Lehrling sobald er gelernt hat, daß wichtige Angaben auf Verpackungen nicht überklebt werden dürfen. Die Schwierigkeit liegt bei der* ***Preisfestsetzung****. Wie teuer darf eine Ware sein, wenn der Kunde günstig einkaufen, die Ware aber dennoch einen Beitrag zum lebenswichtigen Geschäftserfolg leisten soll?*

Das Auge ißt nicht nur mit, wie ein Spruch sagt, das Auge kauft auch mit. Darum ist es wichtig, durch die Art der ***Warendarbietung*** *eine Atmosphäre zu schaffen, in der Kunden sich wohlfühlen, das Warenangebot wahrnehmen und in Ruhe einkaufen können. Zu einer geschickten, kundenfreundlichen Wahrenpräsentation gehört ein sicheres Gefühl für Farben, Formen und Anordnungen.*

Das **Beraten und Bedienen** ist nach wie vor eine wichtige Aufgabe. Beraten erfordert ein hohes Maß an Waren- und Fachkenntnissen. Diese Kenntnisse muß man als Verkäufer(in) nicht nur selbst haben, sondern auch im Beratungsgespräch Kunden vermitteln können. Eigenes Wissen und Sprachfertigkeit gehören mehr denn je zum Rüstzeug von Verkäufern und Verkäuferinnen.

Ohne Schreibtischarbeit ist kein Geschäft zu führen. Dazu gehört die **Verwaltungstätigkeit** ebenso wie die Beschäftigung mit neuen Produkten oder neuen Ideen zur Verbesserung des eigenen Dienstleistungsangebots. Zahlen spielen bei der Verwaltungsarbeit eine große Rolle. Zahlen sind ein Spiegel betrieblicher Vorgänge. Mit ihnen muß man gut umgehen können, will man Erfolg haben.

Alltagsarbeit. Gerade im Lebensmittelhandel ist **Werbung** eine wichtige Sache. Es gehört zum Dienst am Kunden, ihm zu sagen, was besonders preisgünstig angeboten wird. Neben Anzeigen in Tageszeitungen, Wurfsendungen und Reklamezetteln spielen Plakate innerhalb und außerhalb des Ladens eine wichtige Rolle als Werbemittel. Wer als Verkäufer(in) die Plakatmalerei beherrscht, kann hier eine wichtige Informationsaufgabe wahrnehmen.

1. Was erwartet ein Kunde von einem Lebensmittelgeschäft?
2. Welche Aufgaben hat demnach ein Lebensmittelgeschäft als Dienstleistungsbetrieb?
3. Welche Kenntnisse, Fähigkeiten und Fertigkeiten müssen Verkäufer(innen) und Marktleiter(innen) haben, um den Kundenwünschen gerecht werden zu können?

1.3 Innerbetriebliche Organisation

Hurra, eine Lehrstelle!

Wie Klaus ist es schon manchem ergangen. Da sagt jemand während des Betriebspraktikums: „Du kannst bei uns anfangen." Vielleicht sagt er auch noch: „Gute Leute wie dich brauchen wir immer." Man freut sich und denkt: „Toll! Für mich ist das Thema Lehrstellensuche erledigt." Aber dann wird doch nichts aus der Zusage. Es stellt sich nämlich heraus, daß der Betreffende überhaupt nicht das Recht hat, jemanden einzustellen oder auch nur verbindliche Zusagen zu machen. Die Vergabe von Ausbildungsstellen gehört zu den Aufgaben einer ganz bestimmten Stelle im Betrieb. Niemand kann unabhängig von dieser Stelle Zusagen machen. Wer sich auf Zusagen Unbefugter verläßt, ist verlassen. Man muß wissen:

- In Betrieben herrscht Arbeitsteilung.
- Jeder hat bestimmte Aufgaben.
- Jeder hat nur in seinem Aufgabenbereich etwas zu sagen.

Weil es in Betrieben und Behörden in der Regel eine geordnete Arbeitsteilung und klare Zuständigkeiten gibt, kann es geschehen, daß ein Ratsuchender die Antwort erhält: „Tut mir leid, aber dafür ist mein Kollege zuständig." Manchmal ist das möglicherweise eine Ausrede. Meistens dürfte es aber der Sache nach stimmen. Jeder ist nur für einen bestimmten Arbeitsbereich zuständig.

Probleme ergeben sich, wenn die Kollegen und Kolleginnen in einem Betrieb nicht so genau wissen, wer für was zuständig ist. Noch schwieriger wird es, wenn für bestimmte Aufgaben niemand zuständig ist. Dann kann es einem Ratsuchenden passieren, daß er von einer Stelle zur nächsten läuft und nirgendwo die Hilfe findet, die er braucht. Das allerdings wird bei der Suche nach einer Lehrstelle nicht der Fall sein. Hier dürften alle Betriebe klare Zuständigkeiten haben.

1. Welchen Fehler hat Klaus gemacht? Was sollte er jetzt tun?
2. Was wäre, wenn Klaus die Zusage auf eine Ausbildungsstelle von dem Betriebseigentümer erhalten hätte?
3. Zeige Vor- und Nachteile auf, die es mit sich bringt, wenn in einem Betrieb oder einer Behörde streng nach dem Prinzip der Zuständigkeit gearbeitet wird.

Das „Chef-Prinzip“

In Betrieben gibt es eine klare Ordnung. Es ist genau festgelegt, wer welche Aufgaben zu erfüllen hat und welche Rechte sich daraus ergeben. Gibt es diese Ordnung nicht, tauchen sehr schnell Probleme auf. Da fehlen Ersatzteile, weil sich niemand für Ersatzteile zuständig fühlt. Da kommen doppelt soviel Rohstoffe, wie gebraucht werden, weil zwei Leute unabhängig voneinander bestellt haben. Da fehlen Fachkräfte, weil ein Meister gleich drei Facharbeiter entlassen hat, auf die er wütend war. Die Beispiele zeigen: So geht es nicht. Wer aber soll in einem Betrieb etwas zu sagen haben?

Es wäre denkbar, daß alle Beschäftigten eines Betriebes diejenigen wählen, die Macht ausüben dürfen, denn es wird niemandem gleichgültig sein, wer etwas zu sagen hat. Aber eine solche Überlegung geht an der Realität vorbei. In der Bundesrepublik Deutschland hat zunächst einmal derjenige in einem Betrieb etwas zu sagen, der den Betrieb gründet oder aus einem andern Grund Eigentümer des Betriebes ist. Die Eigentümer sind für die Finanzierung und damit für die Ausstattung des Betriebes mit Produktionsmitteln wie Maschinen, Werkzeugen oder Gebäuden verantwortlich. Sie tragen das finanzielle Risiko. Von daher leitet sich für die Betriebseigentümer (Eigentümer der Produktionsmittel) das Recht ab, in ihren Betrieben auch zu bestimmen.

Die Betriebseigentümer können, zumal wenn die Betriebe größer werden, nicht alles allein machen. Das gilt auch für das Fällen von Entscheidungen. Sie müssen Aufgaben und damit Machtbefugnisse auf andere übertragen. Je größer ein Betrieb wird, desto deutlicher zeigt sich die Notwendigkeit, Aufgaben und Befugnisse in die Hände von Betriebsangehörigen zu legen.

Dazu ein Beispiel: Jemand hat einen Betrieb gegründet und aufgebaut. Er hat Erfolg, der Betrieb wächst. Irgendwann kann der Gründer nicht mehr alle Leitungsaufgaben allein wahrnehmen. Er überträgt einen Teil seiner Aufgaben, übergibt aber mit diesen Aufgaben zugleich die Verantwortung für ihre ordnungsgemäße Erledigung. Bei weiterem Wachstum des Betriebes wird auch der „neue Mann“ oder die „neue Frau“ Entlastung benötigen. Ein Teil seiner oder ihrer Aufgaben wird auf andere übertragen. Dadurch erhält wieder jemand Macht und Befugnisse, aber auch Verantwortung.

Es entsteht so eine Art „Pyramide der Macht“. Dabei wird von oben nach unten die Machtfülle immer geringer. Jeder, der Befugnisse eingeräumt bekommt, übt seine Macht stellvertretend und im Rahmen einer betrieblichen Aufgabe aus. Er ist übergeordneten Stellen verantwortlich und rechenschaftspflichtig. Betriebliche Machtbefugnis ist also eingebunden in ein System der Verantwortlichkeit.

Die Festlegung von Aufgaben, Verantwortungsbereichen und Machtbefugnissen in einem Betrieb nennt man **Aufbauorganisation**. Was in Kleinbetrieben, z. B. einem kleinen Handwerksbetrieb, überhaupt keine Fragen aufwirft, kann in Großbetrieben zu Problemen führen, nämlich die Klärung der Frage, wer was zu sagen hat. Von daher kommt der Aufbauorganisation in größeren Betrieben eine besondere Bedeutung zu.

In jedem Betrieb muß eindeutig festgelegt sein …

- welche Aufgaben zu erfüllen sind
- wer welche Aufgaben zu erfüllen hat
- wer über welche Dinge entscheiden darf, dann aber auch verantwortlich dafür ist
- wer wem Anweisungen geben darf, dann aber auch dafür die Verantwortung trägt

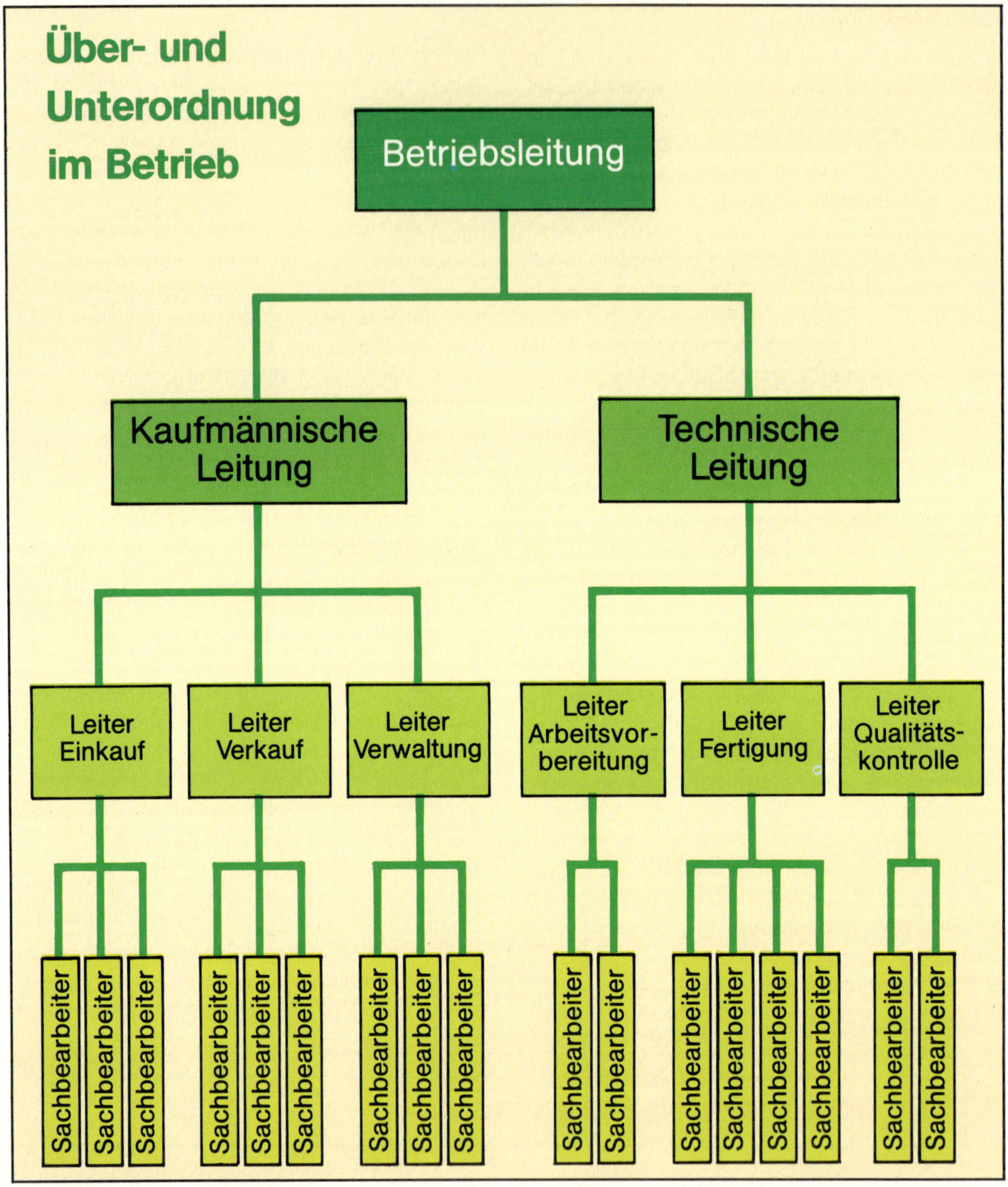

Organisationsschema (vereinfachtes Beispiel)

1. Erkläre das Organisationsschema „Über- und Unterordnung im Betrieb“.
2. Erläutere den Begriff „Aufbauorganisation“.
3. Auszubildende stehen in einer Aufbauorganisation ganz unten. Ist das Willkür oder Notwendigkeit? Begründe deine Meinung.
4. Erläutere den Satz: „Betriebliche Machtbefugnisse sind in ein System der Verantwortlichkeit eingebunden.“

Informelle Organisation

In Kleinbetrieben, z. B. einem Handwerksbetrieb oder einem kleinen Geschäft, ist es überhaupt keine Frage, wer etwas zu sagen hat: natürlich der Chef oder die Chefin. Anders ist das in Großbetrieben. Dort kann nämlich die gleiche Frage zu großen Problemen führen. Es gibt eine Fülle von Erklärungen dafür. Wer läßt sich schon gern etwas sagen, und wer hätte nicht gern wenigstens ein bißchen Macht? Aber gerade Großbetriebe können sich keine Unklarheiten leisten. Darum kommt der Aufbauorganisation in ihnen eine besondere Bedeutung zu. Wer allerdings jetzt glaubt, mit ihrer Festlegung sei alles geregelt und die betriebliche Wirklichkeit würde ganz und gar nach dem vorgegebenen Plan verlaufen, der irrt. Das zeigt das Beispiel oben.

Die betriebliche Wirklichkeit, vor allem das Miteinander (Gegeneinander) von Menschen, läßt sich nicht vollständig in Organisationsplänen erfassen. So sagt z. B. die Zuweisung von Befugnissen und damit von Macht nichts darüber aus, wie der einzelne damit umgeht.

Organisationsschemata können auch den privaten Umgang der Menschen miteinander nicht regeln. So kann es sein, daß Mitarbeiter aus verschiedenen Abteilungen eines Betriebes untereinander Kontakt haben. Sie werden natürlich auch über berufliche Dinge miteinander reden. Dabei werden sie dann manches erfahren oder aus ihrem Wissen zusammenreimen können, was sie der Betriebsstruktur nach gar nicht erfahren sollten.

Auch Zuneigung und Abneigung sind nicht in Schemata erfaßbar. Wer seinen Vorgesetzten nicht leiden kann, versucht schon mal, ohne ihn auszukommen. Das ist zwar nicht dem Organisationsschema gemäß, aber es funktioniert und ist gut für das Gefühlsleben.

All diese Beispiele sollen nicht den Eindruck erwecken, als seien Organisationspläne nur Papier und ohne Auswirkungen. Das stimmt nicht. Organisationspläne beschreiben und formen einen großen Teil der betrieblichen Wirklichkeit. Aber neben ihnen gibt es eben noch eine andere Wirklichkeit, die Wirklichkeit des Miteinander der Menschen im Betrieb. Anders gesagt: Neben der formalen, genau beschriebenen und festgelegten Organisation gibt es noch eine informelle Organisation. Sie zu erkennen, kann im Einzelfall sehr nützlich sein.

1. Erläutere die Begriffe „formale“ und „informelle“ Organisation.
2. Warum kann es nützlich sein, auch Teile der informellen Organisation eines Betriebes zu kennen?

Betriebsabläufe vorgeplant

Neben dem Begriff „Aufbauorganisation“ spielt noch ein weiterer Begriff eine wichtige Rolle, der Begriff „Ablauforganisation“. Damit ist eine im Prinzip einfache Sache gemeint: Wenn ein Produkt entstehen soll, muß jeder einzelne Produktionsschritt geplant und auf die anderen Schritte abgestimmt sein. Es geht also darum, die Entstehung eines Produktes vorzuplanen. Das ist allerdings leicht gesagt. Schwierig wird es erst, wenn es um die konkrete Umsetzung geht. Dabei braucht man sich gar nicht unbedingt ein Auto oder ein vergleichbares Produkt vorzustellen, das aus tausenden von Einzelteilen mit unterschiedlichsten technischen Verfahren zusammengesetzt wird. Eine Schraube nicht zur richtigen Zeit am richtigen Ort, und die Produktion steht still. Nicht der richtige Mann mit dem richtigen Werkzeug an der richtigen Stelle, und die Bänder müssen angehalten werden. Es gibt hier viele Beispiele, die alle das gleiche zeigen: In der modernen Produktion muß der Produktionsvorgang sehr genau vorgeplant sein.

1. Erkläre den Begriff „Ablauforganisation“.
2. Verdeutliche an einem Beispiel die Notwendigkeit einer durchdachten Ablauforganisation.

Die betriebliche Produktion: eine Zusammenfassung

Betriebe sind zwar in ihren äußeren Erscheinungsformen sehr unterschiedlich, aber sie haben dennoch Gemeinsamkeiten:

1. Betriebe haben das Ziel, ihre Leistungen gegen Entgelt zu verkaufen und am Markt zu überleben.
2. Kein Betrieb kann ohne formale Organisation bestehen. Es muß zumindest festliegen, wer etwas zu sagen hat.
3. Betriebe brauchen so etwas wie eine Arbeitsplanung. Betriebsarbeit ohne Vorplanung muß im Chaos enden.
4. In allen Betrieben findet man die gleichen Elemente betrieblicher Produktion. Um ein Produkt herstellen zu können, bedarf es
   - der **menschlichen Arbeitsleistung** (leitende, ausführende Arbeit; körperliche, geistige Arbeit; . . .),
   - der **Betriebsmittel** (Maschinen, Anlagen, Grundstücke, Fahrzeuge, . . .) und
   - der **Werkstoffe** (Rohstoffe, Betriebsstoffe wie etwa Wasser, Energie . . .).

   Das Zusammenwirken dieser drei Elemente muß organisiert und so aufeinander abgestimmt werden, daß die betriebliche Zielsetzung erreicht wird. Es bedarf also der besonderen planerischen und organisatorischen Leistung. Darum gilt
   - die **Betriebsführung** (Leitung, Planung, Organisation, Kontrolle)

   vielfach als weiteres eigenständiges Element.

1. Zeige an einem selbstgewählten Beispiel die Elementarfaktoren betrieblicher Produktion.
2. Beschreibe, welche Gemeinsamkeiten Betriebe auch dann haben, wenn sie zu verschiedenen Branchen gehören.
3. Auch Schule kann man als Betrieb sehen. Sie ist ein Dienstleistungsunternehmen, in dem Wissen vermittelt („produziert") wird. Gibt es dann auch in der Schule betriebliche Elementarfaktoren?

2. Betrieb, Beruf und Arbeitsalltag

Berufsarbeit findet überwiegend in Betrieben statt. Das Leben in Betrieben hat seine eigenen Gesetze und Regeln, Formen und Notwendigkeiten. Daher ist Berufsarbeit sehr stark von den Einflüssen geprägt, die von dem Betrieb ausgehen. Da der Berufsalltag wiederum das Privatleben beeinflußt, reichen die Einflüsse des Betriebes bis in den privaten Alltag. Welche Folgen kann das haben? Kann man etwas gegen negative Auswirkungen des Betriebsalltages auf das Privatleben tun?

2.1 Betriebsalltag und Arbeitslast

Gedankensplitter

1. Welche Gedankenblasen deuten auf Probleme oder Unlust, welche auf Zufriedenheit bei der Arbeit hin?
2. „Menschen sind keine Maschinen!" Was hat diese Aussage mit den Bildern zu tun?
3. Beschreibe genauer, was die Gedanken mit der Arbeitssituation der Menschen zu tun haben.
   – Wie werden sie möglicherweise die Arbeitsfreude beeinflussen?
   – Wie können sie sich auf das Privatleben auswirken?

Betriebsarbeit bestimmt den Alltag

Berufstätige verbringen viel Zeit an ihrem Arbeitsplatz. Diese Zeit wird entscheidend vom Beruf, vom Betrieb und von den damit zusammenhängenden Einflüssen geprägt. Aber der Einfluß reicht über die im Betrieb verbrachte Zeit hinaus. Wer acht Stunden lang intensiv gearbeitet hat, kann seine gereizten Nerven nicht einfach mit der Arbeitskleidung in den Schrank hängen. „Sei ruhig! Ich bin kaputt!“ „Laß mich in Ruhe!“ Solche Sätze hört man häufiger, wenn man jemanden anspricht, der gerade von seiner Arbeitsstelle nach Hause kommt.

Ist eine solche Reaktion verwunderlich? Wer einen anstrengenden Arbeitstag hinter sich gebracht hat, der ist müde. Er hat oft keine Kraft mehr, noch mit anderen zu reden, ins Kino zu gehen oder sonst etwas zu unternehmen. Er braucht erst einmal Zeit, sich zu erholen. Betriebsarbeit verläuft nach bestimmten Regeln und verlangt bestimmte Verhaltensweisen. Wenn man sich Tag für Tag diesen Regeln und Verhaltensweisen anpaßt, besteht die Gefahr, sich zu Hause weiter so zu verhalten. Wer kennt nicht die Mahnung: „Du bist doch hier nicht im Büro!“?

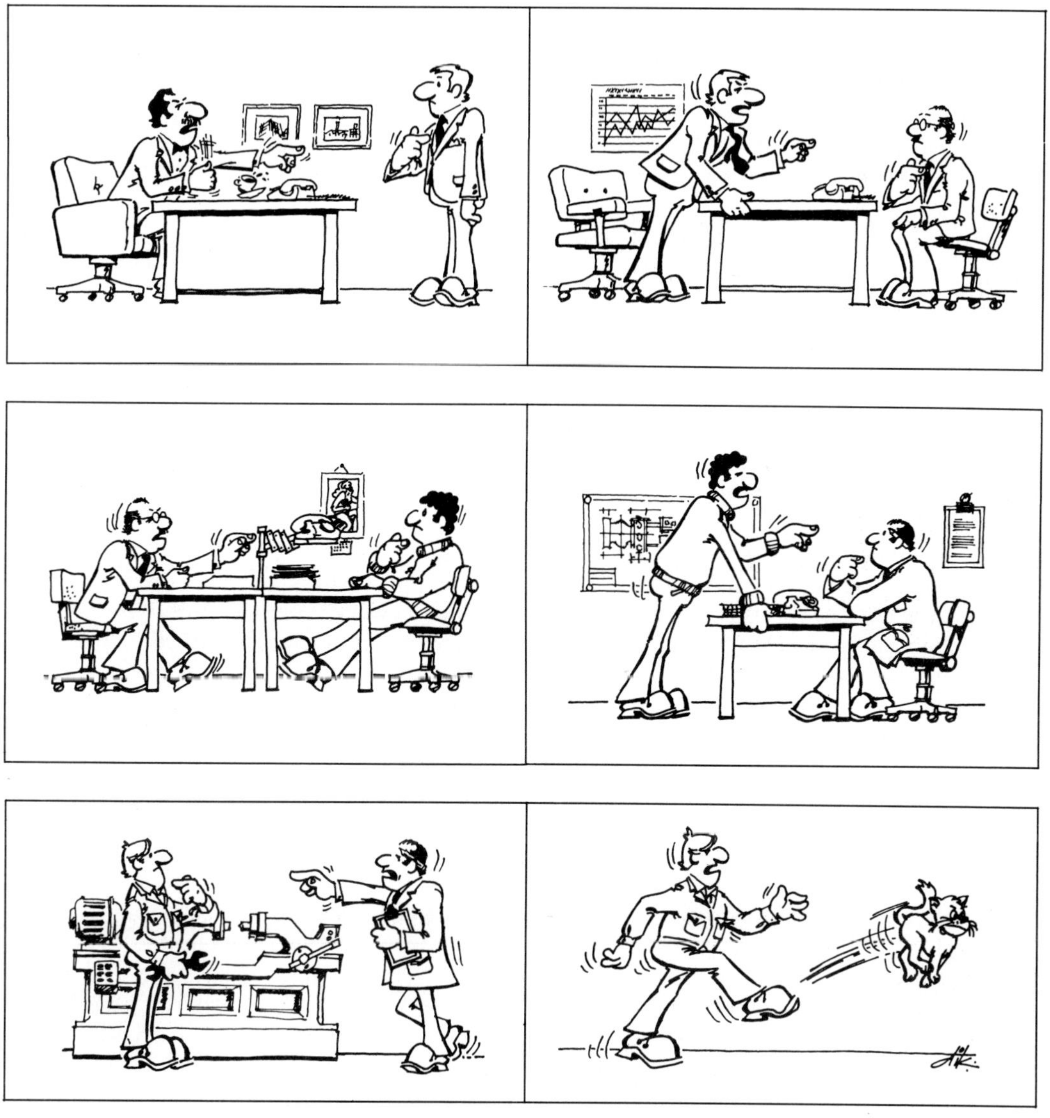

Du kommst aus dem Streß nicht raus

„Zunächst, wenn du als junger Mensch in die Hütte gehst, macht dir die Konti-Arbeit* nichts aus. Du freust dich über die Schichtzulagen, die deinen Verdienst erhöhen. [. . .]

Aber wenn du so um die Vierzig bist, da merkst du die Belastungen der Schichtarbeit. Deine Gesundheit macht nicht mehr mit. Jetzt möchtest du umsatteln. Aber wohin? Wer nimmt dich jetzt noch? So machst du halt weiter, bis du kaputtgeschrieben wirst." [. . .]

Zu den Belastungen am Arbeitsplatz kommt noch der ständige Wechsel, mal früh, mal spät und mal wieder nachts arbeiten zu müssen. Die „innere Uhr" macht das nicht mit. Die Folge: Magen- und Darmerkrankungen (bei Schichtarbeitern achtmal höher als bei anderen Menschen) und Kreislaufbeschwerden.

Heinz Häsel, seit siebzehn Jahren bei Thyssen „auf Schicht", kennt das. „Wenn du von Nacht- wieder zur Tagschicht wechselst, dann kannst du abends nicht schlafen. Und beim umgekehrten Wechsel kannst du nachts so ab zwei Uhr kaum noch die Augen aufhalten."

In Schichtarbeiterfamilien richtet sich das ganze Familienleben nach dem Schichtplan des Vaters. Die Häsels haben drei Kinder. Hat der Vater Nachtschicht, müssen sie sich absolut ruhig verhalten. Spielen im Kinderzimmer ist nicht drin, denn das liegt direkt neben dem Elternschlafzimmer.

Auch Frau Häsel muß ihre Arbeit nach dem Schichtplan ihres Mannes einrichten. Ob Staubsaugen, Wäsche waschen oder was sonst in der Wohnung anfällt, alles richtet sich nach dem Schichtplan ihres Mannes.

Familienleben oder Freizeitgestaltung ist für Konti-Arbeiter nur im Dreiwochen-Rhythmus möglich. Verwandte oder Bekannte besuchen, größere Einkäufe tätigen, mal in den Sportverein oder zum Kegeln zu gehen, das ist nur in der Frühschichtwoche möglich. Regelmäßig Sport betreiben oder einen Kurs an der Volkshochschule zu besuchen ist nicht drin. Auf Konti-Arbeiter wird da keine Rücksicht genommen. [. . .]

*) Konti-Arbeit: Schichtarbeit, bei der auch an Samstagen und Sonntagen gearbeitet wird.

(Edmund Möller in: Der Gewerkschafter 2/80, S. 6 ff.)

„Meine Kinder haben nicht viel von mir. Die meiste Zeit bin ich außer Haus, weil ich arbeiten muß. Zu Hause bin ich meist müde und abgespannt. Da brauche ich Ruhe, um mich zu erholen. Mit den Kindern spielen? Dazu reicht meine Nervenkraft oft nicht. Wenn ich die Arbeit etwas zurückdrängen könnte . . . Es täte uns allen gut. Aber es geht wohl nicht. An unseren Lebensstandard haben wir uns nämlich alle gewöhnt."

Dein Leben sei,
so sagst Du, selbstbestimmt.
Du täuschst Dich,
denn Du lebst nur von den Resten,
den Resten, die Dein Job Dir läßt.
Nur das, was er an Zeit nicht will
und nur, was er an Kraft nicht braucht,
nur das verbleibt Dir für Dein eig'nes Tun.
Was bleibt da noch an Kraft, an Zeit,
an Selbstbestimmung für Dein Leben?

1. Wodurch werden Arbeitnehmer belastet?
   Welche schädlichen Folgen kann zu viel Streß im Arbeitsleben für sie haben?
2. Zeige an Beispielen, wie sich die Belastungen des Arbeitslebens auch im privaten Alltag bemerkbar machen.
3. Beschreibe die besonderen Auswirkungen von Schichtarbeit für die Arbeitnehmer und ihre Angehörigen.
4. Welcher Zusammenhang besteht zwischen dem Gedicht und dem Kastentext auf Seite 120?

Arbeitsleben – Privatleben: ein Spannungsfeld

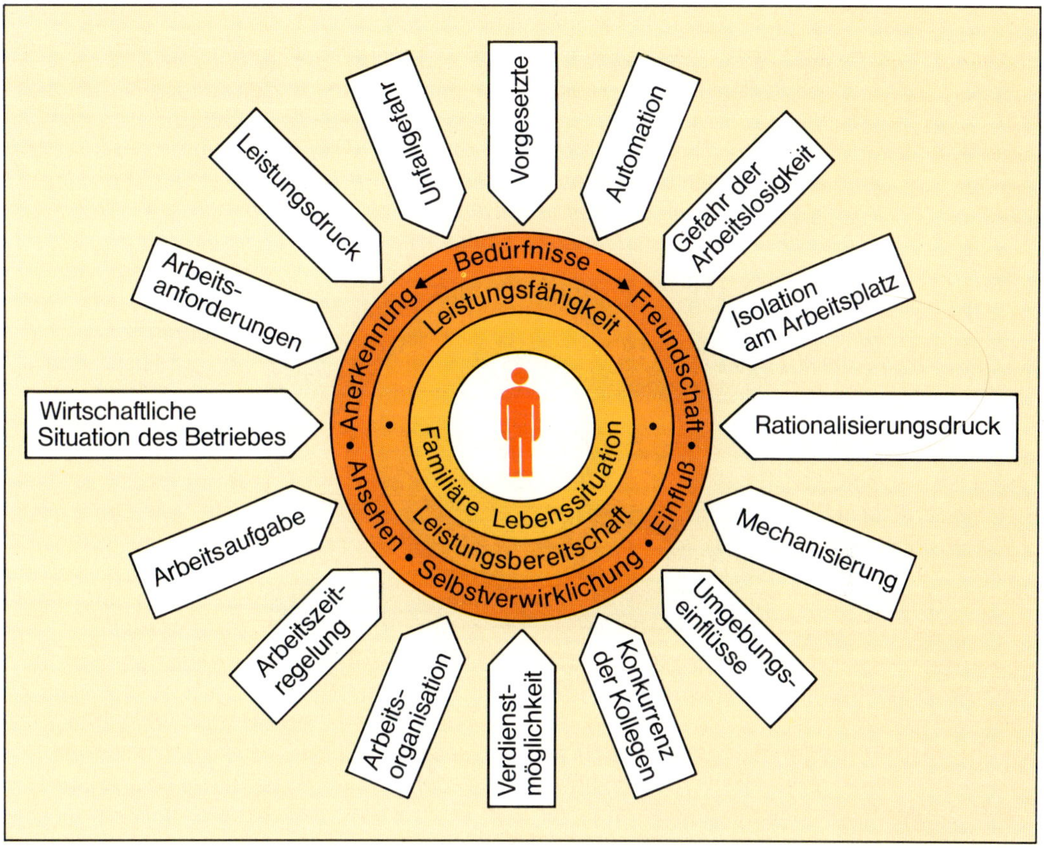

Die Darstellung weist, wie auch schon Texte und Bilder vorher, auf einen komplizierten Zusammenhang hin. Die Arbeitswelt wirkt mit einer Vielzahl von Einflüssen auf den arbeitenden Menschen ein. Wie ihn diese Einflüsse berühren, ihn in seinem körperlichen und seelischen Wohlbefinden beeinträchtigen, hängt von einer Vielzahl anderer Gegebenheiten ab, z. B. davon, wie wichtig er die Arbeit nimmt oder wie er sich fühlt. Wer ein „Rutsch-mir-den-Rücken-runter-Gefühl" hat, dem kann betrieblicher Ärger nicht viel anhaben. Wer aber vielleicht schon morgens vor Arbeitsbeginn Ärger zu Hause gehabt hat, den trifft zusätzlicher Ärger im Betrieb besonders hart. Das weiß zwar jeder, aber vielleicht ist es doch wichtig, sich diesen Zusammenhang hin und wieder bewußt zu machen. Auch das Privatleben wirkt in den Betrieb und das Arbeitsleben hinein. Man kann diese beiden Welten nicht vollständig voneinander trennen. Wer sich in seinem Privatleben unwohl fühlt, der läuft leicht Gefahr, auch im Arbeitsleben Probleme zu bekommen.

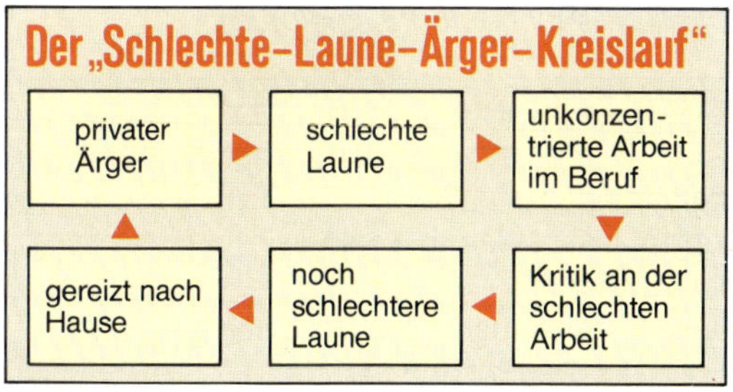

1. Wieso kann Rationalisierungsdruck Auswirkungen auf das Privatleben haben?
2. Zeige Zusammenhänge zwischen Betriebs-/Schulalltag und Privatleben auf.
3. Welche Vor- und Nachteile hat es, daß sich Arbeits- und Privatleben nicht völlig voneinander trennen lassen?

Wenn die Stoppuhr das Leben bestimmt

Zeit spielt im Betriebsalltag eine besondere Rolle. „Time is money!“ Dieser Spruch kennzeichnet betriebliches Denken. Geld ist einer der wichtigsten Maßstäbe in Betrieben. Möglichst viele Dinge werden in Geld umgerechnet, auch der Umgang mit Zeit. Zeit kostet Geld, Zeit muß bezahlt werden, bezahlte Zeit muß einen möglichst großen Nutzen bringen. Folgerichtig muß alles schnell gehen und die zur Verfügung stehende Zeit optimal genutzt werden. Unpünktlichkeit z. B. ist in Betrieben meist ein Unding. Die Arbeitszeiten sind genau geregelt. Vielfach erfassen Stechuhren auf die Minute genau, wann ein Arbeitnehmer kommt und wann er den Betrieb verläßt.

Zu einem verhaßten Symbol für Hetze im Betrieb ist die Stoppuhr geworden. Sie wird z. B. bei der Festlegung der Zeitvorgaben für einzelne Arbeitstätigkeiten in der Produktion benutzt. Fachleute stoppen die Zeit, die ein Arbeitnehmer für eine bestimmte Arbeitstätigkeit braucht. Die Arbeitstätigkeit wird dann von ihrem Ablauf her optimal gestaltet und noch einmal zeitlich gemessen. Aus dem so gewonnenen Ergebnis wird eine Zeitvorgabe. In Zukunft muß die Arbeit im zeitlich vorgegebenen Tempo erledigt werden. Dieses Verfahren wird z. B. bei der Festlegung von Akkordvorgaben verwendet.

„Akkord“ ist ebenso wie die Stoppuhr ein Symbol für Hetze. Beim Akkord kann der Arbeitnehmer durch sein Arbeitstempo bei der Produktion seinen Lohn in Grenzen beeinflussen. Man kann es auf eine Kurzformel bringen: Je schneller er arbeitet, desto mehr verdient er. Akkord kann es für einzelne Arbeitnehmer, aber auch für Gruppen geben. Dann hängt die Entlohnung aller Gruppenmitglieder von dem in der Gruppe erreichten Arbeitstempo ab.

Akkordarbeit verlangt ein hohes Maß an Selbstdisziplin. Wer ständig versucht, das letzte aus sich herauszuholen, gerät leicht in Gefahr, ein Opfer der Hetze zu werden. Viele halten den Herzinfarkt für eine Managerkrankheit. Tatsache ist, daß diese Krankheit, die auch als ein Symbol für Hetze gilt, eher Arbeitnehmer auf den unteren betrieblichen Ebenen trifft.

Hetze und Zeitdruck im Betrieb wie im Privatleben können zu negativen Folgen führen, z. B. zu schlechten Arbeitsergebnissen, Erkrankungen, einer größeren Unfallgefährdung oder einem schlechten „Betriebsklima“. Viele Betriebe haben das erkannt und versuchen, dem Rechnung zu tragen. Ein Ergebnis dieser Bemühungen ist die „Gleitzeit“. Arbeitnehmer, deren Arbeit weder in einen fest vorgegebenen Produktionsrhythmus eingebunden noch aus anderen Gründen zeitlich gebunden ist, können in Grenzen ihre Anfangs- und Schlußzeiten selbst bestimmen. Die Hauptsache ist, sie leisten insgesamt die vorgeschriebene Arbeitszeit ab. Die Gleitzeit bietet ihnen somit einen individuellen Entscheidungsspielraum.

1. Was hat Zeitdruck mit Erkrankungen bzw. Unfallgefährdung zu tun?
2. Manche halten Gruppenakkord für besonders problematisch. Warum wohl?
3. Inwieweit vermindert eine „Gleitzeit-Regelung“ den Zeitdruck?
4. Beschreibt der Satz „time is money“ einen gegebenen Sachverhalt? Begründe deine Antwort.

Arbeit im Betrieb: Arbeit nach eigenen Gesetzen

Die Schüler einer 9. Klasse hatten im Zusammenhang mit dem Betriebspraktikum folgende Aufgabe zu lösen: „Wodurch unterscheidet sich die Arbeit im Betrieb von deiner Arbeit als Schüler? Was kennzeichnet die Arbeit im Betrieb? Beschreibe einige dir wichtig erscheinende Merkmale."
Ein Schüler schrieb folgendes:

Um eines gleich vorweg zu sagen: Wenn ich im Betrieb so arbeiten würde wie in der Schule, würde ich schnell rausfliegen. Das beginnt bei der Pünktlichkeit. Alle Arbeitnehmer in meiner Abteilung haben „Stechkarten". Wenn sie kommen und wenn sie gehen, druckt eine Uhr die genaue Zeit auf ihre Karte. Niemand kann sich unbemerkt erst einige Zeit nach Arbeitsbeginn reinschleichen. Die Arbeit geht vor. Nach ihrem Rhythmus müssen sich alle richten, auch die Frauen, die Kinder zu Hause haben. „Verkehrsstau" oder „Bus verpaßt", das sind keine Entschuldigungen, die akzeptiert werden, „verschlafen" schon gar nicht.

Aufgefallen ist mir das, was man „Arbeitsernst" nennen könnte. Alle haben sich den ganzen Tag über auf ihre Arbeit konzentriert. Mal wegtauchen, etwas anderes machen oder einfach nur dösen gab es nicht. Dazu waren die wenigen und kurzen Pausen da. Zwar sprach man miteinander, und an einer Montagelinie, an der Frauen arbeiteten, war oft sogar eine ausgesprochen gute Stimmung. Aber das war sogzusagen nur der „Schokoladenüberzug". Der Kern, das war die Arbeit. Auf die konzentrierte man sich. Irgendwann ist mir mal eingefallen, wie das wohl wäre, wenn jemand anfinge, unter der Werkbank ein Heftchen zu lesen. Ich habe laut gelacht. Das ist undenkbar.

Arbeit bedeutet im Betrieb „erfolgreiche Arbeit". Alle sind bemüht, gute Arbeit zu leisten. Ich habe erlebt, daß sich Arbeiter über ein nicht so gut gelungenes Werkstück geärgert haben, obwohl es keiner gesehen hat und auch keine Kontrolle in Sicht war. Eine solche Arbeit strengt an. Ich kann jetzt gut verstehen, warum mein Vater abends immer so müde ist. Halb soviel Konzentration in der Schule, und ich stände viel besser.

Es ist allerdings nicht die Konzentration, sondern auch das Arbeitstempo, das Kräfte kostet. „Time ist money", das spürt man überall. Ich habe hier und da eine gereizte Stimmung angetroffen. Der Grund lag meist bei Dingen, die mit Zeit zu tun hatten. Hier ging etwas nicht schnell genug, dort traten Verzögerungen ein, weil eine Maschine ausfiel oder jemand nicht das richtige Material bereitgestellt hatte. Würden wir uns in der Schule auch nur etwas am Arbeitstempo des Betriebes orientieren, wir könnten glatt mindestens ein halbes Schuljahr einsparen. Ob das sinnvoll wäre, ist natürlich eine andere Frage.

Aufgefallen ist mir auch das, was man „Hierarchie" nennt. Wenn der Meister etwas sagt, dann wird das gemacht, selbst wenn man es für bescheuert hält. Der Meister wiederum hat vor dem Betriebsleiter gewaltigen Respekt. Selbst unter den Lehrlingen gibt es eine klare Rangordnung. Ich denke, auch das mit dem Respekt ist anders als in der Schule. Der Ausbildungsmeister z. B. hat es wesentlich leichter als mancher Lehrer. Die „Gesetze der Arbeit" machen sich auch hier bemerkbar.

1. Fertige auf der Grundlage des oben abgedruckten Schülerberichtes eine Gegenüberstellung „Arbeit in der Schule – Arbeit im Betrieb" an.
2. Wäre es wünschenswert, wenn einige Verhaltensweisen aus der Betriebswelt auch Eingang in die Schule fänden? Begründe deine Meinung.

2.2 Betriebsarbeit und Arbeitsfreude

Arbeit macht das Leben schöner

Trotz aller Belastungen und Probleme, die Berufsarbeit mit sich bringt, möchte kaum ein Berufstätiger arbeitslos sein. Warum eigentlich nicht? Liegt es vielleicht am Geld? Sicherlich spielt das Arbeitseinkommen eine große Rolle, denn Geld ist nun einmal für viele sehr wichtig. Wie und wo man wohnt, wie man sich ernährt, welche Kleidung man sich leisten kann, all das wird wesentlich davon mitbestimmt, wieviel Geld man hat. Mancher nimmt sehr harte Arbeitsbedingungen auf sich, um einen hohen Lebensstandard finanzieren zu können. Er will ein großes Auto fahren, Fernreisen machen, hier und da in Restaurants essen, sich ein Hobby leisten und schön wohnen. Das kostet viel Geld, und Geld kommt in der Regel nicht von allein ins Haus.

Geld zu haben hat aber über die Freude am Konsum hinaus noch eine weitere Bedeutung. Ein Sprichwort sagt: „Kleider machen Leute." Das ist ein alter und wahrer Spruch. Dabei geht es nicht nur darum, daß man in bestimmten Kleidungsstücken andere beeindrucken kann. Es geht bei Kleidung vielmehr auch darum, daß die Art der Kleidung Einfluß darauf hat, mit welchen Leuten man Kontakt hat und wie man eingeschätzt wird. Gerade Jugendliche können oft nur zu einer Clique gehören, wenn sie sich wie die anderen kleiden. Verkürzt läßt sich sagen: Ohne Arbeit erhält man kein Einkommen. Ohne Einkommen kann man sich nicht die Kleidung kaufen, die man haben möchte. Ohne diese Kleidung läuft man Gefahr, ein Außenseiter zu werden.

Kann man eine solche Überlegung verallgemeinern? Das hieße ja: Geld hat einen Einfluß darauf, ob man Kontakte zu anderen und viele Freunde hat. Daran ist etwas wahr: Fragt man Arbeitslose, dann beklagen viele von ihnen, daß sie nicht mehr so viel mit anderen zusammen sind und sich allein fühlen. Das ist erklärbar. Wer z. B. durch Arbeitslosigkeit wenig Geld hat, kann sich eine Mitgliedschaft im Kegelclub oder den regelmäßig stattfindenden Stammtisch nicht mehr leisten. Die Kontakte zu Freunden nehmen ab. Dies ist nur ein Beispiel dafür, wie sehr das Arbeitseinkommen das Alltagsleben bestimmen kann, selbst wenn es um Dinge wie Freundschaften und Kontakte zu anderen Menschen geht. Berufsarbeit ist also auch aus dieser Sicht gesehen wichtig, weil man durch sie das notwendige Geld verdient.

Aber es ist nicht nur das Geld, das Berufsarbeit wichtig macht. Es gibt noch andere Gründe. So sagt ein Mann, der in einer Textilfabrik arbeitet: „Berufsarbeit ist für mich wichtig, weil ich da eine Aufgabe habe, die ich erfüllen muß. Mache ich meine Sache gut, finde ich bei Kollegen und Vorgesetzten Anerkennung. Ehrlich gesagt: Das brauche ich, denn ohne Anerkennung geht man doch ein wie eine Blume ohne Wasser. Dann ist da noch etwas. Es hört sich vielleicht komisch an, aber ich habe immer noch ein gutes Gefühl, wenn ich Leute sehe, die Kleidung aus unserer Fabrik tragen."

Betriebliche Arbeit sorgt meist für Kontakte zu Kolleginnen und Kollegen. Auch das ist wichtig, denn die meisten Menschen sind gern mit anderen zusammen. Mancher findet durch seine Berufsarbeit Kolleginnen und Kollegen, auf die er sich verlassen kann. Ohne die Gespräche, die Albereien, aber auch den Ärger und Tratsch würde etwas im Leben fehlen.

Arbeitseinkommen — wichtig wofür?

1. Zeige Zusammenhänge zwischen Berufstätigkeit und Lebensstandard auf.
2. Nenne Gründe, warum Berufsarbeit über das Geldverdienen hinaus wichtig ist.
3. „Ich sehe zu, daß ich durch Überstunden möglichst viel verdiene. Mehr Geld macht das Leben eben lebenswerter!“ Wie beurteilst du diese Ansicht?
4. Wie beurteilst du die Aussagen im Text über den Zusammenhang zwischen Einkommen, Kleidung und Kontakten?

„Ohne Kontakte bin ich stumm"

„Ich fühle mich als Hausfrau wohl. Die Betreuung und Erziehung unserer beiden Kinder fordert mich zwar sehr, ich möchte aber die gemeinsame Zeit nicht missen. Manchmal tut mir mein Mann richtig leid, weil er die Woche über jeden Tag ins Büro muß."

„Seit ich wieder berufstätig bin, hat sich viel verändert. Ich bin ausgeglichener und zufriedener. Ich weiß wieder, was in der Welt geschieht, habe Kontakte zu netten Kollegen und kann in meiner Familie mitreden. Wir alle können uns auch mehr leisten, seit ich die Familienkasse mit auffülle."

Die Aussage der Frau rechts deutet an, warum für manche Berufsarbeit auch dann erstrebenswert bleibt, wenn der Verdienst nicht mehr so wichtig ist. Berufsarbeit ermöglicht Kontakte zu anderen, und das ist für viele eine ganz wichtige Sache. Ohne Berufsarbeit wären aber manche Menschen sehr arm an Kontakten.

Mit Berufsarbeit verbindet sich aber noch mehr als nur die Möglichkeit des Geldverdienens und der Kontakte. So gibt es im Bereich der Politik das Beispiel des „One-Dollar-Man". Darunter versteht man ein Regierungsmitglied, z. B. einen Minister oder einen Staatssekretär, der auf sein Gehalt verzichtet und nur ein symbolisches Arbeitsentgelt in Höhe von einem Dollar bekommt. Der Mann kann auf das Gehalt verzichten, weil er genug Geld hat. Warum aber übernimmt er einen so schwierigen und nervenaufreibenden Job, wenn er nicht einmal Geld dafür bekommt?

Hier dürften die gleichen Dinge im Spiel sein, die auch Arbeitslose Arbeit suchen lassen, selbst wenn Geldsorgen sie dazu nicht zwingen. Ohne Berufsarbeit fehlt vielen Anerkennung, Sicherheit und eine sinnvolle Tätigkeit.

Für den „One-Dollar-Man" ist das besonders wichtig. Er kann in seinem Beruf etwas gestalten. Von ihm hängt es ab, wie diese oder jene Sache läuft. So etwas schafft Zufriedenheit mit sich selbst. Auch das ist wichtig. Viele erfahren im Beruf, daß sie „gut sind" und daß sie gebraucht werden. Sie bekommen die Anerkennung, auf die z. B. manche Hausfrau vergeblich wartet. Anerkennung aber braucht jeder. Auch deshalb ist der Beruf wichtig.

1. Was macht Berufsarbeit für viele über das Geldverdienen hinaus attraktiv?
2. „Es reicht, wenn der Mann Geld nach Hause bringt. Die Frauen sollen sich um Haushalt und Kinder kümmern!" Nimm zu dieser Aussage Stellung.
3. „Ich war gestern auf einer Party. Von den anderen Gästen kannte ich niemanden. Es waren einige Handwerker wie ich da und dann Ärzte und Rechtsanwälte und so. Ich habe mich natürlich zu den Handwerkern gestellt. Zu den anderen bin ich erst gar nicht hingegangen." Warum wohl nicht?

„Lernen müssen – gar nicht schlecht“

Technische Zeichner an ihren Reißbrettern in einem herkömmlichen Konstruktionsbüro

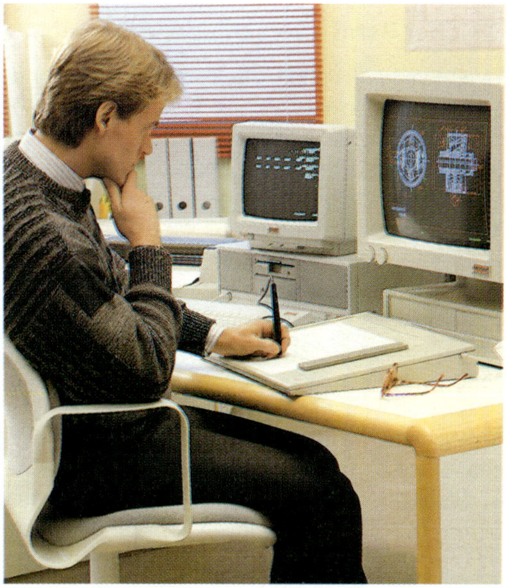

Technischer Zeichner an seinem Bildschirmarbeitsplatz in einer modernen Konstruktionsabteilung

„Auf dem rechten Bild, das bin ich. Angefangen habe ich in meinem Beruf, wie man es auf dem anderen Foto sehen kann, an konventionellen Zeichenbrettern. Aber ich habe schnell gemerkt, wohin der Hase läuft. Die Weiterentwicklung der Technik macht auch vor meinem Beruf nicht halt. Darum habe ich für mich beschlossen, wieder zu lernen. Ich wollte ‚am Ball bleiben', sonst wäre die Gefahr groß gewesen, den Job zu verlieren.

Das war ein guter Entschluß. Natürlich hat das Lernen meinen Arbeitsplatz sicherer gemacht. Schon von daher hat es sich gelohnt. Aber da ist noch etwas anderes. Das Lernen an sich hat mir Spaß gemacht. Klar, es war oft hart, sich neben der täglichen Berufsarbeit auch noch mit neuen Dingen herumzuschlagen. Aber jedesmal, wenn ich davon etwas verstanden hatte, war ich ein bißchen stolz auf mich. Das ist ein gutes Gefühl. Ohne Beruf hätte ich vielleicht nach der Schule nie wieder etwas Neues gelernt. Ich bin froh, daß alles so gelaufen ist, denn nichts mehr lernen, heißt stehen zu bleiben. Wer aber stehen bleibt, sieht schnell alt aus, und wer möchte das schon?"

Was Klaus Bremer hier von sich erzählt, wird auch von anderen immer wieder bestätigt. Weiterbildung ist zwar ein hartes Geschäft, vor allem wenn man nicht mehr weiß, wie man lernen kann, aber die Anstrengung lohnt. Weiterbildung hilft, den Arbeitsplatz sicherer zu machen und stärkt das Selbstwertgefühl. Das ist für manchen noch wichtiger als das Bewußtsein, etwas für die Sicherung des Arbeitsplatzes und damit des Einkommens getan zu haben.

1. Warum findet es Klaus Bremer gut und richtig, an Weiterbildungsmaßnahmen teilgenommen zu haben?
2. Welchen Wert hat (Weiter-)Bildung aus deiner Sicht?
3. Lassen sich aus der Geschichte von Klaus Bremer Rückschlüsse für Schüler ziehen? Welche?
4. Vor ein paar Jahren hieß es: „Wer technischer Zeichner wird, hat keine Zukunftssorgen."
   - Wie beurteilst du diese Aussage angesichts der Bilder und des Textes?
   - War die Aussage vor ein paar Jahren unverantwortlich?

2.3 Beruf und Betrieb

Gleicher Beruf – verschiedene Betriebe

Es gibt Verkäuferinnen, die mit ihrem Beruf rundherum zufrieden sind. Es gibt aber auch Verkäuferinnen, die lieber heute als morgen aus ihrem Beruf aussteigen würden. Das gleiche gilt für Arzthelferinnen oder Sekretärinnen. Die Frauen haben jeweils den gleichen Beruf, doch sie erleben ihn völlig unterschiedlich. Wie kommt das? Ein Grund mag darin liegen, daß die Eignung für den Beruf unterschiedlich ist. Die einen fühlen sich unter- oder überfordert, die anderen haben den Beruf gefunden, der zu ihnen paßt. Aber diese Erklärung ist nicht ausreichend, denn manchmal reicht der Wechsel des Arbeitsplatzes aus, um im gleichen Beruf plötzlich zufriedener zu sein. Tatsache ist nämlich, daß der Arbeitsalltag im gleichen Beruf völlig unterschiedlich aussehen kann. Darum ist es manchmal im Betriebspraktikum auch so schwer, seinen Berufswunsch an dem zu messen, was man konkret an einem Arbeitsplatz erlebt. In einem anderen Betrieb, an einem anderen Arbeitsplatz können der gleiche Beruf und die (Arbeits-)Welt völlig anders aussehen. Hier sagt man: „Das ist kein Beruf für mich!" In einem anderen Betrieb würde man vielleicht sagen: „Das ist der Beruf für mich!"

Wer Berufsarbeit beschreiben will, sollte das nicht tun, ohne die betrieblichen Gegebenheiten und Einflüsse zu berücksichtigen:

- Wie sehen die konkreten Arbeitsaufgaben aus, die im Laufe eines Arbeitstages zu erfüllen sind?
- Wie sind die Arbeitsbedingungen, unter denen man arbeiten muß?
- Wie steht es um Verantwortung und Selbständigkeit bei der Bewältigung der gestellten Aufgaben? Gibt es Spielräume?
- Wie sind die Vorgesetzten? Schaffen sie eine gute Atmosphäre?
- Gibt es Kontaktmöglichkeiten zu Kolleginnen und Kollegen? Wie kann man mit ihnen zurechtkommen?

Das sind nur einige Aspekte, die aber bereits deutlich machen, wie sehr die Beurteilung der konkreten Berufsarbeit von betrieblichen Gegebenheiten abhängt. Eine Verkäuferin, die lediglich Kassendienst machen darf und zwischendurch Regale auffüllen muß, wird ihren Beruf möglicherweise anders sehen als eine Kollegin, die überwiegend mit Beratungsaufgaben betraut ist. Die Berufsbezeichnung allein sagt also nicht alles.

1. Welche Konsequenzen können sich aus dem Text für die Berufswahlinformation ergeben?
2. Ist von nun an eine Auseinandersetzung mit Berufen sinnlos?
3. Der Arbeitsalltag kann im gleichen Beruf sehr unterschiedlich sein. Warum?
4. Trifft die Aussage in der vorhergehenden Aufgabe auch für den „Beruf" Schüler(in) zu?

Gleicher Betrieb – verschiedene Berufe

In kleinen Betrieben sind häufig nur Berufstätige mit dem gleichen Beruf beschäftigt. Aber das muß selbst bei kleinen Betrieben nicht immer so sein. Vielen Bäckereien z. B. sind Läden angeschlossen, die Teil des Betriebes sind. Während in der Backstube Bäcker arbeiten, ist im Laden eine Fachverkäuferin beschäftigt.

In größeren Betrieben findet man oft eine breite Palette von Berufen. Das ist notwendig, weil dort eine Fülle unterschiedlicher Aufgaben zu erfüllen ist. Die Tatsache, daß die in einem Betrieb Beschäftigten unterschiedliche Berufe haben können, bringt einige Probleme mit sich. So haben die Beschäftigten unterschiedliche Arbeitsaufgaben an verschiedenartigen Arbeitsplätzen. Sie erleben ihre Arbeit und den Betrieb jeweils unterschiedlich. Das kann dazu führen, daß ihre Arbeitszufriedenheit weit voneinander abweicht. Die einen loben ihren Betrieb, die anderen schimpfen darüber.

Berufe genießen auch unterschiedliches Ansehen. Wenn Beschäftigte mit verschiedenen Berufen in einem Betrieb arbeiten, kann sich leicht eine Rangordnung herausbilden, die der Sache nach unsinnig ist. Es bilden sich Gruppen, die eher gegeneinander als miteinander arbeiten. Man redet nicht miteinander und geht sich aus dem Weg.

Auf der anderen Seite kann die Tatsache, daß Beschäftigte mit verschiedensten Berufen in einem Betrieb zusammenarbeiten, sehr förderlich sein. Wenn die Betriebsaufgaben es erforderlich machen, lassen sich Teams bilden, in denen jeder sein Fachwissen und sein spezielles Können einbringen kann. Solche Teamarbeit gewinnt immer mehr an Bedeutung.

1. Warum kann es von Interesse sein, in Erfahrung zu bringen, welche Berufe in einem Betrieb vertreten sind?
2. Welche (im Text noch nicht genannten) Schwierigkeiten können sich ergeben, wenn Beschäftigte eines Betriebes sehr verschiedene Berufe ausüben?

Beruf, Betrieb und Lohn

„Was verdiene ich?" Für die meisten Arbeitnehmer ist die Antwort auf diese Frage besonders wichtig. Die Einkommensmöglichkeiten spielen bei der Berufswahl eine nicht geringe Rolle. Jeder weiß, daß zwischen einzelnen Berufen oft erhebliche Einkommensunterschiede bestehen. Weniger bekannt ist, daß es häufig auch zwischen den Branchen und Betrieben nennenswerte Unterschiede in der Entlohnung der Arbeitnehmer gibt. Dazu ein Beispiel:

Karsten Luig und Anke Dellmann sind beide Datenverarbeitungskaufleute. Sie haben den Beruf „Datenverarbeitungskaufmann/Datenverarbeitungskauffrau" erlernt. Beide sind voll berufstätig. Dennoch verdient Karsten fast doppelt soviel wie Anke. Der Unterschied ergibt sich aus einer Reihe von Einflußgrößen.

Karsten Luig übt seinen Beruf in einer süddeutschen Raffinerie aus. Das Unternehmen zahlt zusätzlich zum Gehalt freiwillig eine Gewinnbeteiligung. Karsten ist zudem noch Abteilungsleiter und Spezialist in einem besonderen Arbeitsbereich. Anke Dellmann ist in einem norddeutschen Einzelhandelsbetrieb mit Routinearbeiten befaßt. So läßt sich die Differenz in ihrem Einkommen schon erklären. Hinzu kommt noch, daß Karsten im Schichtbetrieb arbeitet (das ist im EDV-Bereich heute keine Seltenheit mehr), während Anke täglich von 8.00 bis 16.30 Uhr beschäftigt ist. Für Schichtarbeit gibt es Lohnzuschläge.

Das Beispiel zeigt, daß man nicht einfach vom Beruf auf ein bestimmtes Einkommen schließen kann. Wer als Anlagenelektroniker z. B. in einem Betrieb mit kontinuierlicher Fertigung beschäftigt ist und Schichtdienst macht, also auch nachts, an Samstagen und Sonntagen arbeitet, der verdient natürlich mehr als ein Kollege, der bei gleichviel Arbeitsstunden nur zu „normalen" Zeiten arbeitet. Nebenbei: Ein großes Unternehmen bot 1986 als Versuch sogar einen besonderen Arbeitsrhythmus an. Arbeitnehmer konnten sich festlegen, nur an Samstagen und Sonntagen und zu bestimmten Nachtzeiten zu arbeiten. Ihre Arbeitszeit war erheblich geringer als die ihrer zu üblichen Zeiten

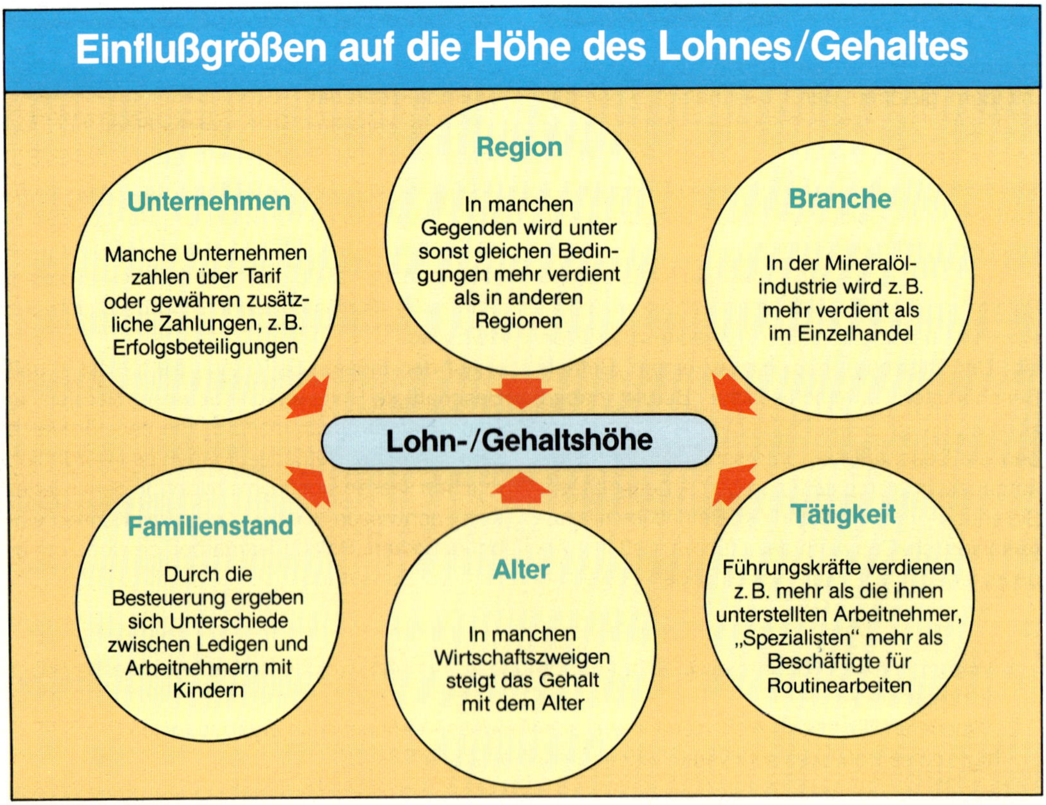

arbeitenden Kolleginnen und Kollegen. Trotzdem verdienten sie aufgrund der Nacht-, Samstags- und Sonntagszuschläge genauso viel.

Wenn es um Entlohnungsfragen geht, ergeben sich für größere Betriebe besondere Probleme. In ihnen arbeiten ja Arbeitnehmer mit unterschiedlichsten Berufen zusammen. Zudem verrichten Beschäftigte mit gleichen Berufen oft sehr unterschiedliche Tätigkeiten. Wie kann hier ein Entlohnungsverfahren gefunden werden, das von den Betroffenen als gerecht akzeptiert wird? Ein Weg zur Lösung dieses Problems ist, nicht die Berufe, sondern die Arbeitsplätze zu bewerten. Fachleute analysieren dabei z. B. alle Arbeitsplätze in der Produktion nach gleichen Gesichtspunkten. Sie fragen:

- Was muß der Arbeitnehmer an diesem Arbeitsplatz können? Welche Kenntnisse braucht er? Welche Geschicklichkeit ist erforderlich?
- Welche Verantwortung (für sich, für Kollegen, für die Aufgabe) trägt er?
- Wie ist die geistige/muskelmäßige Belastung?
- Wie sind die Arbeitsbedingungen (Umgebungseinflüsse), die auf ihn einwirken?

Jedes Merkmal – Können, Verantwortung, Belastung, Arbeitsbedingungen – wird einzeln bewertet. Das geschieht durch die Vergabe von Punkten, wobei 10 Punkte jeweils die Höchstzahl sind. Verlangt beispielsweise eine Arbeit an einem bestimmten Arbeitsplatz eine hohe Geschicklichkeit, werden dafür 7 oder 8 Punkte zuerkannt. Ist die Belastung an diesem Arbeitsplatz gering, werden dafür nur 2 oder 3 Punkte gutgeschrieben. So geht man alle Merkmale durch. Am Schluß addiert man – vereinfacht dargestellt – die jeweils festgelegte Punktzahl. Auf diese Weise hofft man, Arbeitsplätze sehr unterschiedlicher Art vergleichbar machen zu können.

Es gibt noch mehrere andere Methoden der Arbeits- und Arbeitsplatzbewertung, über die man sich bei Interesse erkundigen kann, z. B. bei den Personalabteilungen in den Betrieben oder bei den Gewerkschaften.

Eine unterschiedliche Entlohnung kann auch durch die Wahl des Entlohnungsverfahrens zustande kommen. Bei „Akkordlohn" kann der Verdienst höher liegen als bei einer Entlohnung im „Zeitlohnverfahren" (Stundenlohn).

Stundenlohn:

Bei dieser Art der Entlohnung wird die Arbeitszeit vergütet. Der Arbeitnehmer erhält für jede Arbeitsstunde einen festgelegten Betrag, z. B. 14,50 DM. Hat der Arbeitnehmer in einer Woche 40 Stunden gearbeitet, wird das Arbeitsentgelt so berechnet:

14,50 DM × 40 = 580 DM.

Der Arbeitnehmer erhält also 580 DM (brutto). Beim Stundenlohn ändert sich der Verdienst demnach nur, wenn sich die Zahl der geleisteten Stunden verändert, z. B. wenn „Überstunden" angefallen sind.

Akkordlohn:

Bei dieser Lohnform richtet sich der Verdienst nach der Leistung. Beim Stückakkord erhält der Arbeitnehmer pro gefertigtes Stück einen festgelegten Betrag, z. B. 0,75 DM für ein eingesetztes Ventil. Fertigt der Arbeitnehmer 20 Stück, erhält er 15 DM gutgeschrieben. Schafft er die 20 Stück in einer Stunde, hat er in einer Stunde 15 DM verdient. Schafft er 25, dann sind es in einer Stunde 18,75 DM. Beim Akkord ändert sich der Verdienst häufig, wenn auch in Grenzen. In der Regel liegt der Akkordlohn höher als der Stundenlohn.

1. Nenne verschiedene Einflußgrößen auf die Höhe des Arbeitsverdienstes. Erläutere sie durch Beispiele.
2. Erläutere den Unterschied zwischen Akkordlohn und Zeitlohn.
3. Beschreibe den Sinn einer analytischen Arbeitsplatzbewertung.

Herr Kaiser geht zur Arbeit, wie jeden Morgen. Heute abend wird er gegen 17.00 Uhr müde und abgespannt wieder zu Hause ankommen. So war das bisher immer. Also wird es heute auch so sein.

Aber es ist nicht so wie immer. Herr Kaiser kommt nicht nach Hause. Dafür klingelt das Telefon. „Städtische Klinik. Es tut uns leid, Ihnen das sagen zu müssen: Herr Kaiser hatte einen Betriebsunfall. Er liegt auf Station 3 . . .“

Was ist passiert? Aus noch ungeklärten Gründen ist es im Materiallager zu einer Explosion gekommen. Umherfliegende Metall- und Glassplitter haben mehrere Personen verletzt, unter ihnen Herrn Kaiser.

Unfälle in Betrieben sind keine Seltenheit. Sie können viele Ursachen haben, z. B. Unachtsamkeit, technische Fehler oder organisatorische Mängel. In der Regel kommen verschiedene Faktoren zusammen, wenn ein Unfall geschieht. Unter diesen Faktoren spielen die Arbeitsbedingungen oft eine nicht unerhebliche Rolle. Schlecht eingerichtete Arbeitsplätze können geradezu Unfallfallen sein. Hetze und Druck auf das Arbeitstempo sind an manchem Unfall mit schuld, und wer an seinem Arbeitsplatz ständig überfordert ist, macht leicht Fehler. Auch bei vielen „Wegeunfällen“ (Unfälle auf dem Weg zum Arbeitsplatz oder von dort nach Hause) dürften die Arbeitsbedingungen mit im Spiel sein. Hetze und Ermüdung machen Autofahren zum Risiko.

Absperrgitter fehlte Drei Verletzte

Weil ein Monteur die zu ebener Erde liegenden Deckel eines Schachtes herausgehoben und beiseite gelegt hatte, ohne die so entstandene Fallgrube abzusichern, sind gestern drei Arbeiter verunglückt.

Tod durch Unfall

Gestern verunglückte der 36jährige Gert S. tödlich, als er an der Hochofenanlage der WM-Werke Reparaturarbeiten ausführen wollte. Gert S. hinterläßt 2 Kinder im Alter von 8 und 10 Jahren. Seine Frau ist nicht berufstätig.

Schicksal: Rollstuhl!

Durch einen Arbeitsunfall ist der 25jährige Karl H. für den Rest seines Lebens an den Rollstuhl gefesselt. Er hat sich bei einem Sturz vom Gerüst zwei Wirbel gebrochen.

Jährlich zwei Millionen Unfälle am Arbeitsplatz

Düsseldorf. Alle zweieinhalb Stunden ereignet sich in der Bundesrepublik nach amtlichen Unterlagen ein tödlicher Unfall am Arbeitsplatz. Jährlich geschehen zwei Millionen leichte und schwere Arbeitsunfälle, deren volkswirtschaftlicher Verlust auf 25 Milliarden Mark geschätzt wird. [. . .]

(aus Zeitungsberichten)

Neben den Unfällen sind es die Berufskrankheiten, bei denen die Arbeitsbedingungen eine Rolle spielen. Ein typisches Beispiel war in früheren Zeiten die Staublunge, eine häufig auftretende Berufskrankheit bei Bergleuten. Der Kohlenstaub setzte sich in den Luftwegen und Lungen ab und machte viele Bergleute krank und arbeitsunfähig. Heute sind die Arbeitsbedingungen im Bergbau völlig anders als früher. Eine Folge davon: Die Staublunge hat ihren Schrecken verloren. Geblieben ist die Tatsache, daß im Zusammenhang mit Berufsarbeit Krankheiten entstehen können. An die Stelle der Staublunge sind andere Krankheiten getreten, einige von ihnen nehmen an Zahl zu. Wie die Grafik zeigt, sind Hautkrankheiten heute die Berufskrankheit Nr. 1. Selbstverständlich gibt es auch hier, wie bei allen Berufskrankheiten, Bemühungen, das Risiko einer Erkrankung möglichst gering zu halten. Aber gelöst ist das Problem noch nicht, im Gegenteil: Die Zahl der Erkrankungen nimmt zu. Auch die Liste der anerkannten Berufskrankheiten wird ständig länger.

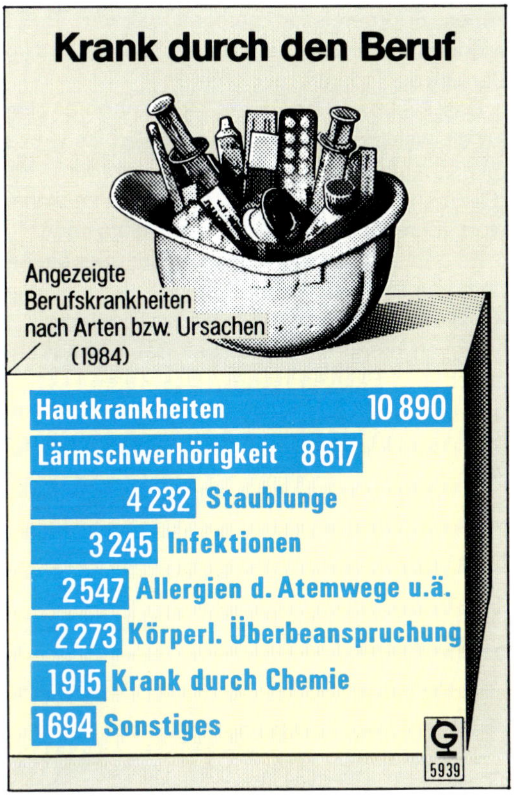

(Statistische Angaben: Bundesarbeitsministerium)

Im Werk Blaibach im Allgäu, wo für Verbesserungen der Arbeitsumwelt von 1975–1978 nahezu sechs Millionen DM aufgewendet wurden, galten zahlreiche Maßnahmen der Bekämpfung des Lärms in der Teilfertigung. So wurde neben anderen Maschinen eine 125-Tonnen-Stufenpresse in der Stanzerei mit einer allseitig zugänglichen, begehbaren Schallschutzkabine umgeben. Der Kostenaufwand von rund 18 000 DM lohnte sich: Der Schalldruckpegel reduzierte sich um etwa 20 Dezibel (A), das heißt, die Presse ist durch die Kapsel nur mehr ein Viertel so laut wie vorher, leiser als etwa ein Staubsauger.

(aus: Bosch Mitarbeiter Report, Stuttgart Sept. 1979, S. 8)

1. Was können Unfälle im Betrieb mit Arbeitsbedingungen zu tun haben?
2. Zeige denkbare Zusammenhänge zwischen Arbeitsbedingungen und Berufskrankheiten auf. Berücksichtige bei deiner Antwort die Grafik.
3. Bei einer Betriebserkundung könntet ihr auch nach Maßnahmen zur Sicherung vor Unfällen und Berufskrankheiten fragen. Schreibe solche Fragen auf.
4. Was könnte in der Schule geschehen, um das Risiko für Wegeunfälle und für Unfälle in der Schule zu vermindern?
5. In einem der Zeitungsausschnitte ist von volkswirtschaftlichen Verlusten durch Arbeitsunfälle die Rede. Wieso entstehen durch Unfälle volkswirtschaftliche Verluste?

Taylor und die Folgen

Taylor, Frederick Winslow (1856–1915), berühmter amerikanischer Ingenieur und Betriebsberater, hat das nach ihm benannte *Taylor-System* entwickelt. [. . .]

Taylorismus, →wissenschaftliche Betriebsführung mit dem *Ziel* der Hebung der →Produktivität menschlicher Arbeit, benannt nach →Taylor. Planmäßige Durchdenkung der Arbeit soll zur Vermeidung von →Verlustzeiten führen. – *Grundlage* sind →Zeit- und →Bewegungsstudien, die erkennen lassen sollen, wie eine Arbeit mit geringstem Aufwand an Kraft und Zeit ausgeführt werden kann und wie Werkzeuge zweckmäßig gestaltet sein sollen. [. . .]

(aus: Gabler Wirtschaftslexikon, 11. Aufl., Sp. 1573/1574)

Ein Ziel Taylors war es, die Arbeit möglichst produktiv zu gestalten. Zu diesem Zweck beobachtete er Arbeitsabläufe an einzelnen Arbeitsplätzen. Er versuchte herauszufinden, wo es Leerlauf gab, wo mehr Bewegungen gemacht wurden als unbedingt notwendig und wo unnötig viel Kraft aufgewendet wurde, denn all das verlangsamte das Produktionstempo. So schnell wie nur eben möglich! Das war das Ziel Taylors. Dem Konzept Taylors nach wurde menschliche Arbeit „maschinisiert". Der Mensch mußte schnell und präzise wie eine Maschine arbeiten. Da er dies – zumindest an vielen Arbeitsplätzen – an Maschinen tat, mußten Mensch und Maschine aufeinander abgestimmt werden, um zu optimaler Leistung zu kommen. Wer sich wem im „Mensch-Maschine-System" anpassen mußte, lag auf der Hand: der Mensch.

Eine Vollendung erfuhr die Konzeption Taylors durch die Einführung des Fließbandes. Durch das Fließband konnte auch die Arbeitsgeschwindigkeit nach betrieblichen und arbeitsorganisatorischen Erfordernissen geregelt werden. Taylor wirkte mit, als Henry Ford das erste Fließband im Bereich der Industrie einrichtete.

Das Fließband ist lange Zeit Symbol für eine Arbeitsweise gewesen, die von vielen als wenig menschenfreundlich eingestuft worden ist. „Fließbandarbeit" war für viele ein Schreckenswort, für manchen ist es das auch heute noch.

Es gab und gibt vielfältigen Anlaß, über die Arbeit „am laufenden Band" nachzudenken. Wie menschengerecht ist die Arbeit am Fließband?

Wovon hängt es ab, ob das Band den Menschen zum Sklaven macht? Das waren Fragen, die vor allem in den 60er Jahren dazu geführt haben, sich mit der Fließbandarbeit, aber auch mit vergleichbaren Tätigkeiten, bei denen ebenfalls sich ständig wiederholende Tätigkeiten unter Zeitdruck zu verrichten sind, zu beschäftigen. Damals haben Berichte aus der Arbeitswelt diese Diskussion immer wieder neu belebt. Es war eine Diskussion, die weitreichende Folgen für die Arbeitswelt hatte.

Fließbandfertigung von Schwungradmagneten in den Fordwerken 1908

Endmontage 1914: Auf das fertige Fahrgestell wird die Karrosserie aufgesetzt

Punkt 15.10 Uhr ruckt das Band an. Nach drei Stunden bin ich selbst nur noch Band. Ich spüre die fließende Bewegung des Bandes wie einen Sog in mir. Wenn das Band einmal einen Augenblick still steht, ist das eine Erlösung. Aber um so heftiger, so scheint es, setzt es sich danach wieder in Gang. Wie um verlorene Zeit aufzuholen. Die Bandarbeit ist wie das Schwimmen gegen einen starken Strom. Man kann ein Stück dagegen schwimmen. Das ist erforderlich, wenn man einmal zur Toilette muß oder im gegenüberliegenden Automaten einen Becher Cola oder heißen Kaffee ziehen will. Drei, vier Wagen kann man vorarbeiten. Dann wird man unweigerlich wieder angetrieben . . .

(aus: G. Wallraff, Industriereportagen (rororo), Reinbek 1970)

Bei einer Umfrage stellte sich heraus, daß nur 16% der ungelernten Automobilarbeiter (also jener Männer, die am Band arbeiten) ihren Job noch einmal wählen würden.

Man hat den Eindruck, daß alles in Ordnung ist. Das Fließband läuft, die Arbeiter machen mechanisch ihre Gesten. Und plötzlich funktioniert nichts mehr. Es genügt, daß jemand zu schreien anfängt oder auf die Hupe drückt – plötzlich fangen alle anderen an zu schreien.

Für Menschen ist das Bewußtsein wichtig, etwas zu leisten. Einem Arbeiter, der acht Stunden lang alle 30 Sekunden den gleichen Handgriff verrichtet, wird seine Leistung nicht mehr bewußt. Oft erkennt er nicht mehr das Ergebnis seiner Leistung an höheren Fertigungsstufen. Ein Unbehagen befällt ihn.

Kampf dem Fließband

Die Automobilindustrie ist nicht nur die Wiege, sondern auch heute noch die Hochburg der Fließbandarbeit. Das jüngste und modernste Werk von General Motors wurde zum Symbol des Aufstandes gegen die Tretmühle. Kaum waren die Bänder angelaufen, kam es zu Auseinandersetzungen mit der Belegschaft. Obwohl GM-Chef Gerstenberg gern vorrechnet, daß die „Erbauer unserer Autos besser bezahlt werden als die Lehrer unserer Kinder“, brachen immer wieder wilde Streiks aus. Sabotageakte lähmten die Produktion. Zahlreiche Autos verließen das Band mit zerschlagener Windschutzscheibe, verbogenen Zierleisten, aufgeschlitzten Polstern und anderen Defekten.

(aus Zeitungsmeldungen 1973/74)

1. Erläutere, was sich mit dem Wort „Taylorismus“ verbindet.
2. Warum haben Berichte wie die oben abgedruckten dazu beigetragen, über Fließbandarbeit und vergleichbare Arbeiten neu nachzudenken?
3. Fließband und Fließbandarbeit hatten und haben nicht nur negative Seiten. Welchen Nutzen und welche Vorteile bieten Fließband und Fließbandarbeit?

Beispiel Fließbandarbeit: Wege zu menschengerechter Arbeit

Ob das Fließband grundsätzlich oder nur unter bestimmten Bedingungen zu menschenunwürdigen Arbeitsbedingungen führt, ist lange diskutiert worden. Wie jedes Ding, hat auch das Fließband und die Arbeit an ihm zwei Seiten:

Ob die Werker den Job am Band nicht als nervtötend empfinden, frage ich. „Ich mache hier pro Arbeitsgang 20 bis 30 verschiedene Griffe", sagt Elisabeth Hollinger. „Ich bin schon -zig Jahre am Band. Der Job ist schwer, und es ist laut. Aber daß Bandarbeit einen förmlich kaputtmacht – das hör' ich immer nur im Fernsehen von Leuten, die selbst noch nie am Band gestanden haben."

Der oft zitierte Fließbandsklave, wie er, geduckt, im Taktzwang der Maschine sich seiner Frührente entgegenschuftet – ich habe ihn, bei aller journalistisch gebotenen Neugier in meiner Woche bei VW nicht aufgespürt.

(R. Jurkeit in: ADAC-Motorwelt 5/76)

Bei aller Begeisterung sollten wir nicht vergessen, daß es heute und sicherlich noch viele Jahre lang einen nicht kleinen Teil der arbeitenden Bevölkerung gibt, der sich bei Taktarbeit am Fließband durchaus wohl fühlt. Die Handgriffe sind in Fleisch und Blut übergegangen, wie etwa auch der versierte Autofahrer nicht nachzudenken braucht über Kuppeln – Schalten – Gasgeben – Bremsen.

Man kann trotz Arbeit ein wenig träumen vom letzten schönen Beisammensein mit dem Freund oder der Freundin, kann die Sommerferien noch einmal nacherleben oder die Skatpartie vom Samstagabend.

(nach: Junge Wirtschaft 11/1973)

Trotz der auch positiven Sichtweisen hat die Industrie in den 60er und 70er Jahren Anstrengungen unternommen, die Fließbandarbeit zu „humanisieren", menschengerechter zu gestalten. Es sind verschiedene Wege dazu eingeschlagen worden:

Fließbandarbeit – menschlicher gestaltet

In den Mautowerken werden verstärkt Anstrengungen unternommen, die Fließbandarbeit erträglicher zu gestalten. Das geschieht zum einen durch den verstärkten Einsatz sogenannter „Springer", die für Arbeiter einspringen, die eine kurze Arbeitspause einlegen wollen oder einlegen müssen. Ferner werden die Mitarbeiter des öfteren an andere Arbeitsplätze am Band versetzt, um andere Arbeiten ausführen zu können. Zudem werden die bezahlten Pausenzeiten verlängert und die Pausenräume wesentlich besser ausgestaltet. Es ist sogar geplant, daß der einzelne Arbeiter in Zukunft nicht mehr nur wenige Handgriffe an seinem Arbeitsplatz macht, sondern einen zusammenhängenden Arbeitsvorgang vollständig ausführt und das Werkstück dabei am Band begleitet.

Experiment „Schöne Blume"

Bei Fiat wird eine andere Arbeitswelt geplant. Die Italiener wollen die herkömmliche Autofabrik und die eintönige Fließbandarbeit abschaffen – mit mehr Automation und neuer Arbeitsorganisation. Der sture Handgriff am Fließband soll durch Gruppenarbeit, die körperliche Fron an der Presse oder am Schweißgerät durch Automaten abgelöst werden. Das erste große Experiment ist die neue Motorenfabrik in Termoli. Hier sollen 1000 Motoren pro Tag in traditioneller Fließbandhandfertigung und 1000 Motoren gleichzeitig in Gruppenarbeit produziert werden. Die Gruppen (10 bis 20 Arbeiter) besetzen jeweils eine Station und führen gemeinsam einen zusammenhängenden Teil der Motorenmontage aus. Zwischen den Stationen sind Pufferzonen eingerichtet aus denen sich jede Gruppe die Teilmotoren für ihre Arbeit entnimmt. Die Arbeiter in diesen Gruppen müssen eine Vielzahl von Handgriffen beherrschen und bestimmen ihr Arbeitstempo selbst.

Roboter übernehmen Fließbandarbeit in der Automobilindustrie

In einem großen europäischen Autowerk ist seit Oktober 1972 eine Anlage von 18 amerikanischen Robotern in Betrieb, die 530 Schweißpunkte einbrennen und damit 20 Arbeitskräfte ersetzen kann, die bislang diese Arbeit im Zeittakt des Fließbandes zu erledigen hatten.

(aus Zeitungsmeldungen 1973/74)

Neue Ablauforganisationen bei der Montage von Motorsägen: Es handelt sich um ein Doppelgurtband mit Arbeitsplatz- und Abschnittpuffer. Durch die besondere Anordnung der Arbeitsplätze kann jeder Mitarbeiter seine Kollegen sehen und das „Wachsen" der Motorsäge bis zum Abschlußtest auf dem Motorenprüfstand verfolgen.

Neue Methoden bei der Montage von Motorsägen

Mitarbeiter haben eine besondere Möglichkeit der Arbeitsplatzwahl: Entsprechend ihren Fähigkeiten und Neigungen können sie sich „ihren" Arbeitsplatz aussuchen. Wer sich weniger konzentrieren will, meldet sich für die Arbeit am Fließband. Wer verantwortungsvoller arbeiten will, kann sich für höherwertige Arbeitsplätze qualifizieren.

In der neuen Halle sind die verschiedenen Entwicklungsstufen der Montagestrukturen installiert. Vom Fließband alter Art bis zum Gruppenarbeitsplatz reicht das Angebot.

Die neuen Montagebänder unterscheiden sich wesentlich von den heute als unmenschlich und menschenunwürdig verschrienen Fließbändern: Jeder Mitarbeiter kann seine Kollegen sehen und das „Wachsen der Motorsäge verfolgen.

Eine bemerkenswerte Verbesserung an den Arbeitsplätzen der „Neuen Generation" stellen die Arbeitsplatzpuffer (8 bis 15 Minuten) und die Abschnittpuffer dar, die eine Speicherkapazität von etwa 60 Minuten haben. Durch diese Art Zwischenlager kann der Mitarbeiter individuell in seinem Leistungsbereich „gleiten". Er kann schneller oder auch langsamer arbeiten, ohne daß er mit seinen Kollegen in Konflikt kommt. Weniger Streß bringt mehr Zufriedenheit.

Geringere Gewichtsbelastung auch. Die Motorsäge bleibt auf einem Werkstückträger bis zum letzten Arbeitsgang. Jeder Mitarbeiter kann seine Arbeitsgänge durchführen, ohne das Werkstück heben zu müssen. Die Werkstückträger sind so konstruiert, daß sie sich durch Schwenken jeder zur Montage wichtigen Stellung hin anpassen lassen.

(nach: „Ich möcht' nicht mehr am Fließband stehn . . .", PRODUKTION vom 3. 2. 1983, S. 3)

Man versucht auf verschiedenen Wegen die Probleme zu lösen, die eine eintönige Arbeit, etwa am Fließband, für die dort Beschäftigten mit sich bringt. Zeige verschiedene Möglichkeiten der Problemlösung auf, die in der Industrie zu finden sind.

Ein neuer Auftrag für Jay Bendson

Ein finsteres Gemäuer aus dem vorigen Jahrhundert. Einige Fenster sind eingeschlagen. Ungehindert dringt der Lärm auf die Straße: ein unentwirrbares Durcheinander von Geräuschen – Schlagen, Zischen, Dröhnen, Fauchen, Stampfen, Klirren. Jay Bendson und sein Assistent gehen schnell auf eine schmale Tür an der Seite des Gebäudes zu. Sie sind beauftragt, einem Geheimnis auf die Spur zu kommen. Ihr Auftraggeber ist die Unternehmensleitung der Metallwarenfabrik Schmieler & Söhne. Die Chefs haben ein großes Problem.

Seit Monaten steigt die Zahl der Krankmeldungen. Selbst neue Mitarbeiter erkranken nach relativ kurzer Zeit auf rätselhafte Weise. Immer mehr Mitarbeiter, auch solche, die schon lange im Werk sind, kündigen plötzlich, oft ohne erkennbaren Grund. Lediglich die Kündigungsfristen werden eingehalten, zumindest von den meisten. Die Stimmung unter den Beschäftigten ist schlecht, oft explosiv.

In letzter Zeit sind Informationen an die Geschäftsleitung durchgesickert, daß mehrfach Tätlichkeiten nur mit Mühe verhindert werden konnten. Schmerzlich ist vor allem für den jungen Schmieler, daß immer mehr Schrott produziert wird: Metallschrott, defekte Werkzeuge, fehlerhafte Erzeugnisse. Liegt Sabotage vor? Was ist los bei Schmieler & Söhne? Jay Bendson soll es herausfinden. Er ist Unternehmensberater.

Jay Bendson und sein Assistent schlüpfen durch die Tür. Die beiden Männer stehen in der Halle. Ihre Augen müssen sich erst an ein merkwürdig fahles Licht gewöhnen. Es ist ein Gemisch aus natürlichem Licht, soweit es aus den verdreckten, spinnennetzverhangenen kleinen Fenstern von draußen in die Halle dringt, und kaltem Neonlicht. „Wenn das nicht die Augen kaputt macht!" Der Assistent schließt die Augen für einen Augenblick. Die Augen schmerzen. Bendson nickt. „Ein Killer", stellt er kurz fest. „Dieses Licht schadet nicht nur der Sehkraft, es wird noch einige andere Übel bewirken. Bei allen hier!" Bendsons Blick weist unauffällig auf einige Personen in der Nähe. Der Assistent beginnt, sich auf einem Block Notizen zu machen. „Das Licht schadet den Augen. Es dürfte Kopfschmerzen und Übelkeit verursachen."

Bendson hebt plötzlich beide Hände. Er führt sie zu den Ohren, als wolle er sie durch seine Hände fest verschließen. Der Assistent versteht. Er notiert: „Killer 2: der Lärm". Das muß er fast brüllen, damit Bendson es versteht. „Verdammter Lärm, der muß ja die Nerven kaputtmachen." Bendson spricht es in normaler Lautstärke. Zum Glück, denn so kann es niemand hören. Ein Rippenstoß läßt den Assistenten einhalten, Notizen zu machen. Bendsons Kinn weist auf eine Frau. Ihre schmutzigen Hände baumeln wie leblos an ihrem Körper. Langsam kommt etwas Bewegung in ihre Finger. Die Frau spreizt die Finger, als wolle sie sich vergewissern, daß noch alle da sind, fünf an jeder Hand. Dann läßt sie die Handgelenke kreisen. Langsam und bewußt, so als müsse sie die Gelenke daran erinnern, daß solche Bewegungen ganz natürlich sind. Sind sie es für die Frau nicht?

Mit zwei, drei schnellen Schritten steht Bendson neben ihr. „Warum machen Sie das?" Die Frau erschrickt. „Was geht Sie das an?" Und dann sprudelt es aus ihr heraus: „Machen Sie doch die Arbeit hier, wenn Sie's genau wissen wollen. Das Monstrum ist für Riesen gebaut." Sie deutet auf die Maschine, die sie zu bedienen hat. Die Frau dreht sich um, blickt Bendson ins Gesicht. „Für Riesen mit Riesenhänden und Riesenkräften. Hier, sehen Sie selbst." Sie wendet sich wieder der Maschine zu, ihre Hände fahren vor, bedienen die Maschine. Der Assistent sieht und notiert: „Ungünstige Anordnung der Bedienungsknöpfe, Hände in unnatürlicher, belastender Stellung, Finger verkrampft. Wahrscheinlich ungewöhnlich hohe Belastung der Handgelenke, schnelle Verkrampfung der Rückenmuskulatur unausweichlich."

Bendson stößt ihn an, zeigt in Richtung der dreckigen Stirnwand, deren eintönig grauschwarze Häßlichkeit nur durch eine große Uhr unterbrochen wird. Qualm steigt aus einer Ecke auf. Mit einem flüchtigen Kopfnicken bedanken Bendson und sein Assistent sich bei der Frau. Sie hasten in die Richtung davon, aus der der Qualm kommt. Die Quelle ist schnell gefunden: ein Glühofen. Bendson greift zum Taschentuch. „Diese Hitze", stöhnt er. Der Qualm läßt nach, ein neuer Arbeitsgang beginnt. Der Gestank bleibt noch eine Weile in der Luft hängen. Die Geruchsbelästigung muß sehr stark sein. Anders könnte sie sich in dem Gemisch von Öl-, Schmierstoff-, Metallgeruch nicht behaupten. „Wer hier in der Nähe des Ofens arbeitet, läßt seine Nase am besten zu Hause", kichert der Assistent. Bendson sieht ihn wegen der unpassenden Bemerkung mit hochgezogenen Augenbrauen kurz an. Sein unmißverständlicher Blick sagt: „Kicher nicht, notiere." Und der Assistent notiert: „Fehlender Schutz vor Hitze und Geruchsbelästigung."

So schlechte Arbeitsbedingungen, wie sie Jay Bendson aufgedeckt hat, dürfte es selten geben. Aber auch dort, wo vieles besser ist, kann es dennoch Probleme geben, die den Arbeitsalltag erschweren. Wenn man Berufstätige fragt, sagen viele: „Ich fühle mich an meinem Arbeitsplatz wohl. Der Chef ist o. k., die Kolleginnen und Kollegen sind nett, und mit der Arbeit bin ich zufrieden. Andere allerdings fühlen sich unwohl. Ihnen machen z. B. die Arbeitsbedingungen, das Verhalten der Vorgesetzten oder der Kolleginnen und Kollegen zu schaffen. Es kann auch die Arbeitsaufgabe selbst sein, die Probleme schafft, z. B. weil sie langweilig oder zu schwierig ist.

1. Jay Bendson findet in der Fabrik eine Fülle von Mißständen und problematischen Dingen. Was hat das mit seinem Auftrag zu tun?
2. Nenne einige Beispiele für schlechte Arbeitsbedingungen in der von Jay Bendson untersuchten Fabrik.
3. Welche belastenden Arbeitseinflüsse sind zusätzlich bei der Erkundung genannt worden?
4. Gibt es auch in der Schule problematische Arbeitsbedingungen? Was könnte hier konkret geschehen, um die Situation zu verbessern?

2.5 Frauen und Berufsarbeit

Gerechter Lohn – nur nicht für Frauen?

Gleicher Lohn für gleiche Arbeit! Das scheint ganz selbstverständlich zu sein, ist es aber nicht. Es ist immer wieder vorgekommen, daß Frauen für die gleiche Arbeit schlechter bezahlt wurden als Männer. So berichtet eine Frau: „Ich arbeitete in einem Restaurant und verdiente 1081 DM. Meine Kollegen arbeiteten genauso lange wie ich. Sie machten auch die gleiche Arbeit. Trotzdem bekamen sie 1450 DM." Ein anderes Beispiel, das Schlagzeilen machte: Frauen gingen vor Gericht und klagten auf gleichen Lohn für gleiche Leistung. Sie arbeiteten in einer Fabrik an Fließbändern. Neben ihnen standen Kollegen. Die Arbeit war für alle gleich, das Arbeitstempo auch. Dennoch verdienten die Männer mehr.

Nicht nur beim Lohn, selbst beim Urlaubsgeld wurden Unterschiede gemacht. Eine Frau berichtet: „Bei uns gab es für Ledige 105 DM, für verheiratete Männer 180 DM, für verheiratete Frauen 105 DM." Ob sich das alles geändert hat?

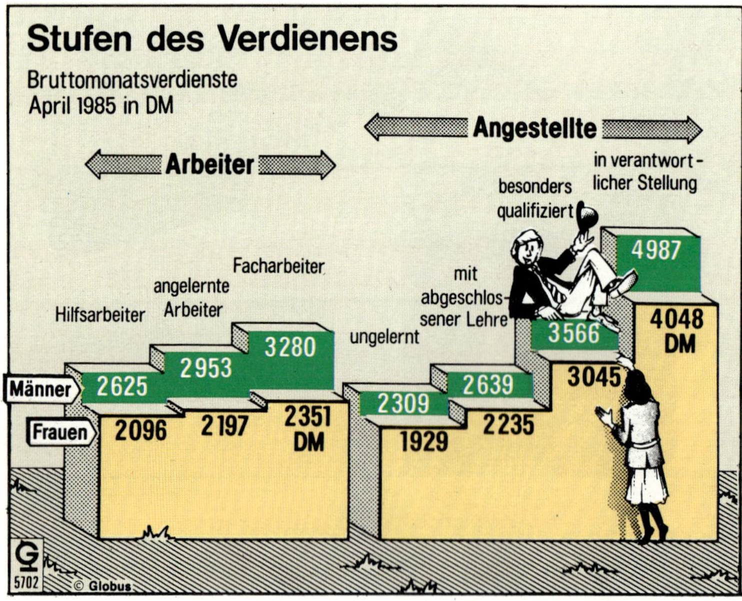

Die Statistik zeigt es deutlich: Ob als Arbeiterin oder als Angestellte, Frauen verdienen vielfach auch heute noch weniger als Männer. Das liegt nur zum Teil daran, daß Frauen überwiegend in solchen Wirtschaftsbereichen (Branchen) arbeiten, in denen wenig verdient wird, z. B. im Einzelhandel. Es liegt auch daran, daß Arbeiterinnen oft in Lohngruppen eingestuft werden, die am unteren Ende der Rangliste stehen. Viele Frauen wehren sich dagegen. Sie vermögen nicht einzusehen, daß ausgerechnet immer nur Frauen für die schlechter bezahlten Arbeiten gut genug sein sollen.

1. Welcher Zusammenhang läßt sich zwischen der Karikatur und der Grafik herstellen?
2. Wie kann man in Erfahrung bringen, ob auch heute noch Frauen bei gleicher Tätigkeit weniger verdienen als Männer?

Frauen, eine Industriereserve?

1. Erläutere die Karikaturen. Nimm Stellung zu ihren Aussagen.
2. Fällt dir eine Karikatur oder (satirische) Geschichte zum Thema dieser Seite ein?
3. „Frauen sollten nicht als Baggerführer oder Schlachter arbeiten!“ Was meint ihr?

Hausfrau und Berufsarbeit – ein besonderes Problem

Obwohl ich berufstätig bin, muß ich den größten Teil der Hausarbeit erledigen. Würde ich mal die Arbeitsstunden für Berufsarbeit und Hausarbeit jeweils bei meinem Mann und bei mir zusammenzählen, dann hätte ich erheblich mehr Arbeitsstunden als er. Aber Hausarbeit zählt ja für Männer nicht!

Ich glaube, Mütter können noch weniger das Privatleben vor der Betriebstür lassen als Väter. Was soll ich zum Beispiel machen, wenn mein Kind krank ist? Die organisatorischen Schwierigkeiten muß *ich* bewältigen, nicht mein Mann. Und die Sorgen verfolgen mich auch im Betrieb.

An alle, die Mütter sind und im Berufsleben ihre Frau stehen.

Machen Sie es sich leichter! Arbeiten Sie zu Hause.

Wir bieten Ihnen die Möglichkeit, Berufsarbeit und Haushalt miteinander zu verbinden. Sie arbeiten, wann es Ihnen paßt. Sie arbeiten dort, wo Sie sich wohl fühlen, in Ihrer Wohnung.
Tele-Heimarbeit ist das Geheimnis. Sie erledigen für uns in Ihrer Wohnung Schreib- und Verwaltungsarbeiten an einem Computer. Sie möchten mehr über diese interessante Möglichkeit der Berufsarbeit erfahren?
Rufen Sie uns an. Telefon 041/. . .

So könnte eine Werbeanzeige für eine moderne Form der Heimarbeit aussehen, die Heimarbeit am Computer. Die Anzeige stellt diese Art der Heimarbeit als vorteilhaft für Frauen und als familienfreundlich dar. Gibt es aber nicht auch Schattenseiten? So verlangt diese Art der Heimarbeit z. B. von allen Familienmitgliedern große Rücksichtnahme. Wenn jemand am Computer arbeitet, darf er nicht gestört werden, weder durch Fragen noch durch Spiellärm. Computer-Heimarbeit ist Einzelarbeit. Kolleginnen und Kollegen, mit denen man reden könnte, gibt es nicht. Man bleibt in seinen vier Wänden allein. Je nach Art der Arbeit, die zu Hause am Computer erledigt werden soll, kann es sein, daß bestimmte Zeiten eingehalten werden müssen. Dann bestimmt der Arbeitsrhythmus den ganzen Familienhaushalt.

1. Welche Probleme sprechen die beiden Frauen auf den Fotos an?
2. Wie könnten ihre Äußerungen lauten, wenn sie einen Tele-Heimarbeitsplatz hätten?
3. Wie ist deiner Meinung nach Tele-Heimarbeit zu bewerten?

3. Mitbestimmung

„Wenn es um mich geht, möchte ich mitreden können!" Das ist ein verständlicher Wunsch. In unserer Gesellschaft wird dem einzelnen das Recht eingeräumt, in wichtigen Angelegenheiten, die ihn betreffen, direkt oder indirekt über gewählte Vertreter mitzubestimmen. Auch die Berufsarbeit ist eine wichtige Angelegenheit. Wer als Selbständiger arbeitet, hat dabei ein weitgehendes Selbstbestimmungsrecht. Wie aber sieht es hier mit „abhängig Beschäftigten" aus? Können auch sie Einfluß auf Dinge nehmen, die ihren Arbeitsalltag bestimmen?

3.1 Mitbestimmung als Idee

Das Grundproblem

Am Arbeitsplatz verbringt man einen Großteil seines Lebens.	Das Arbeitsleben wirkt sich auf die Gesundheit und seelische Ausgeglichenheit aus.	Das Arbeitsleben beeinflußt auch in hohem Maße das Privatleben.

Arbeit kann eine Ursache dafür sein, daß man sich wohl fühlt und mit seinem Leben rundum zufrieden ist. Arbeit kann aber auch dazu führen, daß man unzufrieden, gestreßt und aggressiv ist und sich müde und elend fühlt.

Wovon hängt es ab, ob das eine oder das andere der Fall ist?

Ein Arbeitswissenschaftler sagt dazu: „Was Menschen arbeiten, ist für die meisten von ihnen gar nicht das Hauptproblem. Entscheidend ist, wie sie ihre Arbeit tun müssen."

Die Arbeitsbedingungen sind also in erster Linie ausschlaggebend dafür, wie ein Mensch seine Arbeit erlebt und wie sie auf ihn einwirkt. Von daher wird es verständlich, wenn Arbeitnehmer fordern: „Wir wollen auf die Arbeitsbedingungen Einfluß nehmen können. Von ihnen hängt schließlich unser Wohlbefinden und unter Umständen sogar unsere Gesundheit ab."

Diese Forderung klingt angemessen. Es gibt aber daneben noch etwas anderes zu bedenken. Der Betrieb, in dem ein Arbeitnehmer beschäftigt

ist, gehört in der Regel nicht ihm, sondern anderen, also einem oder mehreren Eigentümern. Mit seinem Eigentum darf jeder in unserer Gesellschaft normalerweise tun und lassen, was er will. Ein Fabrikeigentümer könnte also sagen: „Das hier ist mein Betrieb! Was hier geschieht, bestimme allein ich!" Ist nicht auch ein solcher Standpunkt plausibel?

Wenn es um die Gestaltung der Arbeitsbedingungen (Arbeitszeiten, Gestaltung der Arbeitsplätze, Entlohnung, Sozialleistungen usw.) geht, stehen sich also unterschiedliche Interessen und Ansprüche gegenüber: die der Eigentümer auf alleinige Entscheidungsbefugnis und die der Arbeitnehmer auf Mitbestimmung.

Der Gesetzgeber hat versucht, einen Kompromiß zu schaffen. Ergebnis dieses Kompromisses ist die Mitbestimmung der Arbeitnehmer in Betrieb und Unternehmen. Der Gesetzgeber hat das Eigentumsrecht zwar grundsätzlich anerkannt, schreibt aber vor, die Ansprüche, Interessen und Belange der Arbeitnehmer zu berücksichtigen. Er hat ihnen auch (unter bestimmten Bedingungen) das Recht eingeräumt, bei den Arbeitsbedingungen mitzureden. Die Verwirklichung dieses Rechts stößt allerdings auf Probleme. Wie soll das Mitspracherecht bei einer Belegschaft von hundert, tausend oder gar noch mehr Arbeitnehmern in einem Unternehmen funktionieren? Die Lösung : Die Arbeitnehmer wählen Vertreter, die ihre Interessen gegenüber der Unternehmensleitung wahrnehmen.

Die Mitsprache am Arbeitsplatz und im Betrieb ist wichtig. Sie reicht aber nicht aus, denn es gibt auf oberster Unternehmensebene noch andere Entscheidungen, die den einzelnen Arbeitsplatz zwar nicht direkt betreffen, sehr wohl aber gravierende Auswirkungen für die Arbeitnehmer haben. So kann z. B. die Unternehmensleitung beschließen, Arbeitsplätze einzusparen, Betriebe zu schließen oder zu verkaufen. Auch hier stehen sich das Eigentumsrecht („Ich kann mit meinem Unternehmen machen, was ich will!") und die begründeten Schutzansprüche der Arbeitnehmer („Menschen dürfen nicht zum Spielball der Profitinteressen werden!") gegenüber. Der Gesetzgeber hat auch hier versucht, einen Kompromiß zu finden. Er verlangt, daß in großen Unternehmen die Arbeitnehmer durch gewählte Vertreter auch auf solche Entscheidungen Einfluß nehmen können. Die Grundidee der „Unternehmensmitbestimmung" liegt also darin, daß die Arbeitnehmer Möglichkeiten erhalten, ihre Interessen in Unternehmensentscheidungen einzubringen. Sie sollen nicht nur Schachfiguren im Interessenspiel der Eigentümer sein.

1. Worauf gründet sich die Forderung der Arbeitnehmer, in Betrieb und Unternehmen mitzubestimmen?
2. Warum wird die Forderung nach Mitbestimmung nicht möglichst weitgehend und ohne jede Diskussion umgesetzt?
3. „Warum hat der Gesetzgeber überhaupt eingegriffen? Sollen sich doch die Arbeitgeber und Arbeitnehmer selbst einigen!"
   Beurteile diese Aussage.

Mitwirkung und Mitbestimmung am Arbeitsplatz und im Betrieb

Stichwort „Arbeitsbedingungen": Was ist gemeint?

- *Arbeitszeit*
- *Arbeitsrhythmus*
- *Pausen*
- *Arbeitsgeräte*
- *Arbeitssicherheit*
- *Arbeitsumgebung*
- *Arbeitsverfahren*
- *Arbeitsentlohnung*
- *Urlaubsregelung*
- *Sozialleistungen*

Jeder der genannten Punkte kann den Arbeitsalltag eines Arbeitnehmers erheblich beeinflussen. Wenn z. B. in einem Betrieb die Arbeitszeit auf Schichtbetrieb mit drei Schichten (Vormittagsschicht, Nachmittags-/Abendschicht, Nachtschicht) umgestellt wird, dann hat das für die betroffenen Arbeitnehmer und ihre Familien weitreichende Folgen. Hier haben die Arbeitnehmer ein sehr dringliches Interesse daran, bei der Umstellung ein Mitspracherecht zu haben.

Der Gesetzgeber hat im Betriebsverfassungsgesetz festgelegt, wie die Arbeitnehmer ihre Interessen im Hinblick auf die Arbeitsbedingungen geltend machen können. Eine wichtige Funktion hat dabei der Betriebsrat. Er ist das von der Belegschaft zu wählende Vertregungsorgan der Arbeitnehmer. Der einzelne Arbeitnehmer kann in größeren Betrieben schon allein aus organisatorischen Gründen nicht direkt mitspracheberechtigt sein, zumal viele Dinge für den gesamten Betrieb einheitlich geregelt werden müssen. Das trifft z. B. für Arbeits- und Pausenzeiten oder für Verfahren der Lohnfestlegung zu. Dennoch hat auch der einzelne Arbeitnehmer rechtlich gesicherte Ansprüche.

Wenn man den § 82 sorgfältig liest, wird man feststellen: Von Mitbestimmung ist in ihm nicht die Rede, nur von Vorschlags- und Anhörungsrechten. Das gilt z. T. auch für die im folgenden wiedergegebenen Bestimmungen. Die Redewendung „Mitbestimmung am Arbeitsplatz und im Betrieb" bezieht sich nämlich auf zwei verschiedene Sachverhalte.

Zum einen bezeichnet sie tatsächliche **Mitbestimmungsrechte.** Gegen den Willen der Arbeitnehmer bzw. ihrer Vertretung (Betriebsrat) kann eine Maßnahme nicht oder zumindest nicht so ohne weiteres durchgeführt werden. Das gilt z. B. bei Kündigungen.

Zum anderen umfaßt sie auch **Mitwirkungsrechte.** Die Arbeitnehmer bzw. ihre Vertreter sind zu informieren. Geplante Maßnahmen müssen mit dem Betriebsrat besprochen werden. Er kann Bedenken äußern oder eigene Vorschläge machen. Die Entscheidung aber fällt allein die Unternehmensleitung. Wenn eine Unternehmensleitung z. B. Umbaumaßnahmen oder Veränderungen in der Produktpalette plant, dann kann der Betriebsrat das nicht verhindern.

Betriebsverfassungsgesetz

§ 82 Anhörungs- und Erörterungsrecht des Arbeitnehmers

(1) Der Arbeitnehmer hat das Recht, in betrieblichen Angelegenheiten, die seine Person betreffen, von den nach Maßgabe des organisatorischen Aufbaus des Betriebs hierfür zuständigen Personen gehört zu werden. Er ist berechtigt, zu Maßnahmen des Arbeitgebers, die ihn betreffen, Stellung zu nehmen sowie Vorschläge für die Gestaltung des Arbeitsplatzes und des Arbeitsablaufs zu machen.

(2) Der Arbeitnehmer kann verlangen, daß ihm die Berechnung und Zusammensetzung seines Arbeitsentgelts erläutert und daß mit ihm die Beurteilung seiner Leistungen sowie die Möglichkeiten seiner beruflichen Entwicklung im Betrieb erörtert werden.

§ 84 Beschwerderecht

(1) Jeder Arbeitnehmer hat das Recht, sich bei den zuständigen Stellen des Betriebs zu beschweren, wenn er sich vom Arbeitgeber oder von Arbeitnehmern des Betriebs benachteiligt oder ungerecht behandelt . . . fühlt.

Erläutere den grundsätzlichen Unterschied zwischen Mitwirkung und Mitbestimmung.

Mitwirkungs- und Mitbestimmungsrechte nach dem Betriebsverfassungsgesetz

§ 87 Mitbestimmungsrecht in sozialen Angelegenheiten

(1) Der Betriebsrat hat, soweit eine gesetzliche oder tarifliche Regelung nicht besteht, in folgenden Angelegenheiten mitzubestimmen:

1. Fragen der Ordnung des Betriebs und des Verhaltens der Arbeitnehmer im Betrieb;
2. Beginn und Ende der täglichen Arbeitszeit einschließlich der Pausen sowie Verteilung der Arbeitszeit auf die einzelnen Wochentage;
3. vorübergehende Verkürzung oder Verlängerung der betriebsüblichen Arbeitszeit;
4. Zeit, Ort und Art der Auszahlung der Arbeitsentgelte;
5. Aufstellung allgemeiner Urlaubsgrundsätze und des Urlaubsplans sowie die Festsetzung der zeitlichen Lage des Urlaubs für einzelne Arbeitnehmer, wenn zwischen dem Arbeitgeber und den beteiligten Arbeitnehmern kein Einverständnis erzielt wird;
6. Einführung und Anwendung von technischen Einrichtungen, die dazu bestimmt sind, das Verhalten oder die Leistung der Arbeitnehmer zu überwachen;
7. Regelungen über die Verhütung von Arbeitsunfällen und Berufskrankheiten sowie über den Gesundheitsschutz im Rahmen der gesetzlichen Vorschriften oder der Unfallverhütungsvorschriften;
8. Form, Ausgestaltung und Verwaltung von Sozial einrichtungen, deren Wirkungsbereich auf den Betrieb, das Unternehmen oder den Konzern beschränkt ist;
9. Zuweisung und Kündigung von Wohnräumen, die den Arbeitnehmern mit Rücksicht auf das Bestehen eines Arbeitsverhältnisses vermietet werden, sowie die allgemeine Festlegung der Nutzungsbedingungen;
10. Fragen der betrieblichen Lohngestaltung, insbesondere die Aufstellung von Entlohnungsgrundsätzen und die Einführung und Anwendung von neuen Entlohnungsmethoden sowie deren Änderung;
11. Festsetzung der Akkord- und Prämiensätze und vergleichbarer leistungsbezogener Entgelte, einschließlich der Geldfaktoren;
12. Grundsätze über das betriebliche Vorschlagswesen.

(2) Kommt eine Einigung über eine Angelegenheit nach Absatz 1 nicht zustande, so entscheidet die Einigungsstelle. Der Spruch der Einigungsstelle ersetzt die Einigung zwischen Arbeitgeber und Betriebsrat.

§ 88 Freiwillige Betriebsvereinbarungen

Durch Betriebsvereinbarung können insbesondere geregelt werden

1. zusätzliche Maßnahmen zur Verhütung von Arbeitsunfällen und Gesundheitsschädigungen;
2. die Errichtung von Sozialeinrichtungen, deren Wirkungsbereich auf den Betrieb, das Unternehmen oder den Konzern beschränkt ist;
3. Maßnahmen zur Förderung der Vermögensbildung.

§ 90 Unterrichtungs- und Beratungsrechte für die Gestaltung von Arbeitsplatz, Arbeitsablauf und Arbeitsumgebung

Der Arbeitgeber hat den Betriebsrat über die Planung

1. von Neu-, Um- und Erweiterungsbauten von Fabrikations-, Verwaltungs- und sonstigen betrieblichen Räumen,
2. von technischen Anlagen.
3. von Arbeitsverfahren und Arbeitsabläufen oder
4. der Arbeitsplätze

rechtzeitig zu unterrichten und die vorgesehenen Maßnahmen insbesondere im Hinblick auf ihre Auswirkungen auf die Art der Arbeit und die Anforderungen an die Arbeitnehmer mit ihm zu beraten.

§ 91 Mitbestimmungsrecht

Werden die Arbeitnehmer durch Änderungen der Arbeitsplätze, des Arbeitsablaufs oder der Arbeitsumgebung, die den gesicherten arbeitswissenschaftlichen Erkenntnissen über die menschengerechte Gestaltung der Arbeit offensichtlich widersprechen, in besonderer Weise belastet, so kann der Betriebsrat angemessene Maßnahmen zur Abwendung, Milderung oder zum Ausgleich der Belastung verlangen.

§ 95 Auswahlrichtlinien

(1) Richtlinien über die personelle Auswahl bei Einstellungen, Versetzungen, Umgruppierungen und Kündigungen bedürfen der Zustimmung des Betriebsrats.

§ 102 Mitbestimmung bei Kündigungen

(1) Der Betriebsrat ist vor jeder Kündigung zu hören. Der Arbeitgeber hat ihm die Gründe für die Kündigung mitzuteilen. Eine ohne Anhörung des Betriebsrats ausgesprochene Kündigung ist unwirksam.

1. Nenne einige Mitbestimmungsrechte des Betriebsrates.
2. Sind es deiner Meinung nach wichtige Bereiche, in denen der Betriebsrat ein Mitbestimmungsrecht hat? Begründe deine Meinung.
3. Angenommen, die Schule ist ein Betrieb: In welchen Angelegenheiten müßten die Schüler dann ein Mitbestimmungsrecht haben?

Die Jugendvertretung: Mitwirkungschancen für junge Arbeitnehmer

Ingrids Ärger ist verständlich. Wie soll sie die Prüfung schaffen, wie später einen Arbeitsplatz erfolgreich und verantwortlich ausfüllen, wenn sie während der Ausbildung nichts lernt? Das Problem ist: Was kann Ingrid tun? An wen kann sie sich wenden? Selbst die Dinge in die Hand zu nehmen und etwa beim zuständigen Arbeitsdirektor vorzusprechen, ist ein denkbarer, aber problematischer Weg. Den Betriebsrat einschalten? Das geht zwar, aber genau genommen hat Ingrid im Betriebsrat keine Person ihres Vertrauens, denn sie durfte bei der Betriebsratswahl noch nicht mitwählen (Altersgrenze: 18 Jahre).

Jugendliche sind also durch den Betriebsrat nicht in der gleichen Form vertreten wie ältere Arbeitnehmer. Hier hat der Gesetzgeber eingegriffen und auch Jugendlichen eine Möglichkeit zu einer organisierten Vertretung geboten: die Jugendvertretung. In Betrieben, in denen mindestens 5 Jugendliche arbeiten oder ausgebildet werden, kann eine Jugendvertretung gewählt werden. Sie ist eine Art Unterabteilung des Betriebsrates, sozusagen seine „Jugendgruppe“.

Und so funktioniert die Sache: Ein Jugendlicher hat Probleme mit seiner Ausbildung. Die Jugendvertretung informiert den Betriebsrat. Der Betriebsrat prüft den Sachverhalt und wendet sich ggf. an die Betriebsleitung. Der Ablauf zeigt, daß die Jugendvertretung kein direkter Gesprächspartner für die Unternehmens- oder Betriebsleitung ist. Genau genommen muß der Betriebsrat zwischengeschaltet werden. Das ändert aber nichts daran, daß in vielen Betrieben zwischen der Jugendvertretung und z. B. dem Leiter bzw. der Leiterin der Ausbildung gute direkte Kontakte bestehen und anstehende Probleme zumindest vorbesprochen werden.

Jugendliche in einem Betrieb können auch Sorgen und Probleme haben, die nichts mit Ausbildungsfragen zu tun haben. Auch hier ist die Jugendvertretung der richtige Ansprechpartner. Im Betriebsverfassungsgesetz steht:

§ 70 Allgemeine Aufgaben

(1) Die Jugendvertretung hat folgende allgemeine Aufgaben:

1. Maßnahmen, die den jugendlichen Arbeitnehmern dienen, insbesondere in Fragen der Berufsbildung, beim Betriebsrat zu beantragen;
2. darüber zu wachen, daß die zugunsten der jugendlichen Arbeitnehmer geltenden Gesetze, Verordnungen, Unfallverhütungsvorschriften, Tarifverträge und Betriebsvereinbarungen durchgeführt werden;
3. Anregungen von jugendlichen Arbeitnehmern, insbesondere in Fragen der Berufsbildung, entgegenzunehmen und, falls sie berechtigt erscheinen, beim Betriebsrat auf eine Erledigung hinzuwirken. Die Jugendvertretung hat die betroffenen jugendlichen Arbeitnehmer über den Stand und das Ergebnis der Verhandlungen zu informieren.

(2) Zur Durchführung ihrer Aufgaben ist die Jugendvertretung durch den Betriebsrat rechtzeitig und umfassend zu unterrichten.

1. Hat ein Auszubildender in einem Kleinbetrieb keine Möglichkeiten, seine Sorgen (z. B. im Zusammenhang mit Ausbildungsfragen) loszuwerden?
2. Die Jugendvertretung soll Jugendliche bis 18 Jahre vertreten. Jugendvertreter dürfen aber bis zu 23 Jahre alt sein. Warum ist ihr Alter nicht auch auf 18 Jahre begrenzt?
3. Gibt es auch im „Betrieb Schule“ so etwas wie eine Jugendvertretung?

Arbeitnehmerinteressen und Unternehmensleitung

Bei Großunternehmen sind besonders viele Menschen von den Entscheidungen der Unternehmensleitung abhängig. Darum ist es nicht nur für Eigentümer und Beschäftigte, sondern auch für die Öffentlichkeit von Interesse, wer solche Unternehmen leitet.

Die Führung von Großunternehmen liegt in der Regel in der Hand von gut bezahlten, sehr tüchtigen Managern. Sie bilden den Vorstand.

Der Vorstand eines Unternehmens müßte eigentlich von den Eigentümern eingesetzt werden, denn er soll ja in ihrem Interesse und Auftrag das Unternehmen leiten. Wenn ein Unternehmen aber sehr viele Eigentümer hat, weil es z. B. eine AG (Aktiengesellschaft) ist, bei der jeder Aktionär als Miteigentümer gilt, dann ist ein solcher Weg praktisch nicht möglich. Hier hat der Gesetzgeber eine Lösung gefunden. Er läßt die Eigentümer, die Aktionäre, einen kleinen Kreis von Fachleuten wählen, die an ihrer Stelle wichtige Entscheidungen fällen, z. B. den Vorstand ernennen und kontrollieren. Dieser Kreis von Fachleuten heißt Aufsichtsrat.

Der Aufsichtsrat ist sehr wichtig. Er hat Einfluß auf die Unternehmenspolitik. Darum ist es verständlich, daß auch die Arbeitnehmer im Aufsichtsrat vertreten sein wollen. Der Gesetzgeber hat dem Rechnung getragen und vorgeschrieben, daß in den Aufsichtsräten großer Unternehmen auch Arbeitnehmervertreter sitzen müssen. Der Streit ging und geht um die Frage, wieviel es im Vergleich zu den Vertretern der Kapitalgeber, also der Eigentümer, sein sollen. Wenn beide Seiten, also die Vertreter der Kapitalgeber und die Arbeitnehmervertreter, gleich stark vertreten sind, spricht man von „paritätischer Mitbestimmung". Beide Seiten sind pari – also halbe/halbe – vertreten. Das ist im Prinzip in der Montanindustrie der Fall, also dem Bergbau und der eisenschaffenden Industrie. Darum spricht man hier auch von „Montanmitbestimmung". In anderen Großunternehmen, z. B. in der Automobilindustrie oder der chemischen Industrie, sind zwar gleich viele Vertreter der Kapitalgeber und der Arbeitnehmer im Aufsichtsrat vertreten, dennoch gibt es keine paritätische Mitbestimmung. Das liegt daran, daß die Vertreter der Kapitalgeber immer den Vorsitzenden stellen, und der hat zwei Stimmen. Bei Abstimmungen können die Arbeitnehmervertreter also immer überstimmt werden. In kleineren Kapitalgesellschaften (200–500 Arbeitnehmer) stellen die Arbeitnehmervertreter nur ein Drittel der Aufsichtsratsmitglieder.

Aufsichtsratsmitglieder sind meist Fachleute. Die Kapitalgeber suchen sich in der Regel Experten aus verschiedenen Gebieten, z. B. Finanzierung, Verkauf, Technologie, um sie als ihre Kontrolleure einzusetzen. Die Arbeitnehmer wären da im Nachteil, wenn sie nur im Unternehmen beschäftigte Personen in den Aufsichtsrat entsenden dürften. Der Gesetzgeber hat auch das berücksichtigt. Dem Gesetz nach dürfen Gewerkschaftsvertreter, die nicht dem Unternehmen angehören, Aufsichtsratssitze als Arbeitnehmervertreter einnehmen. Ihre Zahl ist auf drei begrenzt.

Im Vorstand eines Unternehmens, also der Geschäftsleitung, fallen alle wichtigen Entscheidungen, die den Betriebsalltag bestimmen. Darum ist es für die Arbeitnehmer wichtig, auch hier vertreten zu sein. Der Gesetzgeber hat im Mitbestimmungsgesetz festgelegt, daß im Vorstand von Großunternehmen ein „Arbeitsdirektor" sitzen muß, der vor allem die Belange der Arbeitnehmer vertreten soll.

1. Warum ist es für Arbeitnehmer wichtig, Vertreter im Aufsichtsrat ihres Unternehmens zu haben?
2. Was versteht man unter paritätischer Mitbestimmung?
3. Warum wird die paritätische Mitbestimmung von den Gewerkschaften für alle Großunternehmen gefordert, während das von den Arbeitgeberverbänden abgelehnt wird?
4. Welchen Nutzen könnte ein Arbeitsdirektor für die Belegschaft haben?

3.2 Mitbestimmung im Betriebsalltag

Betriebsratswahl – Betriebsratsarbeit: ein Überblick

Die Betriebsangehörigen wählen in geheimer Wahl einen oder mehrere Vertreter ihres Vertrauens in den Betriebsrat. In öffentlichen Betrieben, Finanzämtern, Schulen, Bezirksregierungen, Rathäusern usw. wird ein Personalrat als Interessenvertretung gewählt. Die Aufgaben von Betriebs- und Personalrat sind gleich. Wichtig ist, daß eine Wahl nur dort stattfindet, wo bereits ein Betriebsrat besteht. Gibt es in einem Unternehmen keinen Betriebsrat, findet auch keine Wahl statt, es sei denn, die Betriebsangehörigen beantragen bei der Unternehmensleitung die Einrichtung eines Betriebsrates. Dazu haben sie das Recht, wenn mindestens 5 Arbeitnehmer in einem Betrieb beschäftigt sind. In Betrieben mit 5 bis 20 Arbeitnehmern besteht er aber nur aus einer Person, dem sogenannten Betriebsobmann.

Die Betriebsratswahlen finden in der Regel zwischen dem 1. März und dem 31. Mai statt. Der Betriebsrat wird für 3 Jahre gewählt. Er informiert die Betriebsangehörigen in regelmäßigen Abständen auf Betriebsversammlungen über seine Arbeit.

Um die vielfältigen Aufgaben der Mitwirkung und Mitbestimmung im Betrieb wahrnehmen zu können, „spezialisieren" sich die einzelnen Betriebsratsmitglieder. Es gibt Fachleute unter ihnen, die sich ein umfangreiches Spezialwissen in bestimmten Bereichen angeeignet haben. Ein Weg dazu ist die Teilnahme an Betriebsratsschulungen, die von den Gewerkschaften durchgeführt werden.

Damit die Mitglieder eines Betriebsrats überhaupt tätig werden können, schreibt das Betriebsverfassungsgesetz vor:

Aktives und passives Wahlrecht

Wahlberechtigter Personenkreis (aktives Wahlrecht):

- *alle Arbeitnehmer, die am Wahltag das 18. Lebensjahr vollendet haben;*
- *zur Berufsausbildung Beschäftigte, also Auszubildende, Anlernlinge, Volontäre und Praktikanten ab dem 18. Lebensjahr;*
- *Heimarbeiter, sofern sie in der Hauptsache für den Betrieb tätig sind;*
- *Teilzeitbeschäftigte und auch Personen, die nur vorübergehend beschäftigt sind;*
- *zu Wehrdienst oder Wehrübung einberufene Arbeitnehmer.*

Wählbarer Personenkreis (passives Wahlrecht):

- *alle wahlberechtigten Personen, die dem Betrieb mindestens 6 Monate angehören.*

§ 37
Ehrenamtliche Tätigkeit, Arbeitsversäumnis

(1) Die Mitglieder des Betriebsrats führen ihr Amt unentgeltlich als Ehrenamt.

(2) Mitglieder des Betriebsrats sind von ihrer beruflichen Tätigkeit ohne Minderung des Arbeitsentgelts zu befreien, wenn und soweit es nach Umfang und Art des Betriebs zur ordnungsgemäßen Durchführung ihrer Aufgaben erforderlich ist.

(3) Zum Ausgleich für Betriebsratstätigkeit, die aus betriebsbedingten Gründen außerhalb der Arbeitszeit durchzuführen ist, hat das Betriebsratsmitglied Anspruch auf entsprechende Arbeitsbefreiung unter Fortzahlung des Arbeitsentgelts ...

(6) Absatz 2 gilt entsprechend für die Teilnahme an Schulungs- und Bildungsveranstaltungen, soweit diese Kenntnisse vermitteln, die für die Arbeit des Betriebsrats erforderlich sind. ...

1. Was versteht man unter aktivem, was unter passivem Wahlrecht?
2. Der Gesetzgeber zwingt Unternehmen keinen Betriebsrat auf. Wenn die Belegschaft keinen Betriebsrat will, gibt es keinen. Ist das deiner Meinung nach eine sinnvolle Lösung?
3. Aus dem § 37 BetrVG können sich Spannungen zwischen Betriebsrat und Unternehmensleitung ergeben, vor allem, wenn man ohnehin nicht gut aufeinander zu sprechen ist. Warum?

„Hilde Bertram, Betriebsrätin“

Hilde Bertram (35 Jahre alt, verheiratet, ein Sohn) ist eine besonnene, ausgeglichene und standfeste Frau. Alle diese Eigenschaften benötigt sie auch für ihre Aufgabe, denn was im Laufe eines Arbeitstages alles auf sie niederprasselt, ist beachtlich. Hilde Bertram ist ein wandelndes Lexikon in Sachen Arbeitsrecht, Vermittlerin in Streitfragen und Trösterin bei persönlichen Problemen. Dabei erledigt sie ihre Aufgabe ehrenamtlich. Sie ist in einem kleineren Betrieb beschäftigt, der keine freigestellten Betriebsratsmitglieder kennt.

Ein großes Problem für Hilde Bertram: Auf der einen Seite soll sie für möglichst humane Arbeitsbedingungen und möglichst sichere Arbeitsplätze für alle Beschäftigten eintreten und auf der anderen Seite mit dafür sorgen, daß der Betrieb wettbewerbsfähig bleibt. So versteht sie das Drängen der Betriebsleitung nach immer neuen Rationalisierungsmaßnahmen und den Wunsch, neue technische Entwicklungen auch im eigenen Betrieb zu nutzen. Sie sieht und versteht aber auch die Ängste der Kollegen und Kolleginnen, von denen die meisten möchten, daß alles beim alten bleibt. Die Schwierigkeiten beginnen z. B. schon, wenn technisch neu entwickelte Maschinen beschafft werden sollen. Wer wird sie bedienen? Neue Leute, die das schon können? Oder Kolleginnen und Kollegen aus dem Betrieb, die umgeschult werden müssen? Wer kommt dafür in Frage? Zu welchen Bedingungen soll das geschehen? Bis wann muß die Umschulung erfolgreich beendet sein? Das sind wichtige Fragen, mit denen sich Hilde Bertram beschäftigen muß.

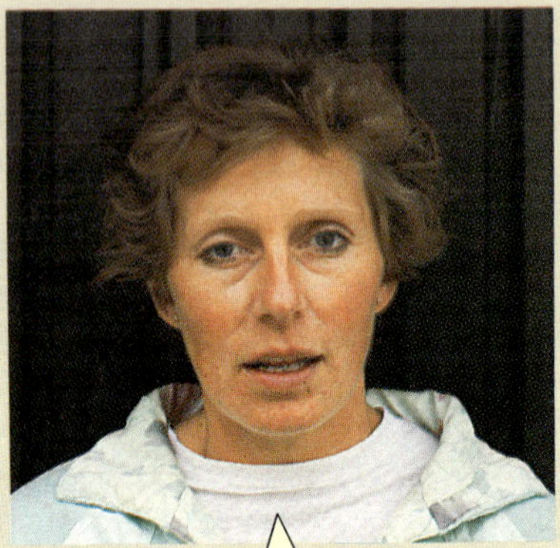

„Ab und an fühle ich mich ganz elend, wenn ich Probleme kommen sehe, aber keine Lösung weiß. Schlimm finde ich auch, wenn Kolleginnen und Kollegen über mich schimpfen, z. B. weil ich einer Entlassung zugestimmt habe, bei der es wirklich keine Alternative gab. Wer Werkzeug stiehlt oder einen Meister aus geringfügigem Anlaß tätlich angreift, den kann auch ich nicht schützen, zumal wenn vorher schon Verwarnungen ausgesprochen wurden.“

Es kommt noch etwas hinzu. Die neuen Maschinen werden alte Arbeitsplätze überflüssig machen. Wenn diejenigen, die an diesen Arbeitsplätzen im Augenblick arbeiten, nicht umgeschult werden können, was geschieht dann mit ihnen? Sie wollen es von der Kollegin Betriebsrätin wissen, aber die weiß auch nicht für alle Probleme eine Lösung.

Oft sind es die kleinen, für den einzelnen Arbeitnehmer aber wichtigen Dinge, mit denen die Betriebsrätin konfrontiert wird. Da scheint eine Stundenabrechnung nicht zu stimmen, da gibt es Schwierigkeiten mit der Personalabteilung wegen der Urlaubsplanung, da weist eine Kollegin auf die Notwendigkeit zusätzlicher Sicherungsmaßnahmen an ihrem Arbeitsplatz hin. Der zuständige Meister hat schon zwei Mal „ja, ja“ gesagt, aber nichts getan und nichts veranlaßt.

1. Eine Klasse will einen Betriebsrat oder eine Betriebsrätin zu einem Gespräch in die Schule einladen. Wie kann sie das anstellen?
2. Wonach könnte man bei einem solchen Expertengespräch fragen?

Mitbestimmung: Aufgabe und Chance

1. „Mitbestimmung heißt auch Mitverantwortung." Erläutere diese Aussage.
2. „Wer mitbestimmen will, muß lernfähig sein." Hat diese Aussage Konsequenzen für Schüler?
3. Zeige auf, welche Chancen die Mitbestimmung für Arbeitnehmer bietet.

Zur Geschichte der Mitbestimmung

1849	Der Deutschen Verfassungsgebenden Nationalversammlung in der Paulskirche liegt neben dem Hauptentwurf einer Gewerbeordnung ein Minderheitenentwurf vor, der die Gründung von Fabrikausschüssen mit bestimmten Rechten vorsieht.
1891	Novelle zur Gewerbeordnung für das Deutsche Reich. Die Errichtung von Arbeiterausschüssen wird in das Ermessen der Arbeitgeber gestellt.
1905	Novelle zum Preußischen Berggesetz bringt zwingende Einführung von Arbeiterausschüssen in Bergbaubetrieben mit mehr als 100 Beschäftigten.
1916	Vaterländisches Hilfsdienstgesetz. In gewerblichen Betrieben mit mehr als 50 Beschäftigten sind Arbeiter- und Angestelltenausschüsse zu bilden, denen ein Anhörungsrecht in vorwiegend sozialen Angelegenheiten zusteht.
1920	Betriebsrätegesetz vom 4. 2. 1920. In Betrieben mit 20 und mehr Beschäftigten sind Betriebsräte zu bilden, die bestimmte Rechte erhalten.
1922	Gesetz über die Betriebsbilanz und die Betriebsgewinn- und -verlustrechnung. Dieses Gesetz regelt auch die Entsendung von Betriebsratsmitgliedern in die Aufsichtsräte der Kapitalgesellschaften.
1926	Reichspostfinanzgesetz, Entsendung eines Gewerkschaftsvertreters in den Verwaltungsrat.
1927	Erster Arbeitsdirektor in einer Montan-Gesellschaft (Preußische Bergwerks- und Hütten AG).
1933–43	Das „Führerprinzip“ wird durchgesetzt. Das „Gesetz zur Ordnung der nationalen Arbeit“ wird geschaffen (20. 1. 1934).
1946	Zunächst Hans Böckler, der spätere Vorsitzende des DGB, danach auch die Interzonenkonferenz der Gewerkschaften, fordern die volle Mitbestimmung in allen Wirtschaftszweigen sowie Arbeitnehmervertreter in allen Aufsichtsräten und Vorständen der Kapitalgesellschaften.
1946/47	Betriebsrätegesetz des Alliierten Kontrollrats (Nr. 22 vom 10. 4. 1946). Die Einrichtung und Tätigkeit von Betriebsräten wird wieder nach demokratischen Grundsätzen gestaltet, die Betriebsratstätigkeit wird nur allgemein umschrieben.
1948–50	In den einzelnen Ländern entstehen ländergesetzliche Regelungen zum Betriebsverfassungsgesetz.
1951	Am 21. 5. 1951 tritt das Montan-Mitbestimmungsgesetz für Kohle- und Stahlunternehmen in Kraft.
1952	Betriebsverfassungsgesetz vom 11. 10. 1952. Das Gesetz bringt einige Rechte des Betriebsrats in bestimmten sozialen, personellen und wirtschaftlichen Angelegenheiten und sieht für Kapitalgesellschaften eine Drittelbeteiligung der Arbeitnehmer in Aufsichtsräten vor.
1955	Personalvertretungsgesetz des Bundes vom 5. 8. 1955. Das Gesetz bringt einige Rechte der Personalräte in sozialen, personellen sowie organisatorischen Angelegenheiten und wird – wie das Betriebsverfassungsgesetz von 1952 – von den Gewerkschaften als völlig unzureichend angesehen.
1967	Mitbestimmungsänderungsgesetz zur befristeten Sicherung der Mitbestimmung in Montan-Unternehmen.
1972	Am 18. 1. 1972 wird das neue Betriebsverfassungsgesetz im Bundesgesetzblatt verkündet. Einen Tag später tritt es in Kraft. Die neuen rechtlichen Grundlagen bringen gegenüber dem Gesetz von 1952 Fortschritte, bleiben aber insgesamt hinter den Forderungen des DGB zurück.
1974	Inkrafttreten des neuen Bundespersonalvertretungsgesetzes (1. 4. 1974) als Grundlage der betrieblichen Mitbestimmung für die in den Betrieben und Verwaltungen des öffentlichen Dienstes beschäftigten Angestellten, Arbeiter und Beamten. Wie das Betriebsverfassungsgesetz von 1972 bringt es zwar Verbesserungen gegenüber der bisherigen Regelung, bleibt aber wesentlich hinter den gewerkschaftlichen Novellierungsvorschlägen zurück.
1976	Mitbestimmungsgesetz. Gültig für alle Kapitalgesellschaften mit mehr als 2000 Beschäftigten außerhalb des Montan-mitbestimmten Bereichs. Unterparitätische Lösung mit Sonderrechten für leitende Angestellte.
1977–79	Klage der Arbeitgeber gegen das Mitbestimmungsgesetz. Am 1. 3. 1979 vom Bundesverfassungsgericht abgewiesen.
1981	Änderungsgesetz zur Montan-Mitbestimmung. Befristete Sicherung der qualifizierten Mitbestimmung bei Einschränkung der Gewerkschaftsrechte.

4. Unternehmer und Unternehmen

Unternehmen sorgen in unserer Wirtschaft für die Produktion von Gütern und für Dienstleistungsangebote. Ohne Unternehmen wäre es um unsere Versorgung schlecht bestellt. Schon aus diesem Grunde sind Unternehmen wichtig. Unternehmen bieten Arbeitsplätze und damit vielen Haushalten ihr Einkommen. Unternehmen beeinflussen durch ihre Produktion und ihre Produkte die Umwelt. Das sind zwei weitere Gründe, die Unternehmen wichtig machen. Es lohnt sich also, sich mit ihnen näher zu beschäftigen.
Wie wird man Unternehmer bzw. Unternehmerin? Welche Voraussetzungen sind dazu erforderlich? Kann jeder Unternehmer werden?

4.1 Unternehmen als Wirtschaftsfaktor

Unternehmensgründung: Einsatz und Risiko

Es hat sie immer schon gegeben, aber mit der Entwicklung des Computers kamen sie wieder in die Schlagzeilen, die dynamischen Jungunternehmer. Mit wenig Geld, geliehenen Geräten und vielen eigenen Ideen bastelten sie in Garagen oder Kellerräumen elektronische Wunderwerke zusammen, die als Home-Computer weltweit Aufsehen erregten. Als Unternehmer in Jeans und T-Shirt machten sie anschließend Millionenumsätze. Das ist der Stoff, aus dem Geschichten über Erfolge von Unternehmen und Unternehmern sind. Aber die Geschichten sind wahr, auch wenn sie eher Ausnahmen zeigen.

Zu diesen Ausnahmen gehört auch Klaus Bresser, leidenschaftlicher Computeranhänger. Er hat schon als Schüler Programme entwickelt. Mit 20 Jahren bekam er die Chance, für einen Freund seines Vaters, der ein kleines Unternehmen betreibt, ein Programm zu schreiben. Klaus erledigte die Aufgabe so gut und schnell, daß sein Auftraggeber ihn gleich weiterempfahl. Zugleich gab er ihm den Rat, sich selbständig zu machen. Klaus dachte darüber nach und stieg ein. Der Erfolg gab ihm Recht. Klaus Bresser ist heute 24 Jahre alt und ein erfolgreicher Unternehmer.

Andere haben auch versucht, ihren Traum von Selbständigkeit und Erfolg als Unternehmer zu verwirklichen, aber sie sind „abgestürzt" und mußten ihre Träume begraben. Nicht selten verfolgt sie ein Schuldenberg über eine lange Zeit. Unternehmer zu werden bietet große Chancen, birgt aber auch große Risiken in sich.

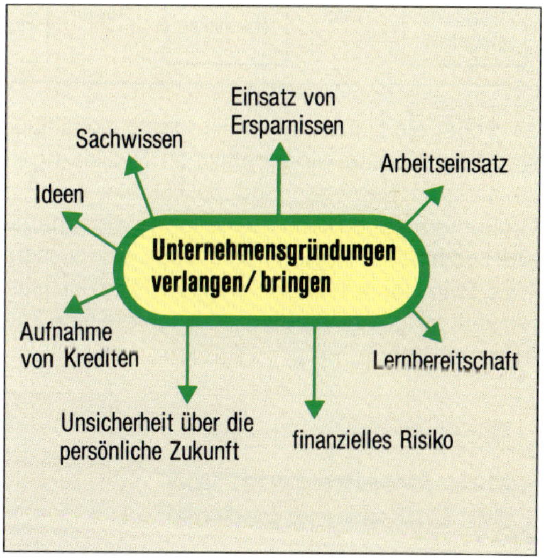

1. Nenne dir bekannte Unternehmer/Unternehmerinnen. Denke dabei auch an Handwerker und Inhaber von Ladengeschäften.
2. Wie beurteilst du Geschichten von Männern und Frauen, die ganz klein angefangen haben und irgendwann zu den ganz Großen der Wirtschaftswelt gehörten?
3. Warum redet man wohl lieber über erfolgreiche als über erfolglose Unternehmer?

Unternehmen im Geflecht wirtschaftlicher Beziehungen

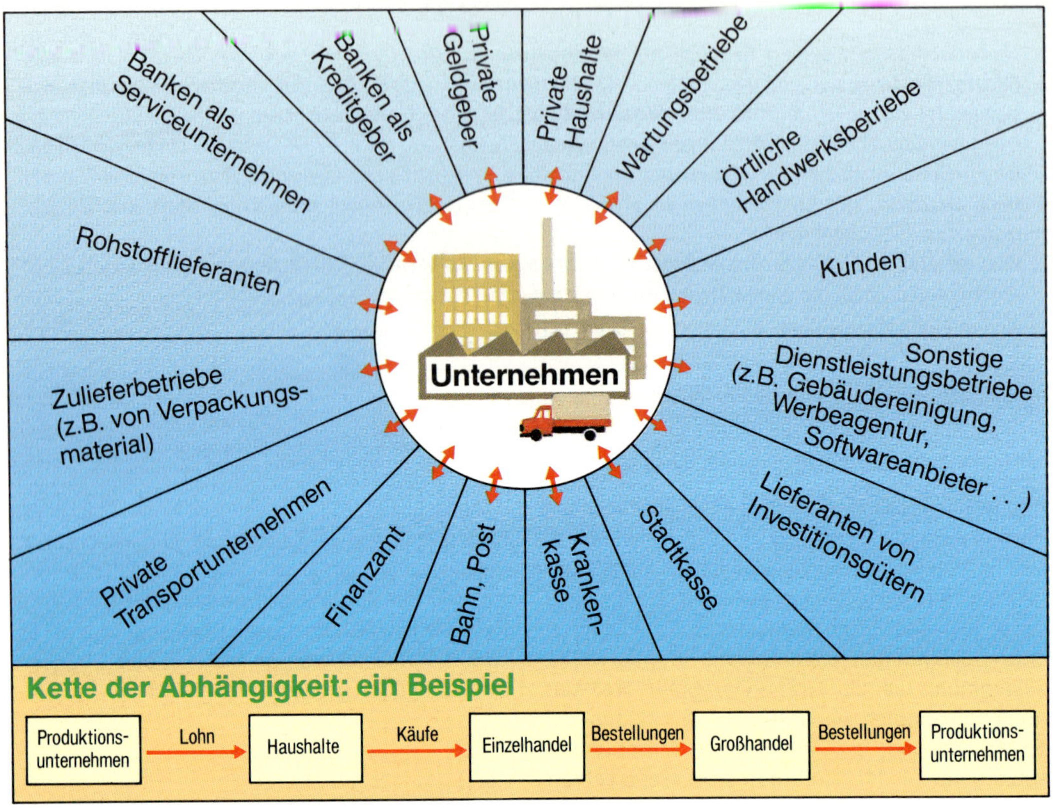

Je größer ein Unternehmen ist, desto vielfältiger sind häufig seine wirtschaftlichen Beziehungen zu anderen Betrieben und zu Haushalten. Ein Großunternehmen kann das gesamte wirtschaftliche Leben einer Region nachhaltig beeinflussen. Als z. B. im Jahre 1987 in Hattingen (Ruhr) ein Hüttenwerk stillgelegt werden sollte, lautete eine Zeitungsüberschrift:

> Eine Stadt wird zum Friedhof
>
> **Viele Arbeitnehmer von der Entlassung bedroht**

Besondere Abhängigkeiten bestehen aber nicht nur zwischen einem Großunternehmen und seinen Beschäftigten. Häufig hat ein Großbetrieb eine ganze Schar von Zulieferbetrieben, die nur oder zumindest überwiegend für ihn arbeiten. Die wirtschaftliche Lebensfähigkeit dieser meist kleineren Betriebe hängt dann mehr oder weniger vollständig von dem Großunternehmen ab. Entsprechendes kann auch für die Kundenseite gelten. So kann es Abnehmer geben, die nur von einem bestimmten Unternehmen beliefert werden, z. B. Großhändler in der Automobilbranche. Liefert das Großunternehmen nicht mehr, muß der Händler sein Geschäft schließen.

1. Erläutere die Zeichnung.
2. Großunternehmen, denen es wirtschaftlich sehr schlecht geht, wird vom Staat oft eher geholfen als Kleinbetrieben. Warum die Hilfe für die Großen?
3. „Stirbt die Werft, sterben auch viele Läden und Handwerksbetriebe." Erläutere diesen, auf eine kleine Stadt an der Küste bezogenen Ausspruch.

Unternehmen und Region: Beispiel Stade

Am Beispiel der Kreisstadt Stade an der Unterelbe läßt sich gut zeigen, wie Unternehmen das gesamte Leben in einer Region verändern können.

Bis in die sechziger Jahre war Stade als Sitz der Bezirksregierung eine kleine Beamtenstadt inmitten einer landwirtschaftlichen Umgebung. Außer der Stader Saline gab es nur kleinere Industriebetriebe, wie eine kleine Werft, eine Lederfabrik, chemische Betriebe sowie mittelständische Handwerks- und Dienstleistungsbetriebe.

Das Steuereinkommen der Stadt Stade war gering im Vergleich zu anderen Städten ähnlicher Größe. Wichtige Aufgaben der Stadtsanierung und des Straßenbaus konnten aus Geldmangel nicht in Angriff genommen werden. Die historischen Bauten der Altstadt waren vom Zerfall bedroht, und die meisten Straßen waren in einem katastrophalen Zustand.

Es fehlte auch an Arbeitsplätzen, weil sowohl die Landwirtschaft als auch die ansässigen Betriebe nicht genügend Arbeitskräfte beschäftigen konnten. Viele Berufstätige mußten in die nahe Großstadt Hamburg zur Arbeit fahren. Handel und Gewerbe litten unter dem geringen Kaufkraftvolumen der Bevölkerung.

Nach Meinung der Politiker konnte die wirtschaftliche Lage dieser Region nur durch eine Industrieansiedlung verbessert werden. Es gab einen günstigen Standort an der Elbe, den man nur entsprechend vorzubereiten brauchte, um Industriebetriebe anzulocken. Auch Arbeitskräfte waren in ausreichendem Maße vorhanden.

Das Vorhaben gelang. Drei große Industriebetriebe siedelten sich auf dem mit neuen Deichen gesicherten Gelände an:

- ein Werk der chemischen Grundstoffindustrie,
- ein Aluminiumoxidwerk zur Herstellung von Aluminiumoxid aus überseeischem Bauxit,
- eine Aluminiumhütte für die Herstellung von Rohaluminium aus Aluminiumoxid.

Am Elbfahrwasser wurde ein Anleger gebaut, an dem große Überseeschiffe für den Bauxittransport und Chemikalientanker anlegen können. Eine Industriebahn wurde angelegt und die Zufahrtstraßen ausgebaut. Um den großen Strombedarf des Aluminiumwerkes decken zu können, wurden ein Kernkraftwerk fertiggestellt und Hochspannungs-Freileitungen gebaut.

Wo früher das Vieh weidete und Bauern ihre Felder bestellten, erhob sich Anfang der siebziger Jahre ein Gewirr von Rohrleitungen, Strommasten und Fabrikanlagen. Die Bewohner dieses Gebiets wurden nach und nach umgesiedelt.

Die neu angesiedelten Industriebetriebe haben für die Region etwa 2500 Arbeitsplätze gebracht. Die Handwerker und Gewerbetreibenden der Re-

Industrieansiedlung auf dem Stader Sand

Rotschlammdeponie im Stader Moor

Restauriertes Fachwerkhaus in Stade

gion konnten durch Aufträge beim Aufbau der Industriebetriebe und auch nach dem Anlaufen der Produktion durch Wartungs-, Reparatur-, Überwachungs- und Transportaufträge profitieren und ordentliche Gewinne erzielen.

Das Steueraufkommen der Stadt Stade, die inzwischen die umliegenden Ortschaften eingemeindet hatte, wuchs erheblich an, so daß eine Reihe von Aufgaben in Angriff genommen werden konnten. Mit Hilfe von Städtebaumitteln des Bundes wurde die gesamte Altstadt nach und nach saniert. Viele alte Baudenkmäler der Stadt, alte Bürgerhäuser und das Gebiet um den alten Hafen mit einem Speicher aus der Schwedenzeit wurden wieder hergerichtet. Fußgängerzonen wurden angelegt, Schulen neu gebaut oder erweitert, ein zweites Freibad und ein Hallenbad errichtet und vieles andere mehr. Auch in das Geschäftsleben kam neuer Schwung. Ein Kaufhaus und mehrere Supermärkte wurden neu errichtet, und viele Kaufleute erneuerten und erweiterten ihre Geschäftshäuser.

Ein altes Sprichwort sagt: „Jede Medaille hat zwei Seiten." So brachte auch die Ansiedlung der Industriebetriebe in Stade nicht nur positive Veränderungen mit sich. Für mehr Wohlstand und für mehr Wirtschaftswachstum müssen die Einwohner von Stade und seiner Umgebung auch eine Reihe von Nachteilen in Kauf nehmen. Die Einwohner des Ortsteiles Bützfleth, die in unmittelbarer Nachbarschaft zum Industriegelände wohnen, klagen über Lärmbelästigungen, wenn die Gasturbinen des Chemiewerkes laufen, oder über Reizungen der Atemwege, wenn trotz größter Sicherheitsbemühungen eine Chlorgaswolke entwichen ist. Die Naturschützer fragen, ob die in die Elbe eingeleiteten Abwässer wirklich unschädlich sind und ob der aus dem Aluminiumoxidwerk anfallende Rotschlamm im Stader Moor wirklich umweltverträglich gelagert werden kann. Auch wird in Stade die Frage nach der Sicherheit des Kernkraftwerkes ernsthaft diskutiert. Solche Auseinandersetzungen wirken bis in die Familien der Anwohner hinein.

1. Zähle einige positive und einige negative Auswirkungen der Industrieansiedlung in Stade auf.
2. „Industrie fördert Sport und Kultur." Läßt sich diese Behauptung am Beispiel Stade belegen?
3. Welche Einflüsse haben Unternehmen in eurer Heimatregion? Diskutiert.
4. Es gibt Städte oder Regionen, die stark von einem einzigen Großunternehmen abhängig sind. Findet Beispiele. Welche Nachteile kann das haben?

4.2 Unternehmen im Spannungsfeld der Interessen

Ansprüche von vielen Seiten

Unternehmen sind in ein ganzes Netz von Interessen eingewoben. Da gibt es Interessen, die in die gleiche Richtung gehen. So haben z. B. die meisten, die mit einem Unternehmen wirtschaftlich verbunden sind, ein Interesse am Fortbestand des Unternehmens. Auch wird grundsätzlich niemand viel dagegen haben, wenn ein Unternehmen floriert und gut verdient.

Es gibt aber auch bündelweise Interessen, die einander widersprechen. So stehen z. B. Unternehmenseigentümer und Beschäftigte im direkten Interessengegensatz, wenn es etwa um die Höhe der Arbeitsentgelte oder um Ausgaben für die Verbesserung der Arbeitsbedingungen geht, die weder aus technischer Sicht noch aus der Sicht des Arbeitsschutzes unbedingt erforderlich sind und auch keinen Effekt hinsichtlich einer Produktionssteigerung haben. Unternehmen möchten hohe Preise für ihre Produkte und Dienstleistungen erzielen, Kunden haben ein Interesse an möglichst niedrigen Verkaufspreisen.

Die Aufzählung solcher Interessengegensätze läßt sich fortsetzen, wie die Grafik zeigt. Dabei wird deutlich, daß ein und derselbe Interessent sogar widersprüchliche Wünsche und Vorstellungen haben kann.

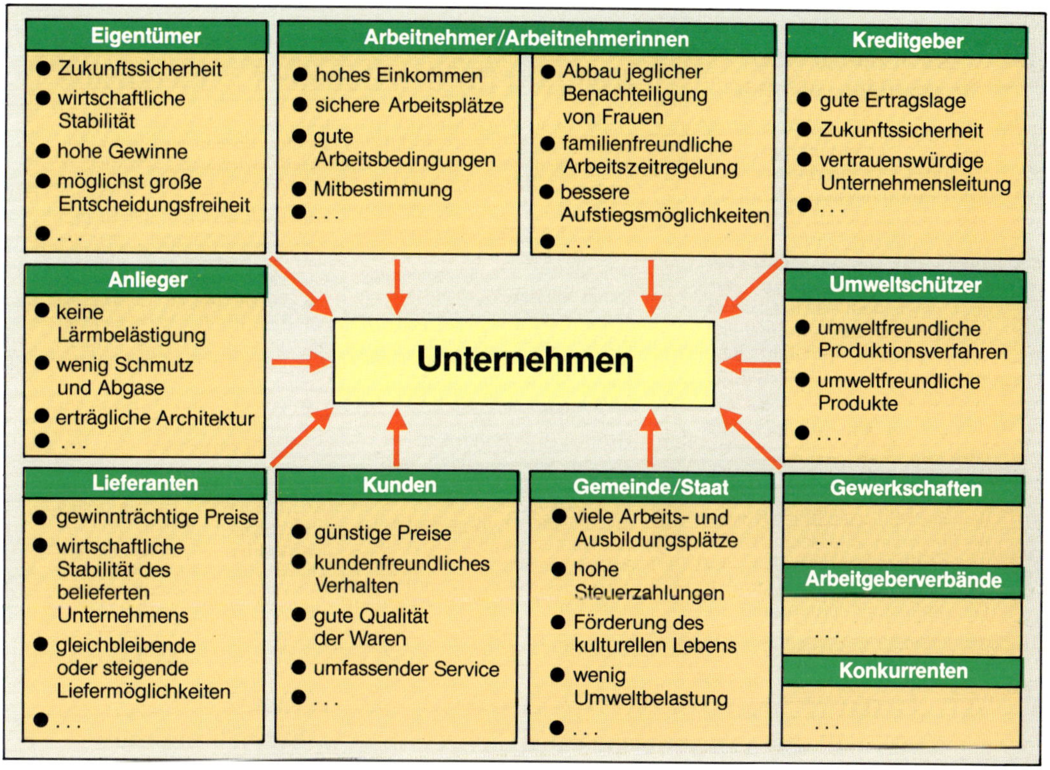

1. Finde weitere Beispiele für gleichgerichtete Interessen. Berücksichtige dabei die in der Grafik genannten Interessenten.
2. Finde weitere Beispiele für gegensätzliche Interessen.
3. Findet bei gegensätzlichen Interessen immer ein Interessenausgleich in der Form statt, daß alle zufrieden sind? Erläutere deine Aussage durch Beispiele.

Zwei Millionen Mark öffentliche Gelder gegen giftige Abgase einer Firma?

Anwohner: „Wir haben die Nase voll“

Metallverpackungsunternehmen: Nachverbrennungsanlage nicht allein zu finanzieren

Den Braunschweigern im Viertel rund um die Frankfurter Straße stinkt es, nachweislich schon seit Ende der 60er Jahre, als die Braunschweiger Metallverpackungsgesellschaft mbH (BMG) eine neue Lackiererei einbaute und damit, wie sie selbst noch im Juni 1985 schriftlich bestätigte, „erhebliche Geruchsbelästigungen in der Umgebung auslöste. Die Emission an organischen Stoffen übersteigt die zulässigen Werte in erheblichem Maße.“ Nur ist bisher nichts geschehen.

An diesem Donnerstag von 19.30 Uhr an wollen die von Luftverschmutzung und Geruchsbelästigung genervten Bürger auf Einladung der Initiative „Die Luft wird rein“ über die Probleme mit Vertretern der Rathausfraktionen und des Staatlichen Gewerbeaufsichtsamtes diskutieren.

Das Unternehmen, das nach eigenen Angaben 320 Mitarbeiter beschäftigt und an diesem Standort seit 80 Jahren produziert, sieht sich außerstande, die auch vom Technischen Überwachungsverein Hannover als einzige wirksame Umweltschutzmaßnahme bezeichnete thermische Nachverbrennung zu finanzieren. Mit dieser Anlage ließen sich die Abgase reinigen; Kosten: Vier Millionen Mark. Die BMG ist bereit, zwei der vier Millionen-Mark-Investition selbst zu finanzieren.

Die BMG sagt, daß sie alternative Lackierungsverfahren nicht anwenden, auf die Lackierung ihrer meisten Produkte auch nicht verzichten kann.

Zuschuß an BMG nur gegen Zusage einer Beschäftigungsgarantie

Die Stadt Braunschweig wird, wie der Verwaltungsausschuß des Rates jetzt beschlossen hat, der Braunschweiger Metallverpackungsgesellschaft (BMG) an der Frankfurter Straße zur Erfüllung der von ihr geforderten Umweltschutzmaßnahmen nur dann einen städtischen Zuschuß geben, wenn das Unternehmen sich verpflichtet, fünf Jahre lang mindestens 300 Mitarbeiter zu beschäftigen.

Von dem Unternehmen verlangt die Stadt jedoch außerdem, bei den eigenen Gesellschaftern eine Beteiligung an den vier Millionen Mark Kosten für die thermische Nachverbrennungsanlage zu erreichen, die den öffentlichen Anteil an den Gesamtkosten fühlbar senkt.

„Die Wende“ bei der BMG Richtfest für den Bau der Lackierstraße

„Das ist die Wende bei der BMG“, meinte der Geschäftsführer Fischer, nachdem am Freitag der Richtbaum über dem Rohbau einer neuen Produktionshalle für die Braunschweiger Metallverpackungsgesellschaft an der Frankfurter Straße schwebte.

Die Wende verspricht sich das Unternehmen von der Installation einer modernen Lackierstraße mit thermischer Nachverbrennung. Damit soll der Ärger mit Anwohnern, Behörden und Bürgerinitiativen ein Ende haben. Für sie war der Gestank aus den Abluftschächten der Firma ein „Dorn in der Nase“.

Doch bis zum Ende dieses Jahres müßten alle Beteiligten noch auf die saubere Abluft warten, denn erst dann könne die Anlage in Betrieb genommen werden, sagte Fischers Kollege Paul Adler. Bis dahin müsse noch mit Geruchsbelästigungen gerechnet werden.

Um diese geringer als in den vergangenen Jahren zu halten, hat sich die BMG freiwillig zu drei Schritten entschlossen, die die Lage im Bereich des Unternehmens verbessern helfen sollen:

- 400 000 Bleche werden bis zum Ende des Jahres bei anderen Unternehmen beidseitig lackiert, so daß bei der BMG 800 000 Arbeitsgänge wegfallen.
- Von den drei Anlagen der Firma werden nicht mehr alle gleichzeitig betrieben.

Vier Millionen Mark werden in den Neubau der 1600 Quadratmeter großen Halle und die technischen Anlagen investiert. 1,59 Millionen Mark davon sind Zuschüsse, die nach dem Städtebauförderungsgesetz aus öffentlichen Mitteln gewährt werden.

Ab Januar wahrscheinlich ohne Geruchsbelästigung

BMG will dann thermische Nachverbrennung in Betrieb nehmen

(Auszüge aus Zeitungsartikeln)

1. Versuche, aus den Zeitungsauszügen den Vorgang zu rekonstruieren.
2. Welche Interessen werden in den Auszügen direkt angesprochen?
3. Wer dürfte noch ein Interesse an einer Lösung des Problems haben?

5. Tarifverträge und Tarifautonomie

Jedes Jahr erneut berichten die Medien von „Tarifvertragskündigungen" und „Tarifvertragsrunden". Manchmal ist auch von „Tarifauseinandersetzungen" oder gar vom „Kampf um die Tarife" die Rede. Daß es dabei meist um Geld, konkret um Lohn- und Gehaltserhöhungen geht, wissen die meisten. Sie sind auch darüber informiert, daß hier Gewerkschaften und Arbeitgeberverbände verhandeln. Aber so richtig Bescheid, was es mit den Tarifverhandlungen auf sich hat, wissen viele dann doch nicht. Geht es immer nur um Geld? Müssen Streiks eigentlich sein? Hat der Staat das letzte Wort, wenn es um Lohn- und Gehaltserhöhungen geht?

5.1 Tarifverträge: Sinn und Aufgaben

Zur Entstehungsgeschichte

Am Anfang des vorigen Jahrhunderts, zu Beginn der Industrialisierung, mußte ein Lohnarbeiter den Lebensunterhalt seiner oft fünf, sechs oder noch mehr Köpfe zählenden Familie mit 3 bis 4 Talern in der Woche bestreiten. Um diesen spärlichen Lohn überhaupt zu bekommen, mußte er 12 oder 13 Stunden täglich körperlich schwer arbeiten, mußten sogar die Kinder in den Fabriken und Bergwerken mitschuften. Eine Alternative gab es nicht. Zu viele wollten Arbeit. So mußten die Industriearbeiter die menschenunwürdigen Bedingungen annehmen, die ihnen von den Arbeitgebern angeboten wurden.

Viele Arbeiter erkannten, daß sie als einzelne nichts ausrichten konnten. Beschwerden oder Bitten um mehr Lohn etwa führten sogar häufig zur Entlassung. Hier konnte nur ein Mittel helfen: Gemeinsamkeit! Nur wenn sie geschlossen auftreten, so war die Überlegung, hatten sie eine Chance, ihre Position zu verbessern. Wenn sie gemeinsam die Arbeit niederlegen würden, müßten die Arbeitgeber mit ihnen verhandeln.

Aus diesen Überlegungen heraus begannen Arbeiter in den vierziger Jahren des vergangenen Jahrhunderts, regionale Arbeitervereine zu gründen. Aus ihnen entstanden in langen und schwierigen Prozessen nationale Gewerkschaften, so z. B. im Jahre 1865 die Reichsorganisation der Buchdrucker und die der Tabakarbeiter. Vor allem die Angst vor den Reaktionen der Arbeitgeber, die eigene Müdigkeit und die Hoffnungslosigkeit waren es, die viele Arbeitnehmer davon abhielten, freudig Gewerkschaften beizutreten oder gar zu streiken.

Die Arbeitgeber reagierten dann auch mit gleichen Mitteln. Auch sie schlossen sich, wenn auch wesentlich später, zu Verbänden zusammen, die sich vorrangig als „Anti-Streik-Verein" verstanden. Die Arbeitgeber waren zunächst nicht gewillt, „der Gewalt zu weichen", wie sie es ausdrückten. Die Arbeitervereinigungen waren in ihren Augen staatsfeindliche Organisationen, mit denen man nicht reden konnte und durfte.

Der erste „Tarifvertrag" zwischen Arbeitgebern und Arbeitnehmervertretern wurde zwar 1873 geschlossen, und zwar im Buchdruckerhandwerk, aber erst 1910 konnte ein zweites Tarifwerk durchgesetzt werden, diesmal im Baugewerbe. Acht Jahre später, 1918, gab es dann ein förmliches Abkommen, in dem Arbeitgeber die Gewerkschaften als Arbeitnehmervertretung anerkannten und Tarifverträge als Weg zur Regelung von Lohnfragen und Fragen der Arbeitsbedingungen akzeptierten.

1. Welche Grundidee hat zur Bildung von Gewerkschaften geführt?
2. Warum haben sich wohl die Arbeitgeber so lange gegen die Anerkennung von Gewerkschaften und den Abschluß allgemein verbindlicher Tarifverträge gewehrt?

Tarifverträge heute

Die Zeiten haben sich geändert. Arbeitgeberverbände und Gewerkschaften reden miteinander, und das nicht nur, wenn es um Löhne oder Arbeitsbedingungen geht. Tarifverträge haben sich als ein wertvolles Instrument erwiesen, ohne das unser modernes Arbeitsleben wohl nicht denkbar wäre. Der Gesetzgeber hat durch gesetzliche Regelungen, vor allem durch das Tarifvertragsgesetz, das Instrument „Tarifverträge" fest verankert. Tarifverträge haben für beide Seiten, sowohl für die Unternehmer als auch für die Arbeitnehmer, erhebliche Vorteile:

Interview 1

„Herr Mester, Sie sind Arbeitnehmer. Ihre Arbeitsbedingungen und Ihr Arbeitsentgelt werden durch Tarifverträge geregelt, die nicht Sie, sondern irgendwelche Verhandlungsdelegationen erarbeitet haben. Wäre es Ihnen nicht lieber, Ihr Arbeitsverhältnis selbst zu regeln?"

„Wie stellen Sie sich das vor? Ich weiß doch nicht, an was alles beim Abschluß von Arbeitsverträgen gedacht werden muß. So ist mir das schon lieber, so sind alle Fragen geregelt. Zudem wäre ich als einzelner Arbeitnehmer in einer sehr schlechten Position, wenn ich beispielsweise um Lohn verhandeln sollte. Gewerkschaften als Interessenvertreter der Arbeitnehmer sind ja gerade entstanden, weil man nur durch Einigkeit und Gemeinsamkeit etwas erreichen kann."

Interview 2

„Herr Bennings, Sie sind Leiter der Personalabteilung in einem Großunternehmen. Halten Sie es für sinnvoll, daß Lohnfragen durch Tarifverträge geklärt werden? Wären nicht Einzelabsprachen mit jedem Arbeitnehmer viel sinnvoller?"

„Es ist gut für uns, daß es das System der Tarifverträge gibt. In Großunternehmen sind viele gleichartige Arbeitsverhältnisse zu regeln. Außerdem möchten und müssen Arbeitnehmer gleich behandelt werden. Durch die Tarifverträge ist sichergestellt, daß bei gleicher Arbeit auch gleicher Lohn gezahlt wird. Entsprechendes gilt für Fragen der Urlaubsregelung oder sonstiger Zuwendungen. Es würde unorganisierbar und schwierig, sollten all diese Fragen mit jedem einzelnen Arbeitnehmer jeweils individuell geregelt werden."

Tarifverträge müssen der wirtschaftlichen Realität Rechnung tragen, sollen sie ein taugliches Instrument bleiben. Nur kann die wirtschaftliche Situation z. B. im Einzelhandel anders sein als in der Industrie, im Norden der Bundesrepublik Deutschland anders als im Süden, im Jahre 1986 anders als ein Jahr später. Darum werden heute Tarifverträge nicht mehr einheitlich für das gesamte Gebiet der Bundesrepublik Deutschland abgeschlossen. Es gibt vielmehr

- einen **räumlichen Geltungsbereich** für einzelne Tarifverträge; sie gelten nur für eine genau bezeichnete Region,
- einen **zeitlichen Geltungsbereich;** Tarifverträge haben eine bestimmte „Laufzeit", die im Vertrag selbst angegeben ist,
- einen **sachlichen Geltungsbereich;** Tarifverträge werden grundsätzlich für bestimmte Wirtschaftsbereiche abgeschlossen, z. B. den Einzelhandel, die Metallindustrie, den öffentlichen Dienst.

Während in den Anfangszeiten vor allem Lohnfragen und Fragen der Arbeitsbedingungen im Mittelpunkt der Verhandlungen standen und Tarifverträge demnach diese Fragen regelten, sind heute andere Problemfelder dazugekommen. Tarifverträge haben sich nämlich als tauglich erwiesen, Arbeitnehmer und Arbeitgeber, z. B. bei der Diskussion über Probleme und Folgen technischer Entwicklungen, miteinander ins Gespräch zu bringen, um gemeinsam nach Lösungen erkennbarer Probleme zu suchen.

1. Welche Vorteile bieten Tarifverträge für Arbeitnehmer und Arbeitgeber?
2. Warum gibt es ständig neue Tarifverträge?
3. Warum gibt es nicht einen Einheitstarifvertrag für alle Unternehmen in der gesamten Bundesrepublik Deutschland?

Arten von Tarifverträgen

Zwischen dem

Landesverband der Buchhändler und Verleger in Niedersachsen e.V., Hannover,

....

einerseits, und der

Gewerkschaft Handel, Banken und Versicherungen, Landesbezirk Niedersachsen/Bremen, Hannover,

Industriegewerkschaft Druck und Papier, Landesbezirk Niedersachsen, Hannover,

....

andererseits, wird nachstehender

Gehaltstarifvertrag

vereinbart:

Inhaltsverzeichnis

Tarifvertrag über Vergütungen für Auszubildende

für die niedersächsische Metallindustrie (ausschließlich nordwestliches Niedersachsen und Osnabrück)

Manteltarifvertrag

Inhaltsverzeichnis

Manteltarifvertrag

für die Auszubildenden in der niedersächsischen Metallindustrie (ausschließlich nordwestliches Niedersachsen und Osnabrück) vom 18. Juli 1984

Gültig ab 1. April 1985

Inhaltsverzeichnis

Zwischen dem Gesamtverband der metallindustriellen Arbeitgeberverbände e.V.

einerseits, und der

Industriegewerkschaft Metall für die Bundesrepublik Deutschland

andererseits

ist auf der Grundlage des Einigungsvorschlages der gemeinsamen Schlichtungsstelle vom 19. Mai 1968 folgendes

Abkommen zum Schutze der Arbeitnehmer (Arbeiter und Angestellte) vor Folgen der Rationalisierung

geschlossen worden.

1. Was wird in Gehaltstarifverträgen geregelt?
2. Was wird in Manteltarifverträgen geregelt?
3. Was besagt das Wort „Geltungsbereich“ in Tarifverträgen?
4. Eine Klasse möchte sich in Original-Tarifverträgen genauer informieren. Was ist zu tun?

Gewerkschaften und Arbeitgeberverbände

Die Gewerkschaften haben eine wechselvolle Geschichte hinter sich. Darüber habt ihr sicherlich im Fach Geschichte schon etwas gehört. Die Neugründung von Gewerkschaften nach 1945 war sehr schwierig. Erst 1949 bildete sich der Deutsche Gewerkschaftsbund (DGB). In ihm sind heute 17 selbständige Einzelgewerkschaften als Berufs- und Industrieverbände zusammengeschlossen. Für die Industriegewerkschaften gilt die Regelung: ein Betrieb – eine Gewerkschaft. Handelt es sich um einen überwiegend metallverarbeitenden Betrieb, so können sich die Beschäftigten in der IG Metall organisieren. Arbeitnehmer in einer Papierfabrik können Mitglied in der IG Chemie, Papier, Keramik werden. Dabei ist es gleichgültig, ob sie Arbeiter oder Angestellte sind und welchen Beruf sie im Betrieb ausüben. Diese Regelung soll den Konkurrenzkampf in den Betrieben zwischen einzelnen DGB-Gewerkschaften vermeiden. Die Arbeitnehmer können sich aber auch einer anderen – nicht zum DGB gehörenden – Gewerkschaft anschließen. So ist die Deutsche Angestelltengewerkschaft (DAG) eine reine Angestelltenorganisation. Sie besteht aus verschiedenen Berufsgruppen: kaufmännischen Angestellten, Versicherungsangestellten, Angestellten im öffentlichen Dienst u. a. Eine kaufmännische Angestellte in einem Stahlwerk könnte also Mitglied in der IG Metall oder der DAG sein.

Zur Wahrung ihrer Interessen haben sich die Arbeitgeber im November 1950 zur Bundesvereinigung der Deutschen Arbeitgeberverbände (BDA) zusammengeschlossen. Die Arbeitgeberverbände bilden das Gegengewicht zu den Gewerkschaften. In der BDA sind aus den Wirtschaftsbereichen Industrie, Handel, Banken und Versicherungen rund 80 % aller Arbeitgeber organisiert. Sie beschäftigen etwa 90 % aller Arbeitnehmer. Zum Bundesverband der Deutschen Arbeitgeberverbände gibt es keine Konkurrenzorganisation. Bei der BDA besteht keine Möglichkeit, als Einzelperson oder -unternehmen Mitglied zu werden. Mitglieder sind zum einen verschiedene Landesverbände, zum anderen die folgenden Fachverbände: Industrie- und Bergbau, Handwerk, Versicherungen, Banken, Landwirtschaft, Handel, Verkehrsgewerbe, Sonstige Gewerbe. Der Arbeitgeberverband der Eisen- und Stahlindustrie und die öffentlichen Arbeitgeber (Bund, Länder, Gemeinden, Städte) sind keine Mitglieder in der BDA. Sie entsenden eigene Verhandlungsdelegationen als Gesprächspartner der Gewerkschaften, wenn es um Tarifverträge geht.

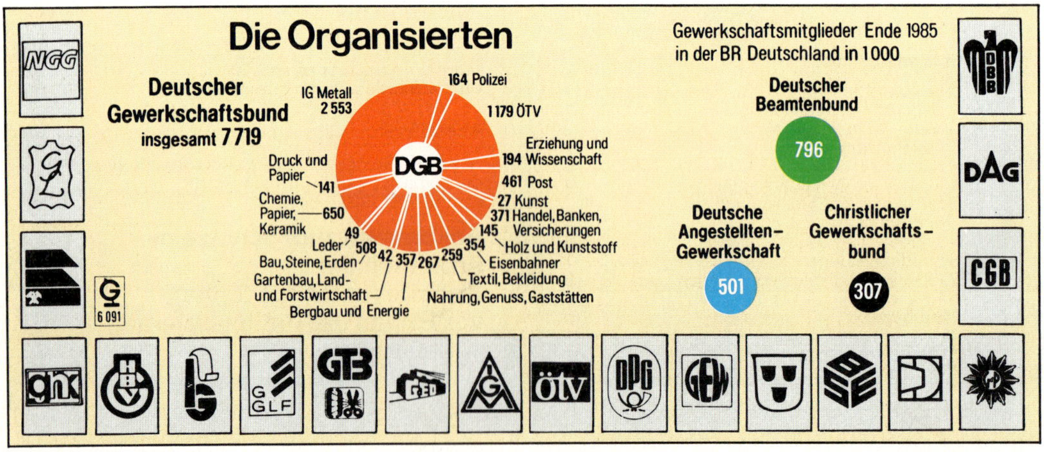

1. Welche Gewerkschaften kennst du? Für welche Wirtschaftsbereiche sind sie zuständig?
2. Welche Arbeitgeberverbände sind ihre Tarifpartner?
3. Welche Aufgaben haben die Arbeitgeberverbände? Informiere dich!
4. Welche Leistungen erbringen Gewerkschaften für ihre Mitglieder? Informiere dich!

Tarifvertragsparteien, Tarifautonomie, Tarifvertragsbindung

Kundgebung der IG Metall

Wie hoch die Löhne oder wie lang die Arbeitszeiten sind, ist für eine Volkswirtschaft wichtig. Da würde es nicht verwundern, wenn sich der Staat in solchen Fragen ein Mitspracherecht sichern würde. Er hat es aber in der Bundesrepublik Deutschland nicht getan, sondern das – den Regeln der sozialen Marktwirtschaft gemäß – den Marktpartnern überlassen. Der Staat hat durch Gesetz festgelegt, daß er bei Tarifverhandlungen außen vor bleibt. Die Tarifvertragsparteien müssen aus eigener Kraft zu Ergebnissen kommen und sich über Lohnstrukturen, Lohnhöhe oder Arbeitszeiten einigen. Sie sind autonom, der Staat redet ihnen nicht drein, andere Instanzen auch nicht. Deshalb spricht man von „Tarifautonomie".

Der Staat hat allerdings durch Gesetz festgeschrieben, wer das Recht hat, über Tarife zu verhandeln. Im Tarifvertragsgesetz steht, wer als Verhandlungspartner auftreten darf. Auf seiten der Arbeitnehmer haben dieses Recht grundsätzlich nur Gewerkschaften. Auf seiten der Arbeitgeber sind zunächst Arbeitgeberverbände berechtigt, Tarifverhandlungen zu führen. Darüber hinaus dürfen allerdings auch Großunternehmen, etwa VW, als Verhandlungspartner auftreten. Ein von ihnen mit den Gewerkschaften ausgehandelter Vertrag gilt dann für den gesamten Bereich des Unternehmens, bei VW also für das Werk Emden ebenso wie für die Werke in Kassel und Wolfsburg. Die so entstehenden „Haustarife" sind aber eine Besonderheit, auf die nicht weiter eingegangen werden soll.

Wie kommt es nun prinzipiell zu Tarifverträgen? Die Grundkonzeption, nach der Tarifverträge entstehen, läßt sich leicht erklären. Auf der einen Seite stehen Unternehmen einer Branche bzw. eines Wirtschaftsbereichs, die sich zu einem Verband zusammengeschlossen haben. Die Unternehmer des Verbandes ernennen eine Verhandlungsdelegation, die mit der Arbeitnehmerseite Tarifverträge aushandeln soll. Auf der anderen Seite stehen die in Gewerkschaften organisierten Arbeitnehmer. Auch hier erfolgt die Organisation nach Wirtschaftsbereichen. Die zusammengeschlossenen Arbeitnehmer ernennen ebenfalls eine Verhandlungsdelegation.

Die beiden Delegationen verhandeln miteinander, bis sie zu einer Einigung über die anstehenden Fragen gekommen sind. Der Weg dahin kann sehr lang sein, wie auf den nachfolgenden Seiten noch genauer beschrieben wird. Ist zwischen den Delegationen eine Einigung erzielt, müssen die Ergebnisse sowohl von der Arbeitgeber- als auch von der Arbeitnehmerorganisation gebilligt werden. Im Wirtschaftsalltag spricht man von „Erklärung“. Jede Organisation erklärt, ob sie mit dem Verhandlungsergebnis ihrer Delegation einverstanden ist. Damit möglichst schnell Klarheit herrscht, hat der Gesetzgeber für diese Erklärung eine Frist gesetzt, eben die „Erklärungsfrist“.

Ist ein Vertrag abgeschlossen, dann gilt er. Verträge sind für die Zeit ihrer Gültigkeit bindend. Beide Seiten haben sich an die Vereinbarungen zu halten. Geschieht das nicht, können Gerichte eingeschaltet werden. Wenn z. B. in einem Arbeitgeberverband bzw. in einer Gewerkschaft organisierte Arbeitgeber oder Arbeitnehmer trotz gültiger Tarifverträge Arbeitskampfmaßnahmen beginnen, um eine Veränderung der Verträge zu erzwingen, muß ihre Organisation sie zur Ordnung, zum Frieden rufen. Es besteht nämlich eine „Friedenspflicht“. Während der Laufzeit eines Vertrages dürfen die Vertragspartner keine Kampfmaßnahmen gegen die andere Seite ergreifen oder unterstützen.

Ein besonderes Problem ergibt sich aus der Frage, für wen Tarifverträge gültig und bindend sind. Zunächst ist die Antwort sehr einfach. Da es sich um einen Vertrag handelt, sind nur diejenigen gebunden, die diesen Vertrag abgeschlossen haben bzw. für die er abgeschlossen worden ist. Bezogen auf Arbeitnehmer heißt das: Nur in der betreffenden Gewerkschaft organisierte Arbeitnehmer haben ein Recht darauf, aus dem Tarifvertrag Forderungen (z. B. nach Lohnerhöhung) abzuleiten. Für sie ist die Sache problemlos, sofern ihr Arbeitgeber im Arbeitgeberverband ist und damit zu den vertragschließenden Parteien gehört. Er muß sich an den von seiner Delegation ausgehandelten Vertrag halten.

Was ist aber nun, wenn z. B. ein Arbeitnehmer nicht in der Gewerkschaft ist, die für seine Branche und damit für seinen Betrieb verhandelt hat? Hier wird eine Antwort schwierig. Abgesehen davon, daß kein Arbeitgeber so dumm sein dürfte, Gewerkschaftsmitglieder besser zu bezahlen als Nichtmitglieder, gibt es noch eine andere Sache. Das Gleichheitsprinzip erlaubt keinen Unterschied in der Lohnhöhe nach dem Maßstab der Gewerkschaftszugehörigkeit. Dieses Prinzip kann sogar über Betriebsgrenzen hinaus greifen. So spielt bei Auseinandersetzungen um die Entlohnung oft der „ortsübliche Lohn“ eine Rolle. Der dürfte aber in den meisten Fällen durch die Tariflöhne festgelegt sein. So kommen also auch nicht in Gewerkschaften organisierte Arbeitnehmer in den Genuß der Tarifvergütungen. Das ärgert natürlich die Gewerkschaften und die dort organisierten Kollegen. Schließlich zahlen sie Beiträge in die Gewerkschaftskasse und unterstützen ihre verhandelnden Kollegen auf vielerlei Art. Den Erfolg aber haben alle, auch die, die nicht Mitglied sind und oft sogar bei allen möglichen Gelegenheiten auf die Gewerkschaften schimpfen. Gewerkschaftsmitglieder bezeichnen solche gewerkschaftsfernen Arbeitnehmer als „Trittbrettfahrer“. Etwas anderes kommt hinzu: Je weniger Arbeitnehmer einer Branche gewerkschaftlich organisiert sind, desto schwächer ist die Verhandlungsposition der Gewerkschaften. Zu viele „Trittbrettfahrer“ schaden letztlich also auch ihren organisierten Arbeitskollegen.

1. Warum spricht man bei Tarifverträgen von „kollektiven“ Verträgen?
2. Was besagt das Wort „Friedenspflicht“ im Zusammenhang mit Tarifverträgen?
3. Wer kann aus Tarifverträgen Rechte ableiten, wen verpflichten sie?
4. Erläutere die Zeichnung. Warum schauen die Arbeiter im Bus wohl so mürrisch drein?

5.2 Vom alten zum neuen Tarifvertrag

„Vorgeplänkel“

Die Arbeitnehmer sagen:

- Die Lebenshaltungskosten sind gestiegen. Wir brauchen mehr Geld.
- Die Unternehmen haben gut verdient. Wir wollen unseren Anteil, denn wir haben das durch unsere Arbeit erst möglich gemacht.
- Die Anforderungen am Arbeitsplatz steigen dauernd, und die Belastungen nehmen zu. Da muß ein Ausgleich her.

Die Arbeitgeber sagen:

- Wir müssen wettbewerbsfähig bleiben. Zu hohe Löhne führen zu Preisen, mit denen wir nicht mehr wettbewerbsfähig sind.
- Vielen Unternehmen geht es sehr schlecht. Sie können keine Lohnerhöhung verkraften, ohne daß weitere Arbeitsplätze gefährdet werden.
- Mehr Lohn heißt weniger Gewinn. Weniger Gewinn heißt weniger Investitionen für Arbeitsplätze.

Tarifverhandlungen für die Metallindustrie oder den öffentlichen Dienst stehen oft im Rampenlicht der Öffentlichkeit. Von der öffentlichen Meinung hängt es manchmal mit ab, wie hartnäckig eine Tarifauseinandersetzung geführt werden kann. Darum ist es wichtig, schon vor dem ersten offiziellen Schritt die eigene Position ins rechte Licht zu rücken. So begründen die Tarifvertragsparteien mit vielen Worten und Argumenten schon vorher, warum sie eine so hohe Forderung oder ein so niedriges Angebot für unumgänglich halten.

1. „Warum halten sich die Gewerkschaften bei Lohnforderungen nicht zurück? Niedrige Löhne führen zu niedrigen Preisen, und die helfen allen!“ Was meinst du dazu?
2. „Warum sind die Arbeitgeber nicht großzügiger? Sie verdienen ohnehin genug und können höhere Löhne auf die Preise abwälzen.“ Was meinst du zu dieser Ansicht?

Die Tarifrunde

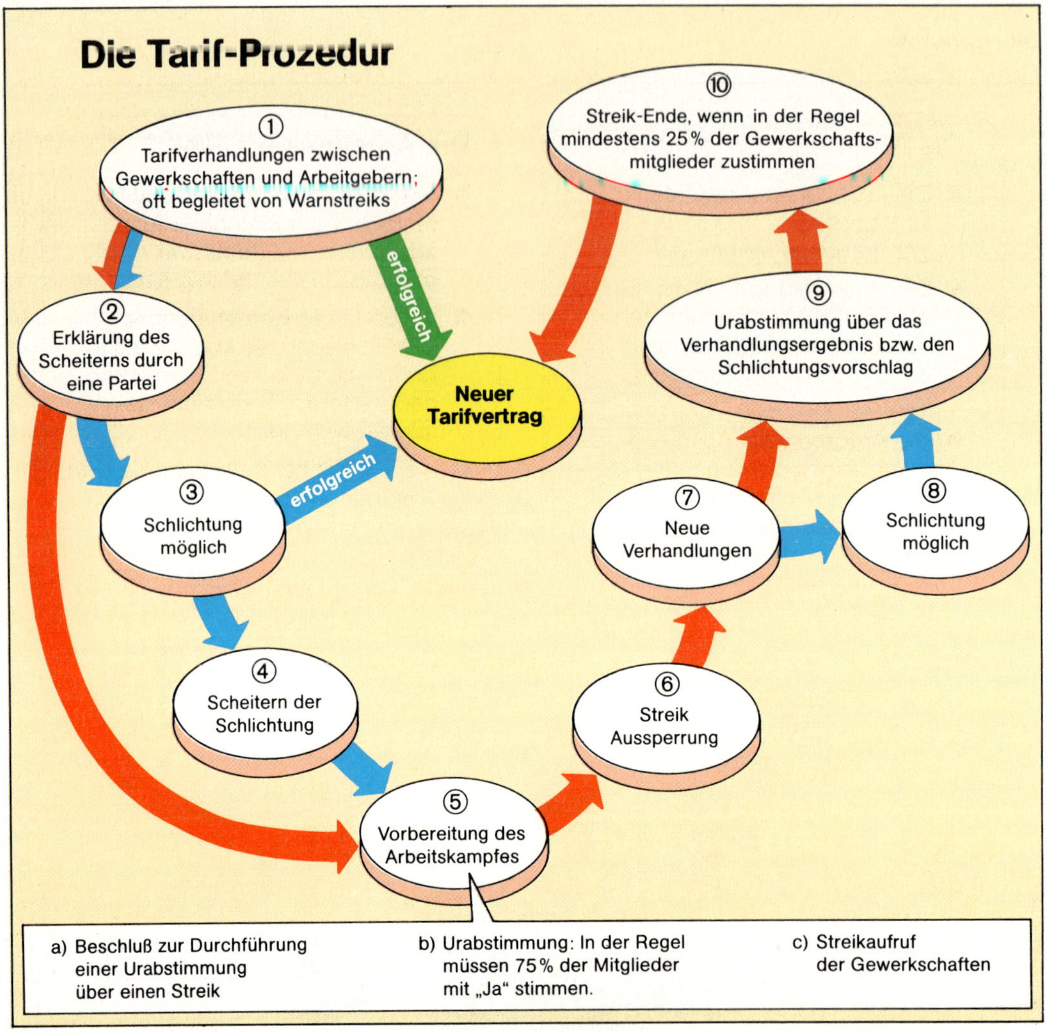

Tarifverhandlungen können auf sehr unterschiedliche Art und Weise ablaufen. Manche gehen völlig geräuschlos über die Bühne. Ihr Abschluß ist der Presse höchstens eine Kurznotiz wert. Andere stehen von Anfang an im Rampenlicht der Öffentlichkeit. Sie ziehen sich über Wochen und Monate hin. In ihrem Verlauf wird mehr oder weniger intensiv das gesamte Instrumentarium der Tarifauseinandersetzung benutzt. Die Stimmung in der Öffentlichkeit spielt dabei für beide Parteien, die Gewerkschaften und die Arbeitgeber, eine nicht zu unterschätzende Rolle. Wichtig ist auch, ob die Verhandlungen eine Vorreiterrolle auch für andere Wirtschaftsbereiche spielen.

1. Beschreibe mögliche Situationen auf dem Weg vom alten zum neuen Tarifvertrag.
2. Was ist eine „Urabstimmung“? Wie erhältst du genauere Informationen?
3. Den Spruch des Schlichters (eines von beiden Seiten akzeptierten „Schiedsrichters“) können die Kontrahenten annehmen, sie können aber auch die Zustimmung verweigern. Sollte man sie nicht verpflichten, den Schiedsspruch anzunehmen? Begründe deine Meinung.

Kampfmittel: Arten, Formen, Sinn

„Beim Geld hört die Freundschaft auf." Das ist nun manchmal so, vor allem im Wirtschaftsleben. So stehen bei Verhandlungen über neue Tarife die Interessen von Arbeitgebern und Arbeitnehmern hart gegeneinander. Beide Seiten haben Mittel, ihren Wünschen Nachdruck zu verleihen.

Ein Mittel ist der **Warnstreik.** Von diesem Mittel darf erst mit Billigung der Gewerkschaften Gebrauch gemacht werden, wenn die bisher gültigen Tarifverträge ausgelaufen sind. Warnstreiks werden meistens nur in ausgewählten Betrieben und nur für kurze Zeit durchgeführt.

Streiken Arbeitnehmer, obwohl sie es rechtlich gesehen nicht dürften, spricht man von einem **wilden Streik.**

Das wichtigste Kampfmittel der Gewerkschaften bei Tarifauseinandersetzungen ist der **Streik.** Die gewerkschaftlich organisierten Arbeitnehmer stellen ihre Arbeit ein, der Betrieb kann in den meisten Fällen nicht mehr weiter produzieren. Nicht in Gewerkschaften organisierte Arbeitnehmer sind besonders hart betroffen, denn ohne Arbeit gibt es keinen Lohn. Gewerkschaftlich organisierte Arbeitnehmer erhalten aus der Gewerkschaftskasse Streikgelder, nicht organisierte gehen leer aus. Ein Streik kann nur durchgeführt werden, wenn es zuvor bei einer „Urstimmung" eine Dreiviertelmehrheit der Stimmen für den Streik gegeben hat. Stimmberechtigt sind allerdings nur gewerkschaftlich organisierte beitnehmer.

Die Arbeitgeber haben als Kampfmittel die **Aussperrung.** Sie schließen den Betrieb und lassen niemand mehr arbeiten, auch die nicht, die gern arbeiten möchten. Eine solche Aussperrung hat vielfältige Wirkungen. So müssen z. B. die Gewerkschaften an ausgesperrte Mitglieder Geldzahlungen leisten. Das leert die Streikkasse. Wer ausgesperrt ist und keiner Gewerkschaft angehört, der bekommt kein Geld, allenfalls ein Darlehen von der Sozialhilfe. Diese Arbeitnehmer werden erheblichen Druck ausüben, möglichst schnell mit den Arbeitgebern einig zu werden. Viele wollen lieber eine kleinere Lohnerhöhung als wochenlang überhaupt keinen Lohn.

Das Bundesarbeitsgericht hat die Aussperrung für zulässig erklärt, sie muß aber nach Umfang und Wirkung dem Streik angemessen sein. Die Aussperrung kommt selten und meistens nur in langwierigen Arbeitskämpfen zur Anwendung.

„Die schändliche Sache"

„Jedem das Recht auf die gleiche Waffe"

1. Beschreibe Auswirkungen eines Streiks.
2. Vergleiche die beiden Karikaturen. Erläutere die unterschiedlichen Sichtweisen.

Tarifpuzzle

Tarifpartner sind an den Verhandlungstisch zurückgekehrt (1)
Die Gewerkschaften und die Arbeitgeber verhandeln wieder – ohne Vorbedingungen, wie es auf beiden Seiten hieß. Streik und Aussperrung gehen demnach weiter.

Annäherung in Sicht!
Stahlkonflikt vor der Lösung? (2)
Wie man aus gut unterrichteter Quelle erfahren kann, kommen sich die Verhandlungspartner näher. Eine schnelle Einigung wird nun nicht mehr ausgeschlossen.

Erneute Urabstimmung – Annahme des 5%-Vorschlages gilt als sicher (3)
Stimmen die Stahlarbeitnehmer heute in einer erneuten Urabstimmung für die Annahme des Tarifvertrages, ist der Streik beendet. 25% Ja-Stimmen reichen aus, den Arbeitskampf zu beenden. Die Arbeitgeber haben bereits gestern abend die Aussperrung aufgehoben.

Tarifverhandlungen wieder aufgenommen (4)
Die Tarifpartner haben ihre unterbrochenen Verhandlungen wieder aufgenommen. Eine Einigung ist aber noch nicht in Sicht.

Schlichter erfolglos
Stahlindustrie steht vor dem Streik (5)
Der Vorschlag des Schlichters, der gestern vorgelegt wurde, ist von beiden Seiten als unannehmbar bezeichnet worden. Die Verhandlungskommission der IG-Metall hat die Urabstimmung zur Einleitung des Streiks empfohlen.

Tarifverhandlungen vertagt –
Keine Annäherung der Standpunkte (6)
Die Gespräche um höhere Löhne in der Stahlindustrie treten auf der Stelle. Nach zwei Gesprächsrunden ist man übereingekommen, erst am kommenden Dienstag wieder zu verhandeln.

Tarifvertrag fristgerecht gekündigt –
Forderung: 8 %. (7)
Die IG-Metall hat die Tarifverträge für 800 000 Beschäftigte zum Jahresende gekündigt.

Tarifverhandlungen gescheitert –
Ruf nach dem Schlichter (8)
Die Gewerkschaftsvertreter haben die Tarifverhandlungen für gescheitert erklärt, weil keine Annäherung der Standpunkte zu erkennen sei. Jetzt hat der Schlichter das Wort. Beide Seiten haben sich auf Prof. Dr. Lehwald geeinigt.

Stahl-Streik verschärft – Arbeitgeber sperren aus (9)
Seit heute morgen stehen auch Arbeitswillige auf der Straße. Die Arbeitgeber haben vom Kampfmittel der Aussperrung Gebrauch gemacht.

Neues Arbeitgeber-Angebot trotz Streik (10)
Trotz des überall angelaufenen Streiks haben die Arbeitgeber ein neues Angebot vorgelegt: 4,6 %. Noch ist nicht entschieden, ob die Gewerkschaften das Verhandlungsangebot aufgreifen.

Über 90 % für Streik! (11)
Bei der Urabstimmung haben sich 90,2 % der stimmberechtigten Arbeitnehmer für einen Streik ausgesprochen. Jetzt muß die Gewerkschaft entscheiden, ob tatsächlich gestreikt wird.

Urabstimmung über Streik: 75 % müssen zustimmen, dann stehen die Räder still (12)
Die Gewerkschaften haben Vorbereitungen für eine Urabstimmung getroffen. In den Werken werden die organisierten Arbeiter abstimmen, ob sie einen Streik zur Durchsetzung der Forderungen wollen.

Ab morgen Streik! (13)
Ab Dienstag wird in der Stahlindustrie gestreikt. Der in der Urabstimmung deutlich gewordene Wille wird in die Tat umgesetzt.

Arbeitgeber: 3 % – Mehr ist diesmal nicht drin (14)
Die Arbeitgeber wollen mit einem Angebot von 3 % mehr Lohn und Gehalt in die Tarifrunde gehen.

Beide Verhandlungsdelegationen stimmen zu: 5 % mehr! (15)
Beide Seiten haben sich auf eine Lohnerhöhung von 5 % geeinigt. Der neue Tarifvertrag soll 1 Jahr lang gelten.

Lohnverhandlungen drohen zu scheitern –
Streikgefahr?? (16)
Die Tarifverhandlungen spitzen sich zu. Keine Seite scheint zu Zugeständnissen bereit. In den Verhandlungspausen wird bereits laut über Streik nachgedacht.

Verhandlungen im Stahlbereich –
Tarifpartner tasten Spielräume ab (17)
Arbeitgeber und Gewerkschaften setzten sich zum ersten Gespräch über einen neuen Tarifvertrag zusammen. Einer Forderung von 8 % steht ein Angebot von 3 % gegenüber.

Ordne die einzelnen Meldungen so, daß sich eine sinnvolle Abfolge ergibt.
Erläutere dann die einzelnen Stationen.

Lernort Betrieb

1. Die Betriebserkundung

„Zeig mal her!“ „Sieh dir das genau an!“ Diese beiden Sätze kann man häufig hören, wenn es um Lernen geht. Tatsächlich lernt es sich oft leichter und besser, wenn man vor Augen hat, worum es geht. Das gilt auch für viele Themen im Fach Arbeit/Wirtschaft. Da man Betriebe oder Berufstätige mit ihren Arbeitsplätzen nicht in die Schule holen kann, ist es sinnvoll, wenn die Schüler in die Betriebe gehen und dort lernen. Allerdings muß auch dieses Lernen organisiert werden, weil sonst aus der vorgesehenen Erkundung leicht ein belangloser Ausflug wird. Was heißt das konkret? Was ist bei einer Betriebserkundung alles zu beachten? Wie können Schülerinnen und Schüler vor Ort im Betrieb lernen?

1.1 Vorbereitung von Erkundungen

Erkundungen sind kein Selbstzweck

In manchen Schulen sind „Erkundungen“ bei Schülern sehr beliebt. Man läuft eine Stunde durch eine Keksfabrik oder einen Getränkeabfüllbetrieb, hört zu (oder auch nicht), was irgendein Betriebsangehöriger erklärt und wird dann bewirtet: Kekse oder Cola, so viel man will.

Solche Touren sind in der Regel keine Erkundungen. Eine Erkundung hat ein Ziel. Sie steht im Zusammenhang mit dem Stoff, der im Unterricht besprochen und bearbeitet wird. Eine Erkundung soll Informationen liefern, Sachverhalte aufzeigen und Probleme bewußt machen.

Art und Umfang einer Erkundung hängen von ihrer Aufgabenstellung ab. Wenn eine Erkundung z. B. dazu dienen soll, Informationen über bestimmte Arbeitsplätze in einem Betrieb oder über dort ausgeübte Berufstätigkeiten zu liefern, dann sollte sie sich, auch räumlich gesehen, auf diesen Bereich beschränken. Eine Begehung des gesamten Betriebes kann dann möglicherweise mehr schaden als nützen.

Jede Erkundung bedarf einer sorgfältigen Vor- und Nachbereitung. Eine Erkundung kann nur dann brauchbare Ergebnisse liefern, wenn die Schüler genau wissen, was sie herausfinden sollen und worauf sie achten müssen. Auch der Erkundungsbetrieb muß über Ziel und Aufgabenstellung der Erkundung informiert werden. Nur dann kann das Programm so gestaltet werden, daß die Schüler auch tatsächlich das zu sehen und zu hören bekommen, was sie zur Beantwortung ihrer Fragen brauchen.

1. Nenne Themenstellungen im Fach Arbeit/Wirtschaft, bei denen Erkundungen eine sinnvolle Sache sein können.
2. Eine Klasse hat einen Supermarkt unter dem Aspekt „Verkaufsfördernde Maßnahmen“ erkundet. Warum ist es zwingend notwendig, diese Erkundung in eine Vorbereitung und eine Nachbereitung bzw. Aufarbeitung einzubetten?
3. „Die Nachbesprechung der Erkundung ermöglicht es, Theorie und Praxis zusammenzubringen.“ Erläutere diese Aussage.

Planung und Organisation: der Einstieg in die Erkundung

Schüler einer Realschulklasse wollen eine Verbraucherberatungsstelle erkunden		
Wo ist die überhaupt?	Mit wem müssen wir denn jetzt zuerst reden?	Und was müssen wir beim ersten Telefongespräch klären?
• Anschrift und Telefonnummer ermitteln	• sich vorstellen • Grund des Anrufs nennen • Kontaktperson erfragen	• Anliegen genauer beschreiben • Terminvorgaben nennen • Anzahl der Teilnehmer mitteilen

Eine Erkundung hat drei Phasen: Vorbereitung, Durchführung und Nachbereitung. Daraus ergibt sich die Notwendigkeit, Erkundungen in den Unterricht „einzupassen“. Das verlangt neben einer zeitlichen Abstimmung auch eine intensive, zeitgerechte Arbeit im Unterricht. Die Vorbereitung z. B. muß zu einem festgelegten Termin abgeschlossen sein. Sie umfaßt verschiedene Arbeitsschritte:

- Erkundungsziel(e) festlegen,
- Frage- und Beobachtungsbögen erarbeiten,
- Erkundungstechniken (Interviews, Fotos, Videoaufzeichnungen, Einzelbefragungen, Gruppengespräche ...) festlegen,
- Erkundungsaufgaben verteilen,
- Zeiten (z. B. Abfahrzeit und Ankunftszeit), Treffpunkte und ggf. Anfahrtsweg vereinbaren,
- Regeln für die Durchführung der Erkundung besprechen.

Diese Abfolge der Arbeitsschritte setzt voraus, daß feststeht, welcher Betrieb erkundet werden soll und daß die notwendigen Vorbesprechungen mit dem Betrieb bereits erfolgt sind. In der Regel treffen die Lehrerin bzw. der Lehrer die notwendigen Vorbereitungen.

Sie suchen einen Betrieb aus, treffen Absprachen und organisieren An- und Abreise. Es ist natürlich auch denkbar, Schüler mit diesen Aufgaben zu betrauen. Bei ihrer Bewältigung läßt sich sogar viel lernen.

Tips für die Erkundung

1. *Ziehe geeignete Kleidung an!*
2. *Nimm Schreibzeug, Papier und eine Schreibunterlage mit!*
3. *Frage bevor du jemanden fotografierst, ob er damit einverstanden ist!*
4. *Achte darauf, daß du nicht unnötig störst oder die Arbeit aufhältst!*
5. *Beachte besonders die Hinweise auf Unfallgefahren!*
6. *Akzeptiere, daß es Bereiche gibt, die für Betriebsfremde „tabu“ sind!*
7. *Formuliere deine Fragen klar und deutlich! Stelle notfalls Rückfragen!*
8. *Gehe nicht auf eigene Faust durch den Betrieb!*
9. *Sei höflich gegenüber den Beschäftigten!*

1. Eine Klasse will sich in einem Berufsschulzentrum über Möglichkeiten der schulischen Berufsausbildung informieren. Die Schüler sollen auch die organisatorische Vorbereitung der Erkundung durchführen. Was müssen sie alles tun?
2. Eine Klasse will sich vor Ort über die Aufgaben von Banken und Möglichkeiten der Berufsausbildung in Banken informieren. Was ist zu tun? Welche Überlegungen spielen für die Auswahl der zu erkundenden Bank eine Rolle?
3. Was sollen die „Tips für die Erkundung“? Das weiß man doch alles!

1.2 Durchführung und Auswertung von Erkundungen

Viele Fehler lassen sich vermeiden

Es ist zehn Minuten vor neun Uhr. Alessa, Jesko und Jan stehen vor dem Versicherungsgebäude. Keiner traut sich so recht, den ersten Schritt zu machen. Fünf Minuten später faßt sich Jan ein Herz und geht auf die große Glastür zu. Jesko und Alessa folgen ihm zur Anmeldung.

Jan: „Hallo, wir sind von der Augustschule und wollen zu Herrn Schönroth, der soll uns seine Arbeit erklären."

„Ja, einen Moment bitte, ich melde Sie bei Herrn Waldel an."

Jesko zu Jan: „Hast du gehört, Waldel hat sie gesagt. Wir wollen doch zu Schönroth!"

Ein paar Minuten später erscheinen Herr Waldel, der Ausbildungsleiter des Betriebes, und Herr Schönroth.

Herr Waldel: „Guten Morgen! Meine Dame, meine Herren, ich begrüße Sie recht herzlich in unserem Hause. Herr Schönroth wird sie nachher betreuen und Ihre Fragen beantworten."

Alessa leise zu Jesko: „Warum nachher und nicht gleich?"

Herr Waldel: „Wir gehen erst einmal in mein Zimmer."

Im Arbeits- und Besprechungszimmer von Herrn Waldel stehen Getränke und Kekse bereit. Jan bedient sich unaufgefordert. Herr Waldel verzieht keine Miene.

Herr Waldel: „Bevor ich Ihnen einige wichtige Dinge über unsere Versicherung erzähle, möchte ich gern wissen, welche Fragen Sie haben. Darf ich Ihren Fragebogen sehen?"

Jan, Kekse kauend, leise zu Jesko: „Ach du Schreck, warum denn das?"

Alessa stellt die Colaflasche hin, kramt in ihrer Tasche und holt den Fragebogen heraus: „Hier ist er, bitte sehr!"

Herr Waldel liest den Fragebogen, sagt aber nichts dazu. Dann erläutert er den Aufbau der Versicherungsgesellschaft und sagt etwas zu ihren Aufgaben. Nach etwa 15 Minuten beendet er das Einführungsgespräch: „So, das genügt. Wenn Sie zu dem, was ich Ihnen erzählt habe, Fragen haben, wird Herr Schönroth auch die beantworten. Dann löchern Sie mal Herrn Schönroth mit ihren Fragen."

Alessa, Jan und Jesko gehen mit Herrn Schönroth durch das Großraumbüro. Jan bleibt an einem Arbeitsplatz stehen.

Jan: „Du, Jesko, so einen Computer habe ich auch. Sieh mal auf den Monitor, was da steht!"

Als sie am Arbeitsplatz von Herrn Schönroth angekommen sind, stürzt sich Jan gleich auf den Computer, der dort steht. Herr Schönroth scheint ihn nicht mehr zu interessieren.

„Was wollen Sie denn wissen?" Herr Schönroth sieht die drei fragend an. „Ach, der Fragebogen! Der liegt noch bei Herrn Waldel." Alessa läuft los, ihn zu holen. Als sie zurückkommt, übergibt sie ihrem Gesprächspartner ein etwas verknittertes Blatt. Herr Schönroth liest, dabei nimmt sein Gesicht einen mißbilligenden Ausdruck an ...

1. Welchen Schulabschluß haben Sie?
2. Welchen Beruf haben Sie erlernt?
3. Wieviel verdienen Sie im Monat, und was machen Sie mit dem Geld?
4. Gibt es auch Urlaubs- und Weihnachtsgeld, und was machen Sie damit?
5. Gibt es Sozialleistungen in der Versicherung, zum Beispiel einen Zuschuß zum Kantinenessen? Schmeckt Ihnen das Essen?
6. Haben Sie ein eigenes Telefon? Können Sie auch mal mit Ihren Freunden telefonieren?
7. Dürfen Sie Ihren Arbeitsplatz verändern? Persönliche Dinge mitbringen, wie Blumen, Bilder, Fotos, Bücher?
8. Haben Sie die Möglichkeit, mit anderen Beschäftigten Kontakt aufzunehmen?
9. Überwacht Ihr Vorgesetzter Ihre Arbeit?

1. Welche Verhaltensweisen von Alessa, Jesko und Jan sind deiner Meinung nach unangebracht?
2. Die Erkundung ist offensichtlich nicht gut vorbereitet, das sieht man schon am Fragebogen. Warum hat Herr Schönroth wohl Schwierigkeiten mit den Fragen?

Auswertungen von Erkundungen: aus Mosaiksteinen wird ein Bild

Was man gehört und gesehen hat, muß „verarbeitet" werden, damit es verwertbares Wissen wird. Darüber reden erleichtert das Lernen. Zudem wird sich bei der Nachbesprechung zeigen, wie unterschiedlich verschiedene Schüler die gleiche Situation wahrgenommen haben.

Wie eine Erkundung ausgewertet werden kann, hängt wesentlich vom Ziel der Erkundung und der Art ihrer Durchführung ab. Ist die Erkundung von der gesamten Klasse gemeinsam durchgeführt worden, läßt sie sich auch gemeinsam aufarbeiten. Notizen, Fotos, Materialien, Tonbandprotokolle und die eigenen Erinnerungen sind dafür die Grundlage. Bei der Aufarbeitung der Notizen zu gleichen Sachverhalten wird sich allerdings zeigen, daß sie voneinander abweichen und sich hier und da vielleicht sogar widersprechen. Gerade deshalb ist es wichtig, daß immer mehrere Beobachter Notizen machen.

Komplizierter wird die Auswertung, wenn nur eine kleine Gruppe als Erkunder tätig war oder eine Klasse arbeitsteilig vorgegangen ist. Dann müssen zunächst die anderen Schüler von den Erkundern informiert werden. Hier bieten sich verschiedene Verfahren an:

- **Referate,** möglichst durch Bilder oder andere Materialien (Broschüren, Tonbandaufnahmen, Videoaufzeichnungen) unterstützt,
- **schriftliche Berichte,** eventuell zu einem kleinen Heft zusammengefaßt,
- ein **Podiumsgespräch** unter Leitung der Lehrerin/des Lehrers, bei dem die Erkunder ihre Erkundungsergebnisse mündlich vortragen,
- ein **Wandzeitung** oder ähnliche Informationszusammenstellung, bei der die eingeholten Informationen nach einem vorgegebenen Schema aufgearbeitet werden.

Es sind weitere Verfahren denkbar. Wichtig ist immer, daß Sachinformationen von eigenen Interpretationen getrennt werden, damit sich alle ein möglichst objektives Bild machen können. Auf der Grundlage der Sachinformationen läßt sich dann interpretieren und diskutieren.

Das Auswertungsgespräch wird in den meisten Fällen damit beginnen, daß die Ausgangsfragen und die Zielsetzung der Erkundung in Erinnerung gerufen werden. Das ist sinnvoll, denn die Erkundung ist ja aus Fragen entstanden und soll Sachverhalte bewußt machen, die für den weiteren Unterrichtsverlauf bedeutsam sind.

1. Welche Vor- und Nachteile haben die genannten Auswertungsverfahren
   – aus der Sicht derjenigen, die Erkundungsergebnisse vorstellen sollen?
   – aus der Sicht derjenigen, die informiert werden sollen?
2. Schüler haben in einem Lebensmittelgeschäft erkundet, aus welchen Ländern der Welt dort Lebensmittel zu kaufen sind. Wie können sie ihr Erkundungsergebnis darstellen?

2. Das Betriebspraktikum

Das Betriebspraktikum ist für die meisten Schülerinnen und Schüler eine tolle Sache. Auch viele Eltern interessiert das Praktikum. Schüler berichten immer wieder: „Selten sind wir zu Hause so oft gefragt worden, wie es denn heute war.“ Auch in der Schule heißt es vor und nach dem Praktikum häufig: „Während des Betriebspraktikums habt ihr ...“. Warum reden alle – Schüler, Eltern, Lehrer – vom Betriebspraktikum? Was ist das Besondere daran? Welchen Nutzen kann es den Schülern wirklich bringen?

2.1 Vom Sinn des Praktikums

Das Praktikum aus Schülersicht

1. Was erwartest du vom Betriebspraktikum?
2. Welche Ziele kann ein Praktikum haben?
3. Fachleute mahnen: „Das Betriebspraktikum sollte auf keinen Fall ausschlaggebend für die Berufswahl eines Schülers sein!“ Warum wohl nicht?

Das Praktikum aus der Sicht von Lehrern, Ausbildern und anderen Beteiligten

Lehrerin

Vater

Ausbildungsleiter

Eltern

AWT-Lehrer

Beschäftigter

Arbeitnehmer

Auszubildende

Ein Praktikum kann nur durchgeführt werden, wenn Schule, Eltern und Betriebe mitmachen. Zumindest für die Schule und die Betriebe bedeutet es eine zusätzliche Belastung. Wenn sie trotzdem ein Praktikum ermöglichen, dann haben sie dafür sicherlich gute Gründe. Auch sie versprechen sich also etwas vom Praktikum. Das ist gut zu wissen, denn dann kann man sich auf die Erwartungen der anderen einstellen.

Einige Eltern werden z. B. hoffen, daß ihr Sohn oder ihre Tochter durch das Praktikum einen Ausbildungsplatz findet. Das mag gelegentlich auch tatsächlich so sein, aber das ist nicht die Aufgabe des Praktikums. Das Praktikum ist keine heimliche Stellenvermittlung. Darüber sollten Schüler mit ihren Eltern reden, damit bei ihnen keine falschen Erwartungen entstehen und sie nachher enttäuscht sind, daß bei dem Praktikum keine Ausbildungsstelle herausgesprungen ist.

Auch Schüler sollten nicht glauben, durch das Praktikum an eine Ausbildungsstelle zu kommen. Einem Schüler ist folgendes passiert: Der Betriebsinhaber seines Praktikumsbetriebes, das war ein Handwerksbetrieb, lobte ihn am Ende des Praktikums und fragte, ob er nicht Lust hätte, sich eine Lehrstelle zu verdienen. Er sollte doch in Zukunft an zwei Tagen in der Woche für einige Stunden kommen und arbeiten. Das solle so eine Art „Probelehre“ sein. Geld gäbe es nicht, das sei ja wohl klar, aber wenn er sich gelehrig zeige, könne er nach Schulabschluß offiziell eine Lehrstelle erhalten. Der Schüler war stolz. Er glaubte, jetzt sei bezüglich Berufswahl für ihn alles gelaufen, er würde die Stelle schon bekommen. Dies war ein Irrtum! Kurz vor Ende der Schulzeit hieß es: Du bist für diesen Ausbildungsplatz nicht geeignet. Erst da erfuhr der Schüler auch, daß es anderen schon ebenso ergangen war.

1. Beschreibe mögliche Vorstellungen und Wünsche, die Eltern, Betriebe und Schule an das Praktikum knüpfen könnten.
2. Wie beurteilst du die Sache mit der „Probelehre“?
3. „Ein Praktikum kostet doch die Betriebe nichts. Die verdienen doch sogar noch an uns Praktikanten, wenn wir ohne Bezahlung arbeiten.“ Nimm Stellung zu dieser Aussage.

Fragen, Fragebogen und ein Elternbrief

Realschule Hagenberg

An die
Eltern und Erziehungsberechtigten
der Schüler der Klassen 9

Betriebspraktikum

Liebe Eltern und Erziehungsberechtigte,

in der Zeit vom 2. bis 23. Februar werden die 9. Klassen unserer Schule in ihr Betriebspraktikum gehen. Zur unmittelbaren Vorbereitung werden die Klassen in der nächsten Woche noch einmal eine Betriebserkundung durchführen. Wir werden die dabei gewonnenen Erfahrungen nutzen, um Fragebogen für das Betriebspraktikum zu entwickeln. Diese Fragebogen sollen enthalten, was die Schülergruppen während des Praktikums erfahren wollen.

Wir möchten Ihnen gern diese Fragebogen vorstellen und Ihnen weitere Informationen zu unserem Praktikum geben. Vor allem möchten wir Ihnen sagen, welche Ziele wir mit dem Praktikum verfolgen. Das soll an einem Elternabend geschehen . . .

Es ist nicht einfach, einen Fragebogen zu entwikkeln, der für alle Betriebe taugt und in dem alle Schüler ihre Fragen unterbringen können.

Die Schüler der Klasse 9c der Realschule Hagenberg haben das Problem so gelöst: Jeder Schüler schrieb zunächst für sich alle Fragen auf, die er während des Betriebspraktikums geklärt haben wollte. Jede einzelne Frage wurde auf eine kleine Karteikarte geschrieben. Dann wurden die Karten nach Themen geordnet. In einem zweiten Arbeitsschritt fragten die Schüler: Was interessiert uns noch, wenn es um Beruf, Arbeitswelt und Betrieb geht? Zur Ideenfindung sahen die Schüler auch die Arbeitslehrebücher durch: Was war unklar geblieben? Was konnte man jetzt im Praktikum vielleicht genauer erfahren?

So entstand ein Fragenkatalog mit Fragen zum Praktikumsbetrieb, seinen Aufgaben, Produkten, seiner Größe und seinem Aufbau. Es folgten Fragen nach Berufen und Ausbildungsmöglichkeiten. Die Schüler wollten ferner wissen: Wieviel Menschen arbeiten im Betrieb? Wovon hängt es ab, wieviel jemand verdient? Gibt es typische Frauenarbeitsplätze? Verdienen Frauen und Männer gleich viel? Wieviel Urlaub bekommen die beschäftigten Arbeitnehmer? Besteht für Beschäftigte die Gefahr, arbeitslos zu werden? Was wird getan, um mit den eigenen Produkten auf dem Markt erfolgreich zu sein?

Es tauchten auch technische Fragen auf, z. B. nach dem Einsatz von Computern oder nach Fertigungsverfahren. Weitere Fragen galten dem Zusammenleben im Betrieb: Wer hat was zu sagen? Was geschieht, wenn Meinungsverschiedenheiten auftreten? Welche Möglichkeiten der Mitbestimmung gibt es für die Arbeitnehmer im Betrieb? Treffen sich Betriebsangehörige auch in der Freizeit?

1. Entwerft einen Fragebogen für euer Betriebspraktikum.
2. Es gibt Fragen, die man als Gast in einem Betrieb besser nicht stellen sollte. Findet Beispiele. Warum sind diese Fragen ungeeignet?
3. Überlegt, was auf einem Informationsabend für Eltern zum Betriebspraktikum besprochen werden könnte.

Regieanweisungen für das Praktikum

Aus dem Anschreiben eines Praktikumsbetriebes: „... erwartet Sie unser Ausbildungsleiter um 7.00 Uhr in der Lehrwerkstatt."

Die kleine Bildgeschichte ist – leider – aus dem Leben gegriffen. Welche Folgen ein solches Auftreten haben kann, darüber haben sich die drei bestimmt keine Gedanken gemacht.

Sicher ist so ein Start in das Betriebspraktikum nicht üblich. Dennoch können einige Tips vielleicht nützlich sein und das Sammeln von Erfahrungen in der Arbeitswelt erleichtern, denn in der Arbeitswelt gelten zum Teil andere Regeln als in der Schule. Das haben auch die Schüler der Realschule Hagenberg während ihres Praktikums erfahren. Hier sind einige Äußerungen:

Merkblatt: Verhalten während des Praktikums

Drei Wochen wird Dein Lernort nun in einem Betrieb sein. Dort wird Dir viel Neues begegnen: Interessantes und Aufregendes, vielleicht auch Eintöniges und Unverständliches. Überprüfe Deine Vorstellungen, die Du vor Beginn des Praktikums notiert hast. Denk daran: Ein Betrieb ist immer anders als eine Schule! Die folgenden Grundregeln sollen Dir helfen, Dich in dieser neuen Umwelt zurechtzufinden.

1. Deine tägliche Arbeitszeit ist geregelt.
2. Sei bitte pünktlich.
3. Wenn Du einen Arbeitsauftrag bekommen und verstanden hast, führe ihn sorgfältig aus.
4. Deine neuen Kolleginnen und Kollegen werden Dich freundlich behandeln und Dir helfen, daß Du Dich ebenso verhältst.
5. Achte auf Deine Gesundheit. Gesund sein und bleiben ist wichtig.
6. Fühlst Du Dich nicht gut, sprich mit Deinen Betreuern. Bist Du richtig krank und mußt zu Hause bleiben, verständige umgehend telefonisch den Betrieb und Deine Schule.
7. Deine Betreuer geben Dir gern Materialien für den Unterricht mit, wenn Du sie danach fragst.
8. Notiere täglich Deine Tätigkeiten, Erlebnisse, Erkenntnisse und Erfahrungen. Du vergißt sonst wichtige Dinge.
9. Bestimmte Arbeiten erfordern besondere Bekleidung. Informiere Dich bei Deinen Betreuern.
10. Du wirst sehr schnell merken, daß Unsachlichkeit im Betrieb fehl am Platze ist. Verhalte Dich entsprechend.
11. Unstimmigkeiten und Meinungsverschiedenheiten gibt es auch in einem Betrieb. Du solltest immer gleich um Klärung bemüht sein. Sprich bei schwierigen Problemen vorher mit Deinem Lehrer.
12. Wenn Du Dich überfordert oder ausgenutzt fühlst, trage Deine Bedenken sachlich und ruhig vor.
13. Nutze Möglichkeiten zu berufsfachlichen Gesprächen mit Deinen Arbeitskolleginnen und -kollegen, Deinem Betreuer, den Betriebsratsmitgliedern, dem Chef usw.
14. Beachte die Betriebsordnung.
15. Laß Eltern und Freunde an Deinen täglichen Praktikumserlebnissen teilhaben.

1. Sind Hinweise auf ein „richtiges Verhalten" während des Praktikums nicht überflüssig? Die Betriebe sollen sich doch nicht so anstellen, oder?
2. Sich vorstellen und mit fremden Menschen richtig reden können, kannst Du lernen. Übe in deiner Klasse mit Freundinnen und Freunden, wie du dich im Betrieb vorstellen willst und wie du erklärst, was du von deinem Praktikum erwartest.

2.2 Sicherheit und Praktikum

Arbeitsschutz im Praktikum

Betriebe sind voller Gefahrenquellen. Wer sie nicht kennt, kann leicht Unfälle verursachen und dadurch sich und anderen Schaden zufügen. Zwar sind Schülerinnen und Schüler auch während des Praktikums durch die gesetzliche Schülerunfallversicherung abgesichert, aber sie deckt nur die finanziellen Folgen eines Unfalls. Sie schützt nicht vor dem Unfall selbst. Die Träger der gesetzlichen Schülerunfallversicherung geben wichtige Tips, wie man sicher durch das Praktikum kommt und was zu tun ist, wenn doch einmal etwas schief gehen sollte:

Es wäre nicht gut, würde irgend jemand von uns beim Betriebspraktikum verunglücken. Betriebe sind nun aber nicht gefahrenfrei. Jedem von uns stellt sich also die Aufgabe,

- trotz aller Gefährdungen und Risiken unfallfrei zu bleiben und zudem
- in Sachen Sicherheitsverhalten dazuzulernen.

Denn auch das ist eine sinnvolle Aufgabe für das Betriebspraktikum, für sein eigenes Sicherheitsbewußtsein und Sicherheitsverhalten dazuzulernen.

Einige wichtige Regeln sollen Dir helfen, Dich im Betrieb sicherheitsbewußt und sicherheitsgerecht zu verhalten:

1. Trage zweckmäßige Kleidung. Wenn Du an Maschinen arbeitest, muß Deine Kleidung eng anliegen.
2. Uhren, Ringe, Schals, sonstige Schmuckstücke dürfen nicht getragen werden, wenn sie zur Gefahr werden können (z. B. wenn die Gefahr besteht, mit ihnen hängen zu bleiben oder daß sich ein drehendes Teil dahinter verhakt).
3. Lange Haare können eine Gefahr sein. Sichere sie durch Kappe, Band oder Knoten – vor allem bei Maschinenarbeit oder Arbeit mit glühenden Teilen oder Feuer.
4. Informiere Dich über die jeweiligen Unfallverhütungsvorschriften. Es gibt wichtige branchen- und betriebstypische Besonderheiten (z. B. Verbot für bestimmte Personen, Hebebühnen zu betätigen oder an Holzbearbeitungsmaschinen zu arbeiten).
5. Nimm jeden Tip in Sachen Sicherheit gerne an, vor allem von Profis. Sicherheitsfachkräfte haben Dir gegenüber ein Weisungsrecht. Ihre Anweisungen sind zu befolgen.
6. Achte auf Verbotsschilder, die „unbefugten Zutritt" untersagen. Das hat nichts mit Geheimniskrämerei, aber viel mit Sicherheit zu tun.
7. Setze **nie** Maschinen ohne Erlaubnis, Anleitung und Aufsicht in Gang. Das gilt auch für Maschinen, die Du kennst.
8. Beachte Schilder mit Sicherheitszeichen. Wenn Du ein Schild nicht kennst, frage nach seiner Bedeutung.

(aus: A. Lewald/U. Seeger, Sicher durch das Betriebspraktikum, Hrsg.: BAGuV 1985, S. 18)

Sicherheitszeichen

Wenn es um Arbeitsschutz und Unfallverhütung geht, nehmen es die Betriebe sehr genau. Für diesen Bereich gibt es besondere Sicherheitsbeauftragte. Am ersten Praktikumstag soll eine Einweisung in Arbeitsschutz und Unfallverhütung durchgeführt werden. Das ist eine sehr wichtige Sache, bei der allerdings viele Schüler oft nicht so genau hinhören. Das ist alles so fremd für sie. Zudem glauben sie, ihnen werde schon nichts geschehen. Kommentar eines Sicherheitsbeauftragten:

„Hoffentlich, kann ich da nur sagen! Manchmal sind Praktikanten z. B. im Umgang mit elektrischen Werkzeugen von einer abenteuerlichen Unbekümmertheit. Sie vergessen, daß auch bei diesen Werkzeugen die Regel gilt: Nie ohne Aufsicht und Anleitung in Gang setzen! Hier bleibt noch viel zu tun, um den jungen Leuten bewußt zu machen, wie viele Gefahren im Betrieb lauern."

Der Versicherungsschutz der gesetzlichen Schülerunfallversicherung gilt auch für den Weg zum Praktikumsbetrieb und von dort nach Hause. Allerdings gilt hier die gleiche Einschränkung wie beim Schulweg: Nur der direkte, kürzeste Weg steht unter dem Schutz der Unfallversicherung. Umwege sind nicht versichert. Wichtig ist auch, daß man sich verkehrsgerecht verhält und ein verkehrssicheres Fahrzeug benutzt. Ein Fahrrad, mit dem man zum Praktikumsbetrieb fährt, muß also in Ordnung sein.

GESETZLICHE UNFALLVERSICHERUNG GUV

Das Betriebspraktikum steht unter dem Schutz der gesetzlichen Schülerunfallversicherung.

1. Erläutere die abgebildeten Sicherheitszeichen.
2. Was haben die auf der linken Seite abgedruckten acht Regeln jeweils mit Unfallverhütung zu tun?
3. „Der Weg zum und vom Praktikumsbetrieb steht unter dem Schutz der gesetzlichen Unfallversicherung." Was bedeutet diese Aussage?

Jugendarbeitsschutz und Praktikum

Vorschriften aus dem Jugendarbeitsschutzgesetz, die für das Praktikum eine besondere Bedeutung haben

§ 8 Dauer der Arbeitszeit

§ 11 Ruhepausen, Aufenthaltsräume

§ 14 Nachtruhe

§ 15 Fünf-Tage-Woche

§ 16 Samstagsruhe

§ 17 Sonntagsruhe

§ 18 Feiertagsruhe

§ 23 Akkordarbeit; tempoabhängige Arbeiten

§ 29 Unterweisung über Gefahren

§ 31 Züchtigungsverbot; Verbot der Abgabe von Alkohol und Tabak

§ 22 Gefährliche Arbeiten

(1) Jugendliche dürfen nicht beschäftigt werden

1. mit Arbeiten, die ihre Leistungsfähigkeit übersteigen,
2. mit Arbeiten, bei denen sie sittlichen Gefahren ausgesetzt sind,
3. mit Arbeiten, die mit Unfallgefahren verbunden sind, von denen anzunehmen ist, daß Jugendliche sie wegen mangelnden Sicherheitsbewußtseins oder mangelnder Erfahrung nicht erkennen oder nicht abwenden können,
4. mit Arbeiten, bei denen ihre Gesundheit durch außergewöhnliche Hitze oder Kälte oder starke Nässe gefährdet wird,
5. mit Arbeiten, bei denen sie schädlichen Einwirkungen von Lärm, Erschütterungen, Strahlen oder von giftigen, ätzenden oder reizenden Stoffen ausgesetzt sind.

Für Schüler, die ein Betriebspraktikum mitmachen, gelten die Vorschriften des Jugendarbeitsschutzgesetzes. Sie sollten sich im eigenen Interesse daran halten, auch wenn das hier und da zu etwas unangenehmen Situationen führen kann. Das gilt besonders für den § 22. Jugendliche wollen nicht gern als Schwächlinge erscheinen. Also packen sie auch dann an, wenn die Arbeit viel zu schwer für sie ist. Der dringende Tip: Sofort Bescheid sagen, wenn eine Aufgabe die Kräfte überfordert! Das ist kein Zeichen für Schlappheit, sondern für Gesundheitsbewußtsein!

Wer als Schüler gesundheitliche Probleme hat, sollte sie vor Zuteilung der Praktikumsplätze mit dem für das Betriebspraktikum verantwortlichen Lehrer oder der verantwortlichen Lehrerin besprechen. Das Praktikum darf auf keinen Fall zusätzlich Gesundheitsgefahren mit sich bringen.

Wie die vorangegangenen Ausführungen zeigen, gelten für Schülerinnen und Schüler im Betriebspraktikum eine Fülle von Schutzvorschriften. Sie nützen allerdings nur, wenn sie auch beachtet werden. Bequemlichkeit oder die Angst, etwas zu sagen, stehen oft dagegen.

1. Wie kannst du dich über die hier nicht abgedruckten Vorschriften des Jugendarbeitsschutzgesetzes informieren?
2. „Selbstüberschätzung der eigenen Kräfte ist bei Jugendlichen ein großes Problem!“
   Was hat diese Aussage mit dem § 22 des Jugendarbeitsschutzgesetzes zu tun?

Wirtschaftssysteme und Wirtschaftsordnungen

1. Wirtschaftsordnungen: staatliche Lenkung oder Markt?

Über den Alltag denkt man nicht viel nach. Das gilt auch für unser wirtschaftliches Tun. Was im Wirtschaftsleben funktioniert, wird als selbstverständlich angesehen. Bewußt wahrgenommen werden vor allem Problembereiche. Ist es aber so selbstverständlich, daß eine hochgradig arbeitsteilig organisierte Wirtschaft in der Lage ist, die Versorgung vieler Millionen Menschen sicherzustellen? Wer organisiert eigentlich den Wirtschaftsablauf? Wer bestimmt, was produziert wird? Wer sorgt dafür, daß die Produktion dem Bedarf entspricht?

1.1 Von der Notwendigkeit einer Wirtschaftsordnung

Der Wirtschaftsalltag als Verwirrspiel

Man könnte glatt ins Grübeln kommen. Da gibt es in unseren Städten und Dörfern Millionen von Menschen, die alle etwas zu essen brauchen – aber jeder hat seinen eigenen Geschmack. Sie benötigen Kleidung – aber bitte keine Einheitskleidung, sondern Kleidungsstücke für ihren individuellen Geschmack. Viele suchen technische Güter, Werkzeuge und Material – aber sehr unterschiedlicher Art. Und die Menschen finden mehr oder weniger, was sie suchen. Es ist wirklich erstaunlich, was jeden Tag geschieht. Man braucht sich nur einmal bewußt zu machen, was in einer Großstadt täglich alles verbraucht wird. Alle diese Waren müssen hergestellt, herantransportiert und verfügbar gemacht werden. Dabei muß Sorge dafür getragen werden, daß genügend Waren in bedarfsgerechten Mengen und in der gewünschten Qualität vorhanden sind. Wer stellt sicher, daß wir das finden, was wir suchen? Wer sorgt dafür, daß die Dinge produziert werden, die man braucht oder gern hätte? Wer verhindert, daß wertvolle Rohstoffe und Arbeitsstunden für solche Produkte verschwendet werden, die niemand haben will? Erstaunlich, wie das so klappt! Wer steuert das alles?

Mancher wird eine solche Grübelei für sinnlos halten: „Die Wirtschaft funktioniert von allein. Sie ist seit Jahrhunderten eingespielt. Warum sich also Gedanken machen?“ So einfach ist die Sache nicht. Von alleine läuft nichts, auch nicht die Wirtschaft. Es muß etwas geben, das die wirtschaftlichen Handlungen von Millionen Menschen so koordiniert, daß etwas Sinnvolles dabei herauskommt. Auch das Wirtschaftsleben braucht eine Ordnung, braucht ein System, braucht Lenkung. Mancher wird nun sagen: „Und wenn schon. Mich interessiert das nicht, so lange die Sache läuft.“ Aber was ist, wenn „die Sache“ nicht läuft? Die Bürger eines Staates sollten über ihre Wirtschaft Bescheid wissen. Nur wenn sie die Kräfte kennen, die ihre Wirtschaft steuern, können sie das Wirtschaftsleben mitgestalten. Das ist – schon im eigenen Interesse – wichtig.

1. Warum muß es auch im Wirtschaftsleben eine Ordnung, ein System geben?
2. Braucht ein armes Entwicklungsland eine Wirtschaftsordnung?
   Begründe deine Meinung.
3. Warum sollten alle Bürger eines Landes etwas über ihre Wirtschaft wissen?

Steuerung – aber wie?

Die Frage, wer oder was die Wirtschaft steuern soll, stellt sich für jeden Staat. Welche Einflüsse dabei im Spiel sind, zeigen Beispiele aus jüngerer Zeit. So sind in Afrika nach dem 2. Weltkrieg eine Anzahl von neuen Staaten entstanden. Jedesmal standen die Staatsgründer vor der Frage: Wie soll die Wirtschaft organisiert werden? Ein Blick in die Staaten der Welt zeigte zwei grundsätzliche Möglichkeiten:

- Der Staat übernimmt die Aufgabe der Wirtschaftslenkung, er ist die ordnende Hand.
- Der Staat hält sich zurück und überläßt dem Markt, dem geordneten Spiel von Angebot und Nachfrage, die Ordnung der Wirtschaft.

Die Entscheidungen über die Ordnung der Wirtschaft fielen nicht im (politisch) luftleeren Raum. Dafür hängt von der Wirtschaft zu viel ab. Sie ist ein wichtiger Teil des staatlich organisierten Lebens. Sie kann nicht völlig anderen Gesetzen gehorchen als die anderen Bereiche. Die Festlegung der wirtschaftlichen Ordnung hing daher jedesmal mit den gesamten Vorstellungen von dem neuen Staat und seiner politischen und gesellschaftlichen Ordnung zusammen.

Dort, wo man meinte, der Staat müsse das Leben seiner Bürger sehr weitgehend regeln, hat man sich auch für den Staat als Lenkungsinstanz für die Wirtschaft entschieden. Die Staaten aber, die ihren Bürgern von Anfang an viele Möglichkeiten zur Selbstentfaltung geben wollten, taten das konsequenter Weise auch im Wirtschaftsbereich.

Die Festlegung der wirtschaftlichen Ordnung hing natürlich auch noch von anderen Faktoren ab, z. B. von den politischen Vorbildern aus der „alten Welt" und den politischen Freunden und Förderern.

Der kleine Rückgriff in die Geschichte soll deutlich machen, daß die Frage nach der Steuerung der Wirtschaft gelöst werden muß, daß sie sich aber nicht von anderen politischen Fragen trennen läßt.

Die Frage, wie die Wirtschaft gesteuert und organisiert werden soll, stellt sich übrigens nicht nur bei der Neugründung von Staaten, sondern auch für existierende Staaten, die bereits eine Wirtschaftsordnung haben. Es kann nämlich sein, daß sich im Wirtschaftsleben Problemzonen zeigen, die man mit den Mitteln der geltenden Ordnung nicht in den Griff bekommt. Da stellt sich dann die Frage, ob man nicht doch, zumindest als Ausnahme und für bestimmte Bereiche, andere Steuerungsinstrumente nutzen soll. So denkt man z. B. in den USA darüber nach, ob nicht doch hier und da der Staat mehr ins Wirtschaftsleben eingreifen müßte, um z. B. das Problem größer werdender Armut in den Griff zu bekommen, obwohl der Staat sich in den USA weitgehend aus dem Wirtschaftsleben heraushalten will. In der Sowjetunion dagegen mit ihrer strikt staatlich geordneten Wirtschaft überlegen Fachleute, ob man mehr Steuerung durch Marktmechanismen, durch Angebot und Nachfrage, ausprobieren sollte.

550 Stunden im Jahr nur für das Einkaufen

(dpa) Rund 550 Stunden verbringt im Durchschnitt eine sowjetische Familie jährlich mit Einkäufen. In den größeren Städten müßten die Leute wöchentlich sechs Stunden allein für die Besorgung von Lebensmitteln aufwenden, berichtete jetzt die Parteizeitung „Prawda". Die Einkaufszeit könne durch Selbstbedienungsläden erheblich verkürzt werden. Infolge mangelhafter Verpackungen gingen außerdem jährlich rund 35000 Tonnen Teigwaren, Mehl, Graupen sowie Zucker und Salz auf dem Weg zum Kunden verloren.

(aus Weserkurier vom 9. 2. 1984)

1. Warum könnte eine Lenkung durch Angebot und Nachfrage die in dem Zeitungsartikel aufgezeigten Probleme vielleicht eher lösen, als es staatliche Planungsinstanzen vermögen?
2. Warum tut man sich wohl in den USA so schwer damit, den Staat stärker in die Wirtschaft eingreifen zu lassen?

1.2 Zentralgesteuerte Wirtschaftssysteme

Zentralverwaltungswirtschaft: die Grundidee

So einfach ist die Grundidee. Und damit alles klappt, muß der Staat auch die Verteilung übernehmen. Den Bürgern stehen also Sachgüter und Dienstleistungen in dem Umfang zur Verfügung, den der Staat für richtig hält. Vielleicht räumt er den Bürgern ein Mitspracherecht ein, aber die Entscheidungen fällen staatliche Stellen.

Wird das gesamte Wirtschaftsleben zentral vom Staat geplant und geleitet, spricht man von einer Zentralverwaltungswirtschaft. Gelegentlich wird auch der Begriff „Planwirtschaft" verwendet. Bei einem solchen Wirtschaftssystem braucht der Staat Macht. Nur so kann er die Pläne durchsetzen. Mit einer Zentralverwaltungswirtschaft verbindet sich demnach zwangsläufig die Notwendigkeit eines gut organisierten Staatsapparats, der die Macht hat, die Umsetzung der Pläne auf allen Ebenen zu gewährleisten.

Die Idee, die Wirtschaft eines Landes von zentraler Stelle aus zu steuern, ist nicht neu. Viele Staaten in der Welt, darunter eine beachtliche Zahl von jungen Staaten, setzen auf das System einer Zentralverwaltungswirtschaft. Ihnen könnten die technologischen Entwicklungen, vor allem im Bereich der Informationstechnologie, entgegenkommen. Aber selbst, wenn eine ganze Volkswirtschaft perfekt plan- und steuerbar wäre, müßte man sich dennoch fragen, welche Konsequenzen ein solches System für die Menschen haben würde.

1. Erläutere die Grundidee der Zentralverwaltungswirtschaft.
2. Welche Konsequenzen können sich aus einem solchen System für die Menschen ergeben?
3. „In einer Zentralverwaltungswirtschaft ist es sinnvoll, daß dem Staat die Produktionsmittel, also die Fabriken und Maschinen gehören!" Wieso?

Zentrale Wirtschaftsplanung: Beispiel DDR

Je konkreter man darstellen will, wie eine Zentralverwaltungswirtschaft funktioniert, desto schwieriger wird es. Nach dem Zweiten Weltkrieg (1945) sind zwei deutsche Staaten mit unterschiedlichen Gesellschafts- und Wirtschaftsordnungen entstanden. Im Vergleich zwischen der DDR und der Bundesrepublik Deutschland lassen sich die Bausteine einer Zentralverwaltungswirtschaft vielleicht besonders deutlich darstellen. Die DDR versteht sich als sozialistischer Staat. Da politische Grundvorstellungen auch das Wirtschaftsleben prägen, ist es konsequent, wenn das Wirtschaftssystem der DDR marxistischen Grundvorstellungen entspricht, „kapitalistisches Eigentum" nicht zuläßt und das Wirtschaftsleben staatlicher Planung unterstellt.

Versucht man, den Wirtschaftsablauf in der DDR modellartig darzustellen, kann man zunächst nach der Leitungsstruktur fragen: Wer bestimmt das wirtschaftliche Geschehen? Die gesamtwirtschaftlichen Leitungsaufgaben werden von einem kompliziert aufgebauten Staatsapparat wahrgenommen. Der Leitungsapparat ist auf allen Ebenen mit der politischen Struktur des Staates verbunden.

Die Wirtschaftsplanung erfolgt nach Vorgaben durch politische Stellen. Politik gebührt nach dem Staatsverständnis der DDR der Vorrang, auch im Bereich der Wirtschaft. So beginnen die Wirtschaftsplanungen auch auf der obersten politischen Ebene, der Partei- und Staatsführung. Es gibt drei Grundtypen von Plänen:

- **langfristige Pläne,** die einen Zeitraum von mindestens 15 Jahren umfassen,
- **Fünfjahrespläne** als mittelfristige Vorgaben, die als Gesetz verabschiedet werden,
- **Jahrespläne** („Jahresvolkswirtschaftspläne") als konkrete und verbindliche Vorgaben für alle Wirtschaftsbereiche.

Die Erarbeitung der Pläne verlangt viel Arbeit, denn die zentralen Vorgaben durch die Staats- und Parteiführung müssen in konkretes Zahlenmaterial umgesetzt werden. Es muß z. B. genau festgelegt werden, welche Produkte hergestellt werden sollen, in welchen Mengen das zu geschehen hat, in welchen Betrieben die Produktion erfolgen soll und wie die Vorgaben für die einzelnen Betriebe aussehen.

Die Produktion ist kein Selbstzweck. Die Pläne müssen auch deutlich machen, für wen die Produkte bestimmt sind und wie sie verteilt werden sollen. Um solche Pläne aufzustellen und aufeinander abzustimmen, bedarf es umfangreicher Kenntnisse und Erfahrungen, denn die Vorgaben sollen möglichst realitätsnah und erfüllbar sein. Die Planerfüllung spielt in diesem System eine große Rolle. Darum wird die Einhaltung der Pläne auch streng überwacht. Übererfüllungen werden begrüßt und häufig mit Prämien belohnt. Werden Pläne nicht erfüllt, dann ist genau und lückenlos darzulegen, warum die Sollvorgaben nicht erreicht wurden.

Die zentrale Planung der Wirtschaft, wie sie in der DDR praktiziert wird, ist umfassend. Es gibt keinen Bereich, der unverplant wäre. Ob es um Wohnungsversorgung oder Konsumgüterangebot, Berufsmöglichkeiten oder Arbeitszeit, Freizeitangebote oder Bildungsmöglichkeiten geht: An alles müssen die Planer denken, für alles müssen sie Planvorgaben machen.

Der Auszug aus einer Übersicht über die Planungsbereiche auf der nächsten Seite soll einen Eindruck vermitteln, wie umfassend die vorgeplanten Bereiche sind, in denen sich die Bürger in einem Staat mit zentraler Wirtschaftsplanung bewegen.

Verfassung der DDR
Artikel 9

(1) Die Volkswirtschaft der Deutschen Demokratischen Republik beruht auf dem sozialistischen Eigentum an den Produktionsmitteln. Sie entwickelt sich gemäß den ökonomischen Gesetzen des Sozialismus auf der Grundlage der sozialistischen Produktionsverhältnisse und der zielstrebigen Verwirklichung der sozialistischen ökonomischen Integration.

(3) In der Deutschen Demokratischen Republik gilt der Grundsatz der Leitung und Planung der Volkswirtschaft sowie aller anderen gesellschaftlichen Bereiche. Die Volkswirtschaft der Deutschen Demokratischen Republik ist sozialistische Planwirtschaft. Die zentrale staatliche Leitung und Planung der Grundfragen der gesellschaftlichen Entwicklung ist mit der Eigenverantwortung der örtlichen Staatsorgane und Betriebe sowie der Initiative der Werktätigen verbunden.

Gliederung der Ordnung der Planung der Volkswirtschaft der Deutschen Demokratischen Republik

1. Grundsätze der Planungsordnung

Bereiche und Zweige

2. Planung der Produktion der Industrie
3. Planung des Bauwesens
4. Planung der Land-, Forst- und Nahrungsgüterwirtschaft
5. Planung des Verkehrswesens und des Post- und Fernmeldewesens
6. Planung des Konsumgüterbinnenhandels
7. Planung des Bildungswesens
8. Planung des Gesundheits- und Sozialwesens
9. Planung der Körperkultur und des Sports, des Erholungswesens und des Tourismus
10. Planung der Bereiche der Kultur, des Fernsehens, des Rundfunks und des Allgemeinen Deutschen Nachrichtendienstes
11. Planung des komplexen Wohnungsbaus und der Wohnungswirtschaft
12. Planung der örtlichen Versorgungswirtschaft
13. Planung der Wasserwirtschaft

Volkswirtschaftliche Querschnittsaufgaben

14. Allgemeine Bestimmungen
15. Planung der Effektivität der gesellschaftlichen Produktion
16. Planung des materiellen und kulturellen Lebensniveaus der Bevölkerung
17. Konzeptionelle Vorbereitung des Fünfjahrplanes
18. Planung der sozialistischen Rationalisierung
19. Planung von Wissenschaft und Technik
20. Planung der Grundfonds und Investitionen
21. Planung der Materialökonomie
22. Material-, Ausrüstungs- und Konsumgüterbilanz
23. Planung der Arbeitsproduktivität, des gesellschaftlichen Arbeitseinkommens
24. Planung der Berufsbildung
25. Finanz- und Kostenplanung
26. Planung der Preise
27. Planung der Finanzen des Staates
28. Planung der Maßnahmen der sozialistischen ökonomischen Integration
29. Planung des Außenhandels und der Valutabeziehungen
30. Territorialplanung
31. Planung der jugendpolitischen Aufgaben
32. Planung des Umweltschutzes

(nach: Rainer Waterkamp, Das zentralstaatliche Planungssystem der DDR, Berlin 1983, S. 53)

Spätestens wenn man sieht, wie umfassend der Staat mit seinen Planungen eingreift, werden Fragen auftauchen und grundlegende Probleme bewußt. Woher nimmt der Staat eigentlich das Recht, seinen Bürgern bis in den Alltag hinein vorzuschreiben, was sie kaufen können und was nicht? Woher weiß „der Staat“, was die Bürger brauchen, was sie möchten? Woher nimmt „der Staat“ das Recht, Bürgerwünsche völlig zu mißachten?

Kann „der Staat“ überhaupt die Interessen und Wünsche seiner Bürger wahrnehmen oder besteht nicht die Gefahr, daß Staatsfunktionäre ihre Vorstellungen für die der Bürger ausgeben?

Wie steht es mit der Gefahr des Machtmißbrauchs? Der Staat hat eine übergroße Macht, die von Menschen, von Funktionären ausgeübt wird. Wie sicher kann man vor einem Mißbrauch der Macht sein? Als man 1988 in Rahmen des Veränderungsprozesses in der Sowjetunion auch über Mißstände reden konnte, machte eine Anklage gegen Wirtschaftsfunktionäre weltweit Schlagzeilen. Es hieß in etwa: „Wir sind auf eine Mafia gestoßen!“

Trotz aller modernen Computer- und Nachrichtentechnik ist eine zentral gesteuerte Wirtschaft schwer zu handhaben. Immer wieder zeigt sich, daß es an wichtigen Gütern fehlt, daß Materialien nicht dort sind, wo sie gebraucht werden, daß Fehlplanungen zu Unsinnsproduktionen führen. Zentrale Pläne geben Eigeninitiativen wenig Raum. Ohne Initiative aber kann eine Wirtschaft kaum dynamisch und anpassungsfähig sein. Mit diesem Problem müssen sich immer wieder Staaten wie die DDR beschäftigen, die in ihrer Wirtschaft auf das System zentraler Planung setzen. So muß dann Propaganda mit für Arbeitsmotivation sorgen.

1. „Die DDR soll doch einfach unser westliches Wirtschaftssystem übernehmen. Dann ist sie bestimmt erfolgreicher.“ Nimm zu dieser Aussage Stellung.
2. Während einer Diskussion behauptet jemand: „Eine gut funktionierende Zentralverwaltungswirtschaft ist optimal.“ Was sagst du zu dieser Behauptung?

Politische Propaganda in der DDR

Volkseigener Betrieb in Jena

Zentrale Wirtschaftsplanung in der DDR: ein Beispiel

Die Zentralverwaltungswirtschaft macht eine enge Zusammenarbeit von Betrieben und politischen Stellen erforderlich. Wie das konkret aussieht, läßt sich am folgenden Beispiel erkennen. Es geht um die Produktion von Jeanshosen, die in der DDR im Jahre 1977 aufgenommen worden ist.

① *Der Ministerrat (die Regierung der DDR) gibt der Staatlichen Plankommission den Auftrag, im nächsten Jahresplan die Produktion von Jeans vorzusehen.*

② *Die Staatliche Plankommission sieht daraufhin die Produktion von Jeans grunsätzlich vor.*

③ *Das nachgeschaltete zuständige Ministerium legt die Produktionsmenge fest (z. B. Jahresproduktion: 100 000 Jeanshosen).*

④ *Die weitere Konkretisierung der Planung erfolgt im Kombinat „Oberbekleidung", dem Zusammenschluß mehrerer volkseigener Betriebe (VEB) unter einheitlicher Leitung. Die Leitung weist einem VEB den Auftrag zu.*

⑤ ⑥ *In diesem VEB gehen die in der Grafik genannten Abteilungen an die Arbeit. Sie ermitteln u.a., was an Rohstoffen, Energie, Arbeitskräften und Maschinen für die Herstellung der Jeans erforderlich ist.*

⑦ *Der so ermittelte Bedarf geht in einen Produktionsplanungsentwurf ein. Er wird zusammen mit den Planungsentwürfen für die anderen Kleidungsstücke, die im nächsten Planjahr im VEB produziert werden sollen, an das Kombinat geschickt.*

⑧ *Das Kombinat überprüft alle Planungsentwürfe der angeschlossenen volkseigenen Betriebe, stimmt sie ab, faßt sie zusammen und leitet das so gewonnene Zahlenmaterial dem zuständigen Ministerium zu.*

⑨ *Im Ministerium laufen die Planungsunterlagen aller dem Ministerium noch unterstellten Kombinate zusammen (z. B. Kombinat „Haushaltswaren", Kombinat „Möbelbau"). Es entsteht eine zusammengefaßte Bedarfsmeldung, die zusammen mit den Planungsentwürfen der Staatlichen Plankommission zugeleitet wird.*

⑩ *Die Staatliche Plankommission faßt die Bedarfsmeldungen der verschiedenen Ministerien (z. B. Ministerium für Elektrotechnik, Ministerium für Schwermaschinen und Anlagenbau) zusammen und vergleicht sie mit den Meldungen über die im nächsten Planjahr zur Verfügung stehenden Arbeitskräfte, Rohstoffe, Energiemengen usw. Dabei kann es sich herausstellen, daß nicht genügend Rohstoffe oder Maschinen zur Verfügung stehen, um alle Anforderungen auch berücksichtigen zu können. Die Plankommission muß entscheiden. Sie legt z. B. fest, daß nur 60 000 Jeanshosen produziert werden sollen. Die Staatliche Plankommission faßt dann alle abgestimmten (d. h. von ihr entschiedenen) Planentwürfe zum Volkswirtschaftsplan zusammen.*

⑪ *Das Zentralkomitee der SED, also die höchste Parteiinstanz, bestätigt (oder ändert) den Volkswirtschaftsplan.*

⑫ *Die Volkskammer, das Parlament der DDR? verabschiedet den Plan. Er wird damit Gesetz.*

⑬ *Die Plankommision beauftragt nun die zuständigen Ministerien mit der Realisation der einzelnen Pläne und weist die dazu erforderlichen Mittel (Rohstoffe, Arbeitskräfte,Energie usw.) zu.*

⑭ *Das Ministerium weist das Kombinat „Oberbekleidung" an, u. a. auch 60 000 Jeans herzustellen und teilt die dafür nötigen Materialien dem Kombinat zu.*

⑮ *Das Kombinat Oberbekleidung gibt dem VEB „Garne und Stoffe" die Anweisung, 60 000 Jeans herzustellen. Die notwendigen Materialien werden dem Betrieb zusammen mit dem Produktionsauftrag zugewiesen.*

⑯ *Die Betriebsleitung des VEB beauftragt die Abteilung Arbeitsvorbereitung, die Fertigung der Jeans vorzubereiten.*

⑰ *Die Jeans werden in der Fertigungsabteilung des VEB hergestellt. Da die Zulieferung von Nieten nicht termingerecht erfolgt, wird für die Herstellung der Jeans länger gebraucht, als im Plan vorgesehen ist. Da alle Zulieferbetriebe ebenfalls nach Plan arbeiten, können Probleme nicht dadurch gelöst werden, daß man sich z. B. nicht pünktlich gelieferte Rohstoffe oder Zubehörteile woanders besorgt.*

⑱ *Die Kalkulationsabteilung des VEB errechnet den Preis für die Jeans nach den Vorschriften des Amtes für Preise.*

⑲ *Das Amt für Preise muß die Preiskalkulation bestätigen.*

⑳ *Die HO-Läden (HO = Handelsorganisation) bekommen die Ware nach Plan, gleichgültig wieviel Nachfrage im Augenblick herrscht. Bei hoher Nachfrage sind die Jeans schnell ausverkauft.*

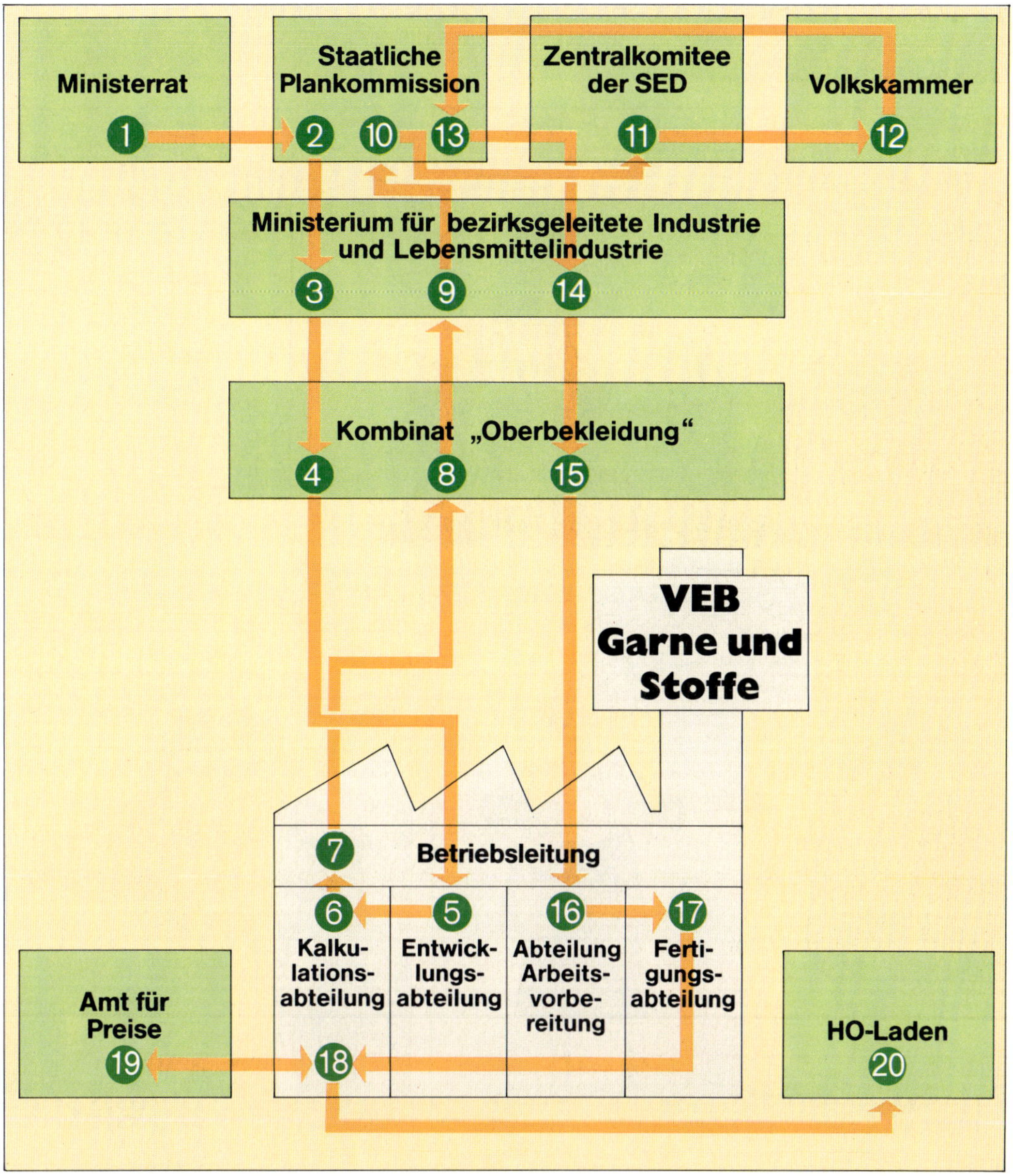

Das Beispiel zeigt, wie viele Instanzen beteiligt sind, wenn in der DDR ein Produkt hergestellt werden soll. Immer wieder sind politische Instanzen eingeschaltet. Sie haben sozusagen das erste und das letzte Wort. Bei einem Produkt wie Jeans dürfte die Diskussion besonders intensiv gewesen sein, denn immerhin handelt es sich hier um ein Produkt, das lange als besonders „kapitalistisch“ galt.

1. Erläutere die Grafik.
2. In der DDR wirken Staat und Wirtschaft besonders eng zusammen. Wie ist das erklärbar?
3. Warum bestellt ein HO-Laden nicht einfach nach, wenn sich eine Ware gut verkauft?

7 Arbeit/Wirtschaft 46 360

1.3 Marktwirtschaftlich organisierte Wirtschaftssysteme

Marktwirtschaft: die Grundidee

Das Prinzip der Marktwirtschaft ist wirklich sehr einfach. Die Grundidee geht allerdings von einigen Annahmen aus, die man bei der Betrachtung im Blick haben muß.

Der „Erfinder“ der Marktwirtschaft, der Engländer Adam Smith, ging davon aus, daß die Menschen mehr oder weniger Egoisten sind. Sie streben nach ihrem persönlichen Nutzen, und der geht ihnen über alles. Zudem glaubte Smith, daß sich die Leute so schnell nicht zufrieden geben mit dem, was sie haben. Sie streben vielmehr nach mehr. Bezogen auf das Wirtschaftsleben hieß das für Adam Smith: Die Menschen (in Europa) verfolgen konsequent ihre Interessen, haben nur ihren persönlichen Nutzen im Sinn und wollen den wirtschaftlichen Erfolg. Vor dem Hintergrund eines solchen Menschenbildes entstand das Modell der Marktwirtschaft, also ein Gedankengerüst über eine Steuerungsmöglichkeit der Wirtschaft. Jeder soll nach den Vorstellungen von A. Smith das Recht erhalten, als Anbieter (z. B. als Hersteller von Produkten) viel Geld zu verdienen. Das ist reizvoll. Allerdings geht das nur, wenn man etwas anbieten kann, das die Verbraucher als nützlich ansehen und für das sie dann entsprechend hohe Preise zahlen. Wenn die Rechnung allerdings aufgeht und der Anbieter gut verdient, dann werden andere aufmerksam. Sie möchten von dem Kuchen auch ein Stück abhaben und werden das gleiche oder gar ein verbessertes Produkt anbieten. Niemand kann es Nachahmern verbieten, ebenfalls als Anbieter tätig zu werden. Das Angebot wird insgesamt größer. Durch das insgesamt vergrößerte Angebot lassen sich die ursprünglichen Preise nicht mehr halten. Die Produkte werden billiger. Dafür sorgt die Konkurrenz der Anbieter. Mehr und billigere Produkte aber verbessern die Versorgung. Den Nutzen vom Egoismus der Anbieter haben also die Nachfrager. Wenn sie konsequent den billigeren und besseren Anbieter belohnen, indem sie bei ihm kaufen, dann stacheln sie den (Preis-)Wettbewerb an und haben den Nutzen davon. Adam Smith meinte folgerichtig: Wenn jeder im Wirtschaftsleben (im Rahmen der Spielregeln, also z. B. nicht mit Gewalt) seinen Vorteil sucht, dann haben alle Nutzen davon.

Ein besonderes Problem für jede Volkswirtschaft ergibt sich daraus, daß z. B. Kapital, Rohstoffe und qualifizierte Arbeitskräfte knapp sind. Wie soll man sicherstellen, daß diese knappen Mittel optimal eingesetzt bzw. verwendet werden? Es könnte ja sein, daß sie für die Herstellung von Produkten eingesetzt werden, die nachher niemand braucht, während andere Dinge fehlen. Die Marktwirtschaft löst dieses Problem, von Fachleuten „Allokationsproblem“ genannt, sehr elegant. Die Hersteller haben ja nur mit solchen Angeboten Erfolg, die von den Nachfragern als sinnvoll und nützlich angesehen werden. Also werden die Anbieter bei Produktideen sehr sorgfältig prüfen, ob für das von ihnen geplante Produkt tatsächlich eine Nachfrage besteht. Ist keine Nachfrage erkennbar, werden knappe Mittel wie Kapital, Rohstoffe oder Arbeitskraft erst gar nicht dafür eingesetzt.

Nach den Modellüberlegungen sorgt die Marktwirtschaft für

- *persönliche Freiheit im Wirtschaftsleben*
- *eine bedarfsorientierte Lenkung der Produktion*
- *ein breites Warenangebot*
- *eine preisgünstige Versorgung der Bevölkerung*
- *eine leistungsfähige Wirtschaft*
- *wirtschaftliche Chancen für alle*
- *Erfindungen und Weiterentwicklungen*
- *Weckung von Initiative und Eigenverantwortung*
- *die Beseitigung der Gefahr, daß Fehlentscheidungen einiger weniger der Wirtschaft schaden*

1. Erläutere das „Modell Marktwirtschaft“.
2. Beschreibe das Menschenbild, das Adam Smith seinen Überlegungen zugrunde gelegt hat.
3. Erläutere die Übersicht „Nach den Modellüberlegungen sorgt die Marktwirtschaft für ...“.
4. Warum haben im „Modell Marktwirtschaft“ die Nachfrager eine Schlüsselstellung?

Bausteine der Marktwirtschaft

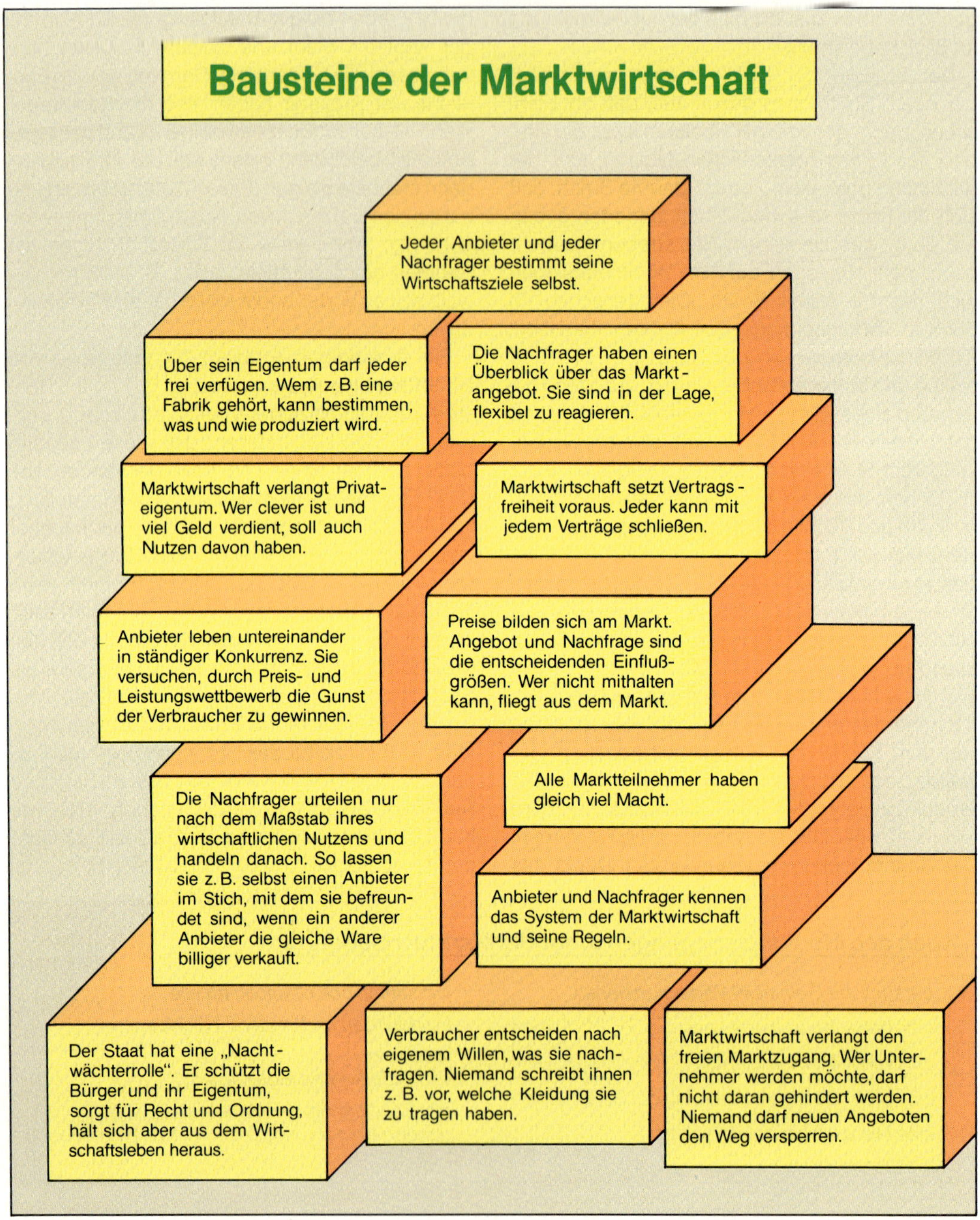

1. Erläutere einige „Bausteine“ der Marktwirtschaft.
2. Beschreibe, welche Rolle dem Staat in einer Marktwirtschaft zugedacht ist.
3. Welche besonderen Anforderungen stellt das System der Marktwirtschaft an die Verbraucher?

Marktwirtschaft in der Kritik

„Marktwirtschaft", auch „freie Marktwirtschaft" genannt, war zunächst nur eine Idee, ein Gegenprogramm zu der damaligen (18. Jh.) vom Staat gelenkten Wirtschaft. Die Idee setzte sich durch und war Grundlage für die Zeit der ersten industriellen Revolution. Bei ihrer Verwirklichung zeigten sich jedoch neben den Vorzügen auch ihre Schattenseiten. So war im Modell der freien Wirtschaft nicht gedacht an jene Menschen, die im Leistungswettbewerb nicht mithalten konnten, z. B. weil sie krank oder alt waren. Wie sollten sie ihre Existenz sichern? Almosen und Hilfe in Form von Armenhäusern oder Spitälern, wie aus alten Zeiten überkommen, konnten keine Lösung des Problems sein und waren es auch nicht. Schon im Kaiserreich schuf daher Bismarck ein staatliches Sozialversicherungssystem.

Die Gültigkeit des Marktmechanismus auch für die Arbeitskraft ließ Ausbeutung zu. Menschen mußten unter unwürdigen Bedingungen ihre Arbeitskraft, oft auch die ihrer Kinder, anbieten, um überhaupt Arbeit und damit Lohn zu bekommen. Das große Angebot an Arbeitskräften ließ eine oft schlimme Entlohnungspraxis zu.

Auch der Wettbewerb als System hatte Tücken. Wettbewerb kann, wenn ein Anbieter besonders erfolgreich und zielstrebig ist, zum Verdrängungswettbewerb werden. Der erfolgreiche Anbieter verdrängt seine Mitbewerber vom Markt, unter Umständen mit unfairen Mitteln. Am Ende ist er allein als Anbieter auf seinem Markt übrig – als Monopolist. Befreit von jedem Wettbewerbsdruck wird er seinen Vorteil suchen, z. B. mit deutlich höheren Preisen. Die Leidtragenden werden dann die Verbraucher sein.

Wettbewerb konnte auch, entgegen den Regeln der freien Marktwirtschaft, unterlaufen werden, denn es gab ja niemanden, der eine Einhaltung der Regeln überwachte. So hieß es in einer Rückschau:

„Die freie Marktwirtschaft alten Stils hat es den Unternehmern erlaubt, sich zu Kartellen und Marktverbänden zusammenzuschließen, um die Preise zu diskutieren, die Erzeugung nach Belieben einzuschränken und den Wirtschaftskampf mit Mitteln der Gewalt, der Verdrängung und der Schadenszufügung, mit Sperren, Kampfpreisen und Boykott zu führen. Dabei wurde der Gedanke des Wettbewerbs verfälscht, verschleiert und seiner motorischen Wirkung beraubt. Nur allzu oft waren nicht gleiche und gerechte Startbedingungen für alle Marktbeteiligten verwirklicht. So kam es in der freien Wirtschaft alten Stils oft zu wirtschaftlicher Ausbeutung der Schwachen."
(aus: Düsseldorfer Leitsätze der CDU vom 15. Juli 1949)

Kinder- und Frauenarbeit in einem Maschinensaal Mitte des 19. Jahrhunderts

1. Was versteht man unter Verdrängungswettbewerb? Welche negativen Folgen kann er haben?
2. Beschreibe Problembereiche einer Marktwirtschaft, die nach dem Modell von Adam Smith organisiert ist.

2. Die soziale Marktwirtschaft in der Bundesrepublik Deutschland

Nach dem Ende des 2. Weltkrieges und dem Untergang des nationalsozialistischen Reiches mußte die Wirtschaft in Deutschland neu geordnet werden. Für den Bereich der heutigen Bundesrepublik Deutschland entschieden sich die politisch verantwortlichen Männer und Frauen für eine neue Wirtschaftsordnung, die soziale Marktwirtschaft. Was versteht man darunter? Was ist an dieser Wirtschaftsordnung neu, also anders als an einer Marktwirtschaft?

2.1 Modellbausteine der sozialen Marktwirtschaft

Marktwirtschaft ja, aber mit Korrekturen

Der Staat soll den Modellüberlegungen nach in der Wirtschaft der Bundesrepublik Deutschland eine stärkere Rolle spielen, als das im Modell der Marktwirtschaft vorgesehen war.

- Der Staat soll im sozialen Bereich aktiv werden. Niemand darf in Not geraten, weil er im Wirtschaftsleben nicht mithalten kann.
- Der Staat muß dafür sorgen, daß der Wettbewerb erhalten bleibt. Er muß Einschränkungen verhindern.
- Der Staat soll eine gezielte Wirtschaftspolitik betreiben. Er muß ungünstigen Entwicklungen gegensteuern.

Da der Staat vor allem dort eingreifen soll, wo Marktmechanismen Menschen in Not bringen können, wählten die Erfinder dieses Systems den Begriff „soziale Marktwirtschaft". Diese Bezeichnung ist ein Fachbegriff. Selbst wenn jemand meint, dieses oder jenes in unserem Wirtschaftsalltag sei nicht sozial, so ändert das nichts daran, daß wir in der Bundesrepublik Deutschland in einer sozialen Marktwirtschaft leben. So heißt eben unser Wirschaftssystem. Das bedeutet noch lange nicht, daß jeder alles für sozial halten muß, was geschieht, zumal man sich darüber streiten kann, was „sozial" bedeutet.

Dem Staat wird eine aktive Sozialpolitik zur Pflicht gemacht. Er soll

- durch eine aktive Politik der Einkommensumverteilung und der Vermögensverteilung die sozialen Unterschiede in der Gesellschaft abbauen (z. B. durch unterschiedliche Besteuerung hoher und niedriger Einkommen, Sparförderung, Förderung der Eigentumsbildung von Arbeitnehmern)
- auch denjenigen eine Sicherung der Existenz und Teilnahme an der wirtschaftlichen Entwicklung ermöglichen, die am Leistungswettbewerb nicht oder nicht mehr teilnehmen können (z. B. durch staatliche Sozialhilfe, durch die Organisation von Kranken-, Renten-, Arbeitslosenversicherungen, durch Kindergeld, Wohngeld)
- durch Vorschriften und durch Schutzmaßnahmen den Menschen als Anbieter von Arbeitsleistungen schützen, damit eine Ausbeutung, aber auch eine Selbstausbeutung der Arbeitskraft verhindert wird (z. B. durch Arbeitsschutzgesetze, Gewährung von Mitbestimmungsrechten).

(nach: Jörn Fitter, Wirtschaftssysteme und Wirtschaftsordnungen, Köln 1973)

1. Erkläre Unterschiede zwischen dem Modell der Marktwirtschaft im Sinne von Adam Smith und dem Modell der sozialen Marktwirtschaft.
2. „Sieh dir doch nur an, wie schlecht es Leuten bei uns geht, die seit längerem arbeitslos sind! Das ist doch nicht sozial!" Diskutiert diese Aussage.

Verbraucherschutz und Arbeitnehmerschutz als staatliche Aufgabe

Dem Modellgedanken nach sind in einer Marktwirtschaft Anbieter und Nachfrager gleichberechtigte (und gleichbefähigte) Marktpartner. Die Erfahrung zeigt jedoch, daß die Verbraucher den Anbietern meist hoffnungslos unterlegen sind. Woher sollen Verbraucher z. B. die Waren- oder Rechtskenntnisse haben, über die Anbieter verfügen? Wie sollen sie sich gegen psychologisch ausgeklügelte Verkaufsstrategien wehren können?

Der Gesetzgeber hat die Notwendigkeit erkannt, Maßnahmen zu ergreifen, die das bestehende Ungleichgewicht verringern. So hat er Schutzgesetze erlassen, die Verbraucher vor zu cleveren Geschäftemachern schützen. Der rechtliche Verbraucherschutz, also die Summe der Gesetze und Verordnungen, die den Verbraucher vor Übervorteilung und Schädigung schützen sollen, ist ein wichtiges Element im Modell der sozialen Marktwirtschaft.

Genauso wichtig ist die Schaffung von Einrichtungen, die dem Verbraucher direkt helfen, seine Benachteiligung abzubauen (institutioneller Verbraucherschutz). Dazu gehören z. B. die vorwiegend vom Staat finanzierten Verbraucherberatungsstellen und die Stiftung Warentest. Die Warentests und die Veröffentlichung ihrer Ergebnisse sollen dem Verbraucher bei einer bewußteren Produktauswahl helfen. Damit kann der Nachteil unzureichender Warenkenntnisse ein wenig ausgeglichen werden. Auch die Stiftung Warentest arbeitet mit staatlichen Geldern.

Was für den Verbraucherschutz gilt, trifft auch für den Schutz der Arbeitnehmer zu. Auch Arbeitnehmer sind meist den Arbeitgebern an Marktmacht unterlegen. Darum hat der Gesetzgeber in diesem Bereich ebenfalls Schutzmaßnahmen zu treffen.

Schutzgesetze wie etwa das Kündigungsschutzgesetz, das Mutterschutzgesetz, das Jugendarbeitsschutzgesetz oder das Arbeitszeitgesetz passen nur in eine soziale Marktwirtschaft. Sie sind Ergebnis der Erfahrungen mit einer völlig ungezügelten Form der Marktwirtschaft, die heute bei uns niemand mehr will. Um ihre Auswüchse zu verhindern, muß der Staat aktiv werden und notfalls auch einseitig Partei ergreifen, also die Unterlegenen schützen.

Der Staat		
schützt Verbraucher durch Gesetze und Verordnungen vor gefährlichen Produkten	*schützt Verbraucher vor weitreichenden Benachteiligungen, die sich aufgrund unzureichender Rechtskenntnisse ergeben können*	*sorgt für eine Stärkung der Marktstellung der Verbraucher durch Verbesserung ihres Informations- und Wissensstandes*
z. B. durch ● *das Lebensmittelrecht* ● *das Arzneimittelrecht* ● *die Gefahrstoffverordnung*	*z. B. durch* ● *das Gesetz zur Regelung der allgemeinen Geschäftsbedingungen (AgB)* ● *das Reisevertragsgesetz* ● *das Abzahlungsgesetz*	*z. B. durch* ● *Aufklärung und Beratung* ● *die Veröffentlichung von Warentests* ● *die Preisauszeichnungsverordnung* ● *die Textilkennzeichnungsverordnung* ● *die Lebensmittelkennzeichnungsverordnung*

1. Warum passen Verbraucherschutz und Arbeitnehmerschutz zwar in das Modell der sozialen Marktwirtschaft, nicht aber in das Modell einer von staatlichen Eingriffen freien Marktwirtschaft?
2. Welche grundlegenden Formen des Verbraucherschutzes gibt es bei uns?
3. Warum braucht eine soziale Marktwirtschaft Arbeitsschutzgesetze?

Die Sache mit dem Wettbewerb

Wettbewerb ist Grundlage auch für die soziale Marktwirtschaft. Allerdings besteht für den Wettbewerb von zwei Seiten Gefahr. Zum einen kann Wettbewerb zur Verdrängung von Mitbewerbern und damit schließlich zu monopolartigen Situationen führen. Zum anderen besteht die Gefahr, daß die Konkurrenten auf die Idee kommen können, gemeinsame Sache zu machen, denn Wettbewerb ist für die Anbieter eine unangenehme Sache, die viel Kraft, Ideen und oft hohe Geldeinsätze erfordert. Da ist die in diesem Buch bereits beschriebene Idee der Absprachen oft sehr verlockend.

Der Staat hat diese Gefahren erkannt und versucht, ihnen zu begegnen. So gibt es eine Reihe von Gesetzen, die den Wettbewerb fördern und ein Unterlaufen des Wettbewerbs verhindern sollen. Fachleute sprechen hier vom Wettbewerbsrecht. Dazu gehört z. B. das Gesetz gegen unlauteren Wettbewerb. Dieses Gesetz erlaubt vor allem Anbietern, gerichtlich gegen Konkurrenten vorzugehen, die sich mit unfairen Mitteln Wettbewerbsvorteile erschleichen wollen. Zum Wettbewerbsrecht gehört auch das bereits erwähnte Kartellgesetz, das dem Staat die Möglichkeit gibt, gegen verbotene Absprachen vorzugehen. Auch das ist im Kartellgesetz festgelegt: Ein Unterlaufen des Wettbewerbs durch das Zusammengehen von Unternehmen ist nicht möglich. Ein Zusammenschluß kann untersagt werden. An diesem Beispiel zeigt sich sehr deutlich, wie weit sich die soziale Marktwirtschaft in der Bundesrepublik Deutschland von einer „staatsfreien" Form des Wirtschaftens entfernt hat. Es zeigt auch, daß es Widersprüche gibt, die in der Grundidee liegen und bei denen eine Entscheidung notwendig ist. So gilt Privateigentum als wesentlicher Baustein der Marktwirtschaft. Dazu gehört auch das Eigentum an einem Unternehmen. Normalerweise darf jeder mit seinem Eigentum machen, was er will (freies Verfügungsrecht!). Für Unternehmer und Unternehmen in der sozialen Marktwirtschaft gibt es aber Einschränkungen. Ein Unternehmen darf z. B. nicht einfach verkauft werden, wenn dadurch der Wettbewerb gefährdet würde. Wettbewerb wird hier als so wichtig angesehen, daß dafür Einschränkungen im Eigentumsrecht hingenommen werden.

1. Wodurch kann der Wettbewerb auf der Anbieterseite ausgeschaltet werden?
2. Beschreibe Vorkehrungen, die der Staat zur Erhaltung des Wettbewerbs getroffen hat.
3. Zeige auf, warum Wettbewerb in der sozialen Marktwirtschaft so wichtig ist.

Bus und Bahn als Staatsbetrieb?

Wer in den USA mit einem Greyhound-Bus das Land durchquert oder eine der wenigen Eisenbahnen benutzt, bedient sich dabei ebenso der Dienste eines Privatunternehmens wie jemand, der von Küste zu Küste oder von Nord nach Süd fliegt. Verkehrsleistungen werden in den USA nicht vom Staat erbracht.

Bei uns hat man einen anderen Weg gewählt. Ein nur auf privatwirtschaftlicher Grundlage aufgebautes Verkehrssystem würde kein umfassendes Verkehrsangebot bieten. Das aber soll, nicht zuletzt aus sozialen Gründen, gewährleistet sein. Darum hat der Staat Aufgaben im Verkehrsbereich übernommen, auch wenn das viel Geld kostet. So verschlingt z. B. die Bundesbahn jedes Jahr unvorstellbare Summen. Auch die Nahverkehrsbetriebe weisen meist Defizite auf. Dennoch zieht sich der Staat nicht völlig zurück, wie es Privatunternehmen mit Sicherheit tun würden, sondern bietet weiter Verkehrsleistungen an. Zum Prinzip der sozialen Marktwirtschaft gehört also das Erbringen von Leistungen durch den Staat, wenn diese Leistungen wichtig sind, die Privatwirtschaft sich aber zurückhält. Ein weiteres Beispiel dafür ist der Bereich der Krankenversorgung. Viele Kliniken sind in öffentlicher Hand, gehören also Städten oder Landkreisen. Theoretisch wäre auch eine privatwirtschaftliche Organisation des Krankenhauswesens denkbar. Aber welche Folgen müßte es haben, wenn alle Krankenhäuser als gewinnorientierte Unternehmen geführt würden?

Der Staat muß nicht unbedingt selbst als Anbieter auftreten, wenn er Einfluß auf das Angebot an Gütern und Dienstleistungen nehmen möchte. Er kann auch privaten Unternehmen Zuschüsse oder sonstige Hilfen geben, wenn sie Aufgaben übernehmen, die sich sonst für sie nicht lohnen würden. Ein Beispiel dafür ist der Wohnungsbau. Hätte man in den Aufbaujahren der Bundesrepublik Deutschland z. B. den Wohnungsbau und das Wohnungsangebot allein der Privatwirtschaft überlassen, dann gäbe es gute, aber teuere und billige, aber schlechte Wohnungen. Da die Wohnung etwas für Menschen Wichtiges ist, wollte man auch denen, die keine teuere Wohnung bezahlen könnten, eine dennoch gute Wohnung bieten. Der Staat griff ein und subventionierte den Wohnungsbau. Er gab Bauwilligen finanzielle Hilfen, damit sie gute, aber dennoch preiswerte Wohnungen bauen und anbieten konnten. Auf diese Weise wurde es auch schlechter verdienenden Bürgern möglich, in einer angemessenen Wohnung zu leben. Ohne den sozialen Wohnungsbau, also die staatlich geförderten Wohnungen, sähe es auf unserem Wohnungsmarkt wesentlich anders aus, als das der Fall ist.

Es gibt weitere Bereiche, in denen der Staat in irgendeiner Form in das Wirtschaftsleben eingegriffen hat und eingreift, weil der reine Marktmechanismus mit einem gewinnorientierten Angebot zu Folgen führen würde, die aus sozialer Sicht nicht akzeptabel sind. Allerdings gibt es hier Probleme, wie der folgende Text zeigt:

Vorsicht! Gefahr!

Staatliche Eingriffe gefährden den Marktmechanismus. Wird der Marktmechanismus mit seinem Wechselspiel von Angebot und Nachfrage ausgeschaltet, kann das Nachteile für alle mit sich bringen.

Darum: Balance halten zwischen Eingriff und freiem Spiel des Marktes! Jeder Eingriff muß sorgfältig überlegt sein.

1. Nenne Beispiele für vom Staat erbrachte wirtschaftliche Leistungen.
2. Warum ist unter der Überschrift „Vorsicht! Gefahr!“ von „Balancehalten“ die Rede? Wo liegt da ein Problem?

2.2 Erfolge und Funktionsprobleme der sozialen Marktwirtschaft

Fakten zur wirtschaftlichen Situation in der Bundesrepublik Deutschland

1. Erläutere die Grafiken.
2. Überlegt, ob ihre eine etwas umfassendere Bestandsaufnahme der wirtschaftlichen Situation in unserem Staat erarbeiten wollt. Woher kann man Datenmaterial bekommen? Wie kann man es aufbereiten und präsentieren?

Probleme mit der sozialen Marktwirtschaft

Die Bundesrepublik Deutschland zählt zur Spitzengruppe der Wirtschaftsmächte in der Welt. Der Lebensstandard ist bei uns sehr hoch. Dies sind Fakten. Dennoch gibt es Probleme, vor denen man nicht die Augen verschließen sollte. Auch etwas Gutes kann man noch verbessern. Die folgenden Texte sollen auf einige Probleme bei uns hinweisen.

Ein Problem in der Bundesrepublik Deutschland ist die ungleiche **Vermögensverteilung**. Diesem Problem kommt in Zeiten steigender Arbeitslosigkeit besondere Bedeutung zu. Denn wer nennenswerte Vermögenswerte hat, braucht die Arbeitslosigkeit nicht so sehr zu fürchten. Diejenigen, die den Marktmechanismus erkannt haben und ihn zu nutzen wußten, haben zum Teil große Vermögen angehäuft. Es gibt in der Bundesrepublik Deutschland keine offizielle Vermögensstatistik. Unbestritten ist aber, daß es relativ wenige Leute gibt, die über riesige Vermögen mit entsprechenden Einkünften aus diesen Vermögen verfügen. Die überwiegende Mehrheit der Bevölkerung kann jedoch aus ihrem Vermögen wie Sparkonten, Besitz eines Autos oder eines Hauses keine großen Erträge erzielen. Wir haben in unserem System der sozialen Marktwirtschaft die „oberen Zehntausend", man findet aber auch Not und Armut.

Was über die Vermögen gesagt wurde, gilt auch für die **Einkommen**. Es gibt Einkommensmillionäre, es gibt aber auch die Rentnerin oder den Sozialhilfeempfänger mit weniger als 700 DM Einkommen im Monat. Die Steuergesetzgebung versucht, durch unterschiedliche Besteuerung der Einkommen etwas mehr Gerechtigkeit zu schaffen. Eine Lösung des Problems ist das nicht.

Das Marktmodell geht von einer **Gleichgewichtigkeit der Marktpartner** aus. In unserer Wirklichkeit aber sind die Verbraucher als Nachfrager in ihrer Marktstellung meist wesentlich schwächer als die Anbieter. Zwar versucht der Staat durch Maßnahmen der Wettbewerbspolitik und des Verbraucherschutzes Mängel zu beseitigen. Lösen kann er das Problem nicht. Der Macht der Werbung haben Staat und Verbraucher z. B. kaum etwas entgegenzusetzen. Auch auf die Produktpolitik haben sie keinen Einfluß. Wenn Unternehmen etwa bestimmte Dinge bewußt reparaturunfreundlich herstellen, hat der Verbraucher keine Chance, dies zu ändern.

Zum Problem wird aus der Sicht mancher Bürger auch die **Erfolgsorientierung** der Wirtschaft. So kann es sein, daß allein aus Kosten- und damit aus Erfolgsgründen Arbeitnehmer entlassen werden. Ihre Tätigkeit ist nicht mehr notwendig, weil z. B. Maschinen die gleiche Aufgabe billiger und damit erfolgreicher erledigen können. Ältere Arbeitnehmer, die dieses Schicksal getroffen hat, erfahren die Erfolgsorientierung erneut bei der Stellensuche. Sie finden häufig keinen neuen Arbeitsplatz, weil sie für zu alt und das heißt für zu wenig leistungsfähig angesehen werden. Sie tragen nicht genug zum Erfolg des Unternehmens bei. Das wird zumindest befürchtet.

1. Rekapituliere die oben beschriebenen Problemfelder.
2. Nenne weitere Problembereiche der sozialen Marktwirtschaft.
3. Gibt es deiner Meinung nach Möglichkeiten, das Problem „Erfolgsorientierung" zu entschärfen? Welche Gefahren können sich bei einem solchen Versuch ergeben?

2.3 Entwicklungsmöglichkeiten der sozialen Marktwirtschaft

Vom Streit um die soziale Marktwirtschaft

Vor allem in Krisenzeiten tauchen immer wieder Forderungen auf, Elemente unseres marktwirtschaftlichen Systems aufzugeben. Von „Vergesellschaftung“ und „Verstaatlichung“ ist dann die Rede. Manche versprechen sich davon die Lösung der Probleme. Einige glauben sogar, daß das marktwirtschaftliche System für Wirtschaftsflauten, Konjunktureinbrüche und Arbeitslosigkeit verantwortlich sei.

Von der überwiegenden Mehrheit der Bürger wird diese Sichtweise nicht geteilt. In der Tat lassen schon die folgenden einfachen Überlegungen die Forderungen oben sehr zweifelhaft erscheinen:

Welchen Vorteil kann die Verstaatlichung von Stahlwerken bringen, wenn weltweit eine Überproduktion bei Stahl besteht und Betriebe in außereuropäischen Ländern – nicht zuletzt aufgrund der niedrigeren Lohnkosten – wesentlich kostengünstiger produzieren können als deutsche Stahlwerke? Noch zweifelhafter wird die Forderung nach Verstaatlichung, wenn man weiß, daß es in der Bundesrepublik Deutschland bereits ein Stahlwerk gibt, das weitgehend dem Staat gehört, dem es aber wirtschaftlich noch schlechter geht als vielen anderen.

Wie sollen verstaatlichte Werften die Arbeitsplätze erhalten, wenn keine Schiffbauaufträge mehr hereingeholt werden können? (Dies ist schließlich der Grund dafür, daß viele Werftbetriebe in Schwierigkeiten sind.)

„Profitgier“ ist ein Schlagwort, das ins Ohr geht. Aber sind beispielsweise diejenigen Banken bei uns in der Bundesrepublik, die sich in öffentlicher Hand befinden, für Verbraucher günstiger als die Banken, die im Eigentum von Aktionären sind? Vergleiche der Konditionen zeigen, daß dies nicht der Fall ist.

Sucht Argumente für und gegen eine Verstaatlichung von Betrieben. Berücksichtigt dabei auch das Wissen über die Modelle der Zentralverwaltungswirtschaft und der sozialen Marktwirtschaft. Vielleicht führt ihr Streitgespräche durch, bei denen jeweils ein Schüler pro, ein anderer Schüler contra Verstaatlichung argumentiert.

Soziale Marktwirtschaft als Gestaltungsaufgabe

Liebe Ingrid,

Du fragst mich, warum ich als Politiker viel Zeit und Kraft in wirtschaftspolitische Aktivitäten stecke. Du meinst, allmählich müsse doch alles geregelt sein. Ich glaube das nicht. Denn wer „ja" zur sozialen Marktwirtschaft sagt, sagt damit nicht automatisch „ja" zur wirtschaftlichen Wirklichkeit, wie sie heute ist. Im Gegenteil: Soziale Marktwirtschaft, das ist eine ständige Aufgabe. Es gilt z. B. immer wieder zu überlegen und zu überprüfen, ob noch eine Balance zwischen Marktmechanismus und staatlichen Eingriffen besteht. Was gestern richtig war, kann heute schon falsch ein. Denk nur einmal daran, daß Arbeitslosigkeit ein relativ neues Problem ist. Vor Jahren hatten wir noch Arbeitskräftemangel. Wie soll der Staat auf solche Veränderungen reagieren? Da gibt es keine fertigen Rezepte. Da hilft auch das Modell „soziale Marktwirtschaft" nicht weiter. Aus ihm können wir nur grundlegende Ziele ableiten.

Das Modell der sozialen Marktwirtschaft bietet für politische Entscheidungen breiten Raum. Was konkret geschieht, hängt in hohem Maße davon ab, wie das politische Kräfteverhältnis ist. Soll der Staat stärker in die Energiewirtschaft eingreifen? Nach welchen Maßstäben sollen die Einkommen besteuert werden? Sollen der Wirtschaft weitere Maßnahmen zum Umweltschutz auferlegt werden? Welche? Muß der Verbraucherschutz verstärkt werden? Wie soll das geschehen? Das sind nur einige der Fragen, auf die Wirtschaftsfachleute aus den Parteien unterschiedliche Antworten geben.

Eine große Rolle spielt neben politischen Sichtweisen die wirtschaftliche und technische Entwicklung. In Zeiten, in denen es allen mehr oder weniger gut geht, rücken andere Fragen ins Blickfeld als heute, wo wir über 2 Millionen Arbeitslose haben. In Zeiten mit erheblichen Fortschritten in der Technik tauchen zusätzliche Aufgaben auf. Es muß immer wieder geprüft werden, welche Konsequenzen die Entwicklung auf die Wirtschaft und das Leben in der Gesellschaft haben kann. Soll man erkennbare Entwicklungen sich selbst überlassen? Oder muß der Staat eingreifen? Auch hier gibt es keine fertigen Antworten.

Das Wirtschaftsleben entwickelt sich von Tag zu Tag weiter. Es liegt an uns, ob wir die Entwicklungen mitmachen, sie fördern oder zu stoppen versuchen. Die soziale Marktwirtschaft ist so etwas wie ein Gebäude. Was in ihm geschieht, das muß von uns allen gestaltet werden. Das aber bedeutet Arbeit, auch politische Arbeit. Gerade weil ich für die soziale Marktwirtschaft bin, sehe ich mich verpflichtet, im Bereich der Wirtschaftspolitik intensiv zu arbeiten.

Bis bald! Ich bin auf Deine Argumente gespannt.

Dein Onkel Wilbert

1. Wie begründet der Briefschreiber die Notwendigkeit einer aktiven Wirtschaftspolitik in einer sozialen Marktwirtschaft?
2. Wo siehst du Handlungsnotwendigkeiten des Staates im Wirtschaftsbereich? Wo müßte er korrigierend eingreifen? Wo müßte er etwas Neues in die Wege leiten?

Die soziale Marktwirtschaft in Programmen und Erklärungen

„Soziale Marktwirtschaft", das ist zunächst nur ein Schlagwort. Es kann von seinen Inhalten her eine große Bandbreite haben. Wer als Bürger wissen möchte, wie es die Parteien, Gewerkschaften, Kirchen oder andere gesellschaftliche Institutionen und Gruppierungen mit der sozialen Marktwirtschaft halten, was sie darunter verstehen und wie soziale Marktwirtschaft ihrer Meinung nach aussehen soll, der muß weiterfragen. Für eine irgendwie geartete soziale Marktwirtschaft sind nahezu alle, die Frage ist, wie sie konkret aussehen soll. Ein möglicher Fragenkatalog könnte so aussehen:

- Welche Rolle soll der Staat spielen? Wie umfassend soll er in das Wirtschaftsgeschehen eingreifen? Wo soll er stützen und fördern (z. B. durch Subventionen)? In welchen Bereichen soll er selbst tätig werden?
- Wie soll das System der sozialen Sicherung beschaffen sein? Für wen soll es wirksam werden und in welchem Umfang?
- Wie soll das Steuersystem gestaltet sein? Nach welchen Maßstäben soll besteuert werden?
- Welchen Stellenwert soll der Verbraucherschutz haben? Soll er ausgebaut oder beschnitten werden?
- Welche Bedeutung wird dem Schutz der Arbeitnehmer beigemessen? Wo soll der Schutz ausgebaut, wo soll er beschnitten werden?
- Wie soll auf aktuelle Probleme reagiert werden, z. B. auf die Arbeitslosigkeit?
- Wie soll auf Umweltprobleme reagiert werden? Welche Aussagen zum Spannungsfeld „Wirtschaft und Umweltschutz" gibt es?
- Welche Aussagen gibt es zu Einzelfragen wie dem Problem der Einkommensverteilung, Vermögensverteilung oder Vermögensbildung?

Wer mit Hilfe solcher Fragen z. B. die Programme der politischen Parteien vergleicht, wird möglicherweise feststellen, daß sie unterschiedliche Aussagen zur sozialen Marktwirtschaft enthalten. Die einen wollen mehr, die anderen weniger Staat. Die einen setzen mehr auf Eigeninitiative der Bürger, die anderen mehr auf staatliche Hilfen. Die einen wollen den Marktkräften möglichst wenig Grenzen setzen, die anderen sind für eine stärkere Eingrenzung des freien Spiels der Kräfte. Beide Positionen lassen sich durchaus mit dem Begriff „soziale Marktwirtschaft" vereinbaren. Man muß als Bürger also schon genauer hinschauen und hinhören, wenn man wissen will, was eine Partei unter sozialer Marktwirtschaft versteht.

1. Eine Realschulklasse wollte wissen, wie die Parteien und Verbände (Gewerkschaften, Arbeitgeberorganisationen) zur sozialen Marktwirtschaft stehen. Sie schrieben sie an und erbaten Unterlagen (Programme, Broschüren) mit entsprechenden Aussagen. Für die Auswertung entwarf eine Schülergruppe ein Übersichtsschema, um die Aussagen leichter vergleichbar zu machen.
   Überlegt, ob ihr eine ähnliche Aktion starten wollt. Was ist dabei alles zu bedenken?
2. Ist das nicht Volksverdummung, wenn Parteien oder andere Organisationen unter dem Schlagwort „soziale Marktwirtschaft" voneinander abweichende Vorstellungen haben?

3. Geld und Währung in der Bundesrepublik Deutschland

Geld hat eine lange Geschichte. Seine Erfindung war eine der wesentlichen Voraussetzungen für das Entstehen einer arbeitsteilig organisierten Wirtschaft. Für uns heute ist Geld etwas Selbstverständliches. Geld gibt es und Geld funktioniert. Man selbst hat vielleicht zu wenig davon, aber das ist ein persönliches Problem. Daß vom Geld allgemeine wirtschaftliche und soziale Gefahren ausgehen können, kommt kaum jemanden in den Sinn. Ist es abwegig, an so etwas zu denken? Kann Geld für eine ganze Volkswirtschaft Probleme bringen? Was geschieht, wenn Geld eines Tages nicht mehr „funktioniert"?

3.1 Bedeutung und Aufgaben des Geldes

„Geld regiert die Welt"

Geld stinkt nicht.

Geld bedeutet Macht.

Erst wenn der letzte Baum gefällt, der letzte Fisch gefangen ist, werdet ihr merken, daß man Geld nicht essen kann.

Das Leben ist auch ohne Geld schön – mit Geld allerdings noch schöner!

Money makes the world go round.

Lieber reich und gesund als arm und krank.

Mit dem Tanz um das goldene Kalb begann der Verderb, der Niedergang.

Ohne Moos nichts los.

Es beherrscht der Obolus
von jeher unseren Globulus.
Mit anderen Worten: Der Planet
sich primär um das eine dreht.

Ob Dollar, D-Mark, Schilling, Lire,
Rubel, Franken oder Pfund:
Die Vermehrung unserer Währung
ist der wahre Lebensgrund.

Es ist vom Volksmund eine Linke,
daß das Geld gar übel stinke,
wahr ist vielmehr: Ohne Zaster,
beißt der Mensch ins Straßenpflaster.

Geldstreitigkeiten: Ein häufiger Grund für Ehekrisen

Geld regiert die Welt.

Geld ist nicht böse,
Geld ist nicht gut,
es kommt darauf an,
was man mit ihm tut.

Tragt weitere Aussagen, Sprichworte, Reime und Schlagzeilen zum Thema „Geld" zusammen.

Muscheln, Münzen und Papiere

Das Geld hat eine lange Geschichte, deren Anfänge im Dunkeln liegen. So viel weiß man heute: Geld hatte zunächst wenig mit dem Wirtschaften zu tun. Es war vielmehr Opfergabe und Mittel, die eigene Bedeutsamkeit zu demonstrieren. Wichtig für die Wirtschaft wurde Geld erst mit dem Tauschhandel. Man brauchte etwas, das den direkten Tausch von Gütern überflüssig machte, denn er war kompliziert und aufwendig.

Es war von der Sache her sehr unterschiedlich, was in einzelnen Völkern als Tauschmittel eine Rolle spielte. In einigen Kulturen waren es Muscheln, in anderen Steine, Goldstücke oder Teeziegel. Als man gelernt hatte, Metall zu bearbeiten, nahmen neben Gold andere Metallstücke schnell die Rolle des Mittels an, das bei Tauschgeschäften zwischengeschaltet wurde. Man tauschte demnach eigene Produkte gegen das Tauschmittel, also gegen Muscheln oder Metall, um dann mit diesen Mitteln Dinge zu erwerben, die andere anboten.

Die Lydier, ein kleines, hochentwickeltes Volk in Kleinasien, kam etwa um 600 v. Chr. auf die Idee, die Metallstückchen mit einem Siegel zu versehen. Siegel spielten von dieser Zeit an bei Münzen aus Edelmetall eine wichtige Rolle. Das Siegel sollte Gewicht und Feinheit der Münzen garantieren. Weil aber zunächst das Siegel nur auf einer Seite angebracht war, kratzten Betrüger Edelmetall von der Rückseite und von den Seiten ab. Wer eine so „bearbeitete“ Münze annahm, weil er dem Siegel vertraute, war betrogen. Das Beispiel zeigt: So lange es Geld gibt, gibt es auch Betrügereien damit. Die Kaufleute und Münzpräger lernten aber dazu. Sie stempelten die Münzen auch auf der Rückseite, später sogar an den Seiten. Damit waren die Münzen von allen Seiten gesichert. Unsere Münzen heute haben zwar auch den „Rundumschutz“, aber nur aus historischen Gründen. Das gehört nun einmal zu einer Münze.

Banknoten sind erst relativ spät entstanden, nämlich im 17. Jahrhundert. Zwar hat es eine Fülle von Vorläufern gegeben, in China ebenso wie im alten Ägypten oder im griechischen Kulturraum. Aber Geldscheine, die so funktionieren wie unsere Banknoten heute, sind erst gegen 1700 in England und Schottland aufgekommen. Es waren Papiere, deren Einlösung in „Geld“ (= Münzen) garantiert wurde. Im Vertrauen auf diese Garantie wurden sie zu Zahlungsmitteln.

Die Anfangsgeschichte des Papiergeldes ist eine Geschichte von Pleiten. Bevor man mit Banknoten richtig umgehen konnte, ist viel Lehrgeld bezahlt worden. Einmal mußte sogar ein Staatsbankrott erklärt werden, in Frankreich im Jahre 1720. Der Grund war hier der gleiche wie bei anderen Pleiten vorher oder nachher: Es war zuviel Papiergeld in Umlauf gebracht worden, mehr, als die Wirtschaft vertragen konnte. Die Brauchbarkeit des Papiergeldes hat jedoch dafür gesorgt, daß alle Rückschläge überwunden wurden. Ohne Papiergeld wäre unser heutiges Wirtschaftsleben gar nicht denkbar.

Münze mit dem Bildnis des römischen Kaisers Augustus 1. Jh. n. Chr.

Bayerische Banknote aus dem Jahre 1836

1. Unter welchen Bedingungen können Muscheln „Geld“ sein?
2. Warum haben Münzen geprägte Ränder? Welchem Zweck dienten diese Markierungen?
3. Wo kann man detaillierte Informationen über die Geschichte des Geldes erhalten?

Buchgeld, die unsichtbare Mehrheit

Durch Zehntelpfennige zum reichen Mann · Computer und unsichtbares Geld machten's möglich.

Vor Gericht wirkte der Angeklagte so, wie man sich einen dynamischen Computerfachmann vorstellt. Er versteht etwas von Computern und von Geld. Das machte er sich zunutze. Der Computer bekam den Befehl, die bei der Berechnung von Zinsen ausgerechneten Zehntelpfennige auf ein gesondertes Konto des Angeklagten zu buchen. So kam er zu Geld, das es eigentlich gar nicht gibt. Diejenigen, denen die Zinsen gutgeschrieben wurden, merkten nichts, denn sie bekamen ja eine auf den Pfennig genaue Abrechnung. Der Computer aber berechnete die Zinsen auf drei Stellen hinter dem Komma.

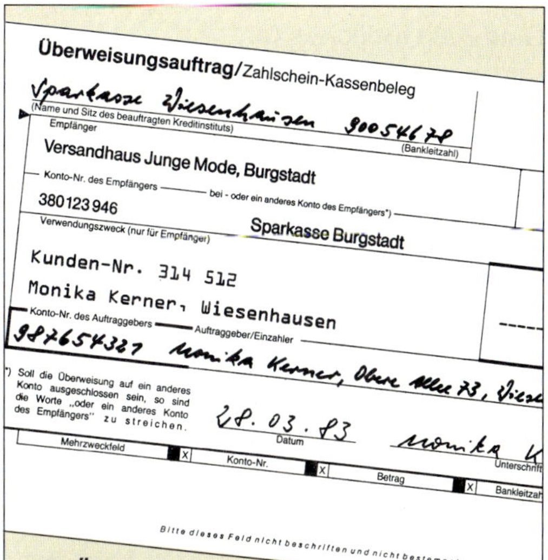
Überweisungsauftrag/Zahlschein-Kassenbeleg
Sparkasse Wiesenhausen 900 546 78
(Name und Sitz des beauftragten Kreditinstituts) (Bankleitzahl)
Empfänger
Versandhaus Junge Mode, Burgstadt
Konto-Nr. des Empfängers — bei - oder ein anderes Konto des Empfängers*)
380123946 Sparkasse Burgstadt
Verwendungszweck (nur für Empfänger)
Kunden-Nr. 314 512
Monika Kerner, Wiesenhausen
Konto-Nr. des Auftraggebers — Auftraggeber/Einzahler
987654321 Monika Kerner, Obere Allee 73, Wiese
*) Soll die Überweisung auf ein anderes Konto ausgeschlossen sein, so sind die Worte „oder ein anderes Konto des Empfängers" zu streichen.
28.03.83 Monika K
Datum Unterschrift
Mehrzweckfeld Konto-Nr. Betrag Bankleitzahl
Bitte dieses Feld nicht beschriften und nicht bestempeln

Die Überweisung – eine Möglichkeit, bargeldlos zu bezahlen

Der Zeitungsbericht macht deutlich, daß es außer Banknoten und Münzen noch anderes Geld gibt, unsichtbares Geld, das etwas mit Konten zu tun hat. Tatsächlich werden z. B. zwischen Unternehmen Beträge in Millionenhöhe hin und her bewegt, und niemand trägt dabei gebündelte Banknoten von Haus zu Haus. Vielmehr werden die Beträge von Konten abgebucht und anderen Konten gutgeschrieben. Das Unternehmen, dem Geld auf einem Konto gutgeschrieben ist, verfügt über dieses Geld, indem es z. B. mit Überweisungen Geld wieder auf andere Konten schickt. Oder es versendet Schecks, die von den Empfängern über das Bankensystem eingelöst werden. „Geld" ist von Konto zu Konto, von Unternehmen zu Unternehmen gewandert, ohne daß auch nur eine Banknote den Besitzer gewechselt hat.

Das gleiche gilt auch bei Krediten. Wenn z. B. ein Unternehmen bei einer Bank einen Kredit aufnimmt, dann wird der Kreditbetrag in aller Regel gar nicht bar ausgezahlt, sondern dem Konto gutgeschrieben. Das Unternehmen verfügt über dieses Geld wie gewohnt mit Überweisungen und Schecks. Nur ein Bruchteil der Kreditsumme wird irgendwann einmal in Form von Bargeld abgehoben. Die Bank weiß das aus Erfahrung. Sie kann also wesentlich höhere Summen an Krediten gewähren, als sie an Bargeld zur Verfügung hat.

Das Prinzip gilt übrigens auch für alle Kontenguthaben. Banken sind nie in der Lage, auf einen Schlag ihren Kunden deren Guthaben auf Giro- oder Sparkonten auch wirklich bar auszuzahlen. Wenn alle Kunden einer Bank plötzlich die Auszahlung ihrer Guthaben verlangen würden, könnte die Bank nur „die Rolläden herunterlassen" und schnell schließen. So etwas hat es in der Vergangenheit schon gegeben.

Dieses kleine Beispiel zeigt, wie wichtig das Buchgeld in unserem Wirtschaftsalltag ist. Es zeigt aber auch, wie sehr das Funktionieren des Geldkreislaufes auf Vertrauen basiert. Die Betriebe, aber auch die privaten Haushalte sind in den Strom des unsichtbaren Geldes, des Buchgeldes, eingebunden. Bricht das Vertrauen zu diesem nicht anfaßbaren Geld zusammen, ist die gesamte Volkswirtschaft betroffen.

1. Was versteht man unter Buchgeld?
2. Was können Privathaushalte mit Buchgeld zu tun haben?
3. Warum gibt es wohl mehr Buchgeld als Bargeld?

3.2 Geld im Kreislauf der Volkswirtschaft

Geld – ein tödliches Gift

Die ORGANISATION, das geheimnisvolle Gangster-Syndikat, will eine der großen Industrienationen in ihre Gewalt bringen. Dies soll, so der Plan, in drei Schritten geschehen:

1. Herbeiführung des wirtschaftlichen Zusammenbruchs.
2. Chaos und Aufstände als Folge des Zusammenbruchs.
3. Machtübernahme durch das Syndikat.

Die zentrale Frage ist: Wie kann die Wirtschaft einer großen Industrienation zum Zusammenbruch gebracht werden? Die (Film-)Lösung: durch Geld!

Geheimagent J. B. belauscht mit einem ferngesteuerten Richtmikrofon die entscheidende Sitzung der ORGANISATION.

Der Boß der Sektion Süd schlägt folgendes vor: „Unsere Leute sorgen dafür, daß am Tag X möglichst viel Geld vernichtet wird. Wir lassen in allen Zentralbanken die Banknoten zu Staub zerfallen. Wie wir das bewerkstelligen können, erkläre ich gleich. Die Vernichtung des Geldes geschieht nachts. Am nächsten Morgen überfallen unsere Leute die größten Banken im Land, räumen Tresore und Kassen aus und verbrennen das Geld vor den Augen der Angestellten und Kunden. Die Druckereien, die im Auftrag der Notenbank Geld drucken, jagen wir in die Luft. Spätestens am nächsten Tag werden überall im Land die Leute die Banken belagern, um ihre Sparguthaben abzuheben und ihre Konten zu räumen. Die Banken werden dem Ansturm hilflos gegenüberstehen. Innerhalb kürzester Zeit wird überall Panik ausbrechen, weil die Banken nicht zahlen können. Zudem werden wir dafür sorgen, daß die Presse von der Vernichtung der Banknoten in den Zentralbanken erfährt. Kein Geld mehr, und die Leute werden verrückt spielen! Das Chaos wird nicht aufzuhalten sein. Der Staat wird zerbrechen, weil seine Wirtschaft zusammenbricht. Die Wirtschaft bricht zusammen, weil zu wenig Geld da ist. Eine einfache Sache. Geld ist eben der Klebstoff, der alles zusammenhält. Wir entziehen diesen Klebstoff, und alles fällt zusammen."

Der Boß der Sektion Nord ist gegen diesen Plan: „Zugegeben, eine Wirtschaft bricht zusammen, wenn ihr das Geld entzogen wird. Zuwenig Geld ist eben tödlich. Aber zuviel Geld auch! Unsere Arbeitsgruppe unter Leitung von Professor Goldwald schlägt vor, die Wirtschaft durch zuviel Geld zu ruinieren. Unsere Verbindungsleute werden soviel Geld wie möglich in die Wirtschaft pumpen. Die eingeschleusten Banknoten sind natürlich Fälschungen. Sie können aber selbst von Fachleuten nicht als solche erkannt werden. Massenhaft zusätzliches Geld, das wird zu großen Problemen führen! Bevor die Regierung etwas dagegen unternehmen kann, holen wir zum entscheidenden Schlag aus. Aus Flugzeugen werden wir über einigen ausgewählten Großstädten Geld regnen lassen. Geld für alle! Das wird ein Fest für den ersten Augenblick. Spätestens am nächsten Tag aber wird die Wirtschaft zusammenbrechen. Die Läden sind leergekauft, und immer noch stehen Leute mit dicken Geldbündeln davor und wollen kaufen. Die Masse wird toben. Sie hat Geld wie noch nie, und kann nichts dafür kaufen! Da werden die Sicherungen durchbrennen. Die Wirtschaft erstickt an dem, was sonst alle haben wollen, an Geld! Und dann die Angst der Kaufleute vor Falschgeld! Die psychologische Wirkung wird so verheerend sein, daß Geld im ganzen Land nicht mehr angenommen wird, obwohl wir nur ein paar Großstädte mit Banknoten bombardiert haben."

J. B., der Superagent, schaltet sein Richtmikrofon aus. Ihn interessiert der Streit nicht, ob man die Wirtschaft eines Industriestaates besser mit zuviel oder zuwenig Geld ruiniert. Beide Pläne sind teuflisch.

Gedankenskizze zu einem neuen J. B.-Agenten-Film

Erläutere die möglichen Wirkungen von zu viel und zu wenig Geld für eine Volkswirtschaft.

Geldfunktionen

„Geld kann man nie zuviel haben!" Für den einzelnen stimmt das vielleicht, für die gesamte Wirtschaft nicht, wie das Beispiel aus dem Agentenfilm zeigt.

Geld ist eine Art Berechtigungsschein. Es berechtigt dazu, Güter zu kaufen oder Dienstleistungen in Anspruch zu nehmen. Sind zu viel „Berechtigungsscheine" im Umlauf, dann werden sie wertlos, weil einfach nicht genug Güter da sind, die man kaufen könnte. Wieviel Geld eine Wirtschaft verträgt, hängt in entscheidendem Maße davon ab, wieviel Güter und Dienstleistungen zur Verfügung stehen. Die zirkulierende Geldmenge auf der eine Seite und die Menge der Güter und Dienstleistungen auf der anderen Seite müssen in einem sinnvollen Verhältnis zueinander stehen. Nur so kann das System funktionieren.

Die Sache mit dem Geld ist also im Prinzip sehr einfach. Geld ist, was gilt! Der Staat hat es dazu erklärt, und solange Wirtschaft und Staat funktionieren, gibt es auch mit dem Geld keine Probleme. Geld hat verschiedene Funktionen:

- Es ist **Zahlungsmittel**. Jedermann kann damit seine Schulden bezahlen, sei es beim Staat (z. B. Steuerschulden), sei es bei Privatleuten oder Wirtschaftsunternehmen.
- Es ist **Tauschmittel**. Wer arbeitet, tauscht seine Arbeitsleistung gegen Geld. Dieses Geld kann er wiederum beliebig gegen Güter oder Dienstleistungen tauschen. Wer etwas herstellt, tauscht seine Produkte ebenfalls gegen Geld (er verkauft sie). Mit dem Geld kann er dann ebenfalls eintauschen (kaufen), was er braucht.
- Es ist **Wertaufbewahrungsmittel**. Man kann erwirtschaftetes Geld zurücklegen, um sich später etwas dafür zu kaufen. Dieser Vorgang ist in einer reinen Tauschwirtschaft schwer vorstellbar.
- Es ist **Recheneinheit und Wertmesser**. Man beziffert Leistungen, z. B. erbrachte Dienstleistungen oder erstellte Produkte mit Geldwerten. („Diese Ware kostet DM 4,80".) Dadurch werden Güter und Dienste vergleichbar und berechenbar. Die Geldeinheiten werden zum Maßstab.

Ob ein Geldsystem gesund ist oder nicht, kann man daran erkennen, ob es alle Funktionen problemfrei erfüllt. Wenn man z. B. im Laufe der Zeit ständig weniger an Gütern oder Dienstleistungen für sein Geld bekommt, wenn also die Preise erheblich steigen und der Wert des Geldes immer geringer wird, dann ist etwas nicht in Ordnung. Ein sich im Wert dauernd verschlechterndes Geld taugt z. B. nicht als Wertaufbewahrungsmittel. Man bekommt ja später kaum etwas für das Geld, für das man heute hart arbeiten muß.

Unmittelbar nach dem 2. Weltkrieg gab es in Deutschland zwar Banknoten und Münzen, aber die nahm niemand ernst. Gehandelt wurde auf der Grundlage von amerikanischen Zigaretten, z. B. der „Lucky". Die war Wertmaßstab und Tauschmittel. Das offizielle Geld spielte überhaupt keine Rolle. Die Leute nahmen es nicht ernst. Es galt eben nichts und konnte damit seine Funktionen nicht mehr erfüllen.

Wer auch nur in Grundzügen verstanden hat, was es mit dem Geld auf sich hat, der weiß: Geld braucht nicht „gedeckt" zu sein. Früher glaubten viele, Geld könne nur funktionieren, wenn es für die umlaufenden Geldscheine und Münzen einen entsprechenden Gegenwert in Gold oder anderen Werten gäbe. Das ist aus der heutigen Sicht Unsinn. Ob Geld funktioniert oder nicht, hängt letztlich vom Vertrauen ab, das die Bürger dem Geld in ihrem Staat entgegenbringen und davon, ob die Geldmenge stimmt. Die DM ist als moderne Währung also nicht durch Gold oder andere Schätze „gedeckt". Das Gold, das in den Depots der Bundesbank lagert, hat nicht die Aufgabe, das Geld „zu decken", also seine Wertgrundlage zu sein. Es gibt keinen geheimen Schatz, der dem Wert des insgesamt umlaufenden Geldes entspricht.

1. „Geld ist ein Berechtigungsschein". Erläutere diese Aussage.
2. Beschreibe die verschiedenen Funktionen des Geldes.
3. Warum „funktioniert" Geld nicht immer?

Geld ist wie Medizin: Die Dosis macht's. Zuwenig taugt nichts, zuviel ist tödlich.

In der Bundesrepublik Deutschland hat die Deutsche Bundesbank die Aufgabe, das Geldwesen in Ordnung zu halten. Nur sie darf Banknoten drukken. Die Bundesbank bestimmt, wieviel Geld gedruckt und in Umlauf gebracht wird. Der Staat, also etwa die Bundesregierung, hat in dieser Frage keine direkte Einwirkungsmöglichkeit. Die Bundesbank ist autonom. Niemand kann ihr bindende Vorschriften machen. Diese im Bundesbankgesetz festgeschriebene Regelung ist aus Erfahrung entstanden. Wenn der Staat Geld drukken darf, ist die Gefahr zu groß, daß er die Notenpresse immer dann anwirft, wenn er gerade Geld braucht. Dadurch kann es schnell geschehen, daß zuviel Geld in die Wirtschaft gepumpt wird und dort Schaden anrichtet.

Die Bundesbank hat verschiedene Möglichkeiten, die Geldmenge zu steuern. Sie kann Geld in die Wirtschaft pumpen, sie kann ihr aber auch Geld entziehen. Wichtiges Bindeglied sind dabei die (Geschäfts-)Banken, die sich alle bei der Bundesbank mit Geld versorgen. Die Bundesbank nimmt Einfluß darauf, wieviel Geld die Banken bekommen und damit in den Geldkreislauf bringen können. Sie nimmt auch Einfluß darauf, wie teuer Bankkredite sind und welche Kreditsummen die Banken insgesamt vergeben können.

Die Beeinflussung des Preises für Bankkredite geschieht im wesentlichen über die Festlegung des Diskontsatzes. Damit wird der Zinssatz bezeichnet, den Banken bezahlen müssen, wenn sie sich (unter bestimmten Bedingungen) bei der Bundesbank Geld leihen. Die Bundesbank kann diesen Zinssatz erhöhen oder senken. Legt sie z. B. einen Diskontsatz von 5% fest, dann müssen die Banken für geliehenes Geld 5% Zinsen zahlen. Verleihen sie dieses Geld als Kredit weiter, dann müssen sie noch die eigenen Kosten und ihre Gewinnspanne berücksichtigen. Bankkredite dürften also nicht unter 7% bis 8% Zinsen zu haben sein. Setzt die Bundesbank den Diskontsatz herauf, werden die Kredite teurer, senkt sie ihn, dann werden Kredite billiger.

Die Bundesbank hat ihren Sitz in Frankfurt, der Stadt der Banken. Sie verfügt über ein dichtes Netz von Filialen, die Landeszentralbanken mit ihren Außenstellen in größeren Städten. Oberstes Beschlußorgan der Bundesbank ist der Zentralbankrat. Er wird öfter in den Medien erwähnt, z. B. wenn er Zinsänderungen beschlossen hat. Der Zentralbankrat besteht aus etwa 20 Mitgliedern. Das sind der Präsident, der Vizepräsident und die Direktoren der Bundesbank sowie die Präsidenten der Landeszentralbanken, von denen es insgesamt 11 gibt. Vertreter der Bundesregierung dürfen an den Sitzungen des Zentralbankrates teilnehmen, haben aber kein Stimmrecht.

Bei der Bundesbank gibt es ein paar Arbeitsplätze, an denen die Arbeit für viele zur Qual werden würde. Es sind die Arbeitsplätze der „Geldverbrenner". Die Bundesbank läßt nämlich säckeweise aus dem Verkehr gezogene Banknoten verbrennen. Erst einmal ist es gelungen, von ausgesonderten Banknoten etwas „abzuzweigen". Die Geschichte ist aufgeflogen. Die Banknoten sind doch noch in den Ofen gewandert und die verhinderten Diebe ins Gefängnis.

Die Bundesbank vertritt die Bundesrepublik Deutschland auch bei internationalen Währungsorganisationen und Konferenzen. Geld ist international in seiner Wirkung, und da muß man auch international zusammenarbeiten.

1. Erläutere, warum man die Bundesbank als „Hüterin des Geldes" bezeichnen kann.
2. Die Bundesbank versorgt (über die Landeszentralbanken) die Geschäftsbanken mit Bargeld. Das schafft Sicherheitsprobleme. Wieso?
3. Warum ist die Bundesbank dem Staat gegenüber knauserig und druckt nicht einfach Geld, wenn der Staat dringend welches braucht?

Geld verbindet über Grenzen

Dollar sackt ab
Flüge in die USA werden billiger

Niedriger Dollarkurs:
Deutsche Exporteure stöhnen

Hoher Dollarkurs:
Exporte füllen die Firmenkassen

Steigender Dollarkurs
Öl und Benzin werden teurer

Ist die DM gegenüber der Lire falsch bewertet?
Nachdenken über eine Wechselkursänderung

Wer in Spanien Urlaub machen will, braucht Peseten. Ändert er sein Vorhaben und bleibt in Frankreich, nützen ihm die Peseten nichts. Gefragt sind Franc. Jedes Land hat seine Währung. Aber jedes Land steht auch mit anderen Ländern durch Handel und Reiseverkehr in Verbindung. Sind da nicht eigene Währungen ein Hindernis? Sie sind es, aber man muß mit ihnen leben.

Eine Möglichkeit ist, ausländisches Geld als Ware anzusehen und es wie eine Ware zu behandeln. Ausländisches Geld wird gehandelt wie Baumwolle oder Kaffee. Beim Handel verändert sich je nach Marktlage der Preis für die gehandelte Ware. Ist sie knapp und begehrt, steigt der Preis. Will man sie loswerden, und niemand ist besonders begierig sie zu erwerben, dann fällt der Preis. Nichts anderes steckt hinter den Meldungen von steigenden und fallenden „Kursen". Unter Wechselkurs versteht man den Preis für ausländisches Geld. Wenn es z. B. heißt, der Dollarkurs liegt bei DM 2,10, dann bedeutet das: Für einen US-Dollar muß man im Augenblick DM 2,10 zahlen. Abgesehen von Dollar ($) und Britischem Pfund (£) beziehen sich die Kursnotierungen in der Regel auf 100 Einheiten der ausländischen Währung, also auf 100 Holländische Gulden oder 100 Schweizer Franken.

Ausländisches Geld als Ware zu behandeln, hat Vor- und Nachteile. Das zeigen schon die Zeitungsüberschriften oben. Für Kaufleute werden Auslandsgeschäfte schwer kalkulierbar. Ein Autohersteller kann z. B. ein bestimmtes Fahrzeug in den USA für etwa $ 10 000 absetzen. Mehr gibt der Markt nicht her. Wieviel DM ein solches in den USA verkauftes Fahrzeug in die Firmenkasse bringt, hängt vom Wechselkurs ab.

Der amerikanische Kunde zahlt in Dollar. Die Dollar müssen in DM gewechselt werden. Ist der Dollarkurs hoch, gibt es viele DM (z. B. 10 000 x 3,50), ist der Kurs niedrig, bringen die gleichen Dollar wesentlich weniger DM in die Firmenkasse (z. B. 10 000 x 1,80). Exporteure haben also nichts gegen einen hohen Dollarkurs. Importeure dagegen sehen das genau anders. Sie strahlen bei niedrigen Dollarkursen, denn dann brauchen sie z. B. für ein Faß Öl wesentlich weniger DM auszugeben als bei einem hohen Kurs. Öl wird nämlich, wie viele andere Güter im Welthandel auch, auf Dollarbasis gehandelt.

Wenn Staaten wirtschaftlich sehr eng zusammenarbeiten, dann ist ein Wechselkurs, der sich allein aus dem Spiel von Angebot und Nachfrage bildet, ein Hindernis. Denn nicht nur wirtschaftliche, sondern auch politische Gegebenheiten beeinflussen den Wechselkurs. Hinzu kommen erhebliche spekulative Momente, denn mit Geld kann man ja Geld verdienen, da lohnt sich für manchen die Spekulation. Darum haben sich z. B. die Staaten der Europäischen Gemeinschaft (EG) entschlossen, ihre Währungen untereinander nicht völlig dem freien Spiel der Marktkräfte auszusetzen. Für die Währungen der EG-Staaten sind untereinander Wechselkurse vereinbart worden, die nur in einer festgelegten Bandbreite schwanken können. Da dieser Spielraum aber nicht sehr groß ist, wird der Handel durch marktbedingte Wechselkursänderungen kaum beeinträchtigt.

1. Erläutere den Begriff „Wechselkurs".
2. Warum freuen sich Exporteure über hohe Dollarkurse, während Importeure hohe Dollarkurse fürchten?
3. Warum gibt es zwischen den Währungen der EG-Staaten nur ein eingeschränktes Spiel von Wechselkursveränderungen?

4. Die Bundesrepublik Deutschland im internationalen Wirtschaftsgeschehen

Kein Staat der Welt könnte heute auf längere Sicht in wirtschaftlicher Isolation bestehen. Ob Großmächte wie die USA oder die UdSSR, ob kleine Staaten wie Kuba oder Israel, alle sind in den Welthandel eingeflochten. Die Bundesrepublik Deutschland gehört zu den Staaten, die eine Spitzenstellung im Welthandel einnehmen. Im Jahre 1986 stand sie in der Weltrangliste der Ausfuhren von Gütern und Dienstleistungen auf dem ersten Platz: Sie war die Export-Nation Nr. 1! Ist die Exportorientierung aber ohne Risiko? Welche Gefahren können sich ergeben? Und wie sieht es bei den Importen aus?

4.1 Die Bundesrepublik Deutschland als Teil des Weltmarktes

Außenhandel: Tendenz fest

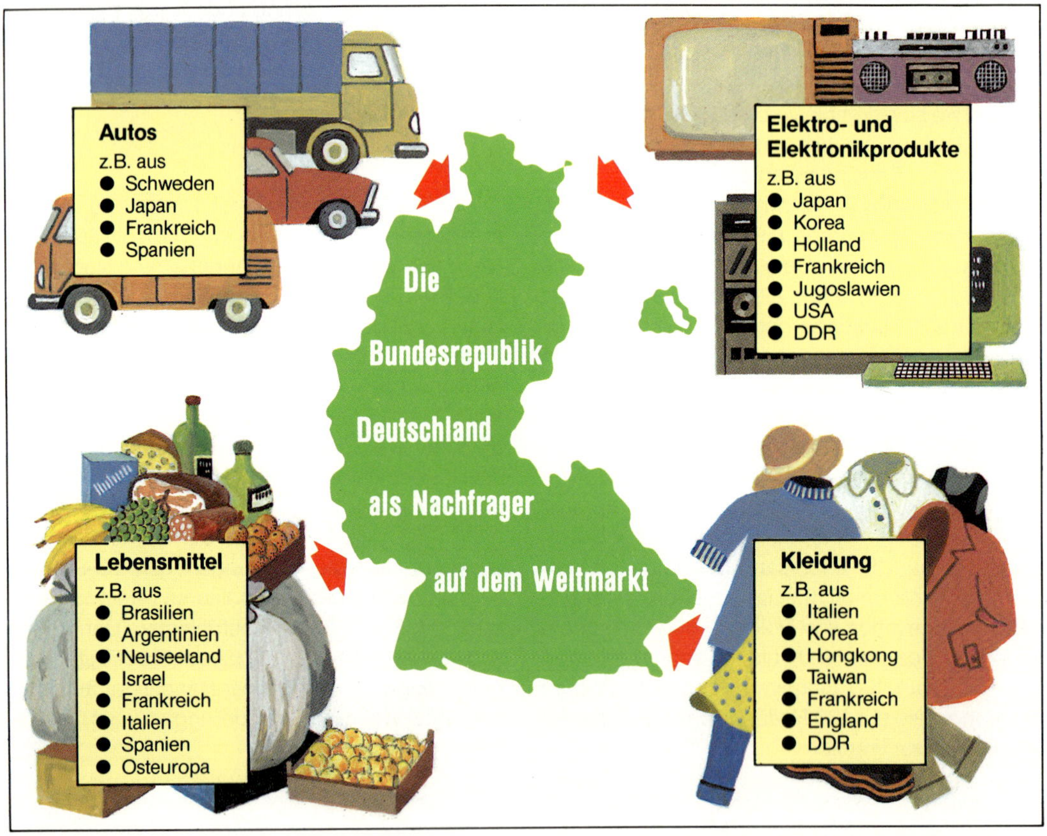

Kleidung, Lebensmittel, elektronische Geräte und Autos sind nur einige von vielen tausend Waren, die wir aus anderen Ländern beziehen. Nicht einmal erwähnt ist in der Zeichnung der Rohstoffbereich, in dem die Bundesrepublik Deutschland einer der größten Importeure ist. Daß die Deutschen zu den „Weltmeistern im Reisen" gehören, weiß inzwischen wohl jeder. So geben die Bundesbürger jedes Jahr zweistellige Milliardenbeträge für Urlaubsreisen im Ausland aus (1986 über 44 Milliarden DM!). Nutznießer sind vor allem Österreich und Italien, aber auch viele andere Länder wie Spanien, die Schweiz, Frankreich, Jugoslawien, Griechenland und die USA. Insgesamt gesehen ist die Bundesrepublik Deutschland einer der größten Nachfrager nach Gütern und Dienstleistungen auf dem Weltmarkt.

Wer etwas kaufen oder Dienstleistungen in Anspruch nehmen will, der muß Gegenleistungen erbringen. Das gilt im Welthandel ebenso wie im privaten Bereich. Die Bundesrepublik Deutschland könnte nicht so stark als Nachfrager am Weltmarkt auftreten, wenn sie nicht gleichzeitig Anbieter begehrter Produkte und Leistungen wäre. Tatsächlich sind Produkte „Made in Germany" in aller Welt vertreten. In China stehen von deutschen Unternehmen gebaute Walzwerke und andere Industriekomplexe. Die Sowjetunion durchzieht eine große Pipeline für Erdgas. Die Rohre und die erforderliche technische Ausstattung haben deutsche Firmen geliefert, ebenso ganze Chemie-Fabriken und Stahlwerke. Autos der Marken Porsche und Mercedes gelten in den USA und anderswo als Prestigeobjekte. Auch die anderen deutschen Automobilhersteller exportieren einen beträchtlichen Teil ihrer Fahrzeuge. Städte in der Wüste, Hafenanlagen an exotischen Küsten, Telefonnetze in technisch unterentwickelten Gebieten, aber auch in den USA: Das sind nur einige Beispiele aus der großen Palette der Produkte, die Unternehmen aus der Bundesrepublik Deutschland auf dem Weltmarkt anbieten und absetzen. Statistiken zeigen, daß in der Bundesrepublik Deutschland etwa jeder vierte Arbeitsplatz vom Export abhängt. In einzelnen Branchen gehen über 60 % der hergestellten Produkte ins Ausland.

Wenn man sich die Statistiken über Ein- und Ausfuhren genauer ansieht, kann man sehr schnell eine besonders verwundbare Stelle der deutschen Wirtschaft erkennen. Es ist der Rohstoffbereich. Ohne Rohstofflieferungen aus dem Ausland ist eine industrielle Produktion bei uns überhaupt nicht möglich. Das ist nicht in allen Industrienationen so. Die USA oder Kanada z. B. verfügen über viele der benötigten Rohstoffe selbst. Sie sind also nicht in gleicher Weise auf einen störungsfrei funktionierenden Weltmarkt angewiesen wie die Bundesrepublik Deutschland. Bei uns sind selbst solche Bereiche durch Abhängigkeit vom Weltmarkt gekennzeichnet, in denen wir Selbstversorger sein könnten, z. B. bei Agrarprodukten. Hier sind es nicht die Rohstoffe, sondern die zu ihrer Erzeugung und Verarbeitung erforderlichen Mittel wie Futtermittel, Energie oder Dünger, die uns an den Weltmarkt binden.

Die Bundesrepublik Deutschland braucht für eine positive wirtschaftliche Entwicklung zahlreiche Handelsbeziehungen auf einem möglichst störungsfrei funktionierenden Weltmarkt. Wer sich das bewußt macht, wird schnell erkennen, wie eng Wirtschaft und Politik in einem Staat wie der Bundesrepublik Deutschland zusammenrücken müssen.

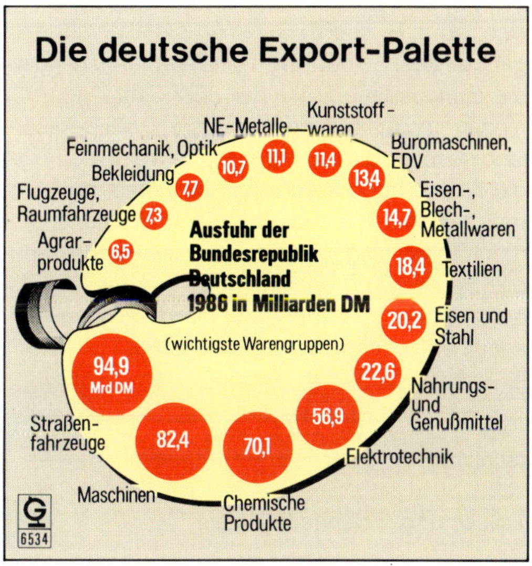

1. Verdeutliche die Rolle des Exports für die Bundesrepublik Deutschland.
2. Zeige Beispiele für Importe auf.
3. „Die Rohstoffversorgung nimmt eine Schlüsselstellung ein, wenn es um die wirtschaftliche Lage der Bundesrepublik Deutschand geht." Erläutere diese Aussage.
4. Ihr könnt – vielleicht in Zusammenarbeit mit dem Fach Geographie – eine Ausstellung zum Thema „Aus aller Welt auf unseren Tisch" gestalten, um am Beispiel Lebensmitteleinfuhren die Einbindung der Bundesrepublik Deutschland in den Welthandel zu verdeutlichen. Wie könnte eine solche Ausstellung aussehen?

Konzerne und Finanzbeteiligungen verbinden

„Was haben Nesquick, Schappi, Rama, Iglo-Fischstäbchen, Jakobs-Kaffee, Esso-Benzin und der Opel Kadett gemeinsam?"

„Weiß ich nicht. Was soll solch eine Frage...?"

„Alles sind Produkte, die in der Bundesrepublik Deutschland hergestellt werden. Die zu ihrer Produktion notwendigen Rohstoffe kommen mehr oder weniger aus dem Ausland. Alle Produkte werden von Unternehmen hergestellt, die ihre Führungsspitze im Ausland haben und die ausländischen Kapitalgebern gehören."

„Da wäre ich nie drauf gekommen"

Die Wirtschaft der Bundesrepublik Deutschland ist nicht nur durch die Warenströme, also Importe und Exporte, mit den Märkten der Welt verbunden. Sie ist es auch durch das, was Fachleute „Kapitalverflechtungen" nennen. Die in dem kleinen Gespräch aufgeführten Beispiele zeigen, daß in den verschiedensten Wirtschaftsbereichen ausländische Unternehmen in der Bundesrepublik Deutschland tätig sind. Das bedeutet, daß ausländisches Kapital bei uns „arbeitet", amerikanisches, englisches, holländisches, französisches, schwedisches, eine Zeit lang sogar jugoslawisches, als nämlich ein Hersteller von Haushaltsgeräten in wirtschaftliche Schwierigkeiten geriet und von einem jugoslawischen Unternehmen „gerettet" (d. h. aufgekauft und weitergeführt) wurde.

Zu den Kapitalverflechtungen gehört aber nicht nur, daß ausländische Unternehmen auf dem Inlandsmarkt direkt mit eigenen oder aufgekauften deutschen Unternehmen tätig sind. Zu den Kapitalverflechtungen gehört auch, daß ausländische Geldgeber Miteigentümer von deutschen Unternehmen sind. So sitzen z. B. in großen deutschen Unternehmen Vertrauensleute arabischer Scheichs, weil diese Scheichs Miteigentümer des jeweiligen Unternehmens sind. Ihnen gehört ein Teil des Eigenkapitals. Sie sind also Geldgeber und tragen das unternehmerische Risiko mit.

Was für ausländische Unternehmen in der Bundesrepublik Deutschland gilt, gilt ebenso für deutsche Unternehmen im Ausland. Auch deutsche Unternehmen sind im Ausland tätig, sei es mit

- eigenen Betrieben,
- aufgekauften ausländischen Unternehmen,
- Kapitalbeteiligungen.

Wer z. B. in der Bundesrepublik Deutschland in einem argentinischen Steakrestaurant ein saftiges Steak ißt, hat vielleicht ein Stück Fleisch aus einem VW-Betrieb auf dem Teller. Der deutsche Autohersteller VW betreibt nämlich in Südamerika eine riesige Rinderfarm. So war es zumindest noch im Jahre 1986. Die Finanzverflechtungen über Grenzen hinweg gehen schon so weit, daß es bereits Überlegungen über Kapitalbeteiligungen westlicher Unternehmen an Betrieben im Ostblock gibt.

Neben direkten Beteiligungen an Unternehmen spielen im internationalen Wirtschaftsgeschehen unvorstellbare Geldmengen eine Rolle, die vor allem der Zinsen wegen über Staatsgrenzen hinweg hin- und herfließen. In diesem Zusammenhang ist z. B. von „Petro-Dollars" die Rede. Gemeint ist damit Geld, das im Ölgeschäft (vor allem in arabischen Staaten) verdient worden ist und das nun Zinsen bringen soll. Den Eigentümern ist es gleichgültig, ob die Erträge der Geldanlage aus Amerika, Japan oder Deutschland kommen. Sie achten nur auf die Sicherheit der Anlage und eine möglichst hohe Verzinsung. Den betroffenen Staaten aber kann es überhaupt nicht gleichgültig sein, ob z. B. riesige Summen plötzlich abgezogen werden. So hätte, um ein Beispiel zu nennen, die Bundesbank Mitte der 80er Jahre gern für niedrigere Zinsen in der Bundesrepublik Deutschland gesorgt. Sie konnte es nicht, weil in den USA die Zinsen hoch waren und die Gefahr bestand, daß bei einer Zinssenkung die international tätigen Kapitalanleger ihr Geld aus der Bundesrepublik Deutschland abziehen und in Amerika anlegen würden. Das aber hätte der deutschen Wirtschaft erheblichen Schaden zugefügt.

1. Nenne Produkte, die in der Bundesrepublik Deutschland von Unternehmen hergestellt werden, die zum Teil oder ganz in ausländischer Hand sind.
2. Was versteht man unter „internationaler Kapitalverflechtung"? Nenne Beispiele.

Bündnisse und Abkommen im Welthandel

Wenn es um Geld geht, hören Freundschaft und Großzügigkeit schnell auf. Das gilt im kleinen wie im großen. Für Staaten ergibt sich das besondere Problem, daß wirtschaftliche Gegebenheiten sehr starken Einfluß auf die Politik haben können. Wer aber möchte schon seine Politik von außen beeinflussen lassen? Wenn z. B. europäische und japanische Stahlhersteller den amerikanischen Markt erobern und die amerikanischen Stahlproduzenten an die Wand drücken, dann hat das für die Innenpolitik in den USA Folgen, weil es z. B. erheblich mehr Arbeitslose gibt. Wenn japanische Autohersteller Stück für Stück den europäischen Automarkt aufrollen, dann herrscht nicht nur in den Vorstandsetagen der Automobilkonzerne, sondern auch in den politischen Zentralen Alarmstimmung. Denn der Automobilbau gilt bei uns als Schlüsselindustrie, von der wirtschaftlich und damit auch politisch viel abhängt. Was tun? Die Grenzen schließen oder die unwillkommenen Produkte mit hohen Zöllen belegen, um die heimische Wirtschaft zu schützen? Das wären protektionistische Maßnahmen (Schutzmaßnahmen). Wie aber erginge es dann dem eigenen Export? Würden dann die anderen Staaten nicht zu den gleichen Mitteln greifen?

Politiker aller Staaten versuchen, das Beste aus der Sache zu machen. Sie gehen Bündnisse ein, schließen Handelspakte und versuchen, das internationale Wirtschaftsgeschehen durch Absprachen und Verträge zu ordnen und überschaubar zu machen. So gibt es eine Fülle internationaler Wirtschaftsorganisationen und Handelsabkommen. Einige wichtige sind:

Internationale Wirtschaftsorganisationen

EG (Europäische Gemeinschaft): 1958 als EWG (Europäische Wirtschaftsgemeinschaft) mit der Absicht gegründet, durch Zusammenschluß im wirtschaftlichen und technologischen Bereich die Vertragsstaaten politisch mit dem Ziel einer Union anzunähern. Die politische Zielsetzung ist mittlerweile in den Hintergrund getreten. Vorrang haben heute wirtschaftliche Ziele, vor allem die Schaffung eines einheitlichen europäischen Binnenmarktes. Es geht um einen vollständigen Abbau der Zölle zwischen den Staaten der Gemeinschaft, Freizügigkeit für Arbeitnehmer und Unternehmen, Freizügigkeit im Warenverkehr und eine gemeinsame Politik im Agrarbereich.

COMECON (Rat für gegenseitige Wirtschaftshilfe): Wirtschaftsgemeinschaft osteuropäischer Staaten unter Führung der UdSSR. Ziel ist die Verflechtung der Volkswirtschaften der Vertragsstaaten. Die volkswirtschaftliche Produktion in den Mitgliedstaaten wird aufeinander abgestimmt, es gibt eine übergreifende Arbeitsteilung. Die Mitgliedstaaten gewähren sich gegenseitig Kredite, tauschen Forschungsergebnisse und technisches Wissen aus und stimmen ihre Investitionen aufeinander ab.

OECD (Organisation für wirtschaftliche Zusammenarbeit und Entwicklung): In dieser Organisation arbeiten über 20 Staaten der Welt (westliche und neutrale Industriestaaten) zusammen. Ziel ist eine Abstimmung der Wirtschaftspolitik und eine Koordinierung der Entwicklungspolitik. Im Auftrag der OECD werden wissenschaftliche Arbeiten erstellt, die den Mitgliedsstaaten helfen sollen, eine zukunftsgerichtete Wirtschaftspolitik zu betreiben. Die OECD verfügt über mehr als 100 Fachausschüsse und Arbeitsgruppen, die sich mit wirtschaftlichen und sozialen Problemen und mit Entwicklungsfragen beschäftigen.

OPEC (Organisation der Erdöl exportierenden Staaten: Die OPEC ist ein Zusammenschluß von 13 der größten Erdölausfuhrländern der Welt. Ihr Ziel ist eine gemeinsame Ölpolitik durch Preisabsprachen und Absprachen über Fördermengen.

Internationale Handelsabkommen

GATT (Allgemeines Zoll- und Handelsabkommen): Diese Organisation wird von über 80 Staaten der Welt getragen. Ihr Ziel liegt u. a. in einer Förderung des Welthandels. Diesem Ziel dienen Gespräche über den weltweiten Abbau von Zöllen und anderen Handelshemmnissen. Die Mitgliedsstaaten haben mehrfach gemeinsam ihre Zölle gesenkt und gewähren sich untereinander die jeweils günstigsten Zolltarife. Den Entwicklungsländern soll besondere Beachtung geschenkt werden.

Lomé-Abkommen: Dieses nach einer Stadt in Afrika benannte Abkommen wurde zwischen der EG und über 60 Entwicklungsländer geschlossen. Es soll den Handel fördern (z. B. durch Zollfreiheit für Güter aus den Entwicklungsländern) und sieht eine finanzielle und technische Zusammenarbeit zwischen den Vertragspartnern vor.

1. Die Bundesrepublik Deutschland ist Mitglied der Europäischen Gemeinschaft. Warum wohl?
2. Internationale Organisationen wie die OECD oder das GATT kosten viel Geld. Warum geben die Mitgliedstaaten dafür Geld aus?

Die Europäische Gemeinschaft und die Folgen

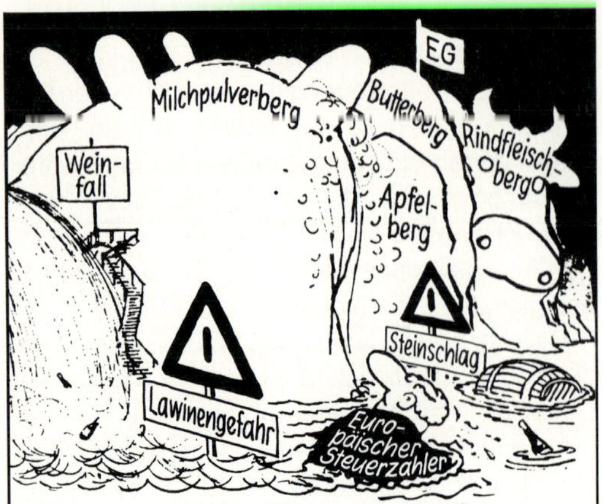

Europa — deine Berge, deine Seen....

Wenn das Stichwort EG fällt, dann denken viele sofort an „Butterberge" oder „Weinseen". Das ist aber nur eine Seite der Medaille, und nicht einmal die ganze. Die EG hat dazu geführt, daß die europäische Landwirtschaft und damit die bäuerlichen Betriebe in den EG-Staaten besonders geschützt sind. Die teuren „Berge" und „Seen" als eine Folge dieser Bemühungen sind ein großes Problem, das niemand bestreitet. Sie kosten die europäischen Steuerzahler viel Geld und schaden den Landwirten in anderen Teilen der Welt, weil die EG-Überschüsse die Weltmarktpreise für die Überschußprodukte verderben. Der Agrarmarkt hat aber auch seine guten Seiten. Ohne die EG und ihre Agrarpolitik hätten schon viele bäuerliche Betriebe aufgeben müssen. Nutzen haben auch die Verbraucher. So ermöglicht es der europäische Agrarmarkt, daß wir im Winter preiswerte Orangen und Mandarinen angeboten bekommen oder gar Freilandtomaten (aus Spanien) zu erträglichen Preisen kaufen können. Das Angebot an Obst und Gemüse ist vielfältiger denn je, Fleisch kommt in vielen Haushalten alltäglich auf den Tisch. Zu Zeiten unserer Großeltern gab es Fleisch aus Kostengründen häufig nur an Sonn- und Feiertagen.

Der Agrarmarkt macht aber nur einen Teil der EG aus, denn sie ist vorwiegend ein Zusammenschluß von Industriestaaten. Bei der Gründung der EWG (Europäische Wirtschaftsgemeinschaft) war eines der wichtigsten Ziele, einen europäischen Markt für alle Produkte und Produktionsfaktoren zu schaffen. Das bedeutet z. B. konkret, daß Arbeitnehmer aus der Gemeinschaft in jedem Mitgliedsstaat tätig werden dürfen. Vor der Schaffung der EWG (Vorläuferin der EG) hat jeder Staat sehr sorgfältig darauf geachtet, daß Ausländer nach Möglichkeit draußen blieben. Gemeinsamer Markt bedeutet auch, daß Industrieerzeugnisse aus Staaten der Gemeinschaft nicht mehr durch Zölle belastet und damit für die Verbraucher teurer werden. Deutsche Unternehmen können ebenso wie ihre französischen oder niederländischen Konkurrenten für den europäischen Markt planen, sie sind nicht nur auf ihre kleinen nationalen Märkte angewiesen. Es kann mehr und damit kostengünstiger produziert werden. Auch das nutzt den Verbrauchern.

Die Außenhandelsstatistik zeigt, wie wichtig die Öffnung der nationalen Märkte ist. Sowohl bei den Exporten wie auch bei den Importen stehen Staaten aus der Europäischen Gemeinschaft auf den ersten Plätzen der bundesdeutschen Außenhandelsstatistik. Sie sind unsere wichtigsten Handelspartner.

Gemeinsamkeit macht stark. Das gilt auch im Welthandel. Wenn über Fragen des Welthandels diskutiert wird und wenn Entscheidungen fallen, dann tritt für die Mitgliedsstaaten meist die EG auf. Die Gemeinschaft hat wirtschaftlich ein ganz anderes Gewicht als ein einzelner Staat. Der Export deutscher Produkte in die USA wäre in der Vergangenheit oft wesentlich schwerer, in einzelnen Bereichen sogar unmöglich gewesen, wenn es die EG in diesen weltwirtschaftlich schwierigen Zeiten nicht fertiggebracht hätte, die USA von einem „Handelskrieg" gegen die europäischen Staaten abzubringen.

1. Welche Mitgliedsstaaten gehören zur Zeit der Europäischen Gemeinschaft an?
2. Beschreibe einige Ziele der Europäischen Gemeinschaft.
3. Welche Vorteile bringt die Mitgliedschaft in der Europäischen Gemeinschaft für deutsche Unternehmen und Verbraucher? Finde Beispiele.

4.2 Die Bundesrepublik Deutschland als Industrienation

„Von der Stahlschmiede zur Denkfabrik"

Die Bundesrepublik Deutschland ist als Industriestaat stark vom Welthandel und seinen Entwicklungen abhängig. Das hat weitreichende Konsequenzen, denn die nationale Industrie muß sich den internationalen Entwicklungen anpassen, wenn sie im weltweiten Konkurrenzkampf bestehen will. Dazu zwei Beispiele:

Vor zwanzig Jahren waren die meisten Werften in der Bundesrepublik Deutschland noch gut verdienende Betriebe. In ihren Auftragsbüchern standen viele Aufträge aus dem Ausland. Wer auf einer Werft arbeitete, hatte eher Probleme mit zu vielen Überstunden als mit mangelnder Beschäftigung. Das Blatt hat sich völlig gewendet. Viele Werften, auch international angesehene Großbetriebe, mußten „die Segel streichen" und die Werkstore schließen. Die verbliebenen Betriebe schlittern von einer Krise in die andere. Entlassungen sind an der Tagesordnung. Ein Grund für die Entwicklung ist, daß andere Nationen in das Geschäft mit dem Schiffsbau eingestiegen sind, und zwar Staaten, die früher im internationalen Wirtschaftsgeschehen überhaupt noch keine Rolle spielten. Wer hätte z. B. gedacht, daß Südkorea bekannten deutschen Werften internationale Aufträge wegschnappen würde? In Staaten wie Südkorea hat man gelernt, gute Schiffe zu bauen. Da dort vor allem die Löhne wesentlich niedriger liegen als in den hochentwickelten Industriestaaten, bieten diese neuen Industriemächte den alten Industrienationen auf dem Weltmarkt einen harten Konkurrenzkampf. Um wirtschaftlich zu überleben, müssen die alten Industrienationen sich etwas einfallen lassen. Ihre Chancen liegen darin, „intelligentere" Produkte zu entwickeln und auf den Markt zu bringen. Konkret bei den Werften ging und geht es um die Frage, was den traditionellen Schiffsbau ersetzen könnte: Spezialschiffe? Bohrinseln? Oder Produkte, die mit Meer und Seefahrt gar nichts mehr zu tun haben? Was läßt sich von dem, was technisch machbar ist, auf dem Weltmarkt absetzen? Fragen, auf die es noch immer keine Antworten gibt.

Ein anderes Beispiel liefert der Automobilbau. In den Anfangszeiten der großindustriellen Fertigung verließen große Serien gleich aussehender Fahrzeuge die Montagehallen. In der Großserienfertigung lag gerade der Schlüssel zum wirtschaftlichen Erfolg. Heute wird zwar auch noch in Großserie gefertigt, aber kaum ein Auto ist ein Abbild des vorher oder nachher vom Band rollenden Wagens. Um dem scharfen Konkurrenzkampf durch industrielle Aufsteigernationen wie Japan und neuerdings Südkorea Stand halten zu können, müssen sich die alten Automobilhersteller mit einem immer schnelleren Wandel in ihrer Branche abfinden. Nicht mehr die Montage von Autos ist das Problem, sondern das Entwickeln von Ideen, wie man Autos noch besser, noch individueller, noch schneller und noch kostengünstiger herstellen kann. Die Tatsache, daß neue Industrienationen entstanden sind, die um ihren Platz auf den Weltmärkten kämpfen, zwingt die alten Industriestaaten, sich in immer stärkerem Maße in den Fortschritt zu flüchten. Schon gibt es ernst zu nehmende Vorstellungen, daß traditionelle Industriestaaten wie die Bundesrepublik Deutschland vor allem über „Denkfabriken" verfügen sollten, in denen Ideen für Produkte und ihre Herstellung entstehen, während die Produktion dann in den neuen Industriestaaten stattfinden könnte.

Eine stärkere Industrialisierung weiterer Staaten muß übrigens kein Grund sein, um den Welthandel zu fürchten. Die Statistiken zeigen deutlich, daß sich der weitaus größte Teil des Welthandels zwischen den Industrienationen abspielt. Voraussetzung für den Erfolg auf dem Weltmarkt ist natürlich, daß man etwas Überzeugendes anzubieten hat. Voraussetzung dafür sind gute Ingenieure und einfallsreiche Kaufleute.

1. Zeige an Beispielen, daß im Ausland hergestellte Produkte bei uns in der Bundesrepublik Deutschland eine starke Marktstellung haben können.
2. Zeige an Beispielen, daß im Ausland hergestellte Produkte der deutschen Exportwirtschaft das Leben schwer machen.

Entwicklungspolitik als Aufgabe

Auf den ersten Blick wird die abgebildete Grafik nur wenige nachdenklich machen. Solche Grafiken wirken problemlos. Man muß sich schon die Mühe machen, die Lebenswirklichkeit zu erfassen, die hinter den Zahlen steht. Bezogen auf die Grafik oben heißt das: In vielen Ländern der Erde herrschen bittere Not und Armut. Kinder sterben an Unterernährung. Krankheiten werden zu Boten des Todes. Hunger und fehlende medizinische Versorgung sind an der Tagesordnung. Viele Menschen kämpfen täglich erneut ums Überleben. Daneben gibt es reiche Länder, in denen für manche Bewohner nicht Not, sondern Überfluß zum Problem wird. Überernährung und Zivilisationskrankheiten sind Zeichen dafür. Zu diesen Ländern muß neben anderen Industriestaaten auch die Bundesrepublik Deutschland gezählt werden.

Es ist nicht möglich, die hier nur kurz umrissene Problematik auf ein oder zwei Buchseiten abzuhandeln. Aufgrund des krassen Gegensatzes von reichen und armen Ländern in der Welt sind viele Probleme entstanden, auch wirtschaftliche. Hier können nur einige kurz angesprochen werden.

Ein ungelöstes Problem verbirgt sich hinter dem Fachbegriff „terms of trade". Die mit diesem Begriff verbundene Theorie besagt, daß Länder, die Rohstoffe exportieren, für ihre Produkte immer weniger erlösen, als sie für importierte Fertigprodukte zahlen müssen. Länder der Dritten Welt exportieren meist Rohstoffe und sind auf den Import von Industrieerzeugnissen angewiesen. Haben diese Länder demnach nie eine Chance auf eine bessere wirtschaftliche Entwicklung? Ohne Hilfe der wirtschaftlich starken Nationen sicherlich nur in Ausnahmefällen.

Zunächst stellt sich hier die Frage, warum wirtschaftlich erfolgreiche Staaten den anderen überhaupt helfen sollen. In wirtschaftlichen Dingen gilt doch meist: Jeder ist sich selbst der Nächste! Aber können Staaten, in denen viel von Menschenwürde, Achtung vor dem Leben und sozialer Gerechtigkeit geredet wird, andere einfach verhungern lassen? Hier liegt eine Wurzel der Entwicklungshilfe. Sie ist schon aus humanitären Gründen unerläßlich.

Es gibt aber auch sehr handfeste wirtschaftliche Gründe für Hilfsmaßnahmen. Überläßt man die armen Länder einfach ihrem Schicksal, dann können sie leicht zu Störfaktoren im politischen und wirtschaftlichen Weltgeschehen werden. Jede internationale Krise bringt aber für den Welthandel Probleme. Wer, wie die Bundesrepublik Deutschland, auf einen ungestört funktionierenden Welthandel angewiesen ist, tut gut daran, seinen Beitrag zur Vermeidung von Krisen zu leisten. Auch aus diesem Grunde ist Entwicklungshilfe für einen Industriestaat wie die Bundesrepublik Deutschland eine Notwendigkeit.

Die Entwicklungsländer sind mit ihren vielen Menschen große potentielle Absatzmärkte, gerade auch für Produkte aus den Industrieländern. Wer soll auf lange Sicht die vielen Güter kaufen, die in den Industriestaaten in Massen hergestellt werden, wenn dort schon alle Haushalte mehr oder weniger umfangreich damit ausgestattet sind? Neue Absatzmärkte in den Entwicklungsländern lassen sich aber nur erschließen, wenn die Menschen dort wirtschaftlich handlungsfähig sind. Entwicklungshilfe ist – so betrachtet – eine Investition in die Märkte von morgen und damit nicht so uneigennützig, wie viele denken.

In einer Schrift des Bundesministers für wirtschaftliche Zusammenarbeit heißt es:

Seit rund 30 Jahren wird international Entwicklungshilfe geleistet. In diesem Zeitraum haben Entwicklungsländer wirtschaftliche und soziale Erfolge erzielt. Dennoch ist die Aufgabe, Hunger und absolute Armut zu beseitigen, in weiten Teilen der Welt noch ungelöst. Entwicklungsländer sind für uns nicht nur wichtige Handelspartner. Internationale Stabilität und Frieden hängen langfristig davon ab, daß diese Länder aus der internationalen Arbeitsteilung Nutzen ziehen können und eine reale Chance zu einer eigenständigen Entwicklung haben.

(aus: Grundlinien der Entwicklungspolitik der Bundesregierung, Bonn 1986)

„Ist dir klar, daß ich dich in der Hand habe?"

Plötzlich hat sich für eine Familie alles geändert: Am Frühstückstisch gibt es lange Gesichter – Mutter hat keinen Kaffee, Vater kann seinen Tee nicht schlürfen, und wir müssen auf den Kakao verzichten. Vor den Geschäften der Innenstadt bilden sich lange Schlangen: Die Gewürzregale, in denen sich vor kurzem noch Pfeffer, Muskatnuß und Zimt befanden, sind leer; Reis ist ebenso wenig zu bekommen wie Ananas und Bananen. Die Preise für Benzin klettern ins Unerschwingliche.

Auf den Straßen fahren immer weniger Autos, denn den Kfz-Werkstätten stehen keine Ersatzteile zur Verfügung. Seit aus Südostasien kein Löt-Zinn mehr geliefert wird, ist Vater arbeitslos: Für die Produktion von Radio- und Fernsehgeräten fehlt seinem Betrieb ein wichtiger Rohstoff.

Der Tag, an dem die Entwicklungsländer die Ausfuhr von Rohstoffen und Nahrungsmitteln in die Bundesrepublik Deutschland sperren, ist glücklicherweise noch keine Wirklichkeit. Doch seit dem Winter 1973/74 – als die arabischen Golfstaaten ihre Öllieferungen nach Nordamerika und Europa aus politischen Gründen nahezu einstellten – wissen wir, daß die Industrienationen nicht ohne Rohstoffe aus der Dritten Welt leben können.

Auch als Abnehmer von Nahrungsmitteln und Industriewaren sind die Entwicklungsländer wichtig: Fast ein Viertel dessen, was die Bundesrepublik Deutschland exportiert, geht dorthin. Von den Aufträgen aus diesen Ländern an Firmen in der Bundesrepublik Deutschland hängen bei uns über 1,3 Millionen Arbeitsplätze ab.

Seit die Industriestaaten und die Entwicklungsländer wissen, daß sie voneinander abhängig sind, arbeiten sie verstärkt zusammen. Allerdings beklagen die Entwicklungsländer, daß die jetzige Weltwirtschaftsordnung dazu führe, daß sie immer ärmer und die Industrieländer immer reicher würden. Umfassende Reformen sind hier in der Tat notwendig.

1. Das Bruttosozialprodukt je Einwohner und Jahr liegt in vielen Staaten unter 300 US-Dollar. Was bedeutet das wohl für das Alltagsleben der Menschen in diesen Ländern?
2. Rohstoffe sind unverzichtbar für jede industrielle Produktion. Warum sind dann nicht alle rohstoffexportierenden Länder reich?
3. Was will der Zeichner mit der Karikatur zum Ausdruck bringen?
4. Erläutere den kleinen Quellentext oben links.
5. „Entwicklungshilfe ist weggeworfenes Geld. Der Staat soll lieber die Arbeitslosen hier in der Bundesrepublik Deutschland unterstützen." Nimm Stellung zu dieser Meinung.

Umweltschutz als internationale Aufgabe

Fischsterben in den skandinavischen Seen
Fachleute sehen im sauren Regen die Ursache

SCHWEIZ: Berge müssen einbetoniert werden, um Straßen vor Verschüttungen zu schützen
Viele natürliche Schutzwälder sind bereits tot

Umweltgifte auch im Polarmeer entdeckt

Fischsterben in Rhein und Ruhr

Bedrohliches Waldsterben in Mitteleuropa
Fachleute befürchten ernste Folgen für die Wasserversorgung

Die Schlagzeilen weisen auf eines der größten Probleme der Gegenwart hin: die Umweltzerstörung. Über den Grad der bereits erreichten Zerstörung gehen die Meinungen zwar auseinander, unbestritten ist aber, daß unbedingt etwas geschehen muß. Vor allem die Industriestaaten als Hauptverursacher sind hier gefordert. Zu lange sind die Probleme verharmlost worden, hat ökonomisches Kalkül Umweltfragen im Keim erstickt. Erst langsam (zu langsam?) wird in verschiedenen europäischen Ländern auch auf Regierungsebene Alarm geschlagen. Gutachten von angesehenen Wissenschaftlern und Instituten belegen den bedrohlichen Zustand unserer Umwelt: Der Mensch zerstört mehr und mehr seine eigene Lebensgrundlage. Die Auswirkungen des Waldsterbens z. B. sind nicht mehr zu übersehen.

Umweltzerstörung macht an Staatsgrenzen nicht halt, saurer Regen fällt auf beiden Seiten der Grenze. Da Problemlösungen also nicht in nationalen Alleingängen erreicht werden können, ist eine Zusammenarbeit der Staaten unerläßlich. Auch die Bundesrepublik Deutschland ist gefordert. Wie schwierig es im wirtschaftlichen und politischen Alltagsgeschäft ist, konkret zu werden, zeigen erste Versuche. So ist es sehr wahrscheinlich, daß Autoabgase erheblich zum Waldsterben beitragen. Internationale Vereinbarungen herbeizuführen, die den möglichen Übeltäter Auto bremsen, hat sich als außerordentlich schwieriges Unterfangen herausgestellt. Zu stark waren und sind noch immer in Ländern mit großer Autoproduktion Befürchtungen, die anderen könnten Umweltschutzfragen dazu nutzen, für sich Wettbewerbsvorteile herauszuholen, die das bestehende Marktgefüge verändern.

Ob die Bundesrepublik Deutschland wirksame Maßnahmen ergreifen und im Rahmen internationaler Vereinbarungen festschreiben kann, wird nicht zuletzt von den Bürgern abhängen. Umweltschutz und Umweltrettung erfordern Opfer von allen, z. B. höhere Konsumausgaben für umweltfreundlichere Produkte oder das Inkaufnehmen von Unannehmlichkeiten, z. B. durch den Verzicht auf nicht unbedingt notwendige private Autofahrten und die Nutzung von öffentlichen Verkehrsmitteln. Wenn die Bürger dazu bereit sind, dürften entsprechende Maßnahmen national eher durchsetzbar und international vertretbar sein, als wenn eine Regierung befürchten muß, wegen solcher einschränkender Maßnahmen die Zustimmung der eigenen Bürger zu verlieren.

Zustimmung oder nicht – das hängt nicht zuletzt von der Einstellung der Bürger ab. Sehen sie nur ihr eigenes Portemonnaie? Sind Geld und Preis für sie der Maßstab aller Dinge? Gerade bei Fragen des Umweltschutzes ist eine starke Bereitschaft erforderlich, auch denkbaren, noch nicht genau bewiesenen Risiken Rechnung zu tragen. Das kostet Geld, letztendlich das Geld des Steuerzahlers und einzelnen Bürgers. Nur wenn die Bürger bereit sind, eine solche Politik mitzutragen, werden umfassende internationale Vereinbarungen in Sachen Umweltschutz und Umweltrettung möglich. Die Forderung an die Industrienation Bundesrepublik Deutschland, akzeptable Beiträge zur Lösung der Umweltprobleme beizusteuern, ist also nicht nur eine Forderung an Führungskreise in Wirtschaft und Politik, sondern auch eine Forderung an jeden einzelnen Bürger.

1. Begründe den letzten Satz des Textes.
2. Warum sind internationale Vereinbarungen zur Lösung von Umweltproblemen unerläßlich?
3. Wie und wo kann man sich über den derzeitigen Stand der internationalen Gespräche über Umweltfragen informieren?

Arbeitswelt im Wandel

1. Veränderungen in der Arbeitswelt

Der technische Fortschritt und das Streben nach immer größerer Produktivität der menschlichen Arbeitskraft verändern ständig Arbeitsmethoden und Produktionsabläufe. Von diesen Veränderungen werden auch die Menschen an ihren Arbeitsplätzen betroffen. Die Auswirkungen reichen sogar bis weit in den privaten Lebensbereich hinein. Welche Veränderungen der Arbeitswelt lassen sich beobachten? Was versteht man unter Mechanisierung und Automation? Welche Rolle spielen dabei Computer und Roboter? Welche Auswirkungen haben die Veränderungen auf die Arbeitsbedingungen und beruflichen Anforderungen am Arbeitsplatz? Welche Folgen ergeben sie für den Arbeitskräftebedarf und Arbeitsmarkt?

1.1 Veränderung der Arbeitswelt durch technische Entwicklungen

Technik: Schubkraft des Fortschritts

Wir gehen heute wie selbstverständlich mit den Errungenschaften der modernen Industriegesellschaft um. Wer möchte heute noch auf sein Auto verzichten? Wer möchte seine Suppe noch auf einem offenen Herdfeuer kochen oder seine Wäsche mit Kernseife und Waschbrett waschen? Was für den privaten Haushalt gilt, trifft in noch stärkerem Maße auf den Arbeitsplatz zu. Wer könnte dort überhaupt noch auf moderne Werkzeuge, Maschinen, Transportvorrichtungen und Handhabungsapparate verzichten? Was die Technik geschaffen und was sich unter den Alltagsbedingungen der Produktion bewährt hat, ist fester Bestandteil des Arbeitslebens geworden. Da die Technik aber stetigen Veränderungen unterliegt, verändert sich auch das Arbeitsleben ständig. Wie sehr, kann ein Blick zurück zeigen. Man sollte die Großeltern einmal fragen,

- wieviel Stunden sie täglich arbeiten mußten,
- was sie alles mit der Hand und einfachen Werkzeugen tun mußten,
- welche Maschinen zur Verfügung standen,
- wie ihre Arbeitsplätze aussahen,
- wieviel sie verdienten usw.

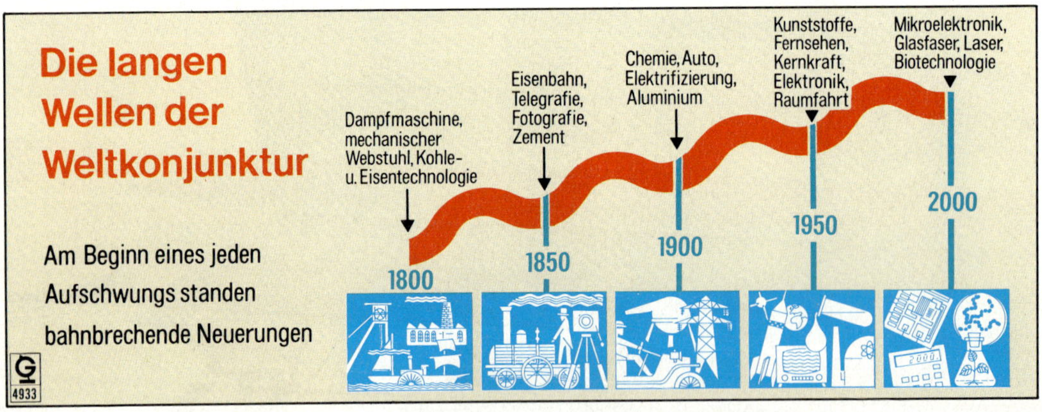

1. Welche Geräte besitzt ihr in eurem Haushalt, die es vor 50 Jahren noch gar nicht gab?
2. Versuche, den Zusammenhang zwischen technischen Neuerungen und den in der Grafik dargestellten wirtschaftlichen Wachstumsschüben zu erklären.
3. Suche durch Gespräche mit alten Leuten oder aus Büchern Antworten auf die Fragen oben.

Handarbeit – Mechanisierung – Automation

Handarbeit

Der Arbeiter schleppt und stapelt Kartons und Kisten mit der Kraft seiner Muskeln. Seine Arbeit ist körperlich anstrengend und verlangt eine gute physische Konstitution. Besondere geistige Fähigkeiten sind für seine Arbeit nicht erforderlich. Eine besondere Ausbildung benötigt der Arbeiter ebenfalls nicht.

Mechanisierung

Der Fahrer des Gabelstaplers braucht nicht viel Körperkraft einzusetzen. Kraft liefert die Maschine. Der Fahrer benötigt aber ein gutes Augenmaß und viel Fingerspitzengefühl. Seine Belastung bei der Arbeit ist eher nervlicher Art. Er muß ständig sehr aufmerksam und konzentriert sein.

Automation

Roboter auf Rädern übernehmen verschiedenartigste Transportaufgaben. Der Mensch hat dabei anscheinend nichts zu tun. Aber das scheint nur so. Die Transportanlage muß programmiert, überwacht und gewartet werden. Diese Arbeiten werden von teilweise hochqualifizierten Fachleuten ausgeführt.

Bizeps immer weniger gefragt

Weltweit müssen eine Million Hafenarbeiter umgeschult werden

Hamburg (ed). In den deutschen Häfen ist es noch – fast – gut abgelaufen. Weil Rationalisierungen und Strukturbereinigung früh einsetzten, hat sich die Zahl der dort Beschäftigten in den letzten 20 Jahren nur um knapp die Hälfte auf 18000 verringert. Und diese 18000 bewegten mit den 136 Mill. t vorigen Jahres ein knappes Drittel mehr als ihre Kollegen damals. In vielen anderen Häfen der Welt verringerte sich die Zahl der Beschäftigten dramatisch, nachdem eine neue Generation von halbautomatischen und computergesteuerten Geräten ihnen zuerst nur die schwere und auch gesundheitsgefährdende Arbeit, bald aber auch den Job weggenommen hatte.

Umschlaggeräte für Massengut, die „von selbst" arbeiten, sind Selbstverständlichkeit geworden – Erze werden ohne menschliches Zutun gelöscht und auf den Lagerplätzen verteilt, Kohle zu Halden aufgeschüttet, Getreide aus den Laderäumen gehoben, überprüft, gereinigt, sortiert, getrocknet. Pneumatische Systeme befördern Zement und Sackgut, Spezialgeräte Obst. Schon gibt es vollautomatische Anlagen, die Container im Schiff „besehen", sie herausnehmen, auf Laufbänder stellen, dem Silo zuführen. Parallel dazu wird registriert, dokumentiert, die Papiere kuvertiert oder ihr Inhalt per Ferndrucker an vorbestimmte Anschriften weitergegeben, ohne daß ein Mensch eingreift.

Von den Hafenarbeitern werden künftig nicht mehr primär körperliche Kraft, sondern geistige Aufnahmebereitschaft und die Fähigkeit dazu gefordert – den Weg weisen die Hafenarbeiterfachschulen in Hamburg, Bremen und Rotterdam. Die Internationale Labour Organization der UNO fordert die Hafenstaaten auf, jetzt eine Millionen Hafenarbeiter umzuschulen und sie darauf vorzubereiten, daß von ihnen kaum noch kräftezehrende und auch keine Schreib- und Registrierarbeit verlangt wird, sondern die Fähigkeit, sich schnell auf unterschiedliche Anforderungen des weitgehend vom High-Tec organisierten Hafens der Zukunft einzustellen.

(nach: Weser Kurier vom 6. 1. 1987)

1. Unterscheide Handarbeit, Mechanisierung und Automation.
2. Finde Beispiele für Mechanisierung und Automation im privaten Haushalt.
3. Welche Veränderungen des Umschlagbetriebes in den Häfen werden in dem Zeitungsartikel beschrieben? Was bedeutet dies für die Hafenarbeiter?

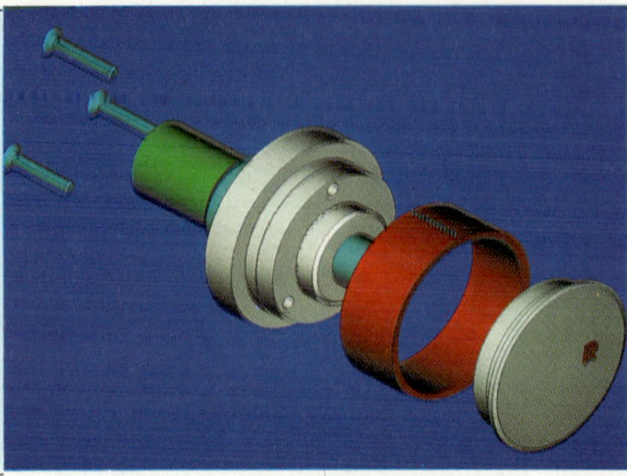

Dreidimensionale CAD-Darstellung

Während einer Betriebserkundung in einem norddeutschen Werk der Flugzeugindustrie fragten Schüler einen Technischen Zeichner:

„Was hat sich durch die Einführung des Computers für Sie am Arbeitsplatz verändert?"

„Ich zeichne nicht mehr selbst. Das macht der Rechner für mich. Wir arbeiten mit einem CAD-(Computer-Aided-Design)-Programm, aus dem ich alles abrufen kann, was der Computer zeichnen soll. Ich brauche nur die Befehle über das Terminal einzugeben. Ich stehe also nicht mehr am Zeichenbrett, sondern sitze vor einem Bildschirm. Ich benutze nicht mehr Reißschiene, Zeichendreieck, Zirkel, Lineal und Zeichenstifte, sondern tippe meine Angaben in die Tastatur des Terminals.

Ich arbeite nicht mehr in einem großen Zeichensaal mit 20 anderen Kolleginnen und Kollegen zusammen, sondern habe einen Raum für mich allein. Mein einziger „Gesprächspartner" während der Arbeit ist mein Computer, aber der reagiert nur auf meine Eingaben. Wir schaffen die ganze Arbeit nun mit drei Computern, für die vorher an mehr als 20 Zeichenbrettern Technische Zeichner eingesetzt waren. Kontakte mit anderen habe ich nur, wenn ich aus dem Ingenieurbüro meine Aufträge bekomme oder wenn ich die auf einer Diskette abgespeicherten Zeichnungen an die Plotter-Abteilung weitergebe, wo die von mir vorgegebenen Daten automatisch in eine Zeichnung auf Papier umgesetzt werden."

In einer benachbarten Abteilung finden die Schüler wieder Bildschirmarbeitsplätze. Hier werden die Steuerprogramme für die automatischen Dreh- und Fräsmaschinen abgespeichert.

Ein Programmierer ruft von der Diskette aus dem Zeichenbüro die Daten für das Werkstück ab, das bearbeitet werden soll. Er kann auf dem Bildschirm den Weg simulieren, den der Fräskopf oder der Drehstahl zurücklegen muß, um durch spanende Verformung das Werkstück in die gewünschte Form zu bringen. Er legt die Spantiefen, die Maße des Fräskopfes, die Vortriebsgeschwindigkeit und alle anderen notwendigen Maße und Daten fest und speichert sie wiederum in einer Diskette ab. Diese Diskette kommt in den Steuerrechner der Werkzeugmaschine, der die Daten abruft und in Steuerimpulse für die Maschine umsetzt. Der Facharbeiter an der Maschine spannt nur noch das zu bearbeitende Material und den vorgesehenen Arbeitsstahl ein und kontrolliert den Arbeitsvorgang. Solche rechnergesteuerten Werkzeugmaschinen arbeiten mit viel größerer Präzision als handgesteuerte.

Der Programmierer hatte weder in der Realschule noch in der Berufsschule gelernt, mit Computern umzugehen. Als Facharbeiter wurde er von seiner Firma auf die Arbeit an seinem neuen Arbeitsplatz vorbereitet. Die Schüler fragten ihn:

„Was halten Sie davon, daß jetzt die neuen Technologien auch in die Schule kommen?"

„Es schadet nichts, wenn Ihr durch den Umgang mit Computern die Scheu vor diesen Dingen verliert, aber Computerspielereien bringen für die Vorbereitung auf die Berufsausbildung nichts. Was wichtig ist:

- Ihr müßt richtig lesen lernen, d. h. lernen, aus einem geschriebenen Text Informationen genau zu entnehmen.
- Ihr müßt Englisch lernen, denn ohne Englischkenntnisse kommt dabei keiner aus.
- Ihr müßt mathematisch-logisch denken und kombinieren lernen.
- Ihr müßt lernen, mit einer Schreibmaschinentastatur flink und sicher umzugehen, also Schreibmaschine lernen."

Computereinsatz im Büro

Computereinsatz in einer Kfz-Werkstatt

In zehn Jahren stehen an jedem zweiten Arbeitsplatz Computer

Kongreß-Messe „Online '87" in Hamburg geht zu Ende

Hamburg (lno). Der Computer wird auch in Zukunft die Arbeit der Menschen entscheidend verändern. So wird es innerhalb der nächsten zehn Jahre an jedem zweiten Arbeitsplatz Computerterminals geben, sagte der Leiter der Abteilung für Neue Informations- und Kommunikationstechnologien der Fraunhofer Gesellschaft in Stuttgart, Klaus-Peter Fähnrich, gestern zum Abschluß der zehnten europäischen Kongressmesse „Online '87".

Außerdem sei in spätestens 15 Jahren eine Schreibmaschine ausgereift, die Sprache entschlüsseln könne, bei der also die Arbeit von Sekretärinnen, das Eintippen von Texten, entfalle. Insgesamt sei die Technikentwicklung kalkulierbarer geworden, meinte Fähnrich, „große Überraschungen gibt es nicht mehr, das Vorhandene breitet sich aus."

Auf die Unternehmen kommen seiner Ansicht nach in Zukunft Investitionen in Milliardenhöhe zu, allein im Zeitraum der nächsten zehn Jahre etwa 150 Milliarden Mark. [. . .]

Für den Arbeitsmarkt wird die technologische Entwicklung nach den Worten des Wissenschaftlers unterschiedliche Folgen haben. Bei der Einführung neuer Computersysteme würden in den nächsten fünf Jahren etwa 200 000 Fachkräfte, beispielsweise Programmierer, benötigt. Fähnrich kritisierte, daß für die berufliche Weiterbildung zu wenig getan werde. Unverständlich sei, warum bei Tarifverträgen nicht ein bezahlter Urlaub zur Weiterbildung vereinbart werde. Am härtesten werde die neue Technik die Menschen treffen, die nur wenig qualifiziert seien. [. . .]

(aus: Buxtehuder Tageblatt vom 7. 2. 1987)

1. Was hat sich am Arbeitsplatz für den Technischen Zeichner durch die Einführung des Computers verändert?
2. Wo siehst du Verbesserungen, wo Verschlechterungen in seinen Arbeitsbedingungen?
3. Welche Prognosen macht der Wissenschaftler in dem Zeitungsartikel?
4. Inwieweit haben seine Aussagen zum zukünftigen Arbeitsmarkt etwas mit der Antwort des Programmierers in dem Interview auf Seite 226 zu tun?

Fabriken ohne Menschen?

Automatische Montagelinie in einer Automobilfabrik

Automatische Montage einer Fahrzeugfront

Sie gehorchen auf Knopfdruck, arbeiten unermüdlich, erhalten keinen Urlaub und sind billiger als menschliche Arbeitskräfte. Dabei gehen sie mit einer Präzision zu Werke, die für Menschenhand nicht erreichbar ist. Gemeint sind die Roboter, die elektronischen Sklaven der modernen Industriegesellschaft. Zu ihren Haupteinsatzgebieten zählen heute die Schweiß- und Montagestraßen der Automobilindustrie. Dort haben die Roboter Arbeiten übernommen, die für den Menschen beschwerlich, gefährlich und monoton sind. Daß sie auch in vielen anderen Bereichen eingesetzt werden können, ist unbestritten. Die Entwicklung ist überhaupt noch nicht abzusehen. Da stellen sich folgende Fragen: Wo bleiben die Menschen, deren Arbeitstätigkeiten Roboter, Handhabungsautomaten und Computer übernehmen? Werden immer mehr arbeitslos, weil Maschinen ihren Platz einnehmen? Auf die erste Frage kann man nur im konkreten Einzelfall eine Antwort geben, auf die zweite eigentlich gar keine. Zwar schafft die moderne Technik neue Arbeitsplätze: Für die Entwicklung und den Bau von Computern, Robotern und Handhabungsautomaten werden neue Arbeitskräfte benötigt, ebenso für die Wartung. Außerdem müssen Programme unterschiedlichster Art entwickelt werden. Ob das aber insgesamt den „Freisetzungseffekt“ menschlicher Arbeit ausgleicht, ist heute noch nicht beantwortbar.

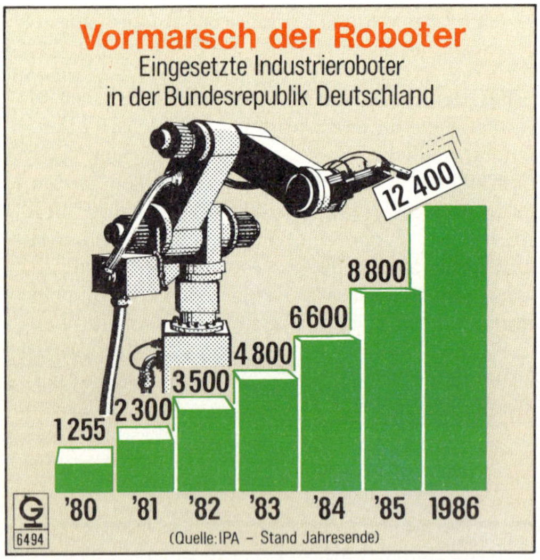

1. Auf welche Entwicklung weisen die Fotos und die Grafik hin?
2. Welche positiven Folgen bringt der vermehrte Einsatz von Industrierobotern und Handhabungsautomaten mit sich? Wo siehst du Probleme?

1.2 Veränderungen im Arbeitskräftebedarf

Wachsende Arbeitsproduktivität und Arbeitskräftebedarf

Früher brauchte ein Landwirt für die Ernte eines Hektars Getreide mit der Sense 112 Stunden. Heute erntet er dieselbe Fläche mit einem Mähdrescher in 1,8 Stunden ab und drischt dabei obendrein das Getreide auch noch. Seine Arbeitsproduktivität ist durch den Einsatz des Mähdreschers um ein Vielfaches gewachsen.

Es gibt noch einen anderen Effekt: Landwirte sparen durch den Einsatz von Maschinen Lohnkosten für Landarbeiter. Diese Kosten wären auf Dauer erheblich höher als die Investitionen für die Beschaffung und die Unterhaltung des Maschinenparks. Also rentiert sich aus ihrer Sicht der Einsatz von Maschinen. Er steigert ihre eigene Arbeitsproduktivität so stark, daß sie notfalls ihren Hof sogar als Ein-Mann-Betrieb führen können.

Was sich am Beispiel der Landwirtschaft zeigen läßt, findet sich in fast allen anderen Wirtschaftsbereichen wieder. Die durch technische Entwicklung und verbesserte Arbeitsorganisation ermöglichte Steigerung der Arbeitsproduktivität hat dazu geführt, daß trotz wachsender Produktion der Aufwand an Arbeitskraftstunden immer geringer geworden ist.

Mechanisierung in der Landwirtschaft: Ein Mähdrescher leistet heute so viel wie früher 40 Landarbeiter.

1. Was versteht man unter Arbeitsproduktivität?
2. Welche Gründe werden im Text für den Maschineneinsatz in der Landwirtschaft genannt?
3. Erläutere den Zusammenhang zwischen Arbeitsproduktivität und Arbeitskräftebedarf.

Bewegungen auf dem Arbeitsmarkt

Der Arbeitsmarkt ist ständig in Bewegung. Eine Ursache dafür ist das Auf und Ab der wirtschaftlichen Entwicklung, der Konjunktur. Floriert die Wirtschaft, ist also die Konjunktur gut, dann werden auch viele Arbeitskräfte gebraucht. Geht die Nachfrage auf breiter Linie zurück, hat das langfristig Auswirkungen auf den Arbeitskräftebedarf und damit auf den Arbeitsmarkt. Zwei weitere Ursachen: Drängen geburtenstarke Jahrgänge auf den Arbeitsmarkt, dann führt das zu anderen Reaktionen, als wenn der Nachwuchs nur in kleiner Zahl vorhanden ist. Verschärft sich der (internationale) Wettbewerb, dann wird auch der Rationalisierungsdruck stärker und mit ihm die Gefahr von Entlassungen.

Neben oft sehr kurzfristigen Änderungen gibt es langfristige Trends, die sich z. B. an Berufsstatistiken ablesen lassen. Sie zeigen, in welchen Bereichen durch die technischen und wirtschaftlichen Entwicklungen weniger Arbeitskräfte gebraucht werden und in welchen Bereichen der Bedarf gestiegen ist.

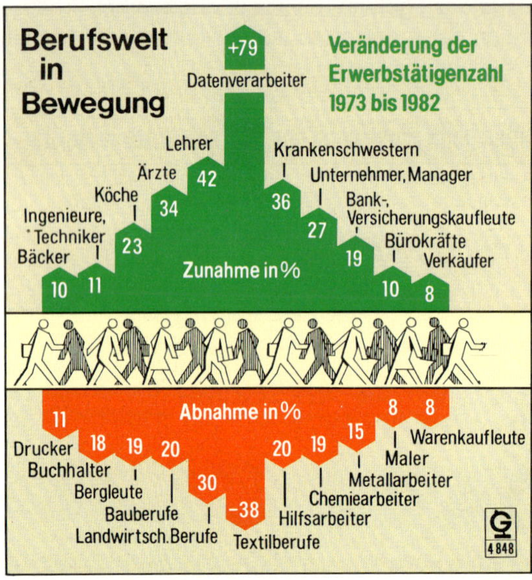

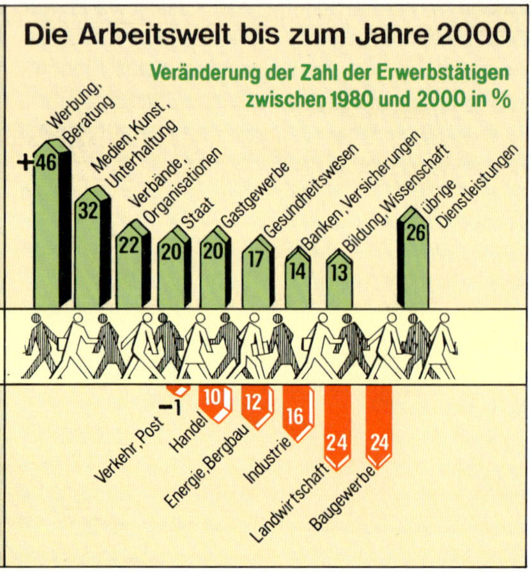

Anteil der Erwerbstätigen nach Wirtschaftsbereichen in Prozent								
Wirtschaftsbereiche	1882	1907	1950	1960	1970	1980	1985	2000 Schätzung
Primärer Sektor (Land- und Forstwirtschaft, Tierhaltung. Fischerei)	43,2	35,0	24,6	13,8	9,1	5,9	5,0	2–3
Sekundärer Sektor (Energie, Wasser, Bergbau, Verarbeitendes Gewerbe, Baugewerbe)	36,3	40,7	42,6	47,7	49,3	45,0	45,0	25–30
Tertiärer Sektor (Handel, Verkehr, Banken, Versicherungen, Dienstleistungen, Gebietskörperschaften)	20,5	24,3	32,8	38,5	41,6	49,1	50,0	65–70

1. Beschreibe mögliche Ursachen für Veränderungen auf dem Arbeitsmarkt.
2. Nenne Ursachen für die Arbeitskräftewanderung zwischen den Wirtschaftsbereichen.
3. „Im Dienstleistungsbereich gibt es für Maßnahmen der Mechanisierung und Automation engere Grenzen als in der Produktion." Erläutere diese Aussage anhand von Beispielen.

2. Arbeitslosigkeit und Mobilität

Es ist noch gar nicht so lange her, da gab es bei uns kaum Arbeitslose. Vielleicht wird das in einigen Jahren wieder so sein. In der Zwischenzeit aber ist Arbeitslosigkeit ein drängendes Problem. Welche Folgen hat Arbeitslosigkeit für die Betroffenen? Wie können sie damit umgehen? Was können sie tun, um wieder Arbeit zu finden?

2.1 Arbeitslosigkeit

Arbeitslosigkeit – ein hartes Los?

„Früher, da war Arbeitslosigkeit eine schlimme Sache", sagte der alte Mann. „Man sah es den Leuten an, wenn sie arbeitslos waren. Verhärmt und abgerissen sahen sie aus. Viele waren verzweifelt, mancher nahm sich sogar das Leben. Wer noch nicht aufgegeben hatte, lief mit einem Schild durch die Gegend: NEHME JEDE ARBEIT AN! Das waren schlimme Zeiten. Aber heute? Sieht man es etwa jemanden an, wenn er arbeitslos ist? Den Arbeitslosen geht es doch gut!"

Der alte Mann hat recht und auch nicht. Richtig ist seine Beschreibung der Situation von Arbeitslosen Ende der 20er Jahre. Unrecht hat er, wenn er meint, Arbeitslosigkeit sei heute für die Betroffenen kein Problem mehr. Es gibt sicherlich einige wenige „Lebenskünstler", die gut mit ihrer Arbeitslosigkeit leben. Für die meisten Betroffenen bringt Arbeitslosigkeit aber auch heute noch schwierige Probleme finanzieller und anderer Art mit sich.

1. Versucht, die Frage des Interviewers aus eurer Sicht zu beantworten. Diskutiert eure Antworten. Was stellt ihr fest?
2. Wertet jetzt die Antworten der Befragten.
3. Warum wird die Frage wohl so widersprüchlich beantwortet?

Folgen für die Betroffenen

Arbeit zu haben bedeutet, Geld zu verdienen und für die Existenzsicherung selbst sorgen zu können. Es bedeutet aber noch mehr. Was das alles sein kann, erfahren die Menschen meistens erst dann, wenn sie arbeitslos geworden sind. Hierzu die Erfahrungen eines Arbeitslosen:

> *„Arbeitslosigkeit überzieht dein ganzes Leben wie ein Spinnennetz. Erst merkst du gar nicht, daß du gefangen bist. Die ersten Fäden spürst du kaum. Aber mit jedem neuen Faden wird deine Bewegungsfreiheit mehr eingeengt. Zunächst nur deine, dann die im Umgang mit deiner Familie und dem Freundeskreis. Bald beginnen die Fäden auch deine Hobbys zu lähmen. Das wirkt sich auf deine Freizeitgestaltung aus. Nicht selten hat das wieder Auswirkungen auf die Gesundheit zur Folge. Zunächst willst du das alles nicht wahrhaben. Und doch sind die Veränderungen da. Immer enger und fester wird das Netz. Und wehe, wenn du Schulden hast, wenn du immer auf Überstunden gebaut und sie verpfändet hast. Gläubiger sind unnachgiebig. Aber auch Behörden machen da keine Ausnahme.*
>
> *Warum hat es ausgerechnet dich getroffen? Du warst doch immer so sicher. Arbeitslosigkeit, na ja. Schicksal der anderen! Gefahr für dich? Nein! Zwar hast du hier und da flotte Sprüche gemacht. Arbeitslosigkeit, träfe sie dich, wäre für dich kein Problem. Du wüßtest schon, was du dann machen würdest, endlich machen könntest. Aber in die Situation kämst du ja nicht. Jetzt ist sie da. Plötzlich erkennst du dich nicht mehr wieder. Die Arbeitslosigkeit bedrückt dich und macht dich wütend. Du ertappst dich, wie du ungeduldiger gegen deine Familie wirst, autoritärer, als wolltest du zurückerobern, was du woanders verloren hast. Wo mehr Gemeinsamkeit, Vertrauen, hilfreiches Miteinander notwendig wären, weil die Probleme größer geworden sind, zum Beispiel die Geldsorgen, bewirkt dein krank gewordenes Ich böse Worte, Abkehr, Mißtrauen.*
>
> *Sonntags morgens Stammtisch, dienstags Kegeln, da hast du aufgetankt, ausgeglichen, was der Alltag an Kräften verschliß. Jetzt gehst du nicht mehr hin. Erst hast du noch nach Entschuldigungen gesucht, fadenscheinigen Entschuldigungen für dich selbst. Jetzt ist es schon längst selbstverständlich. Entschuldigungen brauchst du keine mehr. Der Dienstag ist wie der Montag, der Montag wie der Sonntag: Ergebnislos, bedrückend, du fühlst dich wie umgarnt und gefangen.“*

Arbeitslosengeld ist eine — zeitlich beschränkte — Versicherungsleistung. Es wird an diejenigen gezahlt, die vor der Arbeitslosmeldung längere Zeit Beiträge zur Arbeitslosenversicherung entrichtet haben. Diese Erwerbslosen haben — unabhängig vom eigenen Vermögen — einen Rechtsanspruch darauf. Das Arbeitslosengeld beträgt für Arbeitslose mit mindestens einem Kind, das steuerlich zu berücksichtigen ist, 68 Prozent, für alle anderen 63 Prozent des Netto-Arbeitsentgelts. Bestimmte Bestandteile des Netto-Verdienstes werden nicht berücksichtigt.

Arbeitslosenhilfe ist eine „Fürsorgeleistung", die so lange gezahlt wird, wie Arbeitslose darauf angewiesen sind. Nur diejenigen Arbeitslosen erhalten sie, die nach den engen Gesetzesbestimmungen als „bedürftig" anerkannt werden. Wer etwa mit einem berufstätigen Ehepartner verheiratet ist oder etwas angespart hat, gilt häufig nicht als bedürftig. Die Arbeitslosenhilfe beträgt 58 bzw. 56 Prozent des Netto-Arbeitsentgelts.

Aussagen zum Thema Arbeitslosigkeit

Ein Arzt:

Ich habe Patienten, die bitten mich, sie nicht krank zu schreiben – aus Angst vor einer Kündigung.

Eine Haushaltsberaterin:

Wir bekommen immer mehr Anfragen, wie man mit wesentlich weniger Geld zurechtkommen und die Familie ernähren kann.

Ein Fernfahrer:

Zugegeben, ich bin wieder mehr Stunden gefahren, als erlaubt. Aber wer meckert, der fliegt. Es gibt genug, die den Job gerne machen würden.

Ein Sozialarbeiter:

Immer mehr Arbeitslose kommen zu uns und fragen nach Unterstützungsmöglichkeiten. Vor allem die Wohnkosten machen vielen zu schaffen.

Ein Psychologe:

Schlafstörungen, Bluthochdruck, massive körperliche Beschwerden, Niedergeschlagenheit, Gereiztheit, das sind häufig bei Arbeitslosen anzutreffende Erscheinungsformen ihres psychischen Leidens an der Arbeitslosigkeit.

Ein Einzelhändler:

Hier in unserem Gebiet wohnen viele Arbeitslose. Unsere Umsätze sind so stark zurückgegangen, daß wir zwei Verkäuferinnen entlassen müssen.

Die Tochter eines Arbeitslosen:

Das Taschengeld ist rigoros gekürzt, der Etat für Kleidung ganz stark zusammengestrichen.

Ein Familienmitglied:

Die Stimmung zu Hause ist ganz mies. Ich mache überhaupt nichts mehr richtig.

Ein Arbeiter:

Irgendwie ist die Solidarität unter den Kollegen nicht mehr so wie früher. Es scheint, als wolle jeder einzelne sich bei den Vorgesetzten unentbehrlich machen.

Ein Polizist:

Eigentumsdelikte, aber auch Körperverletzungen nehmen zu. Gegen die Drogenwelle kommen wir nicht mehr an.

Ein Bankangestellter:

In letzter Zeit sind etliche Kredite, die wir vergeben haben, in Gefahr geraten. Vor allem Eigenheimerwerber können bei Arbeitslosigkeit ihren Verpflichtungen nicht nachkommen.

1. Über welche Folgen der Arbeitslosigkeit spricht der Arbeitslose in seinem Erfahrungsbericht?
2. Warum wird in der Grafik von einem „Abstieg auf Raten" gesprochen?
3. Versucht aus dem Bericht, der Grafik und den Aussagen oben herauszuarbeiten, welche Folgen Arbeitslosigkeit für die Betroffenen, ihre Familien und die Gesellschaft haben kann.
4. Versucht, vor dem Hintergrund der Aussagen und Informationen eine eigene Meinung zum Thema „Arbeitslosigkeit" zu bilden. Diskutiert eure Meinungen.
5. „Bei den Arbeitslosen gibt es besondere ‚Problemgruppen': ältere Arbeitnehmer kurz vor der Ruhestandsgrenze, Jugendliche ohne Ausbildung, ..." Was ist damit gemeint? Überlege, ob es weitere „Problemgruppen" gibt.
6. „Nur wer arbeitet, ist nützlich für die Gesellschaft. Das Sprichwort ‚Wer nicht arbeitet soll auch nicht essen', hat schon recht." Was würdet ihr auf diese Ansicht erwidern?
7. Massenarbeitslosigkeit wird auch unter politischen Gesichtspunkten als gefährlich angesehen. Wieso?

2.2 Jugendarbeitslosigkeit

Momentaufnahmen

Beate, 15 Jahre, Schülerin

Klaus, 17 Jahre, Schüler

Doris, 18 Jahre, arbeitslos

Claudia, 17 Jahre, arbeitslos

Jugendarbeitslosigkeit ist eine schlimme Sache. Aber sie ist Realität, und niemand weiß, wie lange wir mit ihr leben müssen. Es fragt sich, wie Jugendliche (und ihre Eltern) mit dieser Realität umgehen. Manche benutzen den Hinweis auf drohende Arbeitslosigkeit schon in der Schule als Ausrede für eigenes Desinteresse und mangelnden Fleiß. Das ist dumm, denn hier kann eintreten, was Fachleute „self-fullfilling-prophecie“ nennen. Man bekommt tatsächlich keinen Ausbildungsplatz – weil die Schulnoten zu schlecht sind. Schulnoten spielen bei der Ausbildungsplatzsuche und auch noch in den ersten Berufsjahren eine nicht unerhebliche Rolle. Darum ist es eine sinnvolle Strategie, sich gerade wegen der Jugendarbeitslosigkeit in der Schule um Leistung und gute Ergebnisse zu bemühen. Auch zielloses „Parken“ im Schulsystem ist eine schlechte Vorgehensweise. Die einzelnen Schulformen und -typen des berufsbildenden Schulwesens sind auf konkrete berufsbezogene Ziele hin ausgerichtet. Wer eine solche Schule besuchen will, sollte sich vorher über sein (Berufs-)Ziel klar sein. Nur dann kann er die richtige Wahl treffen.

1. Welche Konsequenzen ziehen die abgebildeten Jugendlichen? Diskutiert darüber.
2. Wie können arbeitslose Jugendliche eine Wartezeit nutzbringend überbrücken?
3. Was läßt sich schon in der Schule tun, um evtl. Arbeitslosigkeit zu entgehen?

Jugendarbeitslosigkeit und ihre Folgen

Wie steht es um die Folgen von Arbeitslosigkeit bei Jugendlichen? Werden sie leichter als Erwachsene damit fertig, ohne Arbeit und Arbeitseinkommen zu sein?

Psycho-soziale Folgen der Arbeitslosigkeit bei Jugendlichen

Arbeitslose Jugendliche reagieren sehr unterschiedlich auf ihre Situation. Um zu erfahren wie, haben Forscher betroffene Jugendliche befragt. Sie wollten von ihnen wissen, wie sie ihre Lage einschätzen und ob sie – auch nach längerer Arbeitslosigkeit – noch bereit sind, sich um einen Arbeits- oder Ausbildungsplatz zu bemühen. Dabei haben sie vier verschiedene „Haltungstypen" entdeckt. Jeder „Haltungstyp" ist das Ergebnis der psycho-sozialen Folgen, denen die jeweilige Gruppe von Jugendlichen ausgesetzt war.

Da sind die **Zuversichtlichen**. Trotz einzelner Rückschläge zeigen sie ungebrochenen Mut und Vertrauen auf die Zukunft. „Vielleicht klappt's doch noch. Ich vertraue auf mein Können und will arbeiten, ganz gleich was." Bei diesen Jugendlichen ist die Fähigkeit stark ausgeprägt, Rückschläge bei der Arbeitssuche zu überwinden. Sie zeigen ein unverkennbares Bedürfnis nach Selbstbestätigung.

Die Haltung der **Pragmatischen** ist sachlich nüchtern. Sie sehen in der Arbeitslosigkeit ein Problem, das durch die Arbeitsmarktlage entstanden ist. Eine Versagermentalität kennen sie nicht. Ihr Leitspruch heißt: „Irgenwie pack' ich's schon. Ich laß einfach alles auf mich zukommen." Überbetonte Lässigkeit als Abwehrmechanismus gegenüber einer negativen Situation ist ein Merkmal dieser Jugendlichen.

Die **Resignativen** sprechen von enttäuschten Hoffnungen. „Ich möchte mal wissen, wozu ich mich so abgeschunden habe. Jedesmal lauf' ich umsonst aufs Arbeitsamt. Am liebsten würde ich abhauen." Ihre Erwartungen sind zerstört, ihre Arbeitsbereitschaft ist sichtlich eingeschränkt.

Bei den **Apathischen** fällt die Teilnahmslosigkeit auf. „Für mich gibt es sowieso nichts." Diese Jugendlichen sind gleichgültig, planlos, mutlos, tatenlos. Das reicht bis zur Selbstaufgabe, über Isolierung bis zu Alkoholismus. Sie suchen nicht mehr nach Arbeit, weil sie keine mehr wollen.

Keine dieser Haltungsweisen ist stabil. Vielmehr ändern sie sich in Abhängigkeit zur Situation der Betroffenen, besonders mit der Dauer der Arbeitslosigkeit. Je länger der Zustand der Arbeitslosigkeit andauert, je deutlicher wurde eine Entwicklung von einer vorher positiven zu einer negativen Einstellung erkennbar.

(nach: Es hat ja doch keinen Sinn. Hannoversche Allgemeine Zeitung vom 28. 8. 1980)

Geldsorgen sind es, die arbeitslose Jugendliche besonders drücken. Das hat eine Untersuchung eindeutig ergeben. Viele Jugendliche sind wegen ihrer finanziellen Lage weiter von ihren Eltern abhängig, was als Negativerscheinung der Arbeitslosigkeit empfunden wird. Daraus resultieren in vielen Fällen zusätzliche familiäre Konflikte. Auch führt der fehlende Arbeitsplatz zu einem Defizit an Kontaktmöglichkeiten.

1. Diskutiert die im Text oben beschriebenen vier „Haltungstypen".
2. Welche Erkenntnisse der Forscher hältst du für besonders wichtig?
3. Auf welche Gefahr will der Zeichner mit seiner Karikatur hinweisen?

2.3 Mobilität

Mobilität im erlernten Beruf

Wer Herrn Rossel auf der Straße begegnet – in legerer Freizeitkleidung, mit Aktentasche und elektronischem Prüfgerät unter dem Arm –, sieht ihm seinen Beruf nicht mehr an: Er ist Schornsteinfegermeister. Den schwarzen Anzug mit Zylinder, Krücke, Hand- und Stoßbesen, Schultereisen und Kehrleine hat er abgelegt. „Auch meine Gesellen sind selten mit Montur unterwegs, denn Kehren nimmt nur noch einen Bruchteil unserer Arbeitszeit ein", meint der Meister, während er routiniert die Meßsonde in den Feuerarm der Gasheizung einführt und die Werte notiert. „Die Schornsteine werden dank strengerer Umweltbestimmungen immer sauberer. Öl und Gas erzeugen, wenn die Brenner korrekt eingestellt sind, sowieso keinen Ruß mehr. Für uns mehren sich deswegen die Überprüfungs- und Überwachungsaufgaben. Wir machen Abgasmessungen, kontrollieren Lüftungsanlagen und Abluftkanäle oder auch Grill- und Abzugsanlagen in Hotels und Gaststätten."

(nach: Berufskundliche Kurzbeschreibungen, Hrsg.: Bundesanstalt für Arbeit, Nürnberg, o. J.)

Schornsteinfeger beim Schornsteinkehren

Schornsteinfeger beim Überprüfen einer Heizung

So wie Herrn Rossel geht es vielen Berufstätigen. Sie müssen sich mit neuen Arbeitsweisen und Techniken vertraut machen, müssen sich weiterbilden und umlernen. Dazu müssen sie beweglich – mobil – sein. Die Fähigkeit, sich auf immer neue Anforderungen im Beruf einstellen zu können, wird „Mobilität" genannt. Sie gewinnt im Berufsleben zunehmend an Bedeutung.

1. Wodurch hat sich der Beruf des Schornsteinfegers verändert?
2. Welche neuen Aufgaben müssen Schornsteinfeger erfüllen?

Räumliche Mobilität

Der Begriff Mobilität bedeutet soviel wie „Beweglichkeit“. Die Beweglichkeit kann darin bestehen, daß sich ein Arbeitnehmer durch Fortbildung für neue berufliche Aufgaben und Anforderungen qualifiziert, wie wir am Beispiel des Schornsteinfegers Rossel gesehen haben. Sie kann aber auch einen Ortswechsel meinen: Dann spricht man von räumlicher Mobilität.

Räumlich mobil müssen alle Berufstätigen sein, die ihren Beruf nicht an ihrem Wohnort ausüben können oder dort keinen Arbeitsplatz finden. Durch räumliche Mobilität hat schon mancher seine beruflichen Chancen besser wahrnehmen können, sei es, daß er täglich von seinem Wohnort zum Arbeitsplatz „pendelt“, sei es, daß er umzieht, um einen weiter entfernten Arbeitsplatz annehmen zu können.

Karl Pendler berichtet:

„Seit bei uns in Hemmoor die Zementfabrik dichtgemacht hat, fahre ich jeden Morgen nach Hamburg zur Arbeit. Das sind jeden Tag anderthalb Stunden hin und anderthalb Stunden zurück. Und ich bin noch froh, daß ich wieder Arbeit gekriegt habe.

Als Maschinenführer hatte ich an meinem Wohnort keine Chance auf einen neuen Arbeitsplatz. Arbeitslos zu Hause sitzen wollte ich auch nicht, da geht man sich nur gegenseitig auf den Nerv. So fahr' ich also lieber jeden Tag nach Hamburg, hab' meine Arbeit, bring' genug Kohle mit und freu' mich auf das Wochenend.

In Hamburg wohnen möchte ich nicht, wo ich doch mein Haus hier habe. Was bleibt mir also übrig, als zu pendeln.“

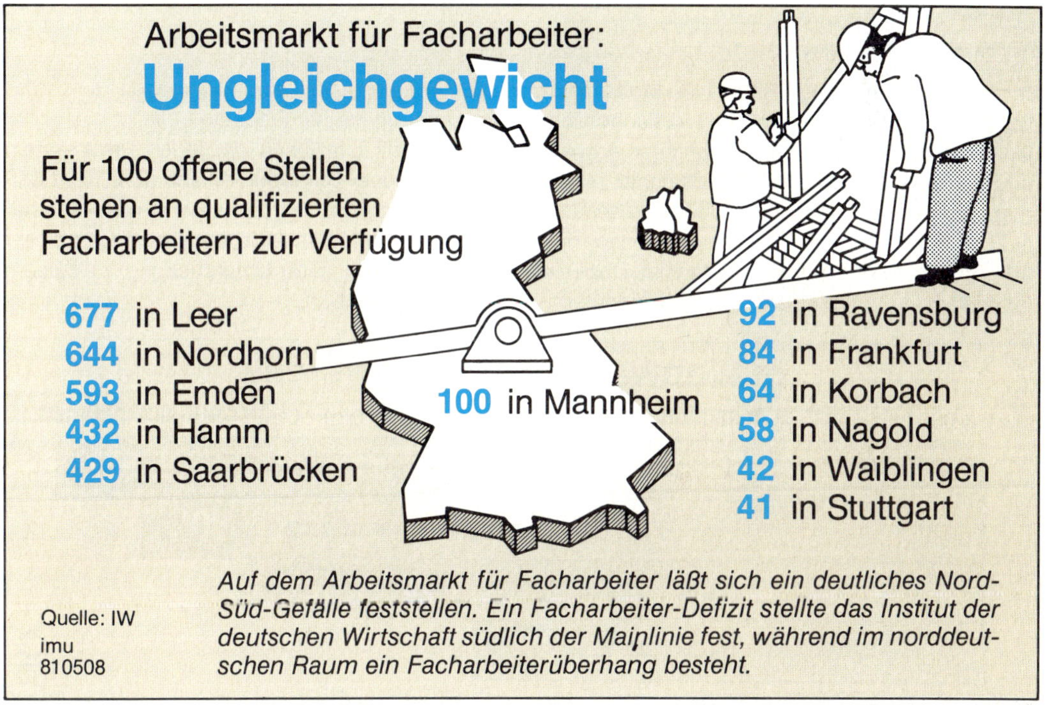

Auf dem Arbeitsmarkt für Facharbeiter läßt sich ein deutliches Nord-Süd-Gefälle feststellen. Ein Facharbeiter-Defizit stellte das Institut der deutschen Wirtschaft südlich der Mainlinie fest, während im norddeutschen Raum ein Facharbeiterüberhang besteht.

1. Wodurch wurde Karl Pendler gezwungen, räumliche Mobilität zu entwickeln?
2. Warum zieht er die tägliche Fahrt zur Arbeitsstelle einem Wohnungswechsel vor?
3. Welche Folgerungen sind aus der Grafik über das Ungleichgewicht auf dem Arbeitsmarkt für Facharbeiter zu ziehen?
4. Was versteht man wohl unter einem „Wochenendpendler“?

Mobilität schon bei der Wahl des Ausbildungsplatzes

Arbeitsamtsaktion erfolgreich:

16 Lehrlinge nach Nagold

Kreis Stade/Nagold (fs) Für 16 junge Frauen und Männer war jetzt die Fahrt ins schwäbische Nagold von Erfolg gekrönt. Sie fuhren mit einem Lehrvertrag in der Tasche zurück an die Unterelbe. Zu Hause hatten sie lange vergeblich nach einem Ausbildungsplatz gesucht. Nur bei einem Teilnehmer ist die Entscheidung noch offen.

Die Stader Arbeitsvermittler hatten Kontakt zu ihren süddeutschen Kollegen aufgenommen, als sich zwischen Elbe und Weser die erwartete Misere abzeichnete. Über 200 unbesetzte Ausbildungsplätze in allen Sparten hatten die Süddeutschen zu vergeben. 150 Bewerber schrieb das Stader Amt an, 17 von ihnen reisten mit dem Bus jetzt nach Nagold.

Fast alle hätten einen Ausbildungsplatz in ihrem angestrebten Beruf gefunden, tat das Arbeitsamt nach der Rückkehr der jungen Nordlichter kund. Vier werden zu Fachgehilfen im Gastgewerbe ausgebildet, vier sind als Koch oder Köchin in einer süddeutschen Küche gelandet. Hinzu kommen zwei künftige Restaurantfachfrauen, ein Gärtner, ein Mechaniker, ein Bäcker und ein Gas- und Wasserinstallateur. Ein junger Mann entschied sich für den Beruf des Brauers und Mälzers.

(aus: Buxtehuder Tageblatt vom 8. 1. 1985)

Der Zeitungsartikel zeigt: Räumliche Mobilität ist nicht nur für Arbeitnehmer wichtig, die schon länger einen Beruf ausüben und dann ihren Arbeitsplatz verlieren. Schon bei der Suche nach einem Ausbildungsplatz kann sie entscheidend sein. Allerdings darf hier nicht übersehen werden, daß räumliche Mobilität auch Kehrseiten hat. Dazu ein Jugendlicher: „Ich, umziehen nach Süddeutschland, weil ich da 'ne Lehrstelle kriegen kann? Und was wird mit meiner Freundin – die ist hier in der Ausbildung? Umziehen um jeden Preis – nein danke!“ Dieser Standpunkt kann aber nicht darüber hinwegtäuschen, daß Jugendliche – bedingt durch die schlechte Arbeitsmarktlage – mobiler geworden sind. Eine Untersuchung zu diesem Thema hat ergeben:

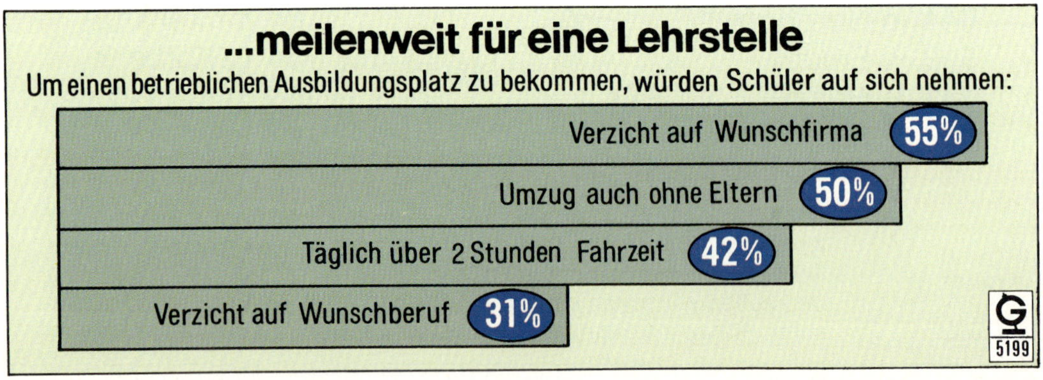

1. In dem Zeitungsartikel ist nicht nur von räumlicher Mobilität die Rede. Wo gibt es einen Hinweis auf andere Formen der Mobilität?
2. Was haltet ihr von der Einstellung des Jugendlichen, der nicht um jeden Preis umziehen möchte?
3. Welche Arten von Mobilität werden in der Grafik angesprochen? In welchem prozentualen Verhältnis stehen sie zueinander?

Stichwortverzeichnis

Lösungen zu den Testaufgaben

①	②	③	④	⑤	⑥	⑦
5 	1. Durst – essen	1. Blei	1. 	1. 5 2 2	1a	1b
9 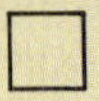	2. Möbel	2. Berg	2. 	2. 18 2 54	1b	1c
4 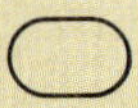	3. Schale – Baum	3. Flaschen	3. 	3. 31 16 56	1d	2a
7 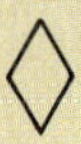	4. Schaf – Rudel	4. Baum	4. 	4. 9 10 12	2b	2b
	5. Ente – Rüssel	5. Mit		5. 1 1 8	2c	2c
	6. Musik – Wort	6. Oster		6. 1 1 11	2d	2e
				7. 100 105 98		2f
				8. 39 = 74 79		2g